Viktor Gardthausen

Griechische Palaeographie

Erster Band: Das Buchwesen im Altertum und im byzantinischen Mittelalter

Verlag
der
Wissenschaften

Viktor Gardthausen

Griechische Palaeographie

Erster Band: Das Buchwesen im Altertum und im byzantinischen Mittelalter

ISBN/EAN: 9783957003362

Auflage: 1

Erscheinungsjahr: 2015

Erscheinungsort: Norderstedt, Deutschland

Webseite: http://www.vdw-verlag.de

GRIECHISCHE PALAEOGRAPHIE

Von

V. Gardthausen

Zweite Auflage

Erster Band:

Das Buchwesen im Altertum und im byzantinischen Mittelalter

Leipzig
Verlag von Veit & Comp.
1911

DAS BUCHWESEN
IM ALTERTUM UND IM BYZANTINISCHEN MITTELALTER

Von

V. Gardthausen

Zweite Auflage

Mit 38 Figuren

Leipzig
Verlag von Veit & Comp.
1911

Meinem lieben Freunde

R. Hirzel

gewidmet

Vorwort.

Dem freundlichen Entgegenkommen der Teubnerschen Buchhandlung verdanke ich die Möglichkeit, jetzt nach mehr als dreißig Jahren eine zweite Auflage meiner Griechischen Paläographie erscheinen zu lassen. Es war allerdings hohe Zeit. Die Wissenschaft hat in dieser Zeit niemals stille gestanden; ganze Gebiete sind neu erobert und die alten ausgebaut oder doch erweitert.

Wenn ein altes Buch nach so langer Zeit in neuem Gewande erscheint, so verlangt man mit Recht zunächst einen Hinweis auf die neue inzwischen erschienene Litteratur. Wer bis jetzt irgend ein Thema auf diesem Gebiete bearbeiten wollte, mußte sich sein Material aus der umfangreichen und weit verstreuten neueren Litteratur der letzten dreißig Jahre selbst zusammensuchen; er kann, meine ich, mit Recht von einem neu erschienenen Handbuch verlangen, daß ihm diese mühsame Arbeit abgenommen oder doch erleichtert werde. Ich muß also die Berechtigung dieser Forderung anerkennen und gebe, wenn auch ungern, einen Überblick über das, was zwischen der ersten und zweiten Auflage erschienen ist, da ich mir sagen muß, daß doch einiges fehlen wird, das ich entweder aufnehmen konnte oder mußte. Wenn wir zwei Bibliographien über denselben Gegenstand vergleichen, so werden sie in allen Hauptpunkten allerdings übereinstimmen, in nebensächlichen Dingen dagegen gelegentlich voneinander abweichen. Absolute bibliographische Vollständigkeit habe ich weder gewollt noch erreicht. Wenn ich z. B. in der Berliner Philolog. Wochenschrift 1910 S. 202 einen Überblick über die Papyruslitteratur ungenügend und zwecklos genannt habe, so ist er dementsprechend auch S. 90 gar nicht erwähnt worden. Von dem wirklich Wichtigen wird hoffentlich nicht viel fehlen.

Außerdem unterscheidet sich die neue von der alten Auflage durch Hinzufügung von Illustrationen. Ich hatte früher für Th. Schreibers Kulturhistorischen Bilderatlas I. Leipzig 1885 die Zusammenstellung und Bearbeitung des Abschnittes „Schriftwesen" übernommen und es lag nahe, den Ertrag dieser Arbeit für mein „Buchwesen" zu verwerten; die Anschaulichkeit gewinnt sehr durch solche Illustrationen und manche weitläufige Beschreibungen können auf diese Weise vermieden werden.

Wider meinen Willen ist die zweite Auflage mehr als doppelt so stark geworden als die erste. Das ist aber ein Übelstand, der nicht durch den Verfasser, sondern durch das Buch selbst entschuldigt werden muß.

Die nächste Folge dieses vergrößerten Umfangs war die, daß der erste Teil jetzt gesondert erscheint; es sind diejenigen allgemeinen Teile, die allerdings für die griechische Paläographie geschrieben sind, aber zum großen Teile auch für die Paläographie im allgemeinen, d. h. auch für die orientalische, lateinische usw. Gültigkeit haben. Wenn sie auch vorwiegend durch griechische Beispiele erläutert sind, so muß man doch daran festhalten, daß auf dem Gebiete des Buchwesens zwischen der griechischen und lateinischen Paläographie eine Trennung nicht durchzuführen ist.

Wenn ich nun bei der Umarbeitung in demselben Umfang wie bisher fortfahren wollte, so würden sicher für das Ganze drei Bände notwendig sein; das wäre zu viel. Ein Handbuch der Paläographie, und namentlich der griechischen, darf einen gewissen Umfang und Preis nicht überschreiten.

Für die Fortsetzung der Arbeit wird es also darauf ankommen, durch Streichungen Platz zu gewinnen. Bei dem zweiten Buch (Schrift), dem Hauptteil des ganzen Buchs, wird sich nicht viel streichen lassen. Einige Abschnitte, bei denen sich das neue Material zu sehr häufte, sind, obwohl für die zweite Auflage ausgearbeitet, bereits früher veröffentlicht, wie z. B. National- u. Provinzialschriften (Byzant. Ztschr. 15 S. 227), ferner Tachygraphie oder Brachygraphie des Akropolissteines (s. Dewischeits Arch. f. Stenogr. 56 N. F. 1, 1905 S. 92 ff.) und Gesch. der griech. Tachygraphie (ebend. 57 N. F. 2, 1906 S. 1 ff.). Auch meinen Aufsatz über Ursprung und Entwicklung der griech. (-latein.) Schrift in der German.-Roman. Monatsschr. 1, 1909 S. 273 ff.) möchte ich hierzu rechnen. Das sind natürlich wichtige Kapitel, die in der neuen Auflage eines Lehrbuchs griechischer Paläographie nicht fehlen dürfen.

Das dritte Buch (Schreiber) kann in diesem Umfang nicht aufgenommen werden; bei einigen Kapiteln, die sicher notwendig genannt werden müssen, verbietet sich das von selbst. Dreißig Jahre kann die Wissenschaft nicht immer warten. Das zweite Kapitel des dritten Buches (Benannte Schreiber) ist in neuer erweiterter Bearbeitung erschienen unter dem Titel: Vogel und Gardthausen, Die griechischen Schreiber des Mittelalters und der Renaissance. Leipzig 1909 (XII und 508 SS.); es versteht sich von selbst, daß dieses Kapitel hier ausfallen muß. In enger Verbindung damit steht das dritte Kapitel (Datierte Handschriften). Auch hier hat sich das Material mehr als verdoppelt; auch dieses Kapitel ist zu einem Buch geworden, das gedruckt werden kann, sobald ein Verleger gefunden ist; aber wegen seines Umfangs kann ich diesen Abschnitt nicht aufnehmen, da er mir den Rahmen meiner griechischen Paläographie zersprengen würde. Beide Kapitel werden also in der zweiten Auflage fehlen und können fehlen, da man auch z. B. vom Verfasser einer Grammatik nicht zugleich noch ein Lexikon der Sprache erwarten darf.

Von dem vierten Kapitel (Unterschriften) denke ich wenigstens den Hauptteil (Unterschriften der Bücher) beizubehalten. Das fünfte Kapitel (Chronologie der Schreiber) ist absolut notwendig. Das sechste Kapitel (Heimat der Schreiber) ist allerdings nützlich, müßte aber, bei dem stark vermehrten Material, bedeutend erweitert werden; und dazu dürfte der Raum kaum ausreichen. Der Schluß (Angewandte Paläographie, Chronologische Tabellen) ist für die Praxis notwendig und muß beibehalten werden mit Ausnahme des Abschnittes über die griechischen Kataloge (S. 430—439), der als selbständiges Buch erchienen ist unter dem Titel: Sammlungen und Kataloge griechischer Handschriften. Leipzig 1903 (VII und 96 SS.). Der Abschnitt über Beschreiben und Kollationieren von Handschriften ist natürlich notwendig; auch auf den Überblick über Reproduktion der Kodizes lege ich Wert, allein da Krumbacher, Die Photographie im Dienste der Geisteswissenschaften, mit 15 Tafeln (N. Jbb. f. kl. Alt. 17. 1906 S. 601—660) die neueren

Methoden ausführlicher behandelt hat, so wird dieser Abschnitt doch wohl ausfallen müssen.

Im übrigen wird sich über die Einzelheiten dieses hier skizzierten Planes noch reden lassen.

Schließlich bleibt mir die angenehme Pflicht, allen denjenigen meinen Dank auszusprechen, die entweder das Ganze oder einzelne Teile dieses Bandes während des Druckes für mich durchzusehen die Güte hatten.

V. Gardthausen.

Inhalt.

Fünftes Kapitel.

Sechstes Kapitel.

Siebentes Kapitel.

Achtes Kapitel.

Neuntes Kapitel.

Einleitung.

Paläographie oder besser Graphologie und Graphognosie, wie die Neugriechen sagen, bezeichnet im weitesten Sinne des Wortes viel mehr, als diese Darstellung geben will oder kann. Die griechische Paläographie oder die Lehre von der Schrift der alten Griechen und ihrer Nachfolger, der Byzantiner, umfaßt die Epigraphik, resp. Numismatik,[1] die Paläographie im engeren Sinne und die Diplomatik, um ganz zu schweigen von der Malerei, die der Etymologie nach ebenfalls mit hereingezogen werden könnte.

Es ist nicht leicht, eine scharfe Grenzlinie zu ziehen zwischen Epigraphik und Paläographie im engeren Sinne. Man könnte meinen, die erstere umfasse das gesamte inschriftliche, die zweite das gesamte handschriftliche Material. Doch Inschrift und Handschrift schließen sich keineswegs aus; denn die in nachgiebigem Material wie Wachs, Blei usw. geritzten Inschriften haben in der Tat den unmittelbaren und individuellen Charakter der Handschrift. Ritschl, der in der Einleitung zu seinem vortrefflichen Aufsatz „Zur Geschichte des lateinischen Alphabets“ (Rhein. Mus. 1869 S. 1 ff.) das Gebiet der Epigraphik scharf abzugrenzen bemüht ist, hat daher diese handschriftlichen Inschriften mit vollem Rechte nicht der Paläographie, sondern der Epigraphik zugewiesen. — Den entgegengesetzten Standpunkt vertritt U. Wilcken, Arch. f. Papyr. 1, 1900 S. 374: „Wir müssen nicht bei einzelnen schüchternen Versuchen bleiben, sondern prinzipiell die Schrift der Steine und Bronzen usw. wieder für die Paläographie zurückerobern.“ Epigraphik und Paläographie

Für die Paläographie im weiteren Sinne brauchen diese Gebiete nicht erst erobert zu werden; für die Paläographie im engeren Sinne können sie nicht erobert werden. Wilcken meint allerdings: „Das Gebot der Arbeitsteilung hat hier auseinandergerissen, was φύσει zusammengehört.“ Allein hier ist es doch nicht bloß die Arbeitsteilung, sondern zugleich die verschiedenartige Entwickelung der Schrift auf verschiedenem Material, welche uns zwingt diese Scheidung beizubehalten.

[1] Numismatische Paläographie s. Friedländer, Repertor. z. ant. Numismatik S. 35.

Ritschl hat sogar die Behauptung aufgestellt, daß eigentlich jeder Beschreibstoff seine besondere Paläographie haben müsse.

Der Epigraphiker und der Paläograph müssen natürlich stets Fühlung miteinander behalten; beide müssen verwandte Erscheinungen des Nachbargebietes im Auge behalten; aber die Scheidung vollständig aufzuheben wäre vom Übel und auch praktisch nicht einmal durchführbar.

Auch Chabert, Revue Archéol. IV, 5, 1905 p. 276, hat die Frage aufgeworfen, wie diese beiden Disziplinen sich unterscheiden; allein ihm kommt es mehr darauf an, den prinzipiellen Unterschied in der Behandlung von Inschriften und Handschriften festzustellen, als gerade eine reinliche Scheidung beider zu begründen.[1] Der Unterschied zwischen beiden Disziplinen kann wohl nur der sein, daß hier die Schrift erhöht, dort aber vertieft[2] ist. Die epigraphischen und selbst die nur scheinbar erhabenen numismatischen Charaktere sind eingeschnitten oder eingeprägt, die paläographischen dagegen aufgetragen. Dann kommt namentlich das dauerhafte Material und die monumentale Ausführung in Betracht. Die Wachstafeln, die unseren Notizbüchern entsprechen, zeigen Charaktere wie die Papyrusrollen, von denen sie nicht getrennt werden dürfen, auch die farbigen Inschriften auf Vasen und Holztafeln usw. gehören in den Bereich der Paläographie. Buchstaben dagegen, die erst in Marmor eingemeißelt, dann aber, wie es im Altertum häufig geschah, mit roter oder blauer Farbe nachgezogen sind, würden sowohl der Epigraphik wie der Paläographie zuzuweisen sein.

Schon aus praktischen Gründen empfiehlt es sich, keine allzu strenge Scheidung zwischen Epigraphik und Paläographie eintreten zu lassen, denn die älteste unverbundene Papyrusunziale kann z. B. eher von einem Epigraphiker als von einem Paläographen bestimmt und datiert werden, während die Steininschriften des Mittelalters, die in Minuskeln geschrieben sind, am besten aus den Handschriften sich bestimmen lassen.

Paläographie und Diplomatik

Nach Ausscheidung der Epigraphik und Numismatik erübrigt also noch, die Grenzlinie zu ziehen zwischen der Paläographie im engeren Sinne und der Diplomatik. Man hat wohl gesagt, der Paläograph operiere mit äußeren, der Diplomatiker mit inneren Gründen. Der Paläograph, dem der Inhalt eines Schriftstückes mehr oder weniger gleichgültig ist, beherrscht schon aus dem Grunde das diplomatische Material nicht vollständig, weil die byzantinische ebenso wie die lateinische Diplomatik vorwiegend nach sachlichen und sprachlichen Kriterien entscheidet, die graphischen aber bei den Byzantinern noch mehr

[1] p. 276: L'essentiel est que la matière subjective ait été dure.

[2] Dittenberger, Sylloge 596: *γράψαι δὲ καὶ εἰς σανίδα κοῖλα γράμματα.*

zurücktreten, da der Unterschied zwischen Bücher- und Urkundenschrift viel geringer ist als im Abendlande. Manches, was hier von der ersteren gesagt wird, gilt natürlich auch von der anderen, aber die Trennung beider Disziplinen bleibt bestehen, und die Zeit, eine byzantinische Diplomatik zu schreiben, ist überhaupt noch nicht gekommen. Wenn schon auf dem Gebiete der griechischen Paläographie wenig gearbeitet wird, so kann man dasselbe in noch viel höherem Maße von der Diplomatik behaupten, weil hier dem Abendlande nur ein sehr spärliches Material zur Verfügung steht. Die Archive von Konstantinopel wurden gründlich zerstört und zerstreut bei der Einnahme der Stadt, erst durch die lateinischen Kreuzfahrer, dann durch die Türken. In einzelnen Klöstern mag noch viel wertvolles archivalisches Material vorhanden sein, aber die bisherigen Publikationen sind spärlich und zufällig. Vorbedingung für solche Arbeiten ist zunächst eine umfassende Sammlung der griechischen Urkunden des Mittelalters, wie sie jetzt geplant ist. Über ein Corpus griechischer Urkunden s. S.-B. der Münchner Akad. 1909 (Phil.-hist. Klasse) S. 14.* Mit Sicherheit können wir nur vom Athos[1] behaupten, daß seine geographische Lage und die Heiligkeit des Ortes einen reichen Schatz mittelalterlicher Urkunden vor dem Untergange gerettet haben. Das ergibt sich aus allen Reiseberichten, namentlich aus den Listen bei V. Langlois, *Géographie de Ptolemée, précédée d'une introduction historique sur le mont Athos.* Paris 1869. — Ein Anfang einer byzantinischen Diplomatik ist von Brandi gemacht: Der byzantinische Kaiserbrief aus S. Denis und die Schrift der frühmittelalterlichen Kanzleien. Archiv f. Urkundenforschung 1. Leipzig 1908. S. 5—86. Zusammenstellung von 80 Kaiserurkunden. Es ist begreiflich, daß von den Urkunden des eigentlichen byzantinischen Reiches bis jetzt nur sehr wenig veröffentlicht ist; die meisten der neueren Publikationen, von denen ich hier einige Titel anführe, stammen von Punkten, wo sich die abendländische und die byzantinische Kultur berührten.

Montfaucon, B. de, Pal. Graeca p. 378 bis 432. De re diplomatica Graeca.

Szerdahelyi, G., Diploma Graecum S. Stephani regis [a. 1109]. Pest-Ofen 1804.

Fallmerayer in d. Abhandl. d. III. Kl. d. Münch. Akad. d. Wiss. III. Bd. Abt. III. 1841. S. 1 159.

Mortillaro, Vinc., Catalogo ragionato dei diplomi . . . della cattedrale di Palermo. Palermo 1842.

Letronne, J., Diplomata et chartae. Paris s. a. [1851] Tab. XLVII.

Tafel, G. L. F., und G. M. Thomas, Griechische Original-Urkunden zur Gesch. des Freistaates Ragusa. Wiener Sitzungsber. (phil.-hist. Kl.) 6. 1851. S. 507 mit Faks. der Unterschr. des letzten Kaisers.

Wolf, G., Vier griechische Briefe Kaiser Friedrich II. Berlin 1855.

Urkundenbuch des Bisthums Lübeck I. Taf. II [a. 1279].

Miklosich, Fr., et Jos. Müller, Acta et Diplomata graeca medii aevi sacra et profana. 1 6. Wien 1860.

[1] Athosurkunden. Ius graeco-roman. ed. Zachariae III. p. XV ff.

Revue arch. N. S. 9. 1864. Pl. VI.

Placido Pasquale, Illustrazione di tre diplomi bizantini. Neapel 1862.

Zampelios, S., *Ἰταλοελληνικὰ ἤτοι κριτικὴ πραγματεία περὶ τῶν ἐν τοῖς ἀρχαίοις Νεαπόλεως ἀνεκδότων Ἑλληνικῶν περγαμηνῶν.* Ἀθῆναι 1864.

Trinchera, Fr., Syllabus Graecarum membranarum quae partim Neapoli in majori tabulario et primaria bibliotheca partim in Casinensi coenobio ac Cavensi et in episcopali tabulario Neritino jamdiu delitescentes . . . prodeunt [a. 975 1331]. Neapel 1865.

Spata, G., Le pergamene greche . . . di Palermo. Palermo 1862 [a. 1091 bis 1510].

Sul Cimelio diplomatico del duomo di Monreale. Palermo 1865 [a. 1117 bis 1243].

Diplomi greci siciliani inediti. Turin 1871.

Cusa, Salv., I diplomi greci ed arabi di Sicilia pubblicati nel testo originale, tradotti ed illustrati. 1. Palermo 1868.

Der Codex diplomaticus Cavensis 1873 gibt z. B. im vierten Band einige griechische Urkunden.

2000 byzantinische Diplome in Bari (?) s. Duchesne, C. R. d. l'Académie d. inscr. et b. lettr. vom Mai 1886. 276.

Rayet, O., Revue archéol. 25. 1873. p. 233. Documents extr. des archives du monastère d'Hagios Theologos à Patmos (nicht in griechischer Sprache). Vgl. auch Duchesne und Bayet, Mémoire sur une mission au mont Athos. Paris 1876.

Biblioth. de l'école d. chartes 35. 1874. 255 265.

Diplomatarium Veneto-levantinum ed. Thomas Predelli 1. 2 = Monumenti storici p. p. deputazione Veneta S. I. Documenti v. 5. 1876 1883.

Minieri Riccio, Saggio di codice diplomatico. Napoli 1878 1882.

Salinas, A., Di un diploma greco del monast. di S. Pancrazio di Scilla in Calabria. Arch. stor. sicil. 6. 1881. p. 10.

Parisio, N., Una pergamena greca de' tempi suevi. Arch. stor. napol. 1886. 855.

Müller, G., Tre carte greche dell' Italia meridion. Arch. stor. ital. 1886.

Jordan, E., Monum. byz. de Calabre. Mélang. de l'écol. fr. 1889.

Zachariae v. Lingenthal, Über ein trapezuntinisches Chrysobull s. Sitzungsber. d. Münch. Akademie (philos.-philolog. u. histor. Klasse) 1881. 1. S. 291—297.

Beitr. zur Gesch. des byzantin. Urkundenwesens. Byzantin. Ztschr. 2. 1893. S. 177.

Einige ungedr. Chrysobullen. 1893 s. Mém. de l'acad. de St. Pétersbourg VII s. 41. No. 4.

Batiffol, L'archive du S. Sauveur de Messine. Rev. des quest. histor. 1887.

Chartes byzantines inédites de Grande-Grèce s. Mélanges d'arch. et hist. 10. 1890. p. 98. Mit Litteraturangaben.

Regel, W., Analecta Byzantino-Russica (St. Petersbg. 1891). Mit 4 Urkundentafeln in gutem Lichtdruck.

— *Χρυσόβουλλα τῆς μονῆς Βατοπεδίου.* Actes de Zographu s. Byzant. Chron. t. 13.

Argirobulla di Tommaso Paleologo. Nuovo Arch. Veneto 8. 1894. 252.

Garufi, Un documento greco e la diplomatica greco-sicula. Arch. storico italiano V. 22. 1898. p. 73.

Festa, N., Una pergamena greca dell' archivio di Stato di Roma. Rendiconti d. Accad. d. Lincei V. 13. 1904. 179 197.

Brandi, K., Die byzant. Kaiserurkunden bis zum Ende des X. Jahrh. Archiv f. Urkundenforsch. 1. 1907. S. 21.

Andere byzantinische Diplome werden in den Katalogen erwähnt, z. B. bei Pasinus, Lambecius (8, 523), Miller (p. 59 ff.) usw. und in den Fachzeitschriften Neos Hellenomnemon usw. Photographien von Diplomen des Athos in der Kaiserlichen Bibliothek von St. Petersburg 90—93 und im Rumjanzow Museum von Moskau siehe Muralt, Catalogue . . . de St. Petersbourg p. 90 -93.

—

Geschichte und Litteratur.

Montfaucon[1] ist der Schöpfer griechischer Paläographie. Montfaucon Pläne zu einem Lehrbuch griechischer und lateinischer Paläographie[2] waren allerdings schon vor ihm gefaßt, z. B. zur Zeit Philipps II. von Spanien hatten Cardona und Antonius Augustinus sich diese Aufgabe gestellt.[3] Und derartige Pläne sind sogar ausgeführt.[4] aber es ist eine so kurze und unzureichende Skizze, daß sie für uns nicht in Betracht kommt.

Montfaucons Griechische Paläographie ist die erste, die diesen Namen verdient. Er wurde geboren am 16. Januar 1655 zu Soulage unweit Narbonne, dem Schlosse seines Vaters Timoleon de Montfaucon, Sieur de La Rochetaillade und Conillac, der, den Traditionen seines Hauses folgend, seinen Sohn Bernhard für den Soldatenstand bestimmte. Kaum 17 Jahre alt, trat derselbe ein in das Corps der Cadets de Perpignan und machte schon im Jahre 1673 als Freiwilliger in dem Regiment Languedoc den Feldzug Turennes gegen Deutschland mit; aber die eigene Neigung hatte den jungen Montfaucon[5] nicht zu den Waffen gezogen; als sein Vater starb, kehrte er nach Rochetaillade zurück, um seinen Studien zu leben, die er bereits sehr

[1] Wegen des M aus dem Florentiner Plutarch s. Palaeograph. Society II. 83.

[2] Über die Bibliographie der griechischen Paläographie s. Omont, Facsimilés des mss. gr. datés. Paris 1891. Einleitung. — Beer u. Weinberger, Bericht über die auf Paläographie und Handschriftenkunde bezügliche Litteratur der Jahre 1874—1896. Bursians Jahresber. 98 (1898. III). S. 187. — Einen Überblick über die für den Paläographen wichtigen Bücher gibt Thompson-Lambros, Paläographie S 469. — Wessely, Bemerk. zu einigen Publikationen auf dem Gebiete d. älteren griech. Paläographie. Jahresber. d. Staatsgymn. III. Bezirk. Wien XXIII. 1892.

[3] Graux, Fonds gr. de l'Esc. p. 313—314; ders., Les articles originaux. Paris 1893. p. 151.

[4] Struve, B. G., Acta litteraria. Jena 1703. t. I. fasc. 1. De criteriis manuscriptorum p. 31 (gr. codd.).

[5] Vgl. im allg. Wattenbach, Anleitung z. Gr. Pal.[3] S. 1—5. Schriftwesen im Mittelalter[3] S. 36—39. — Omont, B. de Montfaucon et ses premières années. Ann. du midi 4. 1892. p. 84.

früh begonnen unter der Leitung seines väterlichen Freundes Pavillon, des gelehrten Bischofs von Aleth. Diesen Eindrücken folgend, entschloß er sich Mönch zu werden und legte zu Toulouse am 13. Mai 1676 das Ordensgelübde ab, in einem Benediktinerkloster der Congrégation de St. Maur.[1] Zu den Maurinern gehörte damals eine ganze Reihe gebildeter und gelehrter Männer, die in den verschiedensten Richtungen wissenschaftlich arbeiteten, namentlich aber haben sich diese Mönche um die lateinische und die griechische Paläographie unsterbliche Verdienste erworben. Montfaucon war nach der Sitte seines Ordens von Toulouse bald in ein anderes Kloster, nach Sorrèze, geschickt, wo er eine ziemliche Anzahl griechischer Handschriften vorfand, die ihm Gelegenheit gaben, sich mit der griechischen Sprache und Schrift vertraut zu machen.[2] Durch diese Studien, die während seines längeren Aufenthalts in der Abtei La Grasse und in Bordeaux fortgesetzt wurden, hatte Montfaucon die Aufmerksamkeit seiner geistlichen Oberen auf sich gezogen, die ihn nach Paris beriefen, um an den beabsichtigten Ausgaben des Athanasius und Chrysostomus mitzuwirken.[3] Hier fand er Gelegenheit und Hilfsmittel, auch die orientalischen Sprachen, das Hebräische, Chaldäische, Syrische, Koptische mit in den Bereich seiner Studien zu ziehen. Im Jahre 1698 wurde die Ausgabe des Athanasius vollendet. Da aber für seine weiteren Pläne die Pariser Handschriften nicht ausreichten, so reifte in ihm der Entschluß zu einer Reise nach Italien, die er im Jahre 1698 antrat in Begleitung des Dom Paul Brioys.[4] Zuerst wendeten sie sich nach Mailand, wo sie Muratori kennen lernten, gingen dann über Modena, Mantua nach Venedig und schließlich über Ravenna nach Rom. Während Montfaucon von den

[1] Broglie, Emm. de, La société de St. Germain-des-Prés au XVIII siècle: Bernard de Montfaucon et les Bernardins. 2 vol. Paris 1891. (XI—381, 366 pp.) Im Appendix „une sorte d'autobiographie assez curieuse de Montfaucon". — Es ist mehr der Mensch und der Mönch und nicht so sehr der Verfasser der griechischen Paläographie, den wir in diesem Werke kennen lernen.

[2] Ein Faksimile seiner Handschrift s. Omont, Inventaire sommaire d. mss. gr. d. l. Bibl. Nation. Introduction (1898) p. XXXII XXXIII. No. IX. Griechische Handschriften von seiner Hand c. Paris. 271. 605. 839. 840. 876. 1007—1009. 1655. Suppl. gr. 193. 266—268.

[3] Über seine Korrespondenz s. Lettres de la congrégation d. St. Maur 1652 bis 1741. pp. Gigas. Kopenhagen 1892—1893. — De la correspondance inédite de Dom B. de Montfaucon par Ph. Tamizey de Larroque (Extr. de la Revue de Gascogne) angezeigt in Revue crit 1879. p. 254—255. — Valery, Correspondance inédite de Mabillon et de Montfaucon avec l'Italie. — Pélissier, L. G., Un collaborateur provençal de Montfaucon s. Mélanges Chatelain 1910. 429.

[4] Omont, H., Note sur les mss. du Diarium italicum de Montfaucon: Mélanges d'archéol. et d'histoire 11. 1891. p. 437—453, s. Autograph: pl. VII. p. 443, Lettres de Montfaucon sur son voyage en Italie. Vgl. Revue d. bibliothèques 14. 1904. p. 1.

italienischen Gelehrten, wie z. B. Zaccagni, keineswegs freundlich aufgenommen wurde, war der Empfang in Rom von seiten des Papstes Innocenz XII. ein sehr wohlwollender, und als gerade damals der Generalprokurator Estiennot gestorben war, beabsichtigten die Benediktiner Montfaucon zu dessen Nachfolger zu machen. Doch dieser hohe Posten, der diplomatische Talente erforderte, namentlich um die Intrigen der Jesuiten am päpstlichen Hofe zu überwachen, sagte den Neigungen Montfaucons nicht zu. Um bloß seinen gelehrten Arbeiten leben zu können, kehrte er nach Paris zurück, das er nur noch verlassen wollte, um Griechenland kennen zu lernen; allein dieser Wunsch wurde ihm nicht erfüllt:[1] *que le P. de Montfaucon l'avoit souvent entretenu du grand projet, qu'il avoit formé d'aller lui même au mont Athos et dans la Grèce, accompagné de quelques autres savans Grecs de S.-Germain-des-Prés pour faire des recherches. Plusieurs incidens et sur-tout la mort du Cardinal d'Estrées, empêchèrent l'exécution de ce projet.* Die Frische des Greises zeigt folgende Erzählung: Am 17. Dez. 1741 besuchte er noch eine Sitzung der Académie des inscriptions; hier fragte ihn ein Fremder nach seinem Alter. „In 13 Jahren bin ich 100 Jahre alt", war die zuversichtliche Antwort.[2] Allein er starb schon am 21. Dez. 1741[3] und wurde in der Kirche St. Germain-des-Prés[4] neben Mabillon[5] begraben. Von seiner italienischen Reise hatte Montfaucon bereits bald nach seiner Rückkehr Rechenschaft abgestattet in seinem *Diarium italicum sive monumentorum veterum bibliothecarum museorum notitiae in Itinerario Italico collectae* (Paris 1702), dem schon nach wenigen Jahren sein Hauptwerk folgte.

Die *Palaeographia Graeca* (Paris 1708)[5] ist und bleibt eine der hervorragendsten Leistungen, durch die eine neue Disziplin nicht nur begründet, sondern, wie es schien, auch vollendet wurde; sie ist um so hervorragender, als Montfaucon fast gar keine Vorgänger hatte, sondern alles aus Nichts geschaffen hat. Wenn auch einzelne seiner Angaben und seiner Schriftproben nicht den Ansprüchen genügen, die wir heute in bezug auf die Genauigkeit an ein derartiges Werk zu stellen gewohnt sind, so hat Montfaucon doch die richtige Methode bei der Arbeit befolgt; er hatte die Wichtigkeit der datierten Handschriften für die Paläographie

[1] Notices et Extr. d. mss. s. II. p. 29.

[2] Broglie, Emm. de, Montfaucon 2. p. 305.

[3] Vanel, J. B., Les Bénédictins de St. Maur à St. Germain des Prés 1630. Nécrologe des religieux décédés à l'abbaye de St. Germain-des-Prés. Paris 1896. p. 199. B. de Montfaucon.

[4] Jadart, Hur., Dom Jean Mabillon (1632—1707). Étude suivie de documents inédits sur sa vie ses oeuvres, sa mémoire. Reims 1879.

[5] Omont, H., La paléographie gr. de Montfaucon et le P. Hardouin. Revue des études grecques 1890. p. 202. — Montfaucons Vertrag mit Verleger und Kupferstecher s. Revue des études grecques 1891. p. 63.

bereits richtig erkannt, obschon er ihnen in Wirklichkeit noch nicht immer die ausschließliche Berücksichtigung zukommen ließ, die sie verdienen, indem er ihre Schriftproben manchmal mit undatierten zusammengruppierte, die zuweilen einen ganz fremdartigen Charakter zeigen. Sehr dankenswert sind seine Listen datierter Handschriften und benannter Schreiber, die den Grundstock der unsrigen bilden. — Für die älteste Schrift, die Unziale und Cursive, war sein Material allerdings noch keineswegs so reichhaltig wie das der späteren Zeit; seine Urteile über Unzialhandschriften sind deshalb vorsichtig abgefaßt aber zum großen Teile durch spätere Funde bestätigt. Am unvollständigsten war seine Kunde der Cursive und infolgedessen war auch seine Auffassung von der Entstehung der Minuskel unrichtig; allein die wichtigsten Papyrusrollen, die uns eines Besseren belehrt haben, sind erst in unserer Zeit gefunden. Die verschnörkelte Minuskelschrift der letzten Jahrhunderte wurde weniger berücksichtigt, weil sie damals noch zu bekannt war und nur wenig verschieden von den Formen, wie sie zu Montfaucons Zeiten noch geschrieben und gedruckt wurden. — Die in der *Palaeographia graeca* entwickelten Grundsätze wurden von Montfaucon praktisch angewendet in seiner *Bibliotheca Coisliniana olim Segueriana, sive manuscriptorum omnium Graecorum, quae in ea continentur accurata descriptio* (Paris 1715), deren Handschriften von Montfaucon nicht nur beschrieben, sondern zum Teil auch verglichen wurden.

Wenn wir absehen von einem Auszug der Montfauconschen *Palaeographia graeca (Epitome graecae palaeographiae, auctore D. Gregorio Placentinio. Romae 1735)*, so fand Montfaucon im 18. Jahrhundert wenig Nachfolger,
Villoison und schon aus diesem Grunde ist hier wenigstens d'Ansse de Villoison[1] zu nennen; seine Kollationen mögen unzuverlässig, seine Ausgaben veraltet sein, aber sie zeigen, daß er durch die Praxis paläographisches Interesse und Kenntnisse gewonnen hatte wie wenige seiner Zeitgenossen; das beweisen namentlich seine *Observationes in Longum* (1788), in denen er den Weg eröffnete, den später Bast erfolgreich betreten hat. In den *Prolegomena* zu seiner Ausgabe von *Apollonii sophistae lexicon homericum* (Paris 1773) widmet er der Paläographie neun Tafeln mit erklärendem Text p. LXXVII—LXXXI. Er gibt nicht nur eine längere Schriftprobe des von ihm benutzten *c. Coislinianus*, sondern außerdem eine Zusammenstellung der Buchstabenformen dieser Handschrift, die er allerdings bedeutend überschätzt, wenn er meint, sie sei Anfang des 10. Jahrhunderts geschrieben. Dann folgt eine für die damalige Zeit sehr dankenswerte, in allen Hauptsachen richtige *Tabula compendiorum litterarum* und endlich eine *Tabula terminationum*[2] nach verschiedenen Handschriften zusammengestellt.

[1] Boissonade, Critique littéraire. Paris 1863. 1. p. 480: Villoison.
[2] Vgl. Eurip. Iphigen. ed. Markland. Leipzig 1822. S. 188—189.

Es geht sogar die Sage, daß er wie Montfaucon eine griechische Paläographie geschrieben habe.[1] Allein unter seinen nachgelassenen Papieren (c. Par. Suppl. 929—966) hat sie sich nicht gefunden, sondern höchstens *Notes bibliographiques relatives à la Paléographie* und der Katalog seiner Bücher 961—965; ferner ein Exemplar von Montfaucons Paläographie mit Noten von Villoison (c. P. Suppl. 989). Auch in der Bibliothek von Vitry-le-François gibt es eine Handschrift Nr. 135 mit Noten Villoison zu Montfaucons *Palaeograph. gr.* Dazu bemerkt Ch. Joret:[2] *Cet ouvrage, que l'helléniste avait songé à composer, fut abandonné par lui. Il chargea Bast de remplir la tâche à sa place.*

Die Tafeln Villoisons sind von Fr. J. Bast mehr benutzt als zitiert, dessen *commentatio palaeographica* hinter H. Schaefers Ausgabe des Gregorius Corinthius (Leipzig 1811) als eine vermehrte und verbesserte Auflage seiner 1805 an Boissonade gerichteten *Lettre critique* angesehen werden kann. Ursprünglich wollte Bast nur zu Schaefers Ausgabe einen paläographischen Index schreiben, allein das Material vermehrt sich ihm unter den Händen so sehr, daß eine eigene Abhandlung in vier Abteilungen daraus wurde.[3] Ein Mangel an historischer Auffassung zeigt sich zunächst darin, daß er die Formen nimmt, wie sie eben sind, ohne zu fragen, wie sie entstanden. Durch seine umfangreiche Lektüre kennt Bast die Bedeutung der einzelnen Zeichen, die er wie etwas rein Konventionelles hinnimmt, ohne sich und seine Leser weiter mit Grübeleien über die Berechtigung und Erklärung des allmählich Gewordenen zu quälen. So sagt er z. B. p. 735: *Duplex Tau in Cod. Palat. 398 ita repraesentatur, ut posterius similitudinem habeat cum littera Gamma.* Ebenso p. 740: *Alpha. Haec vocalis interdum significatur sola lineola superscripta litterae antecedenti.* Das ist vollständig richtig; allein er hätte hinzufügen sollen, wie diese Form zu begreifen ist, wie und wann sie entstanden und verschwunden. Bast

Bast will nichts weiter, als die Fehlerquellen unserer Handschriften paläographisch nachweisen. In engsten Sinne philologisch, ohne sich um die paläographische Chronologie zu kümmern, sucht Bast die Korruptelen aus der Verwechselung verwandter Zeichen zu erklären und hat zur Begründung ein sehr umfangreiches Material teils eigener teils fremder Erklärungs- und Verbesserungsvorschläge zusammengestellt. Ein Blick auf die sieben Tafeln zeigt, daß Bast sich allzusehr an die jüngern Minuskelhandschriften gehalten hat, aus deren

[1] Hoefer, Nouv. biographie univers. 13 p. 15 u. d. W. Dansse.

[2] Revue de philol. 32. 1908. p. 175—180; Revue critique 23. Juli 1908. p. 80.

[3] A. de singulis litteris p. 703, B. Compendia p. 740, a) singularum p. 740, b) singularum syllabarum p. 749, c) integrarum vocum p. 781. C. De usu literarum ad numeros indicandos p. 850, D. Miscellae observationes p. 855 mit Nachträgen p. 914—938.

verschlungenen Schnörkeln sich so ziemlich jede Korruptel erklären läßt, während doch in vielen Fällen die Vorfrage gestellt werden mußte, ob nicht so alte Handschriften vorhanden sind, die ein Vorgreifen auf jene entwickeltsten Formen der späteren Schrift überhaupt verbieten. Wenn nun auch einige von diesen Vorschlägen Basts einen etwas schablonenhaften Charakter haben, weil nicht die sachliche Notwendigkeit sondern die paläographische Möglichkeit das Entscheidende ist, so soll damit sein großes Verdienst durchaus nicht geleugnet werden; seine Commentatio bietet eine Fülle feiner Einzelbemerkungen und eignet sich vorzüglich zur Einführung in die Textkritik der griechischen Schriftsteller. Die sieben dazu gehörigen Tafeln am Schlusse sind leider nicht besonders ausgefallen: sie sind technisch schlecht ausgeführt und so angeordnet, daß es immer mit Schwierigkeit verbunden ist, die dazu gehörige Stelle des Textes zu finden. Deshalb sind *Excerpta ex Bastii*
Hodgkin *Commentatione* (Oxford 1835) von J. Hodgkin gemacht und alphabetisch angeordnet. Aus derselben Zeit stammt: K. Sakellaropoulos, *Ἐγχειρίδιον ἑλληνικῆς παλαιογραφίας*. Malta 1837 (nicht 1873 wie Lambros schreibt). 4°. 33 S., ein Werk, das nur seines Titels wegen hier erwähnt wird; in Wirklichkeit ist es nicht ein Handbuch der Paläographie sondern der Epigraphik.

Als Nachfolger von Bast kann man bis zu einem gewissen Grade
Schubart und Walz Joh. Heinr. Christ. Schubart und Chr. Walz betrachten, die zusammen den Pausanias 1838 herausgegeben und durch die schlechte Beschaffenheit ihrer jungen Handschriften gezwungen waren, sich den Archetypus durch paläographische Beobachtungen zu rekonstruieren. Beide legten in einem eigenen Werke über ihre Methode Rechenschaft ab. Schubart: Bruchstücke zu einer Methodologie der diplomatischen Kritik (Kassel 1855) und Einige Bemerkungen, Fragen und Wünsche zur Paläographie und Kritik (Ztschr. f. Alth. 1856. 97) und Walz in seiner *epistola critica ad Jo. Fr. Boissonade . . affixa est tabula palaeogr.* Stuttgart 1831.

Dasselbe was für den Pausanias im großen, gilt mehr oder weniger für die anderen griechischen Schriftsteller im kleinen, daß nämlich ihren Herausgeber auf Schritt und Tritt paläographische Fragen entgegentreten; und man wundert sich mit Recht, daß ein so riesiges Werk wie die Herausgabe des Corpus der byzantinischen Historiker für die griechische Paläographie ohne Folgen geblieben ist. Da Deutschland arm ist an guten griechischen Handschriften,
Gräcisten so haben die neuern deutschen Gräcisten meist von Montfaucon und Bast gelernt; sie haben wohl praktisch in feinen Verbesserungen und Beobachtungen ihre paläographischen Kenntnisse gezeigt und verwertet, aber selten rein paläographische Bücher und Abhandlungen geschrieben. Sie wendeten sich vor den neueren Papyrusfunden mehr den Grenzgebieten zu, die für den Paläographen ebenfalls wichtig

sind, wie z. B. Gelehrten- und Bibliotheksgeschichte. Von ausländischen Gelehrten ist zunächst Madvig zu nennen als Verfasser der *Adversaria critica ad scriptores graecos* (Kopenhagen 1871). Bei den Holländern nimmt auch in dieser Beziehung den ersten Platz ein C. G. Cobet, der sich in seinen *Observationes criticae et palaeographicae ad Dionysii halicarnassensis antiquitates romanas* (Leiden 1877), sowie in seinen *Miscellanea critica* und *Variae* und *Novae lectiones* in einer Reihe zerstreuter Artikel und in seinen Ausgaben als einen der besten Kenner der griechischen Sprache und Schrift bewährt hat. Von seinen Schülern erwähne ich J. G. Vollgraff mit seinen *Studia palaeographica* (Lugd.-Batav. 1871) und andere, deren Konjekturen in den Heften der Mnemosyne zerstreut sind.

Ferner verdienen hier diejenigen eine besondere Erwähnung, welche sich praktisch als griechische Paläographen bewährt haben, durch Anfertigung griechischer Handschriftenkataloge. Je mehr fast alle größeren Bibliotheken Europas in dieser Beziehung in Rückstand waren aus Mangel an tüchtigen Arbeitern, die sich an solche Arbeiten herangewagt hätten, um so mehr Dank verdient H. O. Coxe (gest. 10. Juli Coxe 1881)[1] durch seine Kataloge griechischer Handschriften in den Bibliotheken Oxfords und in den Klöstern des Orients. Auch E. Miller hat Miller durch seinen Katalog die Schätze des Eskorial dem größeren Publikum erst erschlossen. Was E. Miller begonnen, wurde fortgesetzt durch Ch. Graux (gest. 13. Jan. 1882)[2], der in gleicher Weise auch die kleineren Graux Bibliotheken Spaniens ebenso wie später Kopenhagens nach griechischen Handschriften durchsuchte und in einer Reihe von Aufsätzen in den *Archives des missions scientifiques*, III. sér. t. 5 p. 111, t. 7 p. 73, in der *Revue critique* und der von ihm redigierten *Revue de philologie* ungewöhnliche Kenntnisse in griechischer Paläographie gezeigt hat.[3]

Nach seinem allzufrühen Tode wurden seine Arbeiten von einem seiner Schüler, H. Omont, weitergeführt; der sich nicht nur auf die Omont griechischen Handschriften in Frankreich beschränkte, sondern seine Forschungsreisen ausdehnte bis nach Belgien, Holland, Spanien, die Schweiz, Skandinavien und teilweise sogar bis nach Deutschland, um dort die Bibliotheken zu studieren und zu katalogisieren.

Den Spuren von Coxe folgend wendete Lambros sich nach dem Lambros Athos, um die Bibliotheken der einzelnen Klöster (bis auf Lavra und Vatopaedi) zu katalogisieren: *Catalogue of the gr. mss. on M. Athos*, 1, 2 (Cambridge 1895—1900), außer einigen kleineren Sammlungen im Königreich Hellas.

[1] The Academy, July 16. 1881. p. 49 ff.

[2] Revue internationale de l'enseignement No. 2. 15. Févr. 1882. p. 113 ff.

[3] Vgl. Graux, Ch., Notices bibliographiques, Paris 1884. Les articles originaux, Paris 1893.

Ungefähr zu gleicher Zeit wie Lambros den Athos besuchte der Verfasser den Sinai; er veröffentlichte später den *Catalogus codd. gr. Sinaiticorum* (Oxford 1886). Das Resultat beider Forschungsreisen war dasselbe, daß von den Bibliotheken der griechischen Mönche für das klassische Altertum wenig zu hoffen ist.

Daneben haben aber auch Theologen und Historiker neuerer Zeit die griechische Paläographie resp. verschiedene Teile dieser Disziplin kultiviert. — Eine Einleitung in das Neue Testament, Untersuchungen über die Entstehung der neutestamentlichen Schriften sind natürlich nicht möglich ohne auch die äußeren paläographischen Fragen zu berühren, die denn auch in der Tat in diesen Werken meistens behandelt werden; aber bei diesem beschränkten Gebiete können die meisten doch nicht Paläographen genannt werden.

In etwas höherem Grade, als die meisten Theologen, verdient aber C. Tischendorf diesen Namen; er nannte sich mit Vorliebe „Professor der biblischen Paläographie". — Ich weiß nicht wer diesen Begriff erfunden hat; ich weiß nur, daß es so wenig eine biblische wie eine homerische und sophokleische Paläographie gibt, und wenn es eine gäbe, so müßte sie mindestens doch an erster Stelle die hebräische Paläographie umfassen. Bezeichnend ist es aber, daß Tischendorf daran festhielt; denn die Paläographie war für ihn fast gleichbedeutend mit der Kenntnis der Unziale, und auf diesem Gebiete war er Meister wie kein anderer. Er war bekanntlich mit dem eigenen Lobe nicht sparsam, aber wenn er von sich rühmt: „Es hat noch keiner der neutestamentlichen Kritiker und Paläographen mehr oder auch nur gleich viele griechische Uncialcodd. als ich zu Gesicht bekommen",[1] so sagt er damit nicht zu viel. Aber darauf beschränkte sich auch seine Kenntnis. Doch hat er wenigstens den Versuch gemacht, die Minuskelformen unserer Drucke zu verbessern, indem er das moderne griechische Alphabet, wie es niemals und nirgends geschrieben wurde, durch die älteren Formen der mittleren Minuskel ersetzte. Man kann nun fragen, ob seine erstaunliche Kenntnis der Unziale ihn in den Stand setzte, eine Paläographie zu schreiben, ja man muß noch weiter gehen und fragen, ob er selbst wirklich ernstlich beabsichtigt hat, eine vollständige Paläographie zu schreiben. Tafeln[2] sollen allerdings schon im Jahre 1840 gestochen sein, allein auf der Halleschen Philologenversammlung vom Jahre 1867 malt er diesen Plan in solcher Weise aus, daß er wiederum fast ausschließlich die ältesten Zeiten berücksichtigt. Diese

---

[1] Theol. Studien und Kritiken 1844. I. 487 A.

[2] Nov. Test. ed Tischend. ed. VII crit. maior. Lps. 1859, p. CXXXIII u. Multis ex annis novam Palaeographiam Graecam praeparo, quam ad adornandam specimina codicum plurimorum vetustissimorum iam inscripta sunt lapidi. (Vgl. Lit. Centralbl. 1864. S. 549.

verspricht er in solcher Ausführlichkeit zu behandeln, daß eine ganze Paläographie in diesem Zuschnitt die Kräfte eines Menschen übersteigen würde. Er stellt daselbst einen *Codex Palaeographiae Graecae* in Aussicht mit 300 Unzialschriftproben mit den damals noch unbekannten Fragmenten des Menander, des euripideischen Phaëthon usw.

Viel enger waren die Grenzen, die sich W. Wattenbach steckte bei seiner Anleitung zur Griechischen Paläographie (Leipzig 1867. III. Aufl. 1896). Wattenbach tritt gar nicht mit dem Anspruch auf, ein abschließendes Werk zu liefern, er will nur das arg vernachlässigte Studium der griechischen Paläographie durch ein neues Handbuch erleichtern; sein Ziel war erreichbar, und er hat es erreicht. Mit großer Ausführlichkeit verfolgt er die mannigfaltigen Formen, die ein Buchstabe unter verschiedenen Verhältnissen in verschiedenen Zeiten annehmen kann.[1] Was man aber schmerzlich vermißt, sind bestimmte historische Daten, welche die zeitliche Bestimmung z. B. eines Minuskelkodex ermöglichen, wie sie, ohne datierte Handschriften zugrunde zu legen, allerdings unmöglich ist; nur selten gibt er deshalb ein selbständiges Urteil über das mutmaßliche Alter einer griechischen Handschrift.

Leider ist Wattenbachs Anleitung weniger nach den Handschriften, als nach gedruckten Büchern geschrieben. Zugrunde gelegt sind Montfaucon und Bast, aber alles was seitdem erschienen ist und mit der griechischen Paläographie in direkter oder indirekter Verbindung steht, wird mit großer Vollständigkeit angeführt. Sehr dankenswert ist eine Zusammenstellung der Unzialhandschriften, einiger datierten Papyrusurkunden und von Schriftproben der datierten Minuskel. Aber der Raum reichte nicht aus. Kenyon sagt, Wattenbachs *work is not so much an introduction to Greek palaeography as to the litterature of Greek palaeography.* Unberücksichtigt geblieben ist alles was mit Schreibern, Bibliotheken, Pergament, Tinte, Feder usw. zusammenhängt, dies behandelt Wattenbach in seiner vortrefflichen Geschichte des Schriftwesens im Mittelalter. Leipzig 1871, dritte vermehrte Auflage 1896.

Wattenbachs Hauptverdienst um die Paläographie ist natürlich auf seiten des Lateinischen zu suchen, und auch in seiner Geschichte der Schriftwesen ist die griechische Paläographie im Verhältnis zur lateinischen etwas stiefmütterlich behandelt; aber das konnte kaum anders sein bei dem viel reicheren Material, das dem Verfasser hier zu Gebote stand, und bei dem Wunsche der Leser, für welche das Buch zunächst geschrieben wurde: und außerdem sind so viele Partien der griechischen und römischen Paläographie gemeinsam, daß für die Sache nicht viel darauf ankommt, ob dieselben mit griechischen oder

[1] Graux, Ch., Revue crit. 1877 p. 396. — Kenyon, Class. Review 9. 1895. S. 165.

lateinischen Beispielen belegt und erläutert werden. Gerade in diesen gemeinsamen Partien verdankt auch die gegenwärtige Darstellung Wattenbachs Schriftwesen vieles. andrerseits wird aber auch der Kundige leicht herauserkennen, wie vieles wir auf einem Gebiete, das so oft bearbeitet ist, gemeinsamen Vorarbeiten verdanken, z. B.: der sehr soliden Arbeiten von Ch. G. Schwarz *de ornamentis librorum* (Leipzig 1756).

Gardthausen Von eigenen Arbeiten nenne ich der Vollständigkeit wegen meine Beiträge zur griechischen Paläographie (Sitzungsberichte der K. Sächs. Gesellsch. d. W. 1878 S. 1). Der griechische Ursprung des armenischen Alphabets (Zeitschr. d. D. morgenl. Gesellsch. 1876 S. 74 ff.) und zur Tachygraphie der Griechen (Hermes 11 S. 443—457: ferner Byzant. Zeitschr. 11 S. 112, 14 S. 616, 15 S. 227). Ursprung und Entwicklung der griechisch-lateinischen Schrift (German-Roman. Monatsschr. 1909 S. 273). Tachygraphie oder Brachygraphie Archiv f. Stenogr. 56 S. 81). Geschichte der griechischen Tachygraphie (Archiv f. Stenogr. 57 S. 1. 49).

Die erste Auflage dieses Lehrbuchs erschien im Jahre 1879. Ohne Wissen des Verlegers und Verfassers erschien dann davon ein ziemlich dürftiger Auszug von Ch. Cucuel, *Eléments de paléographie grecque d'après la Gr. Palaeogr. de* V. Gardthausen (Paris 1891), der noch nicht einmal den Versuch machte, das umfangreiche seit 1879 bekannt gewordene Material nachzuweisen.

In Iwan Müllers Handbuch der klassischen Altertumswissenschaft

Blass Bd. 1 hat Fr. Blass die Paläographie (gr. u. lat.) behandelt I. Aufl. 1886. II. Aufl. 1892): die griechische Paläographie auf 24 Seiten, Buchwesen und Handschriftenkunde auf 22 Seiten. Wenn dem Verfasser zehnmal soviel Platz zur Verfügung gestanden hätte, so hätte man bei der Gelehrsamkeit und seinen paläographischen Kenntnissen auf dem Gebiete des Altertums etwas Befriedigendes erwarten dürfen: aber auf diesen engen Raum konnte er höchstens sein Programm skizzieren und Litteraturangaben hinzufügen; nur einige Abschnitte, die ihn besonders interessierten, hat er etwas näher ausgeführt.

Thompson Thompson, E. M., *Handbook of greek and latin palaeography* (London 1893). Es ist eine Neubearbeitung eines längeren Aufsatzes, den der Verfasser für die *Encyclopaedia Britannica*[1] übernommen hatte.[2]

Für uns kommt hier natürlich nur die erste Hälfte in Betracht. Das Hauptverdienst dieses anspruchslosen Büchleins liegt auf dem Gebiete der Cursive, in dem die massenhaften Papyrusfunde, die seit

[1] Thompson, E., Italien. Übersetzung v. Fumagalli, Milano 1890.

[2] Vgl. in der IX. Aufl. 1885 v. 19. p. 143—165. seinen Artikel Palaeography in der Encyclopaedia Britannica, Suppl. 31 (1902). S. 440—447. — Kenyon, F. G., die Artikel Writing und Papyri in Hastings Dictionary of the Bible 4 (1902) und im Supplementband dazu.

dem Erscheinen der ersten Auflage meines Lehrbuches gemacht waren, verwertet wurden für die Grundlinien einer Geschichte der Papyrusschrift.

Sp. Lambros, der verdienstvolle Herausgeber der Athoskataloge, der in einer ganz von ihm geschriebenen Zeitschrift *Νέος Ἑλληνομνήμων* und in den *Μικτ. σελίδες* (Athen 1905), so viele verschiedene Fragen der Paläographie behandelte, hat beide Teile ins Neugriechische übersetzt: *Ἐγχειρίδιον ἑλληνικῆς καὶ λατινικῆς παλαιογραφίας* (Athen 1903), es ist eine Übersetzung, bei der manche sehr umfangreiche Anmerkungen die Gelehrsamkeit und praktischen Handschriftenkunde beweisen; dadurch hat das Werk einen Umfang von 500 Seiten bekommen.

Auf die spezielleren Arbeiten z. B. der Papyrusforscher, welche so erfolgreich in den letzten Jahrzehnten in den Vordergrund getreten sind, können wir hier natürlich nicht eingehen.

Von Zeitschriften paläographischen Inhalts nenne ich: Krumbachers Byzant. Zeitschrift. Wessely, Studien zur Paläographie und Papyruskunde 1 ff. (Leipzig 1901; s. Lit. Centralbl. 42. 1901. S. 1722). Mitteilungen aus der Sammlung der Papyrus Erzherzog Rainer 1. (Wien 1886 ff.). Wilcken, Archiv f. Papyrusk. und Verw. (Leipzig 1900). Lambros, *Νέος Ἑλληνομνήμων* (Athen 1904). *Βυζαντίς* 1. 1909. Byz. Chronica 1. 1894 (russ.). Das von E. Monaci herausgegebene *Archivio paleografico italiano* behandelt ausschließlich abendländische Paläographie; ferner A. Labitte, *Le Manuscrit. Revue spéciale* (Paris 1894), der aber bis jetzt ausschließlich das Abendland berücksichtigt. Zeitschriften

Schriftproben.[1]

Das erhöhte Interesse und zugleich der größere Erfolg des Studiums der griechischen Paläographie erklärt sich nicht zum wenigsten aus der veränderten Arbeitsweise unserer Zeit. Die Originale, die der Paläograph zu studieren hat, sind weit verstreut und konnten durch nichts ersetzt werden. Die meisten Forscher mußten sich also mit dem begnügen, was ihnen ohne Schwierigkeit erreichbar war: das hat sich jetzt geändert; wenn der Forscher nicht zu den Handschriften kommen kann, so kommen die Handschriften zum Forscher. Die vervollkommnete Technik unserer Zeit versorgt ihn mit Nachbildungen der Handschriften, die, wenn auch nicht für alle, so doch für die meisten Fälle ausreichen.

Ganz fehlten die Schriftproben allerdings nicht. In früherer Zeit

[1] Meier, P. G., Die Fortschr. d. Paläogr. m. Hilfe der Photogr. Bibliogr. Versuch s. Centralbl. f. Biblioth. 17. 1900. S. 1. — Omont, Listes des recueils de facsimilés et des reproductions de mss. conservés à la Bibl. Nat. s. Revue des bibl. 13. 1903. p. 11.

war man, abgesehen von Montfaucon und Gail,[1] fast ausschließlich auf die Proben in den griechischen Handschriftenkatalogen von Florenz und besonders Venedig angewiesen; namentlich die Bibliothek von S. Marco besitzt eine stattliche Reihe datierter Handschriften, von denen Zanetti gute und meistens auch etwas umfangreichere Proben seinem Katalog beigegeben hat, während die griechischen Schriftproben in Bianchinis *Evangelium quadruplex* weniger gelungen sind.

Silvestre Auch Silvestres *Paléographie universelle* (Paris 1841), deren zweiter Band griechische und lateinische Schriftproben enthält, genügt keineswegs den Anforderungen, die wir heute an eine solche Publikation stellen; sie ist nach Tischendorf (Verhandl. der Halleschen Philologenversammlung 1867) „ein prächtiges Bilderbuch, und als solches hat es sein Verdienst; aber gerade die griechischen Faksimiles darin sind teils durch eigenmächtige Verschönerungen entstellt, teils zeichnen sie sich durch die gröbsten Fehler aus. Von dergleichen strotzt z. B. das Faksimile aus dem berühmten Vatikanischen Bibelkodex, wo alle ähnlichen Buchstaben C E O Θ miteinander verwechselt werden. Der Verfasser war Maler und Künstler, aber kein Gelehrter, er verstand nicht einmal das Griechische zu lesen."

Ritschl Diesem immer mehr sich fühlbar machenden Mangel wollte Ritschl schon im Jahre 1840 abhelfen durch einen *Codex palaeographicus* als Handbuch für Philologen zum Selbststudium der griechischen und lateinischen Paläographie.[2]

Nach den Andeutungen des Technikers (S. 578) scheint man eine Art von autographischer Vervielfältigung „nach neuen Durchzeichnungen" der Originale (S. 584) ins Auge gefaßt zu haben. So wichtig dieses Werk nun auch nach dem damaligen Stande der Technik hätte werden können, so wäre es dennoch durch die unerwartet schnelle Ausbildung des photographischen Druckes bald in den Hintergrund gedrängt worden, und Ritschl selbst hat bei der Reproduktion von Inschriften in seinem *Priscae latinitatis monumenta epigraphica* einem anderen Verfahren den Vorzug gegeben. Von dem projektierten *Codex palaeographicus* ist nur ein einziges Heft vorbereitet, aber nie erschienen.

Westwood Westwoods *Palaeographia Sacra Pictoria* (London 1843) ist für unsere Zwecke so gut wie wertlos, weil bei der Zusammenstellung nicht die Schrift, sondern der Inhalt maßgebend gewesen ist. Westwoods Arbeit wäre als Teil der Einleitung in eine große Polyglottenbibel am Platze gewesen, statt dessen aber macht sie den Versuch, eine eigene Disziplin einer *Palaeographia sacra* zu bilden.

[1] Spécimens de mss. grecs. par J. B. Gail, Paris 1825 (4°). 36 pl.

[2] Ritschelii opuscula philol. V. p. 577—584.

Wilken

Auch die Sammlung der Proben von Pariser und Heidelberger Handschriften, die Wilken auf elf Tafeln zusammenstellte auf Kupferplatten, die in den Besitz der Berliner Universitätsbibliothek übergingen, macht bei der mangelhaften Ausführung und dem gänzlichen Mangel eines erläuternden Textes einen durchaus unfertigen Eindruck.

Sabas

Viel brauchbarer und dankenswerter sind die ПАЛЕОГРАФИЧЕСКИЕ СНИМКИ *Specimina Palaeographica codicum graecorum et slavonicorum bibliothecae mosquensis synodalis saec. VI—XVII edidit Sabas, episcopus Mojaisky.* Moskau 1863.[1] Die Bedeutung dieses Werkes beruht durchaus nicht auf den Blättern mit Proben von Unzialhandschrift: dieselben sind weder sachlich noch graphisch von besonderer Wichtigkeit und außerdem meistens zu hoch hinaufgerückt in bezug auf Alter und Schätzung. Die Bedeutung dieser *specimina* beruht vielmehr in einer chronologisch geordneten Reihe von Schriftproben datierter Minuskelhandschriften von 880—1630, denen man zuweilen allerdings einen größeren Umfang wünschen möchte, deren technische Reproduktion durch Photolithographie aber wenig zu wünschen übrig läßt. Es ist also sehr wertvolles Material, für das wir dem Herausgeber verpflichtet bleiben, auch wenn wir sehen, daß er nicht imstande war, es zu verwerten. An einem Versuch hat er es wenigstens nicht fehlen lassen. Er gibt am Schluß eine Tafel von unzialen Alphabeten vom 5. Jahrhundert vor, bis zum 9. Jahrhundert nach Chr., wozu er ohne Unterschied Inschriften und Handschriften, Unziale und Cursive heranzieht. Auf einer zweiten Tafel gibt er die Alphabete der vorangeschickten Minuskelschriftproben ganz in derselben Weise wie es früher ebenfalls vergeblich schon Seroux d'Agincourt, *Histoire de l'art* vol. V pl. 81 für das 8—13. Jahrhundert versucht hatte; doch diese unzusammenhängenden Buchstaben können natürlich kaum eine Idee geben von dem Charakter der Schrift, geschweige denn — ohne Berücksichtigung der Ligaturen — eine chronologische Bestimmung undatierter Handschriften ermöglichen. — Dann folgen noch Tab. IX—XIII *Abbreviaturae Graecae e variis Synodalis bibliothecae codicibus, argumenti praecipue liturgici, desumptae,* deren Grundstock jedoch die Listen von Montfaucon und Ducange bilden; Basts *commentatio palaeopraphica* scheint Sabas in der Tat nicht gekannt und benutzt zu haben. Diese Ergänzungen der früheren Listen sind nun allerdings sehr verschiedener Natur, denn es sind Formen aufgenommen, die bis auf den letzten Buchstaben ausgeschrieben sind und die nur wegen etwas ungewöhnlicher verschnörkelter Formen für den ersten Augenblick Schwierigkeiten machen können. Auch die Anordnung und die Transkription der Abkürzungen läßt mancherlei zu

[1] Vgl. Lit. Centralbl. 1864. S. 548—550.

wünschen übrig. Daß der slawische Teil von dem griechischen nicht getrennt ist, verteuert das Buch sehr, das ohnehin vergriffen ist.

Amphilochios In die Fußstapfen von Sabas ist der Archimandrit Amphilochios getreten; es sind großenteils dieselben Moskauer Handschriften, die er allerdings in umfangreicheren Proben, aber keineswegs besser veröffentlicht hat: *Paleografičeskoje opisanie grečeskich rukopisej IX i X věka, opredělennych lět, s. 26 tablicami snimkov v dvě kraski. T. I. Trud Arch. Amphilochija.* Moskau 1879. Paläogr. Beschreib. griech. datierter Handschriften des 9. u. 10. Jahrhunderts. Vgl. Jagić, Archiv f. slav. Philol. 4. 1880. S. 697. Es sind dann noch drei Teile gefolgt mit Proben bis herab zum Jahre 1627.

Anhangsweise ist hier noch sein Werk zu nennen: *O vlijanii grečeskoj pismennosti na slavjanskuju*, d. h. Über Einfluß der griechischen Schrift auf die slawische. Moskau 1872, mit Abbildungen. Taf. XXXVI gibt allein schon 32 datierte Unzialalphabete von 694—1103, daran schließen sich viele datierte Initialen und Ornamente.

Wattenbach Auch Wattenbach hat dem gelehrten Publikum eine Reihe von griechischen Handschriften in Faksimiles zugänglich gemacht, die sich im Laufe von zehn Jahren sehr vervollkommnet haben. Zugleich mit der ersten Auflage seiner Anleitung erschienen XII Schrifttafeln, die jedoch nur zu deutlich zeigen, daß die Autographie nicht ausreicht für paläographische Zwecke, und daß die Schätze der Heidelberger Bibliothek nicht genügen, um ein Bild von der Entwickelung der griechischen Schrift zu geben. — Ebensowenig reicht aber dazu aus, was Berlin an griechischen Handschriften zu besitzen scheint, nach den Proben zu urteilen, die Wattenbach davon gegeben in seinen Schrifttafeln zur Geschichte der griechischen Schrift und zum Studium der griechischen Paläographie, Taf. 1—20. Berlin 1876.[1] Während nämlich die ersten Tafeln nach früheren Publikationen reproduziert wurden, sind die Tafeln VIII, XII—XX allerdings direkt nach den Originalen vervielfältigt. Allein jene Originale sind weder in bezug auf den Inhalt noch auf die Schrift von hervorragender Bedeutung; sie sind nicht von ihren Schreibern datiert und auch ihr Herausgeber macht keinen Versuch in dieser Richtung, während doch Proben datierter Handschriften, die doch auch in Deutschland erreichbar sind, als Lesestücke für den Anfänger genau dieselben Dienste geleistet, für wissenschaftliche Untersuchungen dagegen ganz anderen Wert gehabt hätten.

In einer zweiten Abteilung seiner Schrifttafeln, die in Berlin 1877 erschienen,[2] sind wenigstens nicht wieder die theologischen, teilweise

[1] Schöll, R., Jenaer Literaturzeitung 1876. S. 235 und Graux, Ch., Revue critique 1876. p. 273—276.

[2] Graux, Ch., Revue critique 1878. p. 201—204.

archaisierenden Berliner Handschriften zugrunde gelegt. — Die zweite Auflage beider Hefte führt den Titel *Scripturae graecae specimina in usum scholarum collegit et explicavit* G. Wattenbach. Berlin 1883 (30 Taf.) ebenso die dritte 1887.

Manche von den Schriftproben der neueren Auflagen sind bloß beibehalten, weil sie in der älteren bereits vorhanden waren. Durch Ausmerzung des Nichtssagenden und eine bessere Auswahl ausschließlich datierter Proben würden diese *Scripturae specimina* viel brauchbarer geworden sein. So hätte sich eine Sammlung von ca. 25 Tafeln herstellen lassen, die bei mäßigem Umfang und Preise den praktischen Übungen hätte zugrunde gelegt werden können. Leider fehlt eine solche Sammlung uns jetzt vollständig.

Als Ergänzung dazu erschien: *Exempla codicum graecorum litteris minusculis scriptorum*,[1] von W. Wattenbach und A. von Velsen, Heidelberg 1878, die sich durch die Güte der technischen Ausführung von den früheren Wattenbachschen Publikationen unterscheiden und den *Exempla codicum latinorum* von Wattenbach und Zangemeister entsprechen. Da Wattenbach und von Velsen für die ältere Zeit Handschriften ausgesucht haben, die von der gleich zu erwähnenden *Palaeographical Society* bereits in Proben publiziert waren, so fordern sie dadurch zu einer Vergleichung gleichsam heraus, die insofern ungünstig für die deutsche Technik ausfällt, als mehrere Tafeln bei Wattenbach unnatürlich dicke, ausgequollene Schriftzüge zeigen; ein Fehler, der sich wahrscheinlich durch Verkleinerung bei der ersten photographischen Aufnahme und spätere Vergrößerung auf den wirklichen Maßstab hätte vermeiden lassen. Es verdient nur Beifall, daß die undatierten Proben hier bereits auf die kleinere Hälfte (T. 29—50) beschränkt sind. Die erste größere Hälfte (T. 1—28) gibt Proben datierter Handschriften von 835—1494. — Dies Prinzip, dem wir noch eine konsequentere Durchführung gewünscht hätten, muß als das einzig richtige anerkannt werden. Wattenbach und Velsen

Dagegen könnte man mit den Herausgebern rechten wegen der Auswahl. Denn von den 50 Tafeln geben wenigstens 28 Nachbildungen von Handschriften, deren Schriftproben schon anderweitig publiziert sind. Namentlich ist es schwer zu erklären, weshalb die Marciana in Venedig so stark vertreten ist, denn Wattenbach sagt selbst: „Eine vortreffliche Reihe datierter Schriftproben von 905—1470 findet sich in dem Katalog der griechischen Handschriften der Markusbibliothek zu Venedig“.[2] Nicht jedes Faksimile bei Zanetti ist allerdings so lang als man wünschen möchte; jedoch bei der Masse datierter, aber noch nicht faksimilierter Handschriften hätte es sich empfohlen, nur

[1] Siehe die Anzeige im Lit. Centralbl. 1878. Sp. 322. Revue critique 1878. p. 204—205.

[2] Wattenbach, Anleitung[3] S. 5.

wirklich neues Material heranzuziehen, wie es in Paris, London und Oxford mit so geringer Mühe zu finden gewesen wäre.

Omont Auch Omont hat in verschiedenen unabhängigen Werken Schriftproben fast für alle Teile der Paläographie gegeben, mit Ausnahme der Papyrusschrift: *Facsimilés des plus anciens mss. gr. en onciale et en minuscule . . du IVe au XIIe siècle* (Paris 1892). 50 Tafeln; *Facsm. des mss. gr. datés . . du IXe au XIVe siècle* (Paris 1890). 100 Tafeln in Lichtdruck; *Facsm. des mss. gr. des XVe et XVIe siècles* (Paris 1887); *Recueils de facsm. de mss. publ. en 1903*, s. Journ. d. Sav. 1904. p. 298 (nicht gr.); *Facsim. de mss. gr. lat. et franç. exposés d. la galerie Mazarine (Bibl. Nat.)* (Paris s. a.).

Palaeogr. Society Das beste, was bis jetzt in der Nachbildung von Handschriften erreicht ist, leistet die von Bond und Thompson geleitete *Palaeographical Society* in London Ser. I ff. (seit 1873). Eine Neugründung erfolgte im Jahre 1902: *A new palaeographical society* s. *the Athenaeum* 1902. No. 3882. p. 371. Jede der prachtvollen Tafeln ist begleitet von einer genauen Transkription und einer zwar knappen, aber für diesen Zweck ausreichenden Beschreibung der Handschrift. Die griechischen Proben bleiben allerdings in der Minorität, dafür ist aber die Auswahl musterhaft zu nennen; fast alle Minuskelcodices sind datiert oder datierbar; und wenn der Vorstand auch einige Proben der ältesten griechischen Inschriften gegeben hat, so rechtfertigt sich diese Ausnahme durch die große Wichtigkeit derselben für die Geschichte des griechischen Alphabets.

Collezione Florentina Dieser Publikation stellt sich würdig an die Seite die *Collezione fiorentina di facsimili palaeografici greci e latini illustr. da Girol. Vitelli e Cesare Paoli.* Firenze 1884 ff., die mittelst eines anderen, aber ebenfalls vorzüglichen Verfahrens die Schätze der Florentiner Sammlungen einem größeren Publikum zugänglich gemacht hat.

Schließlich nenne ich noch: Graux et Martin, *Facsimilés de manuscr. gr. d'Espagne*; *texte et atlas* (Paris 1891); und *Collection de réproductions de mss. publ., par* L. Clédat. *Auteurs grecs publ.*, par F. Allègre. I. Paris. 1891 = Aristot. Poëtik s. u. S. 22; Thompson and Warner, *Catalogue of anc. mss. in the Brit. Museum I* (London 1881); Kenyon, *Facsimiles of biblical mss. in the Brit. Mus.* (London 1900).

Von einer Aufzählung einzelner Tafeln, die größeren Publikationen beigegeben sind, müssen wir hier natürlich absehen. Beachtenswert sind die Vorschläge von H. Rabe, ein Verzeichnis aller reproduzierten Handschriften und Handschriftenteile aufzustellen, um namentlich die Tafeln zusammenzufassen, die in den Ausgaben der Schriftsteller zerstreut sind.[1]

Papyrus An letzter Stelle nenne ich die Papyruspublikationen der neueren Zeit. Die *Papyrus grecs* erschienen 1865 in den *Notices et Extraits des*

[1] Berl. Philol. Wochenschr. 1909. S. 945.

manuscrits XVIII. 2 vorbereitet von Letronne und nach dessen Tode (gest. 1848) herausgegeben von Brunet de Presle und Egger. Das Hauptverdienst fällt entschieden Letronne zu, der aber leider nicht alle Stücke bearbeitet hat, daraus erklärt sich eine gewisse Ungleichmäßigkeit in der Behandlung; bei manchen Urkunden vermißt man ungern die ausführliche Erklärung und ausgebreitete Gelehrsamkeit Letronnes.[1] Aber auch hier ist die Urkunde wenigstens entziffert und so weit wie möglich transkribiert; ein Verdienst, das wir leicht zu unterschätzen geneigt sind, wenn wir eine Transkription nicht zu machen, sondern bloß zu kontrollieren haben. Der dazu gehörige Atlas ist von Th. Devéria meisterhaft lithographiert, weil die Photographie damals für den Papyrus nicht ausgereicht hätte. Jetzt hat sich die Technik sehr vervollkommnet. Nach den *C. R. du Congrès internat. d'archéol.* (Cairo 1909) p. 240 hielt dort L. Lefebvre einen Vortrag, wie Papyrus zu photographieren sei. Wilken, Tafeln zu älteren griech. Paläogr. (Leipzig 1891) hat für Papyrus Lichtdruckverfahren angewendet, Wessely wenigstens teilweise. Von umfangreichen Papyruspublikationen[2] sind noch zu nennen: *Greek Papyri in the Br. Mus.* 1891; Aristoteles' *Ἀθηναίων πολιτεία* ed. Kenyon (London 1891) und *The poems of Bacchylides. Facsim. of Pap. DCCXXXIII* (London 1897). Herodas. *Facsim. of the Pap. CXXXV in the Brit. Mus.* (London 1892). Hyperides von Babington und von Revillout. Lichtdrucke des Theaetet-Papyros (Berlin 1905).

Ganze Handschriften.[3]

Für unsere Kenntnis namentlich der Unziale ist es von großer Wichtigkeit, daß man sich endlich entschlossen hat, ganze Codices und nicht bloß einzelne herausgegriffene Blätter zu phototypieren. Schon St. Julien hatte seiner Ausgabe des Coluthus (Paris 1822) ein Faksimile der ganzen Handschrift beigegeben. Für den Paläographen wie für den Bibelforscher ist gleich wichtig: *Facsimile of the Codex Alexandrinus. New Testament and Clementine epistles: Published by order of the trustees* (London 1879), 1 Bogen und 144 einzelne Blätter,[4] und *Codex Alexandrinus in reduced photogr. facsimile. New Testament and Clementine epistles. British Museum* [1910]; dies ist ein sehr dankenswerter Versuch, das Faksimile zu verkleinern, wodurch die Kosten der Herstellung bedeutend verringert werden. Es sind Publikationen, die sich den schönen Tafeln der Pal. Society ebenbürtig an die Seite stellen.

[1] Revue Archéol. (I sér.) 5, 2, 637.

[2] Vgl. Kenyon, Gr. Palaeogr. p. 129. App. II.

[3] Vgl. Revue d. biblioth. 13. 1903. p. 140. — Wattenbach, Anleitung[3] S. 8.

[4] Schürers Theol. Literaturzeitung 1880. No. 10. S. 230.

Erstes Kapitel.

Beschreibstoffe.

1

Erz, Marmor, Pergament, Papier
Soll ich mit Meißel, Griffel, Feder schreiben?
Goethe.

Fig. 1. Mus. Borbon. XIV Tav. A. B.

Ähnlich wie wir eben den Unterschied zwischen Epigraphik und Paläographie aus der Verschiedenheit von Schreibmaterial und Beschreibstoff abzuleiten versuchten, so geht auch der Unterschied der epigraphischen und paläographischen Kritik und Methode in letzter Instanz auf den Beschreibstoff zurück, denn das mehr oder minder dauerhafte Material bürgt dafür, daß der Epigraphiker meistens Originale, der Paläograph meistens Kopien vor sich hat. Der Beschreibstoff begründet also allein schon den prinzipiellen Unterschied der Methode und die größere Freiheit philologisch-paläographischer Kritik.

Das Schreibmaterial ist für die Schrift, was der Boden für die Pflanze: er kann allerdings nicht das Wesen derselben verändern, aber er gibt ihr den äußeren Charakter; und in ähnlicher Weise wird auch die Form der Buchstaben durch das Schreibmaterial beeinflußt. Bei der Wichtigkeit des Gegenstandes und der Allgemeinheit des Interesses ist dieser Gegenstand natürlich oftmals in allen diplomatischen und antiquarischen Handbüchern behandelt.[1] aber aus denselben Gründen darf auch in einer griechischen Paläographie wenigstens eine Skizze nicht fehlen, obschon wir hier nicht mehr aus

[1] Von neueren Werken nenne ich nur beispielsweise Grundriß d. Geschichtswissenschaft, herausgeg. v. A. Meister 1, 1. Leipzig 1906. S. 26. Schreibstoffe.

dem Vollen schöpfen können, zumal nach der vorzüglichen Auseinandersetzung Becker-Marquardts,[1] Wattenbachs,[2] Birts und Dziatzkos, auf die hier auch mit Bezug auf die Litteratur verwiesen sei.

Die Mannigfaltigkeit der Beschreibstoffe war im Altertume eine viel größere als heutzutage: *C. I. A.* III, 48 *τὰς παρασημειώσεις τὰς . . . ἀπομεμενηκυίας ἐν βιβλίοις εἴτε διφθέραις ἢ καὶ χάρταις ἢ ἐν οἷς δήποτ' οὖν γραμματείοις*; ein Testament war gültig, ob es nun auf diesem oder jenem Stoffe geschrieben war. Ulpian (Digest. 37. 11, 1 pr.) *tabulas testamenti accipere debemus omnem materiae figuram; sive igitur tabulae sint ligneae sive cuiuscunque alterius materiae sive chartae sive membranae sint vel si corio* (*coria?* Mommsen, Hermes 2, 117 A. 1) *alicuius animalis, tabulae recte dicentur.*

Die Stoffe aus der **anorganischen** Welt fallen zwar meist in den Bereich der Epigraphik und Numismatik, dürfen aber auch in der Paläographie nicht ganz mit Stillschweigen übergangen werden, so z. B. die Bronzetäfelchen, auf denen die Römer ihren Veteranen einen ehrenvollen Abschied schrieben (s. u. S. 26). Metall

Metallene Bücher und selbst Briefe scheinen in der ältesten Zeit nicht so selten gewesen zu sein; ehe Ägypten, die Heimat des Papyrus, sich den Hellenen erschlossen hatte, war die Auswahl der Beschreibstoffe natürlich eine beschränkte. Erwähnt seien hier ferner metallne und sogar goldene Bücher, die zu Weihgeschenken verwendet wurden. Plut. quaest. conviv. V. 2. 10 (IV. p. 821 ed. Dübn.) *Ἐκεῖ τοίνυν εὑρήσετε γεγραμμένον ὡς ἐν τῷ Σικυωνίῳ θησαυρῷ χρυσοῦν ἀνέκειτο βιβλίον Ἀριστομάχης ἀναθήματα τῆς Ἐρυ[θραίας] ποιητρίας Ἴσθμια νενικηκυίας.* Obschon Gold natürlich zu den vergänglichsten Beschreibstoffen gehört, so hat sich bis auf unsere Zeit außer einer kleinen Goldplatte aus der Zeit des Ptolemaeus Euergetes (Letronne, *Recherches* p. 5. *C. I. G.* 4694) noch *C. I. G.* 5772, 5778, 9063—9064 erhalten. Auch in Unteritalien hat man Goldplatten mit griechischer Schrift gefunden.[3] Bei Dichtern werden goldene Seiten eines Buches erwähnt, ob aber damit goldene

[1] Handb. d. röm. Altert. 5, 2. S. 382 ff. — Rockinger, L., Archival. Ztschr. 1, 249—275.

[2] Das Schriftwesen im Mittelalter I. Leipzig 1875³. S. 40 ff. — Garnett, R., Notes on ancient writing and writing materials. The Library, July 1903. II. 4. p. 22.

[3] S. Notiz. d. scavi 1880 p. 152—160. Tav. VI. 1—3. — Goodspeed, Gr. documents in the museum of the New-York Histor. Soc.: Mél. Nicole (1905) p. 177—191. — Siebourg, M., Ein gnost. Goldamulet aus Gellep. Bonner Jahrb. 103. 1898 u. 118. 1909. 158—175. S. 131; ders., Goldblättchen m. griech. Aufschriften: Arch. f. Religionswiss. 8. 1905. S. 390; 10. 1907. S. 393. — Silber: Excavations at Ephesus Text pl. XIII, London 1908. — Thompson-Lambros, Palaeogr. S. 36—37.

Bücher gemeint sind, bleibt doch zweifelhaft.[1] Wenn man metallne Bücher anfertigte, so zog man natürlich andere Stoffe wie Blei, Zinn usw. vor, welche die Habgier weniger reizten. Die ehernenen Bücher des Akusilaos sind allerdings verdächtig; Suidas erwähnt sie s. v. *Ἀκουσίλαος . . . ἔγραψε δὲ καὶ γενεαλογίας ἐκ δέλτων χαλκῶν, ἃς λόγος εὑρεῖν τὸν πατέρα αὐτοῦ.* Auch die ehernen Militärdiplome der römischen Kaiserzeit müssen hier mit einem Worte erwähnt werden. Da ihre Buchstaben vertieft waren, so gehören sie sicher zur Epigraphik; allein diese Buchstaben wurden vielfach zunächst mit roter Farbe vorgezeichnet, und diese paläographische Ausführung hat dann manchmal auch die epigraphische beeinflußt. Ferner sah z. B. Pausanias (9, 31, 4) die Hesiodeischen *Ἔργα καὶ ἡμέραι* auf Blei geschrieben: und nach der Befreiung Messeniens durch Epaminondas entdeckte man gerade zur rechten Zeit zinnerne Rollen, auf denen Aristomenes[2] das ganze Zeremoniell der altmessenischen Weihen ausführlich aufgezeichnet hatte. Es war natürlich ein frommer Betrug des Epaminondas oder seiner Freunde, die gerade damals bemüht waren, die unterbrochenen Fäden wieder anzuspinnen und die messenischen Traditionen wieder aufleben zu lassen; und dieses Beispiel ist im Altertum wie im Mittelalter noch zu wiederholten Malen nachgeahmt worden, weil man einem metallnen Buch natürlich ein höheres Alter zuzuschreiben geneigt war. Selbst Plinius rechnet die Inschriften[3] der *plumbea volumina* zu den ältesten. Auch bei den Orakeln, z. B. in Dodona, wurde sowohl Frage wie Ant-
Blei wort auf Blei geschrieben.[4]

Postolacca, A., Piombi antichi d. Nazionale Museo numismatico di Atene. Ann. d. Institut. 40. 1868. 268 316.

Dumont, A., De plumbeis ap. Graecos tessaris comm. I. Paris 1870.

Benndorf, O., Beiträge z. Kenntnis d. attischen Theaters. Wien 1875. S. 41 bis 81.

Engel, A., Choix de tessères grecques en plomb tirées des collections athéniennes. Bull. de corr. héllén. 8. 1884. p. 1.

Eine Bleirolle m. d. 80. Psalm s. Knopf, Ztschr. f. neutest. Wiss. 2. 231 und Hiller v. Gärtringen, Über eine jüngst auf Rhodos gefundene Bleirolle, enthaltend den 80. Psalm. Sitzungsber. der Berl. Akad. 1898. S. 582 (m. Taf.).

Monceaux, P., Plombs byzant. et monnaies de Carthage. Bullet. d. l. Soc.

[1] *χρυσέαις ἐν σελίσιν*, s. Reitzenstein, Epigr. u. Skol. 219. — Diels, Sitzungsb. d. Berl. Akad. 1898. S. 851: Die Elegie des Poseidippos aus Theben.

[2] Pausan. 4, 26, 6 *ἀνοίξας δὲ εὗρε κασσίτερον ἐληλασμένον ἐς τὸ λεπτότατον ἐπείλικτο δὲ ὥσπερ τὰ βιβλία ἐνταῦθα τῶν μεγάλων θεῶν ἐγέγραπτο ἡ τελετή.* Tin plates inscribed withs magical words. Gr. Pap. Br. Mus. Text 1. p. 238.

[3] Plinius n. h. 13. 13, 88 (ed. Detl. II. p. 252) aut cur. si iam hic erat usus, in plumbeis linteisque voluminibus scriptitatum constet, cur Homerus . . . Bellerophonti codicillos datos, non epistolas, tradiderit?

[4] Carapanos, Dodone et ses ruines. Paris 1878. Planches XXXIV—XL. Daneben bieten die vorhergehenden Tafeln eine Menge von Inschriften auf Bronze, Eisen und Kupfer. Vgl. Newton, Discoveries at Halic. p. 741 ff.

nat. des Antiquaires de France 1906. p. 351–353.
Boll, Frz., Griech. Liebeszauber aus Ägypten, auf 2 Bleitafeln des Heidelbg. Arch. Instit. Sitzungsber. d. Heidelbg. Akad. d. Wiss. Phil.-hist. Kl. 1910. II. Abt. Mit 2 Tafeln.

Verwünschungstafeln:

De tabulis devotionis plumbeis Alexandrinis. Rhein. Mus. 9, 365.
Birch, Inscriptions on leaves of lead s. Archaeologia 44, 1. 1873. p. 123.
Bull. arch. 1880. p. 189–190 piombo magico.
Cesnola, Alex., Cyprus antiquities. London 1881 s. num. Lead Roll found in a tomb of Salaminia.
Verwünschung auf 1 Bleitafel. Bullet. d. corr. héllén. 1889. p. 78.
Bleitafeln v. Knidos. Immisch, Lpzg. Stud. 10. 312. A. 2; s. Collitz, Griech. Dialektinschr. 3 I. p. 232–233.
Bleitafel v. Hadrumetum s. Deissmann, Bibelstudien. Marburg 1895.
Wünsch, R., Antica lastra di piombo inscritta. Bullettino d. comm. arch. com. d. Roma 25. 1897. 103.
Bleitafeln v. Styra s. Lenormant, Rhein. Mus. 22. 276; Vischer, Kl. Schriften 2. 116; Körte, Rhein. Mus. 59. 1904. 617.
Sethianische Verfluchungsformeln, hsg. v. Wünsch. Leipzig 1898. Alphabet und Ligaturen S. 53.
Wünsch, R., Defixionum tabellae I. G. 3. III. App. 1897.
Neue Fluchtafeln. Rh. Mus. N. F. 55. 1900. S. 62, 232.
Molinier, Imprécation gravée sur plomb. Mém. des. antiq. de France 58. 1897. p. 212–220.
Olivieri, Tavolette plumbee Bolognesi di defixiones. Studi ital. d. fil. cl. 7. 1899. p. 193.
Julian, C., Revue des étud. anciennes 2. 1900. p. 47–50 (griech. u. etrusk.?).
Ziebarth, E., Neue attische Fluchtafeln. Nachr. d. Götting. Ges. d. Wiss. 1899. Phil.-hist. Kl. S. 105 (Faksim. S. 129).
Münsterberg, Jahresh. d. Österr. Arch. Inst. 7. 1904. 105. 141. Mit Faksim. Fluchtafeln.
Bleitafeln von Kyme. Not. d. scavi 1903. p. 171.
Homolle, Lames de plomb portant des imprécations. Bull. de corr. héllén. 25. 1903. 412. Mit Litteraturangaben.
Stryd, H. W., Ephemeris Archaiolog. 1903. 56–60.
Audollent, A., Defixionum tabellae. Paris 1904.
Bandeau de plomb avec inscription s. Mélanges Chatelain 1910. p. 545.
Thompson-Lambros, Palaeogr. S. 37.

Endlich gehören auch die Bleitafeln hierher, welche man oft den Toten mitgab, teils zum Schutz gegen böse Geister, teils aber mit Zauberformeln und Verwünschungen gegen Lebende.[1] Vor der allgemeinen Verwendung des Papyrus wurden auch Briefe des täglichen Lebens auf Blei geschrieben, wie z. B. der Brief des Mnesiergos (Jahreshefte d. Österr. Arch. Inst. 7. 94 mit Faksim.) und des Artikon (Jahreshefte d. Österr. Arch. Inst. 12. 118), schließlich

[1] Cass. Dio 57, 18: Ὀστᾶ γὰρ ἀνθρώπων ἐν τῇ οἰκίᾳ, ἐν ᾗ ᾤκει, κατορωρυγμένα, καὶ ἐλασμοὶ μολύβδινοι ἀρὰς τινας μετὰ τοῦ ὀνόματος αὐτοῦ ἔχοντες ζῶντος ἔτ' εὑρέθη. C. I. Gr. 539 (mit Faksimile) und 1034 5858b. Vgl. Annali d. Instituto 18. 1845. p. 203. Tav. d'agg. G; Wachsmuth, Rh. Mus. N. F. 1863. 18, S. 559. 24, S. 474: Mommsen, Hermes 4, 283. Ἀρχαιολ. ἐφημερίς 1869. 333 ff.; Kumanudis, Attische Grabschriften 2580 ff; Ἀθήναιον 3. p. 77. Siehe auch die zahlreichen Bleiplatten mit archaischer Schrift, die in Euböa gefunden wurden: Rh. Mus. 1867. XXII. S. 276–296.

wünscht hatte, sondern häufig fügte der Maler auch noch einige Worte hinzu, zum Lobe eines geliebten Mädchens oder Knaben, oder andere Ausrufe, in denen er seinen Gefühlen Luft machte.[1] Selbst sepulkrale Vasen wurden gelegentlich beschrieben, z. B. die *inscribed sepulcral vases from Alexandria.*[2] Der Maler pflegte zuweilen auf der Vase das zu notieren, was ihm gerade bei der Arbeit einfiel, selbst Bestellungen, die in dieser Zeit eintrafen, ganz abgesehen von den Stempeln, Marken und eingekratzten Inschriften, die mehr den Epigraphiker als den Paläographen interessieren.[3] Daß Tonscherben auch sonst als Schreibmaterial benutzt wurden, brauchen wir nicht zu schließen aus dem attischen Ostrazismus. Selbst der Weltenrichter befiehlt seinem Diener, dem Hermes, sich auf Ostraka Aufzeichnungen zu machen über die Sünden der Menschen.[4] Auch Diogenes Laert. (7, 173—174) erzählt, daß der Stoiker Kleanthes zu arm gewesen sei, um sich Papier zu kaufen, und sich deshalb Notizen auf Scherben und Leder gemacht habe. Es kommt sogar vor, daß dieser billige Beschreibstoff zum zweiten Male beschrieben wird.[5] Ostraka wurden, weil sie so gut wie nichts kosteten, namentlich in der Schreibschule verwendet, s. Milne, *Relics of graeco-egyptian schools.*[6] Selbst litterarische Texte[7] wurden auf Tonscherben geschrieben, vgl. Knopf, Eine Tonscherbe mit dem Texte des Vaterunsers[8] und mit euripideischen Versen.[9] Da Ton ein ziemlich vergängliches Material ist, so haben sich tönerne In- und Aufschriften weniger in Griechenland[10] als vielmehr in Ägypten erhalten, wo das Klima ihre Erhaltung begünstigte.

[1] Jahn, Beschreibung der Vasensammlung d. Kön. Ludwig. S. CXXIX.

[2] S. Merriam. The American Journal of Archaeology 1. 1885. p. 18. Mit Fks.

[3] Schöne, R., Comment. philol. in hon. Th. Mommseni S. 649—659. — Über Henkelinschriften s. Becker, P., Mélanges gréco-romaines 1. p. 416—521. Jahrbb. f. kl. Philol. Supplementb. 1861. 4, 453—502; 5, 447—536. — Über Stempel mit beweglichen Typen vgl. Hartel in d. Ztschr. f. öst. Gymnas. 1879. S. 449—450, während A. Geffroy, Les anciens ont il connu les caractères mobiles. Revue arch. N. S. 40. 1880. p. 97 ff. diese Frage unentschieden läßt. Vgl. Deseemet, Bibliothèque des écoles franç. 15. p. 138. Sogar auf den alten Inschriften von Kreta will man ähnliche Spuren von beweglichen Typen gefunden haben.

[4] Fabulae Aesop. ed. Halm No. 152: *Ὁ Ζεὺς τὰς τῶν ἀνθρώπων ἁμαρτίας ἐν ὀστράκοις τὸν Ἑρμῆν ὥρισε γράφειν, καὶ εἰς κιβωτὸν ἀποτιθέναι.*

[5] Wilcken, Ostr. 1, 12.

[6] Journ. of Hellenic stud. 28. 1908. p. 121. — Über ein Ostrakon mit Syllabar s. Thompson-Lambros, Paläogr. S. 34. A. 2.

[7] Hall, H. R., Greek ostraka in the Br. Mus. including a Ptolemaic fragm. of the Phoenissae: Classical Review 1904. I. p. 2—5.

[8] Mitt. des Athen. Inst. 25. S. 313—324.

[9] Berl. Klassikertexte 5. S. 96.

[10] Förster, Jahrb. f. kl. Philol. 1880. 50 erinnert an eine Sammlung im Varvakion in Athen.

Corp. I. Gr. III, S. 408—416. 497 504; IV, S. 424—425.

Schöne, Rich., C. I. L. IV, p. 168—188.

Young, Hieroglyphics tab. 53—55.

Fröhner, Ostraca inédits du musée impérial du Louvre. Paris 1865. Revue Archéol. 1865. I. p. 422—437. — Rev. Arch. N. S. 12. p. 30. 421; 19. p. 226.

Lumbroso, Documenti grechi del R. museo di Torino. Turin 1869.

Egger, Sur quelques fragments de poterie antique. Mém. de l'institut XXI, 1. p. 377 ff. und Note sur le texte grec de deux Ostraka provenant de la Haute Égypte in Desjardins Comptes rendus 1867. p. 344—347.

Mém. de l'hist. anc. p. 428.

Reuvens lettre 3. p. 55.

Gau, Neuentdeckte Denkmäler an den Ufern des Nils 1822. Schriften auf Scherben T. VIII.

Not. et Extr. 18, 2. 427 sqq.

Dumont, A., Inscriptions céramiques de Grèce. Archives des missions scientif. sér. II. T. VI. p. 1—445; Ostraka p. 419—422.

Naville, E., Un ostracon égyptien. Paris (Leroux) 1881. 8°. Mit 2 Taf. (Extr.).

Wessely, K., Eine Inschrift auf Ton Nr. 5591, s. Wiener Studien 4. 1882. S. 314—317; 7. 1885. S. 72 ff.; 8. 1886. S. 116: Neue griech. Ostraka.

Bücheler, F., Griechisches Epigramm aus Ägypten. Rh. Mus. 1884. S. 151 bis 155.

Sayce, Greek ostraca from Erment and Karnak. Proceedings Society Bibl. Archeol. 15. 1884. p. 11—28.

Wiedemann, A., Ein Fund theban. Ostraka s. Ztschr. f. ägypt. Sprache 1883. 33—35.

Valeton, Mnemosyne N. S. 15, 426. 16. 1.

Revue Égyptol. 4. 1886. p. 183; 6. 1888. p. 7.

Palaeogr. Soc. II. 1. 2 (a. 39—163 n. Chr.).

[Mahaffy], Journ. of Hellen. stud. 13. 1892—1893. p. 121—123.

Führer durch die Ausstellung der Pap. Erzh. Rainer. Wien 1894. S. 10. Nr. 43.

Wilcken, Die griech. Ostraka. Bonner Jahrbb. 1888. 86. S. 231.

Wilcken, Griechische Ostraka I. 2. Lpzg. 1899. Ostraka

— Zur ägyptisch-hellenist. Litteratur s. Aegyptiaca. Festschr. f. Ebers 1897. S. 142.

Kubitschek, Griechische Ostraka aus Ägypten, s. Monatsbl. der numismat. Gesellschaft in Wien 1899—1900.

Viereck, P., Die Ostraka des Berl. Mus.: Archiv f. Papyrusf. 1. 1901. S. 450.

Goodspeed, Gr. ostr. in America. Proc. Soc. Bibl. Arch. 1901. 216.

Catalogue général des antiquités égyptiennes du musée du Caire. Daressy, Ostraca. Paris 1901.

Galante, L., Un ostrakon calcario grecocopto d. museo di Firenze. Studi Italiani 1901. 194—198.

Rev. d. ét. gr. 14. 1901. 177.

Arch. f. Papyrusforsch. 1. 450; 2. 1903. 473.

Sayce, Greek ostraka from Egypt.: Proc. of the Soc. of Bibl. Arch. 23. 1901. 211. Sayce soll eine Sammlung von 1200 Ostraka besitzen, s. The Academy 1892. II. p. 593.

Reinach, Th., Un ostrakon littéraire de Thèbes, s. Mélanges Perrot 1903. p. 291.

Papyrus Th. Reinach pl. I.

Ostraka de Suède, s. S. de Ricci, Bull. papyrolog.: Revue des ét. gr. 1903. p. 119—120.

Jouguet et Lefebvre, Deux ostraka de Thèbes. Bull. de corr. hell. 28. 1904. p. 201 (pl. X).

— Bull. de l'Inst. franç. d'arch. orientale IV. Le Caire 1904. 15 S. Evangelientexte auf Ostraka.

Goodspeed, Greek ostraka in America. Amer. Journ. of Phil. 25. 1904. 45—50; Amer. Journ. of Archaeol. II, 11. 1907. 441—444.

Zereteli, G., Griech. Ostraka in St. Petersburg. Arch. f. Pap. 5. 1909. S. 170—180.

Grenfell and Hund, Archeolog. Report 1902—1905. p. 14—15.

Lagerkrantz, O., Gr. Ostraka. Sphinx 8. S. 52—60. 159—163, vgl. 6. p. 36.

Drerup, E., Griech. Ostraka v. d. Menasheiligtümern: Röm. Quartalsschr. 22. 1908. 240.

Crum, W. E., Coptic ostraka. Special Extra-Publication of the Egypt. Explor. Fund. London 1902.
Über ein kypriotisches Ostrakon siehe R. Meister, Ein Ostrakon aus dem ... kyprischen Salamis. Abh. der Sächs. Ges. d. W. 27. 1909 (Festschr.) S. 303. Mit 2 Tafeln.

Wandaufschriften

Die breiten Flächen Wände wurden im Altertume vielfach beschrieben. In die Außenseite der Marmorquadern hat man vielfach Urkunden eingemeißelt, die wir hier natürlich beiseite zu lassen haben. Aber auch die Innenwände benutzte man für Inschriften in viel höherem Maße, als man früher anzunehmen geneigt war, wie Wilhelm, Sonderschr. d. Öst. Arch. Inst. 7. 1909. 266 gezeigt hat.

Die offenen Hallen, namentlich in der Nähe der Verkehrscentren, boten einerseits das nötige Licht und anderseits zugleich auch Schutz vor dem Regen; hier konnte man öffentliche Urkunden, Listen der Beamten, Proxenoi usw., die nicht in Marmor eingemeißelt zu sein brauchten, auf den großen Wandflächen anbringen, ursprünglich wohl auf den Quadern oder dem Bewurf der Wand. Später aber wurde die Schreibfläche besonders präpariert durch einen Überzug von Kreide oder Gips, wie es ja auch in Rom bei dem *album senatorium* vorausgesetzt wird.

Suidas erklärt *λεύκωμα τοῖχός ἐστιν ἀληλιμμένος γύψῳ πρὸς γραφὴν πολιτικῶν πραγμάτων ἐπιτήδειος.*[1]

Auf den weißen Grund wurde mit schwarzer Farbe geschrieben, die eventuell natürlich auch leicht wieder gelöscht werden konnte, was z. B. Alkibiades versuchte. Athenäus 9. 407 C. (Alkibiades) *ἧκεν εἰς τὸ Μητρῷον ὅπου τῶν δικῶν ἦσαν αἱ γραφαὶ καὶ βρέξας τὸν δάκτυλον ἐκ τοῦ στόματος διήλειψε τὴν δίκην τοῦ Ἡγήμονος.*

H. Erman, *Mélanges Nicole* p. 120 dachte an einen, mit nicht metallischer Tinte geschriebenen Papyrus; Wilhelm, Sonderschr. d. Öst. Arch. Inst. 7. 1907. 246 richtiger an ein *λεύκωμα*.

Nach den Bestimmungen des Plato sollten z. B. auch die Listen der Beamten, an die man sich zu wenden habe, auf den geweißten Wänden der Phratrien angeschrieben sein. Plato, Gesetze p. 785a: *παραγεγράφθαι δ' ἐν λελευκωμένῳ ἐν πάσῃ φρατρίᾳ τὸν ἀριθμὸν τῶν ἀρχόντων.*

Zu diesen offiziellen Wandaufschriften kamen dann aber noch die sehr zahlreichen privaten.

Die farbigen Wandaufschriften,[2] welche den pompeianischen Dipinte entsprechen, haben in Griechenland dem Zahn der Zeit nicht widerstehen können. Für die große Verbreitung dieser Sitte, die Wände zu beschreiben, spricht z. B. die Inschrift: *Admiror o pariens te non*

---

[1] Vgl. Wilhelm, Sonderschr. d. Öst. Arch. Inst. 7. 1909. 266.
[2] Vgl. Thompson-Lambros, Paläogr. S. 35.

cecidisse ruinis. Qui tot scriptorum taedia sustineas. C. I. L. IV, 1904. 2461. 2487[1] und das Epigramm der *Domus Tiberiana* πολλοὶ πολλ' ἐπέγραψαν, ἐγὼ μόνος οὐ [πω?] ἔγραψα im *Bulletino d. inst.* 1867 p. 53. Andere Beispiele gibt Lucian, *Dial. mer.* 4, 3 (vgl. 10, 4) εὗρε . . . ἐπιγεγραμμένον ἰσιόντων ἐπὶ τὰ δεξιὰ πρὸς τῷ Διπύλῳ „Μέλιττα φιλεῖ Ἑρμότιμον" καὶ μικρὸν αὖθις ὑποκάτω „ὁ ναύκληρος Ἑρμότιμος φιλεῖ Μέλιτταν" und Bekker, *Anecdota gr.* 2 p. 791 ἐν γὰρ τοίχοις ἐγράφοντο πρότερον, ὥς που καὶ ὁ Καλλίμαχος λέγων μαρτυρεῖ

. . . . αὐτὸς ὁ Μῶμος
ἔγραφεν ἐν τοίχοις· ὁ Κρόνος καλός.[2]

Wichtiger und zahlreicher sind allerdings die Beschreibstoffe, welche der organischen Welt entlehnt sind. Auf der niedrigsten Stufe der Entwickelung, ehe von einer wirklichen Litteratur die Rede sein konnte, begnügte man sich mit den Blättern.[3] Auch Plinius, Blätter der die einzelnen Beschreibstoffe in chronologischer Reihenfolge aufzählt, rechnet n. h. 13, 11 § 68. 69 *antea non fuisse chartarum usum: in palmarum foliis primo scriptitatum deinde quarundam arborum libris* die Blätter der Palme zu den ältesten Beschreibstoffen, wobei wir es müssen dahingestellt sein lassen, ob in Griechenland jemals Palmblätter[4] beschrieben wurden, wie noch heutzutage für tropische Länder bezeugt wird.[5] Bohlen, Das alte Indien 2, 436; „die älteste Methode ist unstreitig die noch auf Malabar übliche, mit eisernen Griffeln in grüne Palmblätter zu ritzen. Sakuntala nimmt dazu ein Lotosblatt." Nach Sueton ed. Reiffersch. p. 133 schrieb man auch im klassischen Altertume *textilibus maluarum foliis atque palmarum, cuius generis Cinna sic meminit:*

haec tibi Arateis multum uigilata lucernis
carmina, quis ignes nouimus aetherios,
lenis in aridulo malvae descripta libello
Prusiaca uexi munera nauicula.

[1] Vgl. Plaut. Mercat. 2, 3. v. 74: Impleantur meae fores elogiorum carbonibus.

[2] Die griechischen Wandinschriften der römischen Katakomben s. de Rossi, Roma sotteranea I, Tav. 17 ff.; II, Tav. 29—50. 55—58; III, Tav. 18—31. 47. 48, die von Pompei s. Garrucci, Graffiti di Pompei. — Peers, E., Greek Graffiti (Aeg.). Journ. of hell. stud. 19. 1899. p. 12. — Jahn, O., Beschreibung d. Vasensammlung des Königs Ludwig S. CXXII. — Zangemeister, C. I. L. IV. p. V. p. 264 Inscr. graecae (et oscae).

[3] Isidor etym. 6. 12. 1: historiae maiore modulo scribebantur, et non solum in charta vel membranis, sed etiam in omentis elephantinis textilibusque malvarum foliis atque palmarum.

[4] S. Curt. Ruf. 8. 9. 15. Natürlich beruht es auf einem Irrtum, wenn Plinius meint, die älteste Schrift der Griechen sei phönizisch genannt worden, weil sie auf die Blätter des Palmbaums (φοῖνιξ) geschrieben wurde.

[5] Verwendung eines Schilf- oder Palmblattes s. Preisigke, Ztschr. d. Deutsch. Morgenländ. Ges. 62. 1908. S. 111.

Auch Vergil läßt seine Sibylle auf Blättern schreiben Aen. 3, 443:

Fata canit, foliisque descripsit carmina uirgo — —
Illa manent inmota locis; neque ab ordine cedunt
Verum eadem uerso tenuis cum cardine uentus
Inpulit, et teneras turbavit ianua frondes.

Für den Gebrauch von Ölblättern in historischer Zeit spricht der *πεταλισμός* in Syrakus und die *ἐκφυλλοφορία* in Athen, die von den Grammatikern einstimmig in diesem Sinne erklärt werden.

Als Curiosum sei noch erwähnt, daß in Ermangelung anderer Beschreibstoffe sogar die lederartige Oberfläche eines großen Pilzes mit einer Botschaft an den Kaiser Trajan beschrieben wurde[1] und man hat sogar in den Reliefs der Trajanssäule eine Darstellung dieser Szene finden wollen.

Bast Daß auch der Bast (*liber*) in ähnlicher Weise verwendet wurde, ergibt sich schon aus dem lateinischen Worte für Buch, und Plinius n. h. 13, 68 (s. o. S. 33) bestätigt diese Annahme. Am liebsten wählte man Lindenbast[2] (*φιλύρα*), den Martianus Capella 2, 136 p. 39 ed. Eyss. unter den, wenn auch seltenen, Schreibstoffen erwähnt: *alia ex papyro quae cedro perlita fuerat, uidebantur, alii carbasinis uoluminibus implicati libri, ex ouillis multi quoque tergoribus, rari uero in philyrae cortice subnotati.* Mit den *carbasina uolumina* sind hier natürlich die *libri lintei* gemeint, die bei den sakralen Gebräuchen der Italiker und Ägypter Verwendung fanden. Nach Cass. Dio 72, 8 *δώδεκα γραμματεῖα οἷά γε ἐκ φιλύρας ποιεῖται* und 67, 15: *ἐς σανίδιον φιλύρινον δίθυρον ἐγγράψας* scheint man in der Kaiserzeit häufig Schreibtafeln aus Bast benutzt zu haben.[3]

Doch wahrscheinlich hat sich von diesem sehr vergänglichen Bast
Bastpapier oder Bastpapier[4] keine Probe bis auf unsere Zeit erhalten; und wenn Th. Bernd im Rhein. Mus. A. F. 1837. S. 301 ff. das Faksimile eines griechisch-lateinischen Glossars veröffentlicht, welches auf diesem Material geschrieben sein soll, so beruht das nur auf der gewöhnlichen Verwechslung mit schlechtem Papyrus;[5] daran muß ich festhalten, bis ich etwa von naturwissenschaftlicher Seite des Gegenteils belehrt werde,

---

[1] Cass. Dio 68, 8: *μύκης μέγας παρεκομίσθη, γράμμασι Λατίνοις λέγων ὅτι* usw.

[2] Durch dieses ungewöhnliche Schreibmaterial suchte man auch Fälschungen ein altertümliches Aussehen zu geben; so z. B. beim Dictys Cretensis ed. Dederich p. 7: de toto bello novem volumina in tilias digessit phoeniceis litteris. Photius erklärt das Wort: *φιλύρα φυτὸν ἔχον φλοιὸν βύβλῳ ἢ* (Küster) *παπύρῳ ὅμοιον*. Vgl. Etymol. M. 795, 4 und Io. Lydus p. 11 ed. B.; vgl. Dziatzko, Buchwesen S. 33. A. 2: *βύβλου παπύρῳ*.

[3] Vgl. Herodian 1, 17.

[4] S. Paoli, Del papiro p. 40.

[5] Plin. n. h. 13, 12. 76 propior etiamnum cortici Taeneotica.

trotz der Autorität von M. Haupt, der im Rhein. Mus. N. F. 2, 639 sich wieder für Bastpapier ausspricht, das sich vom Papyrus dadurch unterscheiden soll, daß es leichter bricht sowie auch dicker und schmutziger ist. — Eine genauere Untersuchung jenes bilinguen Glossars, das heute im Stadtarchiv zu Köln aufbewahrt wird, hat die obige Annahme vollständig bestätigt.[1] Inzwischen ist aber mancher Papyrus aufgefunden und aufgerollt, und wir haben die verschiedensten Sorten kennen gelernt, so daß sich dieser Unterschied schwerlich noch wird halten lassen. Zu demselben Resultate wurde auch Dureau de la Malle bei seinen Untersuchungen über Papyrus geführt: *J'ai examiné avec M. Brongniart des papyrus égyptiens et latins depuis les temps les plus reculés jusqu'au onzième siècle, dans les dépôts du Musée et de la Bibliothèque nationale. Tous sont fabriqués avec le cyperus papyrus. Nous n'y avons reconnu aucun papier fait avec l'écorce d'un dicotyledone. Mémoires de l'Institut de France, Acad. des Inscr. et Belles-Lettres.* T. 19 (Paris 1851) p. 164.

Erst am Anfang des Mittelalters wurde wieder die Rinde so, wie Rinde sie von den Bäumen geschält war, als Beschreibstoff verwendet; das bezeugt Venantius Fortunatus VII 18 in einem Gedichte an den Flavus:

Scribere quo possis, discingat fascia fagum
Cortice dicta legi sit mihi dulce tua. — —
Barbara fraxineis pingatur runa tabellis,
Quodque papyrus agit, virgula plana valet.
Pagina vel redeat perscripta dolatile charta,
Quod relegi poterit, fructus amantis erit.

Weit besser als Bast und Blätter eignete sich das Holz zum Holz Beschreibstoff;[2] als Holztafel dachte Homer (Ilias 6, 168 ff.) sich den *πίναξ πτυκτός*, d. h. als Diptychon. Aber nur in Ägypten[3] hat es sich

[1] Vgl. Wiesner, Mitt. a. d. Samml. d. Pap. Rainer 2—3. 1887. 18, 4—5; Studien über angebl. Bastpapiere. Sitzungsber. d. Wiener Akad. 126. 1892 (Phil.-hist. Kl.) Abh. 8.

[2] Joh. Lydus, De mens. 1, 24: *οἱ γὰρ ἀρχαῖοι ξύλοις καὶ φλοιοῖς καὶ φιλυρίνοις πίναξι πρὸς γραφὴν ἐκέχρηντο.*

[3] Pietschmann, R., Leder u. Holz als Schreibmaterialien b. d. Ägyptern. Samml. bibliothekswiss. Arbeiten, herausgeg. v. Dziatzko. 8. Leipzig 1895. S. 105. Pietschmann, R., Leder u. Holz als Schreibmaterialien b. den Ägyptern. Beitr. z. Kenntn. d. Schrift- Buch- u. Bibliothekswesens 1897. Heft 4. S. 51—82. — Lenormant, Fr., Sur des tablettes grecques trouvées à Memphis. Revue Arch. S. 1852. p. 460. — Fröhner, Tablettes grecques du musée de Marseille. Paris 1867. — Wessely, K., Holztäfelchen der Samml. der Papyrus Erzherz. Rainer. Mit 1 Lichtdrucktafel; s. Mitteil. aus d. Samml. Erzherz. Rainer 5. S. 11. — Führer durch d. Ausstell. d. Pap. Erzherz. Rainer Taf. II. — Palaeogr. Society II. 122 (vom J. 254—253 v. Chr.). — Weinberger, G., Tavolette greco-egizie. Rendiconti d. R. Acc. d. Lincei 1893. p. 890—896. — Ztschr. f. Ägypt. Spr. u. Altert. 32. 1894. S. 36—63. Griech. Mumienetiketten. — Holztafel geschlossen u. geöffnet s. Aus

bis auf unsere Zeit halten können. Hier findet man nämlich bei den Mumien kleine Täfelchen, meist aus Linden- oder Sykomorenholz, mit aufgeschriebener, selten eingeschnittener Schrift, die entweder eine ganz kurze Anweisung geben für den Transport der Mumie oder meistens als ganz anspruchslose Grabschrift nur den Namen und das Alter des Verstorbenen angeben; nur selten ist die Inschrift etwas ausführlicher und erhebt sich bis zu Klageversen, wie z. B. auf einer von Fröhner (*Mélanges* 1873, S. 16) veröffentlichten Holztafel. Eine Sammlung dieser griechischen Totenmarken mit vielen sehr wohl gelungenen Nachbildungen verdanken wir Edm. le Blant.[1]

Fig. 4. Beschriebene Holztafel (Ägyptische Totenmarke). Rev. arch. 1875. N. S. 29. pl 5.

Corp. Gloss. 5. 526.15: *tabellarius, portitor epistolae, quia priusquam chartae essent aut pergamenae in tabulis ligneis epistolae scribebantur.*

Ferner pflegte man in Ägypten Holztafeln beim Schulunterricht[2] zu verwenden. Das zeigen deutlich die Holztafeln des Marseiller Museums mit einem Schuldiktat mythologischen Inhalts vom Jahre 294 n. Chr. in drei Abschriften, die ebenfalls von Fröhner herausgegeben sind.[3] Das Museum von Leiden[4] besitzt z. B. eine ägyptische Holztafel mit griechischen Buchstaben in allen möglichen Kombinationen, und

den Papyrus der Kgl. Museen v. Erman u. Krebs. Berlin 1899. S. 7. — Mumientafeln s. Spiegelberg, Ägypt. u. griech. Eigennamen. 1. Leipzig 1901. Taf. I bis XXXIII. — Goodspeed, E. J., Greek documents in the Museum of N.-York. Mélanges Nicole p. 178—183. — Weil, H., Nouvelles tablettes gr. provenant d'Égypte. Mélanges Perrot 1903. p. 331. — Mumien-Etiketten. Catalogue génér. d. antiq. du musée du Caire 18. 1905. p. 80 ff. — Grenfell-Hunt, Archeol. Report. 1902/03—1905/06. Holztafeln. — Hall, H. R., Greek Mummy-Labels in the Brit. Mus. Proceedings of the Bibl. Archaeolog. 27. p. 13. 48. 83. 155. 159 u. 30. p. 11. — Ricci, S. de et Girard, P. F., Nouv. Revue histor. d. droit franç. et étrang. 1906. p. 477—98. — Reich, N., Demot. u. griech. Texte auf Mumientäfelchen s. Wessely, Studien z. Paläogr. 7. Wien 1908 u. Revue Critique 1908. p. 103—104. — Zereteli, G., Zwei unedierte griech. Schultafeln. Mélanges Chatelain p. 113. — Holztafeln: Arch. f. Pap. 4, 250 u. Journ. of Hell. stud. 29. 1909.

[1] Tablai égyptiennes à inscriptions grecques. Revue archéol. 1874 II und 1875 I, vgl. Not. et Extr. 18, 2. 434—436.

[2] In einer Rechnung, Oxyrh. Pap. IV, 736. p. 229 *κηροῦ καὶ γραφείου παιδ(ων) (ὀβολός).* Holztafel.

[3] Tablettes grecques du musée de Marseille. Paris 1867 und Philologus 1884. 5. Suppl. S. 48—49. Nr. 53, Annuaire de numism. et d'arch. III, 1. 1868. p. LXIX und Catal. des ant. Mus. de. Marseille. Paris 1897. No. 64—67; 2 Holztafeln zu Schulzwecken: Illustr. London News. Aug. 22. 1908. 262.

[4] Reavens, Lettres à M. Letronne III. p. 111—113.

eine noch größere befindet sich in der Abbotschen Sammlung in New York,[1] auf welcher zwei Trimeter erst vom Lehrer vorgeschrieben und dann vom Schüler mehrmals nachgeschrieben sind.

Es gibt sogar poetische Werke von nicht allzu großem Umfang auf Holztafeln wie z. B. homerische Verse (Ilias I, 1—7)[2] oder die Phoenissen des Euripides.[3] Ilias auf Holz im *Brit. Mus. Additional ms.* 33293; Holztafel mit homerischen Gedichten s. Berliner Klassikertexte 5. S. 6. Auch die Hekale des Kallimachus (herausgeg. von Gomperz. Mitt. aus d. Samml. d. Papyr. Erzh. Rainer 6. Wien 1893, mit Faksim.) ist auf Holz geschrieben. Der Kaiser Domitian brauchte z. B. *σανίδιον φιλύρινον δίθυρον*, Cass. Dio 67, 15. Anthol. Palat. 14, 60 ed. D. 2 p. 475:

Ὕλη μέν με τέκεν, καινούργησεν δὲ σίδηρος·
εἰμὶ δὲ Μουσάων μυστικὸν ἐκδοχίον·
κλειομένη σιγῶ· λαλέω δ', ὅταν ἐκπετάσῃς με,
κοινωνὸν τὸν Ἄρη μοῦνον ἔχουσα λόγων.
(= *stilum ferreum*)

Von besonderer Wichtigkeit sind aber hölzerne Gesetzestafeln. Diese hölzernen Tafeln waren oft nur aufgehängt und konnten umgedreht werden, das zeigt die Erzählung von dem megarischen Psephisma bei Plutarch Perikl. 30.

Namentlich aber pflegte man in alter Zeit auch die öffentlichen Anschläge auf Holztafeln zu schreiben, die der Deutlichkeit wegen einen weißen Überzug erhalten hatten; daher der Name *λεύκωμα*. Die präparierten Bretter, auf welche man schrieb, werden in den Tempelrechnungen *λεύκωμα*,[4] *δέλτος*, *πέτευρον*, *πίναξ* genannt, s. Biblioth. des écoles fr. 49. 1887. p. 13; dort finden sich auch Preisangaben:

XXXIV A. I. 58: *Δεινομένει Λεωφάντου διαπρίσαντι καὶ κολλήσαντι καὶ λευκώσαντι λευκώματα* Π⊢⊢I.

Selbst die Holzart wird bezeichnet: *δέλτος κυπαρισσίνη* oder an anderen Stellen *φοῖνιξ*.[5]

Ausnahmsweise wird die Tafel auch wohl auf beiden Seiten geweißt: Bull. de corr. hellén. 14. 1890. p. 395 (Rechnung und Inventar von Delos vom Jahre 279):

---

[1] Welcker, Rhein. Mus. N. F. 15, 157. — Felton, Proceed. of the Amer. Ac. of arts and sc. III. 1857. 371. — Crum, Proceed. Soc. bibl. Arch. 30. 1908. 255.

[2] S. Bull. de corr. hell. 28. 1904. p. 207.

[3] Mitt. a. d. Samml. d. Pap. Erzherz. Rainer 5. 1892. S. 14 u. 74.

[4] Dittenberger, Sylloge[2] 510, 5. 21; 511, 48; 522, 10; 540, 5; 614, 67. 75. 90. 95. 102; 790, 34-35; 929, 102; *ἐν πινακίῳ λελευκωμένῳ* 439, 62; *πίνακες λελευκωμένοι* 306, 34.

[5] Holztafeln s. Larfeld, Handbuch d. gr. Epigr. 1. 1907. S. 181.

Εἰς το παράδειγμα τοῦ Προπύλου πίνακα · ΔΗ·
ἐπισκευάσαντι τὸμ πίνακα Θεοδήμωι · ΗΗ·
λευκώσαντι τὸμ πίνακα ἀμφοτέρωθεν · ΗΗΗ·

B. C. H. 27. 1903. p. 72: *Ἀνδροκρέτει λευκωμάτων δύο ὥστε ταῖς συγγραφαῖς* ΗΗΙΙ *Νουμάκωι λευκώσαντι* ΗΙΙ. vgl. Rhangabé, Ant. hellen. 1. p. 52 (II col.).

B. C. H. 27. 1903. p. 85: *Δέλτον ποήσαντι* Η *τῶι εἰς τὴν δέλτον γράψαντι τὰ ἐκ τῆς στήλης* Η (vgl. S. 37).

Die Darstellung eines Verfertigers von Leukomata sieht Forchhammer[1] in einer Terrakotte von Tanagra.[2] — In dieser Weise pflegten in Rom nicht nur die Liste (Album) der Senatoren, sondern auch die Edikte der Beamten geschrieben und öffentlich ausgestellt zu werden. Noch auf einer Urkunde vom Jahre 193 (C. I. L. II, 4125) heißt es: *decretum ex tilia recitavit.*[3]

Auch Dionys v. Halicarnass 3, 36 erwähnt alte Aufzeichnungen auf Eichenbrettern: *χάλκεαι γὰρ στῆλαι οὔπω τότε ἦσαν, ἀλλ' ἐν δρυίναις ἐχαράττοντο σανίσιν οἵ τε νόμοι καὶ αἱ περὶ τῶν ἱερῶν διαγραφαί.* Vielleicht waren auch die alten Orakelsammlungen auf Holz geschrieben. Plut. Lysandr. 26 erwähnt *τὰς δέλτους, ἐν αἷς ἦσαν οἱ χρησμοί.*[4] Selbst Ehrendekrete,[5] z. B. für Attalus II, (Dittenberger, Sylloge[2] Nr. 306, 34) wurden aufgezeichnet[6] *ἐμ πίνακας λελευκωμένους δύο — —. καταθέντων δὲ τὸμ μὲν ἕνα πίνακα ἐν τὸν ναόν, τὸν δὲ ἕνα π[ί]νακα ἐν τὸ δημόσιον γραμματεῖον.* Auch die Listen der Sieger auf Ceos (Dittenberger, Sylloge[2] 522, 40) werden für gewöhnlich nur eingetragen *εἰς λεύκωμα* und nur bei besonderen Fällen eingemeißelt *εἰς στήλην.*

Manchmal wird das Original in Stein, zugleich aber Abschriften in Holz ausgeführt.[7] Auch in einer Rechnungsurkunde vom Jahre 407 v. Chr., C. I. A. 1, 324, sind Posten für Papyrus und Holzbretter erwähnt und Dziatzko, Buchwesen S. 39 meint wohl mit Recht, daß die Abschriften auf Holz für die Archive des Staates bestimmt waren. In ähnlicher Weise wollte auch Dziatzko eine Stelle, Jerem. 30, 8, erklären: *γράψον ἐπὶ πυξίου ταῦτα καὶ εἰς βιβλίον*: erst auf Holz und

[1] Arch. Zeitg. 33. S. 47—48.

[2] Arch. Zeitg. 32. Taf. 14.

[3] Decreta ex tabellis recitata. C. I. L. III. 586.

[4] Tabulae auf den Münzen des C. Poblicius Malleolus ca. 665—689 s. Babelon, Monnaies de la république rom. 2. p. 333.

[5] C. I. A. II. 622.

[6] C. I. A. I. No. 324. p. 169.

[7] Mitteil. d. Athen. Inst. 15. 1890. S. 81: *ἀντίγραφά τε τῶν γραμμάτων εἰς σανίδας λελευκωμένας ἀναγράψαντες.*

dann auf Papyrus; aber Birt, Centralbl. f. Bibl. 17. 1900. 545—565 hat dagegen Einspruch erhoben; der Prophet meint nur: schreibe zweimal.

Elfenbeintafeln

An die Stelle der hölzernen traten bei Reicheren zuweilen die Elfenbeintafeln (*libri eborei* und *elephantini*). Ulpian, Pand. 32 berichtet, daß man die Taten großer Fürsten auf Elfenbein mit schwarzer Farbe niedergeschrieben habe, und Ähnliches erzählt Vopiscus in der Biographie des Tacitus c. 8: *habet in bibliotheca Vlpia in armario sexto librum elephantinum, in quo hoc senatus consultum perscriptum est, cui Tacitus ipse manu sua subscripsit. nam diu haec senatus consulta, quae ad principes pertinebant, in libris elephantinis scribebantur.*

Fig. 5. Abh. d. Münch. Akad. 15. 1881 (Phil.-hist. Kl.).

Die Zweifel, ob die Alten auf Elfenbein[1] geschrieben, sind also unbegründet, und Martials Epigramm 14, 5 (vgl. 14, 3 u. 7)

Eborei pugillares.

Languida ne tristes obscurent lumina cerae
Nigra tibi niveum littera pingat ebur

beweist, daß wirklich mit Tinte oder Farbe auf Elfenbein geschrieben wurde. Doch von diesen paläographischen Schriftstücken hat sich nichts erhalten, wir besitzen nur epigraphische, namentlich Marken, die für den Gebrauch des täglichen Lebens angefertigt waren.[2]

[1] Ellis, Hermathena 14. p. 13 f.

[2] Vgl. Henzen, Tessere ed altri monumenti in osso posseduti da Sign. Kestner. Mit Taf. Annali d. Inst. 20. 1848. 273, vgl. 22. 1850. 357; 31. 1859. 5. — Meyer, W., Zwei antike Elfenbeintafeln in München (mit Abbild.) s. Abhandl. d.

Die Beschreibstoffe des täglichen Lebens waren natürlich andere. Sie werden aufgezählt bei Galen ad Hipp. XII, p. 2 ed. Chart.: *τινὲς καὶ πάνυ παλαιῶν βιβλίων ἀνευρεῖν ἐσπούδασαν πρὸ τριακοσίων ἐτῶν γεγραμμένα τὰ μὲν ἔχοντες ἐν τοῖς βιβλίοις, τὰ δὲ ἐν τοῖς χάρταις τὰ δὲ ἐν διφθέραις,*[1] *ὥσπερ τὰ παρ' ἡμῖν ἐν Περγάμῳ.* Er erwähnt also Bücher von Wachstafeln — denn das bedeutet doch wohl in dieser Zusammenstellung *ἐν τοῖς βιβλίοις* — Papyrusrollen und Leder- resp. Pergamenthandschriften.

Wachstafeln Die Wachstafeln[2] dürfen hier nicht unerwähnt bleiben, obwohl ihre Schrift eine epigraphische genannt werden könnte, so fehlt ihnen im Gebrauch des täglichen Lebens doch jeder monumentale Charakter, den die Epigraphik vor der Paläographie voraus hat; die Schrift zeigt stets das Flüssige und Individuelle der gleichzeitigen Papyrusurkunden.

philos.-philol. Kl. d. Kgl. Bayr. Akad. d. Wissensch. Bd. 15. München 1881. S. 1. Über Marken der Richter s. S. 264, A. d. I. Aufl. — Bruck, S., Mitt. d. athen. Instit. 19. 1894. 203. — Visconti, P. E., Illustrazione d'un antico pugillare in avorio stato di uso a Gallieno concesso senatore di Roma: Bullettino della commissione arch. munic. Roma 1874. 2. p. 101 (mit Taf.). — Ferrari, H., Sur un triptyque grec d'ivoire du VIII s., qui se trouve à la biblioth. de la Minerve à Rome. Mit Taf., s. Annales de philos. chrét. III s. 23. p. 44. — Gazette Archéologique 1883. pl. XVIII. XIX. 1884. pl. VI. — Wieseler, Fr., Das Diptychon Quirinianum nebst Bemerkungen über die Diptycha überhaupt. Göttingen 1868. — Papageorg, Elfenbeinrelief (der heilige Demetrius) s. Byzantin. Ztschr. 1. 1892. 480. — Schlumberger, Un triptyque byzantin en ivoire. Mélanges byzant. 1. p. 71, vgl. 111, 193 u. 337: Un ivoire chrét. inédit.; ders., L'ivoire Barberini. Monum. Piot 7. 1900, andere Proben: Diehl, Manuel d'art byz. p. 272 ff. — Stuhlfauth, G., Die altchristl. Elfenbeinplastik. Arch. Stud. z. christl. Altert. herausgeg. von Ficker. Heft 2. Freiburg u. Leipzig 1896. — Molinier, E., Histoire générale des arts appliqués. Les ivoires. Paris 1896. Mit 24 Tafeln. — Graeven, H., Frühchristliche und mittelalterliche Elfenbeinwerke in photogr. Nachbild. 1—80. Rom 1900. — Muñoz, Avori bizantini: Ausonia 2. 1907. 105. — Molinier, Em., A propos d'un ivoire byzantin inédit. du musée du Louvre. s. Mélanges Julien Havet 1895. — Crum, W. E., A greek diptychon of the 7. century (Elfenbein). Proceedings of the Society of Bibl. Archaeol. 30. 1908. 255—265. Mit 2 Taf. — Elfenbeindiptycha s. Sittl, Müllers Handbuch d. kl. Alt. 6. 793.

[1] Die gewöhnliche Lesart *ἐν διαφόροις φιλύραις* ist nicht zu halten. Sehr ansprechend ist Cobets Conjectur, der (Mnemos. VIII. p. 435) *ἐν διφθέραις* schreibt und *φιλύραις* als das Glossem eines gelehrten Lesers beseitigt. Der Vermittelungsvorschlag von J. Marquardt (Röm. Privataltert. 1867. II. S. 399 Anm. 3499) wird schwerlich viel Beifall finden.

[2] Wachstafeln bei den Alten s. Hesse im Serapeum XXI. 352 mit reichen Litteraturangaben; für das Mittelalter: Édélestand du Méril. de l'usage non interrompu jusqu'à nos jours des tablettes de cire. Rev. archéol. 1860. p. 1—16. 91—100. — Wachstafel, latein. Sprache in griech. Schrift. C. I. L. IV Suppl. 1898. p. 322. u. 381. — Wachstafeln s. Thompson-Lambros, Palãogr. S. 48. — Schubart, Das Buch S. 18. — Paoli, Ces., Progr. scolastico di paleogr. lat. 2. Firenze 1894. p. 16. — Weil, Nouv. tablettes grecques provenant d'Égypte. Mélanges Perrot 1903. p. 330.

Derartige γραμματεῖα werden in den Tempelinventaren öfter erwähnt, so z. B. γρ. δύο χ]αλκᾶ, τὸ μὲν σεσημασμένον, τὸ δ[ὲ ἀνεῳγμένον. C. I. A. II, 2. 721 v. 10—11. Die Wachstafeln bildeten den eigentlich nationalen Beschreibstoff der klassischen Völker; alle alten technischen Ausdrücke der Schreibkunst, selbst *scribere, littera, litura* setzen die Tafel, insbesondere die Wachstafel voraus;[1] ebenso die alten Rechtsformeln: Gaius, Institution. § 2, 104 in usum scholarum ed. Krüger et Studemund 1876. p. 58: *haec ut in his tabulis cerisque scripta sunt. ita do, ita lego, ita testor etc.* Nach Isidor, Etymol. 6, 9[2] sollen sie eine griechische Erfindung sein; sie entsprechen in bezug auf Zweck und Form einigermaßen unseren Schiefertafeln. Bei beiden ist die (rechteckige) Schreibfläche vertieft und eingerahmt von einem hölzernen Rande, der nach beiden Seiten vorsteht, um die Schriftzüge zu schützen, für welche hier eine Schieferplatte, dort eine mit Wachs überzogene Holztafel[3] bestimmt ist. Nur ausnahmsweise pflegte man auch die Holzflächen der Wachstäfelchen zu beschreiben. Als z. B. Demarat in Susa seine Landsleute von den immer drohender werdenden Rüstungen der Perser benachrichtigen wollte, konnte er die Wachsamkeit der persischen Grenzwächter nur dadurch täuschen, daß er von einem Diptychon den Wachsüberzug herunterkratzte, den eigentlichen Brief auf das Holz schrieb und denselben wieder unter einer Wachsfläche versteckte, die nun mit ganz gleichgültigen Sachen beschrieben wurde,[4] eine Kriegslist, die später gelegentlich wiederholt wurde, während unter gewöhnlichen Verhältnissen natürlich nur die Wachsfläche beschrieben wurde. Cooper publiziert (*Transactions of the Royal Society of Literature* II. ser. Vol. X. Part. 1) eine Holztafel, die an den Stellen, die früher mit Wachs überzogen waren, mit Tinte beschrieben wurde. Nach Cicero pro Roscio com. 2 werden die kaufmännischen Bücher *tabulae codicis accepti et expensi* unterschieden von den Notizbüchern *adversaria* oder *ephemeris*, die vor Gericht keine Gültigkeit haben: *Itaque adversaria in iudicium protulit nemo; codicem protulit, tabulas recitavit.*[5]

Die Bestimmung der Wachstafeln[6] war eine sehr mannigfaltige. Die einfache Tafel mit durchbohrtem Holzrande konnte an einer Schnur

---

[1] Hermes 2, 117. A. 1.

[2] Vgl. Sueton. ed. Reifferscheid. p. 130.

[3] μάλθη ἢ μάλθα Pollux 8, 58. μάλθα vielleicht semitisch, Bezzenberger, Beitr. 1. S. 29. Maltha s. Archival. Ztschr. 7. S. 280—283. N. F. 2. 1891. S. 115.

[4] Herod. 6, 239: δελτίον δίπτυχον λαβών, τὸν κηρὸν αὐτοῦ ἐξέκνησε, καὶ ἔπειτα ἐν τῷ ξύλῳ τοῦ δελτίου ἔγραψε τὴν βασιλέως γνώμην. Aus der Zeit der punischen Kriege erzählt dasselbe Gellius noct. att. 17, 9, 4.

[5] Vgl. Danz, Lehrb. der Gesch. d. Röm. Rechtes 2. 1873. S. 44.

[6] Siehe Rumpf, Die griechische Inschrift einer Wachstafel des Brit. Museum (mit Faksim.). Verhandlungen der Würzburger Philologenversammlung 1869. S. 239. — Gerhard, Auserlesene Vasenb. IV. Taf. 4. u. 48. Archäol. Zeitung 1874.

aufgehangen und getragen werden und diente, wie unsere Schiefertafel, für Schulzwecke. Quintilian schreibt ausdrücklich vor, daß die Wachstafeln für die rhetorischen Übungen nicht zu groß sein dürften, Instit. orat. 10, 3. 32: *Ne latus quidem ultra modum esse ceras velim, expertus, iuvenem studiosum alioqui praelongos habuisse sermones, quia illos numero versuum metiebatur; idque vitium, quod frequenti admonitione corrigi non poterat, mutatis codicibus esse sublatum.*

Die Diptycha und Triptycha waren auch nach Einführung des Nilpapiers zunächst wie unsere Notizbücher dazu bestimmt, die Gedanken des Augenblicks zu fixieren, als Grundlage für die spätere Ausführung und Ausarbeitung.

Dextra tenet ferrum vacuam tenet altera ceram
Incipit, et dubitat damnatque tabellas
Et notat et delet, culpatque probatque.[1]

Die ersten Entwürfe von Reden, Briefen, Schulübungen usw., kurz alles, was nur für den Augenblick bestimmt war und seine definitive Gestalt noch nicht erhalten hatte, wurde zunächst in die Wachstafel eingetragen. Deshalb wurden auch die Billetts des täglichen Lebens so geschrieben, und die Kriegslist Demarats (s. oben) beweist, daß diese Sitte schon vor den Perserkriegen in Asien und Europa die gewöhnliche gewesen. — Wenn der Adressat den Brief gelesen, so brauchte er bloß mit der umgekehrten flachen Seite seines Griffels (s. u. Schreibgerät) das Wachs zu glätten (d. h. *stilum vertere*), dadurch wurde der alte Text vollständig vernichtet ohne die geringsten Spuren zu hinterlassen. Daher heißt es in der Vulgata Reg. 4, 22. 13: *Et delebo Jerusalem, sicut deleri solent tabulae; et delens vertam et ducam crebrius stylum super faciem ejus.*

Auf die so geglättete Wachsfläche konnte der Empfänger sofort die Antwort schreiben und sie dem überbringenden Sklaven, den er hatte warten lassen, übergeben. Das wurde in Briefen sogar ausdrücklich gefordert: *libellum subscriptum per eu(n)dem publicum sine more mihi remittas.*[2] So wanderten die Wachstafeln oft unzählige Male hin und

---

T. 1. — Diptycha und Triptycha abgebildet s. N. Ἐλληνομνήμων 2, 270—271. — Annali d. Instituto 25. tav. d'agg. C. D. p. 43 (Wieseler). Eine thronende Frau hält in der Linken ein Diptychon, in der Rechten das Schreibrohr, an dem sie kaut; vor ihr ein Mann mit Diptychon. — C. I. L. IX, 3033. Elite cér. 1, 77. Bull. Nap. n. s. VI 4, 1. Eine marmorne Nachbildung glaubt Furtwängler zu erkennen, s. Mitteil. d. D. Archäol. Inst. in Athen 6. 1881. S. 174. Taf. VI: ein etruskisches Relief s. Ann. del' Instituto 1864. Tav. d'agg. A B: vgl. Corssen, Spr. d. Etrusk. I. S. 787. Taf. XIX B. 5 u. Fabretti, Paläogr. Studien S. 109. — Furtwängler, Samml., Sabouroff I. Taf. 86: Mädchen m. d. Brief (Diptychon); Muse (Urania) mit Polyptychon, s. Bull. d. corr. hellén. 19. 1895. S. 102.

[1] Ovid Metamorph. 9, 521.

[2] Wilmanns Exempla 312.

her, und man begreift, daß Properz (3, 23) den Verlust seiner alten unscheinbaren Tafeln beklagt, die ihm gerade deshalb so lieb waren, weil sie ihm oft Botschaft von der Geliebten gebracht hatten:

Has quondam nostris manibus detriverat usus
Qui non signatas iussit habere fidem.

Fig. 6. Pompeianische Wachstafel.[1]
De Petra, tav. cer. 4, 3.

Er fürchtet, daß die Tafeln nun einem Wucherer in die Hände gefallen seien, der künftig seine Rechnungen darauf schreiben werde. — In der Tat pflegte man Wachstafeln nicht nur zu solchen geschäftlichen Auf-

[1] Eine andere pompeianische Wachstafel vom Jahre 61 n. Chr. s. Not. d. scavi 1887. p. 418.

zeichnungen,[1] sondern sogar zu Quittungen und zu Schuldverschreibungen (s. u. Diptycha) anzuwenden, die doch für längere Zeit aushalten mußten. Selbst ein kaiserliches Handschreiben, wie z. B. von Hadrian,[2] wurde nicht auf einer Papyrusrolle, sondern einem Diptychon geschrieben. Wenn z. B. auf dem Trajansmonument[3] des Forums der sehr umfangreiche Schuldenerlaß des Kaisers dargestellt werden soll, so geschieht dies in der Weise, daß Liktoren ganze Haufen solcher Tafeln herbeischleppen, um sie ins Feuer zu werfen. Auch Testamente, wie z. B. Julius Cäsars,[4] und amtliche Protokolle wurden auf Wachstafeln geschrieben und danach zitiert.[5] Selbst Geburtsscheine zur Beurkundung des Personenstandes sind auf hölzerne Diptycha geschrieben.[6]

Öffentliche Urkunden, wie z. B. ein Ehrenbürgerbrief, wurden aber nur vorläufig auf Wachs geschrieben, um später monumentaler ausgeführt zu werden, vgl. Wilmanns Exempla 2858: *patronos per duplomum a numero n(ostro) cooptatos, nunc tabulam aeream eis offerri.*

Auf der Wachsfläche ließ sich schnell schreiben, namentlich brauchte man nicht einzutauchen; daher verwendete man die Wachstafel bei stenographischen Aufzeichnungen; *scribae cerarii* werden den *librarii*[7] (Kalligraphen) entgegengesetzt.[8] Deshalb sind tachygraphische Aufzeichnungen gerade auf Wachstafeln gemacht,[9] daher bei Ausonius epigr. 146, 74: *vix dicta iam ceris tenes.*

Daß auch Denkmäler der Literatur auf Wachstafeln geschrieben wurden, zeigen die neu gefundenen Tafeln des Babrius und drei Wachstafeln mit homerischen Gedichten.[10] H. Diels, Die Elegie des Poseidippos aus Theben[11] beschreibt Wachstafeln des Berliner und des Londoner Museums: *Brit. Mus. Egyptian Departement* No. 29527. Ferner besitzt die Sammlung von Genf mit Wachs überzogene Buchentafeln mit Rechnungen des täglichen Lebens, aber zum Schluß findet man einen

---

[1] Siehe Detlefsen, Sitzungsber. d. Wiener Akad. 1858. S. 89—108. Mit 2 Tafeln.

[2] *δεπλαῖ* in dem Sinne von *δίπλωμα* I. G. S. 1054. Brief d. Hadrian a. 134. Original also nicht auf charta.

[3] Annali dell' instituto di corrispondenza archeologica 1872. p. 309—330. Hermes VIII. S. 130 ff.

[4] Sueton Jul. Caesar 83.

[5] Ähnlich Joseph. antig. 14, 10. 10 *ἐν δέλτῳ δευτέρᾳ καὶ ἐκ τῶν πρώτων πρώτῃ*. vgl. Mommsen, Annali d. J. 1858. p. 192. A. 1.

[6] Siehe Wilcken, Arch. f. Papyr. 4, 253. 267.

[7] Wilmanns Exempla 1727, vgl. 1738: decuria scribar(um) cerarior(um) et librariorum).

[8] Not. d. scav. 1910. p. 13. Orelli 4109. 6420. Bull. d. J. 1859. p. 216 C. I. L. X. 7955; VI, 1790; VIII, 2986: L. Tonneius Martialis cerar(ius) leg.

[9] S. Journ. of Hellen. stud. 21. 1901. p. 252. pl. XVIII.

[10] S. Berliner Klassikertexte 5. S. 6.

[11] S. Ber. d. Berliner Akad. 1898. S. 847 ff. Mit Taf. III—IV.

Teil des 91. Psalms nach dem Text der Septuaginta; zunächst wird man natürlich voraussetzen, daß dieser Teil für magische Zwecke bestimmt war.[1]

Wachstafeln sind oft schwer zu lesen, aber „bei verschiedenem Lichte gemachte Aufnahmen . . . lassen das Bild der Schrift schärfer hervortreten als das Original. Diels, Sitzungsber. d. Berliner Akad. 1898. 849 A.

Über die Form der Diptycha usw. siehe das Kapitel Form der Handschriften.

Zweites Kapitel.

Beschreibstoffe.

II

Papyrus.

(Andere Werke sind an ihrer Stelle angeführt.)

Byblos u. Charta s. Pauly-Wissowa, Realencykl. 3. I, S. 1101.

Becker, Gallus 2² S. 368.

Biondi, J. H., Ztschr. f. äg. Sprache 33. 1895. S. 64.

Birt, Buchwesen. 1882. S. 223.

Blümner, H., Technologie I. Lpzg. 1875. S. 308.

Bresslau, Papyrus u. Pergament, Mitt. d. Österr. Inst. 1888 — , Handb. 1 S. 885.

Busiri-Vici, A., Papyrus. Roma 1893. 74 S. 8°. 3 Tafeln.

Carini, J., Sulle materie scrittorie adoperate in Sicilia. Nuove effemeridi Siciliane 8. 1879. p. 218 -300.

— Il papiro, appunti per la nuova scuola Vaticana. Rom 1888.

Caylus, sur le Papyrus s. Mém. de l'Acad. d. inscr. et b. lettres 26. 1759. p. 267, mit Anm. von B. de Jussieu.

Cosentino, G., La carta di papiro s. Archivio stor. siciliano. NS. 14. 1889. p. 134—164.

Didot, A. F., De la fabrication et du prix du papier dans l'antiquité. Paris 1856. (Revue Contemp.)

Dureau de la Malle, sur le papyrus. Paris 1851. Mém. de l'Acad. d. inscr. Vol. 19.

Dziatzko, K., Buchwesen. 1900. S. 26 Kap. 3, mit Litteraturangaben S. 52—53.

Egger, Le papier dans l'antiquité et dans les temps modernes. Paris 1866. Vgl. Journal d. Savants 1881 p. 230.

Guilandini, M., Papyrus. Venet 1572; dazu Anmerkungen von Scaliger.

Joret, Ch., Le papyrus et sa représentation sur les monuments de l'ancienne Égypte in den Mélanges . . . déd. à Wahlund. 1895.

Karabaček, Öst. Monatsschr. f. d. Orient 11. 1885. S. 162.
Führer p. XIV.

Kenyon, The evidence of gr. papyri with regard to textual criticism. Proceed. of the Brit. Academy 1903 bis 1904. p. 139.

— The palaeogr. of gr. papyri 1899. p. 14. Papyrus as writing material p. 19. Recto and verso.

Maffei, Sc., Istoria diplomatica. Mantua 1727.

[1] Textes grecs inédits de la Collection papyrologique de Genève, par J. Nicole. Genf 1909.

Meister, A., Grundriß der Gesch.-Wiss. 1, 1. S. 29.

Mitteis, L., Aus den griech. Papyr. Vortr. gehalten auf d. VI. Vers. dtsch. Histor. Halle 1900.

Montfaucon, Dissert. sur le papyrus. Mém. de littérature de l'acad. des inscr. et b. lettres 1729. T. 6. p. 592.

Paoli, C., Del papiro specialmente considerato come materia che ha servito alla scrittura. Florenz 1. 1878; 2. 1894. p. 30.

Materie scrittorie e librarie. Florenz 1894, deutsch von Lohmeyer 1895.

Rosellini, Monumenti d. Egitto P. II. T. II. p. 207. Pisa 1834. Dell' arte dello scrivere presso gli antichi Egiziani. Del papiro et degli strumenti adoperati par la scrittura.

Seyffarth, G., Über d. Papier der Alten nach Plinius. Serapeum 3. 1842. S. 3.

Sprengel, Ersch u. Grubers Encyclop. III. 11. 1838. 230.

Tychsen, Th. Ch., De charta papyracea. Göttingen 1818.

Unger, J. G. und Hahn, Im. E., De papyro frutice ad Esaiae XIX, 7. Lipsiae 1731.

Wattenbach, Schriftwesen[3] S. 96.

Wessely, C., Prolegomena ad papyrorum graecorum novam collectionem. Wien 1883.

Wiede, Joh., Die Papyruspflanze u. d. Papier d. Alten. D. Papierfabrikant 4. 1906. S. 1294 1296.

Wilcken, Die griech. Papyrusurkunden. Berlin 1897.

D. heutige Stand der Papyrusforsch. N. Jahrb. f. kl. Alt. 7. 1901. 677 699.

Wildenow, C. L., Über die Gattung Papyrus. Abh. der Berliner Akad. 1812 1813. S. 67 (Physik. Kl.).

Willkomm, M., Über den Lotos und Papyrus der alten Ägypter und die Papiererzeugung der Alten: Sammlung gemeinnütziger Vorträge in Prag Nr. 166. 1892 (13 Seiten).

Woenig, Fr., Der Papyrus der Ägypter in Karl Müllers „Natur". Halle 1885. Nr. 34.

Wüstemann, Über die Papyrusstaude u. die Fabrikation des Papiers b. d. Alten. Unterhaltungen aus d. alten Welt f. Garten- u. Blumenfreunde. Gotha 1854. S. 17–33.

Zimmermann, Hrm., De papyro P. I geographica continens. Berlin 1866.

Über botanische Fragen:

Cyrillus, D., Cyperus papyrus. Parma 1796.

Hansen, A., Die Papyrusstaude, siehe Ztschr. Prometheus, hg. v. Otto Witt. 2. 1890. S. 97.

Loret, V., La flore pharaonique. II éd. Paris 1892. p. 28.

Papyrus s. Daremberg, Dictionnaire des antiq. 4. p. 319. G. Lafaye.

Rikli, M., Vergl. Anatomie der Cyperaceen. Inaug.-Diss. Basel 1895.

Unger, Fr., Die Pflanzen der alten Ägypter. Sitzungsber. der Berliner Akademie 1839.

Mitteis, L., Aus den gr. Papyrusurkunden. Leipzig 1900 und

Gradenwitz, O., Einführung in die Papyruskunde 1. Leipzig 1900 sind für den Juristen wichtiger als für den Paläographen.

Archiv f. Papyrusforschung herausgeg. von Wilcken.

Studien zur Paläogr. u. Papyruskunde hg. v. C. Wessely 1 ff. Leipzig 1901.

Mayser, E., Gramm. d. griech. Papyri. Leipzig 1906.

Borchardt, L., Die Cyperussäule (mit Abb.). Ztschr. f. ägypt. Spr. u. Alt. 40. Leipzig 1903. S. 36.

Für die Bedürfnisse einer hochentwickelten Litteratur reichten natürlich die bisher aufgezählten Beschreibstoffe keineswegs aus; diesen Papyrus konnte in alter Zeit allein der Papyrus[1] (vgl. Kenyon, *Palaeogr. of*

[1] Böttiger, Erfindung des Nilpapiers und seine Verbreitung in Griechenland s. Kleine Schriften 3, S. 365—382.

gr. pap. p. 14. *Papyrus as writing material*, genügen. — Theophrast beschreibt die merkwürdige Pflanze ziemlich ausführlich *hist. plantarum* 4. 8. 3 (p. 72 ed. Wimmer 1866): *Φύεται δὲ ὁ πάπυρος οὐκ ἐν βάθει τοῦ ὕδατος, ἀλλ' ὅσον ἐν δύο πήχεσιν* (0,92 m), *ἐνιαχοῦ δὲ καὶ ἐν ἐλάττονι· Πάχος μὲν οὖν τῆς ῥίζης ἡλίκον καρπὸς χειρὸς ἀνδρὸς εὐρώστου, μῆκος*

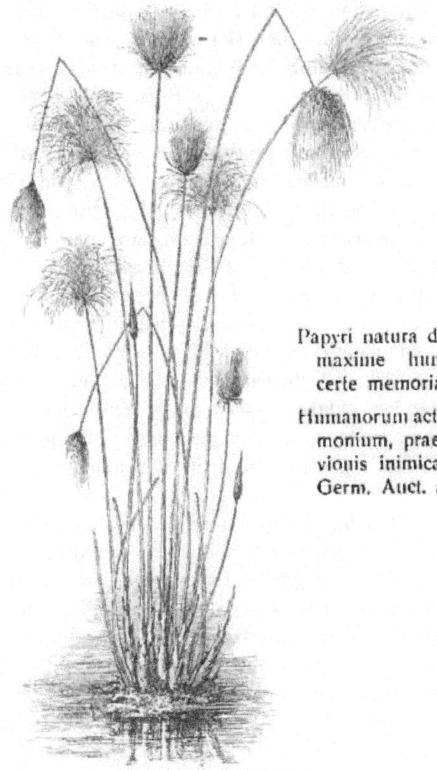

Fig. 7. Afrikanische Papyrusstaude.

Papyri natura dicetur, cum chartae usu maxime humanitas vitae constet, certe memoria. Plin. n. h. 12, 11.

Humanorum actuum servans fidele testimonium, praeteritorum loquax, oblivionis inimica. Cassiodor: Monum. Germ. Auct. ant. 12, 352.

δὲ ὑπὲρ δέκα πήχεις. Φύεται δὲ ὑπὲρ τῆς γῆς αὐτῆς πλαγίας ῥίζας εἰς τὸν πηλὸν καθιεῖσα (*καθιεὶς* Dziatzko). *λεπτὰς καὶ πυκνάς, ἄνω δὲ τοὺς παπύρους καλουμένους τριγώνους, μέγεθος ὡς τετραπήχεις* (1,77 m). *κόμην ἔχοντας ἀχρεῖον ἀσθενῆ, καρπὸν δὲ ὅλως οὐδένα· τούτους δ' ἀναδίδωσι κατὰ πολλὰ μέρη.* Dann schildert er den mannigfachen Nutzen der einzelnen Teile: § 4. *Χρῶνται δὲ ταῖς μὲν ῥίζαις ἀντὶ ξύλων οὐ μόνον τῷ κάειν ἀλλὰ καὶ τῷ σκεύη ἄλλα ποιεῖν ἐξ αὐτῶν παντοδαπά· πολὺ γὰρ ἔχει τὸ ξύλον καὶ καλόν. Αὐτὸς δὲ ὁ πάπυρος πρὸς πλεῖστα χρήσιμος· καὶ γὰρ πλοῖα ποιοῦσιν ἐξ αὐτοῦ καὶ ἐκ τῆς βίβλου ἱστία τε πλέκουσι καὶ ψιάθους καὶ ἐσθῆτά τινα καὶ στρωμνὰς καὶ σχοινία τε καὶ ἕτερα πλείω. Καὶ ἐμφανέστατα δὴ τοῖς ἔξω τὰ βιβλία. Μάλιστα δὲ καὶ πλείστη βοήθεια πρὸς τὴν τροφὴν ἀπ' αὐτοῦ γίνεται. μασῶνται γὰρ ἅπαντες οἱ ἐν τῇ χώρᾳ τὸν πάπυρον, καὶ ὠμὸν καὶ ἑφθὸν καὶ ὀπτόν· καὶ τὸν μὲν χυλὸν καταπίνουσι, τὸ δὲ μάσημα ἐκβάλλουσιν.* Außerdem haben wir noch eine ausführliche Beschreibung bei Plinius (s. u.) und eine Notiz bei Boissonade, Anecd. gr. 1, p. 428.

Gregorovius gibt eine anschauliche Schilderung des Papyrus in seinen *Siciliana* (Leipzig 1861) S. 273: „Die schöne Binse erhebt sich aus dem Wasser jungfräulich graziös, schlank, in schönster Linie gebogen, etwa 15 Fuß hoch, dreikantig und glatt und von einem herrlich glänzenden Dunkelgrün. Aber auf der Spitze überkraust sie eine reiche volle Krone von zahllosen grünen Fasern, welche fein und feiner wie geknotete Fäden, und gleich strömendem Haar lang herabhängen. Das Volk nennt die Büschel recht treffend *La Perucca*.[1] Diese so zierliche Gestalt des seltsamsten Gewächses, der wahren Papiernymphe der Gelehrsamkeit, ist für uns vom cimmerischen Norden kommende Wanderer überraschend genug; ganz mythisch wird ihre Erscheinung, wenn diese Stauden als dichtes Gebüsch beisammenstehen, in malerischer Verwirrung durcheinander aufgeschossen, große und kleine, königlich ragende alte und ganz zarte junge Pflanzen, alle die phantastischen Kronenbüschel träumerisch gesenkt, und in der azurblauen Flut der Cyane sich spiegelnd."

Das Lob dieser nützlichen Pflanze mag hundertmal gesungen sein in den Gedichten des alexandrinischen Zeitalters; wir finden wenigstens einen Nachklang dieser fein ausgedachten Antithesen in den Varien des Cassiodor (*Monum. Germ. Auctores antiquiss.* 12. p. 352), der ebenfalls den Papyrus verherrlicht. Der Papyrus ist ein Nilwald ohne Zweige, ein Hain ohne Blätter, die Saaten des Flusses, das schöne Haar der Sümpfe, weicher als Buschwerk aber härter als das Kraut, (voll und doch leer) ein schwammiges Holz — — — einer argen Überschwemmung schönste Frucht.

Bei dieser Pflanze sind alle Teile für den Menschen nützlich und brauchbar, ganz besonders aber das schwammige Mark für den Gelehrten. Nach einem Epigramm augustischer Zeit mußte der Papyrus den Docht hergeben für die Studierlampe. Anthol. Palat. 6, 249

ΑΝΤΙΠΑΤΡΟΥ.

Λαμπάδα κηροχίτωνα Κρόνου τυφήρεα λύχνον
σχοίνῳ καὶ λεπτῇ σφιγγομένην παπύρῳ,
Ἀντίπατρος Πείσωνι φέρει γέρας — —

[1] Theophrast (s. o.) sagt *κόμη*; Strabo (p. 799) *χαίτη*.

Die Etymologie des Wortes *πάπυρος* ist sehr unsicher. „Für *πάπυρος* fehlt es bis jetzt an einer genügenden Deutung.“[1] Wahrscheinlich hat es ägyptischen Ursprung; vielleicht ist es entstanden aus *pa-p-iur* und bedeutet „die (Pflanze) des Nils“.[2] Ob der Name Papeiris (Griech. Pap. in Gießen 1 S. 45 u. 47) damit zusammenhängt, ist schwer zu sagen; der lateinische Name *Papirius* hat sicher eine andere Etymologie. Phrynich ecl. p. 303. Lob.: *Πάπυρος· τοπάσειεν ἄν τις Αἰγύπτιον εἶναι τοὔνομα· πολὺ γὰρ κατ' Αἴγυπτον πλάζεται, ἡμεῖς δὲ βίβλον ἐροῦμεν.* Etymologie

Einen Unterschied in der Bedeutung von *πάπυρος* und *βύβλος* nachzuweisen, ist bis jetzt noch nicht gelungen.[3] In der schon erwähnten Inschrift C. I. A. III, 48 bezeichnet *ἐν βιβλίοις* jeden üblichen Beschreibstoff, sowohl Pergament wie Papyrus usw. *χάρτα*, bloß den Beschreibstoff bezeichnend, hat sich am längsten gehalten und bedeutet in der späteren Zeit jeden Beschreibstoff. Sueton (s. o.) redet sogar von bleierner charta.[4] *χάρτης ἐστὶ τὸ ἀπὸ παπύρου δέρμα ἢ ἑτέρα ὕλη πρὸς γραφὴν πεποιημένη.* Pandect. lib. 44. tit. 3. c. 50. Ohne Bedenken übertrug man diese Bezeichnung später auf das Pergament. In einer Schreiberrechnung des *c. Patm.* 218 (s. m. griech. Pal. 1. Aufl. S. 310) finden wir einen Posten *εἰς χαρτία* zu einer Zeit, wo Papyrus überhaupt nicht angewendet wurde. Und als schließlich das Pergament durch wirkliches Papier ersetzt wurde, erhielt der neue Beschreibstoff ebenfalls denselben Namen.

Der *πάπυρος* oder *βύβλος* (latein. *Cyperus papyrus*) ist eine binsenähnliche Pflanze, die besonders in den Sümpfen Unterägyptens gedieh, wo sie aber heutzutage ausgestorben ist. Von den Mündungsarmen des Nils haben mehrere Sorten des Papyrus ihre Namen erhalten, weil sie dort wuchsen, wie die *Saitica* und *Taeneotica*, während andere nach der Lage der Fabriken benannt sind. Ägypten

Die Papyruspflanze wächst nur in süßem Wasser, nicht in salzigem; aber vielleicht auch in gemischtem Fluß- und Meerwasser. Eine Sorte des Nilpapiers heißt nämlich *Taeneotica „cueulli dans les lagunes, le long de la bande du terrain* (*ταίνια*) *qui les sépare de la mer.“*[5]

„Der Hauptsitz dieser Industrie,“ sagt v. Kremer,[6] „war im Delta, und zwar in dem Städtchen Bura, einem Küstenorte des Bezirkes von Damiette (*Ja'kuby* 126, 127). Hier ward die Papyruspflanze, die ver-

---

[1] Hehn, Victor, Kulturpflanzen⁷ S. 309 A.

[2] Spiegelberg, Schr. u. Spr. d. alt. Ägyt. 14. — Dziatzko, Buchwesen S. 27 bis 29. — Bei Wiedemann, Samml. altägypt. Wörter, welche v. klass. Autoren übers. sind, 1883. S. 34 fehlt *πάπυρος* und *βύβλος* ganz.

[3] Vgl. jedoch Dziatzko, Buchwesen S. 27. 44.

[4] charta plumbea Sueton Nero 20, s. o. S. 26.

[5] Robiou, L'Économique de l'Égypte p. 118 n.

[6] Kulturgesch. d. Orients 2, 305, s. Karabaček, Österr. Monatsschr. 11. 1885. 164.

mutlich im nahen Menzalehsee in großer Menge wuchs, verarbeitet und dann in den Handel gebracht.“ Eine wichtige Fabrik der arabischen Regierung war in Phragonis; dort befand sich, wie aus den Papyrus Erzherzog Rainer mit Sicherheit hervorgeht, eine noch zu Ende des 8. Jahrhunderts tätige Hauptmanufaktur für die Rollenerzeugung,[1] so erklärt Karabaček den Anfangsbuchstaben Φ und πς (86) (mit Indiction).

Afrika Im Innern von Afrika, stromaufwärts des Nils, z. B. in Nubien, ist die Pflanze noch heutzutage heimisch.[2] Am Blauen Nil, in der Gegend des Tanasees, fährt man noch heute wie in der Pharaonenzeit auf Papyrusbooten.[3] Im Altertum wuchs sie ferner nach Plinius n. h. 13, 73 an den Ufern des Euphrats bei Babylon. Im alten

Palästina Palästina[4] und in Syrien war die Papyrusstaude bekannt:

μὴ θάλλει πάπυρος ἄνευ ὕδατος,
ἢ ὑψωθήσεται βούτομον ἄνευ πότου;

sie wächst noch heute am See Tiberias und am Bahr el Ḥūle.[5] Auch

Isaurien in Isaurien scheint der Papyrus heimisch gewesen zu sein, wie man aus dem Namen Papyris eines Kastells in Isaurien schließen möchte.[6]

Schwarzes Meer An der Nordküste des Schwarzen Meeres wird der Papyrus beim Tode des Mithridates erwähnt. Arrian d. b. Mithridat. 111: *τὸν Φαρνάκην ἀνεῖπον βασιλέα. καὶ βύβλον τις πλατεῖαν φέρων ἐξ ἱεροῦ ἐστεφάνωσεν αὐτὸν ἀντὶ διαδήματος,* wo doch an eine Papyrusrolle wohl nicht zu denken ist. Karabaček, Österr. Monatsschr. 11. 1885 sagt mit Recht S. 163: Aus den Blütenbüscheln wand man Kränze,

Hellas um die Götterbilder damit zu schmücken.[7] Im eigentlichen Hellas ist die Papyruspflanze heute nicht heimisch, im Altertume dagegen mag eine Abart — wenn auch nicht gerade *cyperus papyrus* — dort vorgekommen sein. Denn in der Odyssee Φ 391 wird erzählt, daß Odysseus bei Freiermord gebraucht habe *ὅπλον βύβλινον, ᾧ ῥ' ἐπέδησε*

[1] Wiener Ztschr. f. d. Kunde d. Morg. 20. 1906. 140.

[2] Schweinfurth, Im Herzen von Afrika I, 111: An diesem Tage stießen wir auf die ersten Papyrusbüsche — — Hier also unter 9° 30′ nördl. Breite erst trifft man ihn wieder, den Vater des verewigten Gedankens. Vor Jahrhunderten war er in Ägypten wohl ebenso häufig als gegenwärtig an den Toren der innersten Wildnis von Afrika.

[3] Rosen, F., Eine deutsche Gesandtschaft in Abessinien. Leipzig 1907. S. 381.

[4] Papyrus in Palästina. Hiob 8, 11; Jes. 18, 2. 35, 7; 2. Mos. 2, 3. Diese Erwähnung des Papyrus ist von Wichtigkeit für die Zeit; man setzt nämlich gewöhnlich das Buch Hiob in die Zeit zwischen dem assyrischen und babylonischen Exil; Rühl verweist jedoch auf d. Einl. in d. A. T. 1. II, 2: Cornill § 43, 6. — Über die neuere englische Litteratur (Tristram) s. u. S. 51—52.

[5] Vgl. Ebers u. Guthe, Palästina 1. S. 328. 351 f.

[6] Vgl. Not. et Extr. des mss. 24. p. 486.

[7] Plin. n. h. 13, 71 floris ad deos coronandos.

θύρας. Dziatzko (vgl. Buchwesen S. 32—33) meint, daß die Griechen in der Zeit vor Alexander d. Gr. aus den Binsen des eigenen Landes eine Art von Papier hergestellt hatten, das dann später durch ägyptischen Import verdrängt sei; das wäre wichtig, aber es ist nicht erweisbar, daß man einen Beschreibstoff daraus fabriziert hat. Am ersten wird man an eine andere Binsenart denken, *juncus*, dieser Ausdruck wurde im Mittelalter geradezu für *papyrus* gebraucht. „Juncus", so sagt Ewald, N. Arch. f. ält. dtsch. Gesch. 9. 1884. S. 335 u. 357 „bezeichnet zwar nicht den Papyrus, aber es ist doch die den Cyperaceen oder Cypergräsern benachbarte und nah verwandte Familie", vgl. Birt, Zentralbl. f. Bibl. 17. 1900. 551. Der Sprachgebrauch des Herodot zeigt vielmehr, daß der ägyptische Import schon früher begonnen haben muß. Auch in den Sümpfen Italiens[1] kam die Pflanze vor. Strabo 5 p. 226 erwähnt den Papyrus in der Gegend von Perusia, also wahrscheinlich an den Ufern des Trasimenischen Sees.[2] Auch in Unteritalien soll eine Art von Papyrus nach Guilandini, *Papyrus. Venet.* 1572 p. 108 vorgekommen sein, ob aber bereits im Altertum, ist sehr zweifelhaft; noch weniger läßt sich nachweisen, daß sie zur Bereitung des Papiers verwendet wurde. Auf der Insel Sizilien ist er sicher vor der arabischen Zeit eingeführt, natürlich aus Ägypten. Außerhalb der Mittelmeerländer kommt er vor auf den Kanarischen Inseln, nach Plinius die Papyruspflanze n. h. 6, 37: *papyrum quoque et siluros in amnibus gigni.*[3] Selbst bei den Indern erwähnt Strabo p. 823 das Vorkommen der Papyruspflanze.

Italien

Kanarische Inseln

Inder

Linné und Steudel, *synopsis plantarum cyperacearum* (Stuttgart 1855) S. 39 unterscheiden bloß eine Art des Papyrus: *Cyperus papyrus*; und ebenso neuerdings G. E. Post, *Flore of Syria, Palestine and Sinai* (Beirut 1896) 830. Nach G. Bauhin und Parlatore[4] dagegen, *Flora italiana* (Florenz 1852) II p. 43, gibt es zwei verschiedene Arten dieser Pflanze, nämlich *Cyperus papyrus* in Abyssinien, in Nubien und den von Parlatore benannten *Cyperus syriacus* auf Sizilien, die sich dadurch unterscheiden, daß der erstere seine Krone an der Spitze des Schaftes wie einen Kelch[5] emporrichtet, während der sizilische Papyrus seine Blätter herabhängen läßt. — Ihm folgt Tristram, *The Natural*

[1] Dureau de Malle, Mém. s. l. papyrus. Paris 1851. 146 ff.

[2] Diese Nachricht wird bezweifelt von Thompson-Lambros, Paläogr. S. 57.

[3] Über die Loangoküste s. u. S. 52.

[4] Mémoire sur le papyrus des anciens et sur le papyrus de Sicile: Mémoires présentées par divers savants étrangers à l'Académie es Sciences mathém. et physiques vol. XII. Paris 1854. p. 469—502.

[5] σκῆπτρον παπυροειδές im Dekret von Canopus. Dittenberger Orient. Inscr. gr. 56 v. 63.

History of the Bible (London 1889) 433—435.[1] — G. Schweinfurth, Über Pflanzenreste aus altägyptischen Gräbern: Berichte d. Dtsch. Botan. Gesellsch. Berlin 1884. 2. Jahrg. S. 371, kennt nach Linnéscher Einteilung nur *Cyperus papyrus L.* (und *Cyperus esculentus L.*, der bereits mit dem Papyrus nichts zu tun hat). Die Annahme Parlatores, daß der sizilianische Papyrus nicht zu *Cyperus papyrus L.* gehöre und von einer Art *Cyperus syriacus Parl.* abstamme, ist auch botanisch nicht begründet.[2] Auch Karabacek, Österr. Monatsschr. 11. 1885. S. 162 A lehnt die Unterscheidung von Parlatore ab, ebenso A. Hansen, Prometheus 2. 1891. 139. Über eine neuere fachmännische Untersuchung des Papyrus von seiten Schenks s. Papyrus Ebers S. 2—3. V. Loret, *La flore pharaonique d'après les documents hiérogl. et les spécimens découverts dans les tombes* (Paris 1887. 8°. 164 S.), erwähnt außer dem *Cyperus papyrus* noch drei Arten, ohne aber eine mit der des Theophrast (s. o.) zu identifizieren.[3] Für den Paläographen ist diese Unterscheidung Parlatores nicht von Wichtigkeit, und außerdem vermisse ich den stringenten Beweis, daß die Ägypter bloß die Art kannten und verarbeiteten, die Parlatore *Cyperus papyrus* nennt. Eine Abbildung der antiken Papyruspflanze hat man auf der Basis der berühmten Gruppe des Nil (Museo Chiaramonti I. T. 38 erkennen wollen; andere Abbildungen bietet Champollion (3 Taf. 258, 4 Taf. 430, 1 Taf. 52).

Höhe Diese merkwürdige Pflanze erreicht eine bedeutende Höhe, nach Plinius 13, 71: *triangulis lateribus, decem non amplius cubitorum longitudine in gracilitatem fastigatum*; das wird bestätigt durch Theophrasts Angabe (s. o.): *μῆκος δὲ ὑπὲρ δέκα πήχεις*.[4] Das kann sich wohl nur auf die ganze Pflanze mit Wurzeln und Krone beziehen, den Schaft selbst schätzt Theophrast auf vier Ellen, Strabo 17, 1, 15 p. 799 C auf 10 Fuß. Die Papyrusstauden am Anapo bei Syrakus erreichen heute durchschnittlich mehr als doppelte Manneshöhe.[5] Ich besitze einen Schaft von der Loangoküste mit der Aufschrift: „*Papyrus antiquorum.* Von einem 6 m hohen Schaft. Pechuel-Loesche.“[6] Jede Seite des dreieckigen Stengels mißt drei Zentimeter. Dziatzko, Buchwesen S. 73 hat Angaben moderner Reisender[7] zusammengestellt, die nicht so hoch sind: 4—5 Ellen, gelegentlich aber auch 7—10 Ellen.

[1] Vgl. Tristram, Fauna and Flora of Palestine. London 1884. 438, wo nur Papyrus antiquorum verzeichnet ist, und Henry Chicherter Hart, Some Account of the Fauna and Flora of Sinai, Petra and Wâdz Arabah. London 1891. 114.

[2] Hehn, Victor, Kulturpflanzen[7] S. 309 A.

[3] S. Revue critique 11 Juin 1888. p. 474 n.

[4] 1 Elle = 444 mm.

[5] Pauly-Wissowa s. v. Charta.

[6] Dadurch erledigt sich Birt, Buchwesen 225. A. 3.

[7] Schweinfurth, Im Herzen Afrikas 1. S. 114. — Stanley, Wie ich Livingstone fand. Leipzig 1879. II. S. 132. 153.

Es gab in den Sümpfen Unterägyptens an den Mündungsarmen des Nils Papyrusplantagen, die bepflanzt und bearbeitet wurden, ungefähr wie heute die Reisplantagen. Man unterschied bessere und schlechtere Sorten; und diejenigen, die den Zwecken der Menschen am besten entsprachen, wurden natürlich bevorzugt. So entwickelte der Mensch im Laufe der Jahrhunderte eine Kulturpflanze mit ihren Vorzügen und Nachteilen. Solche Kunstprodukte sind stets auf die Nachhilfe des Menschen angewiesen; wenn diese einmal nachläßt, verfallen sie leicht dem Untergang oder Krankheiten. Das mag der Grund sein, weshalb die Pflanze, seit die Papyrusfabrikation aufhörte, in Ägypten vollständig ausstarb, während die natürliche Pflanze an anderen Orten sich bis heute gehalten hat. Kulturpflanze

Unter den umfangreichen und wichtigen Urkunden aus der Zeit des Augustus, die man in Abusir el mäläq gefunden hat, gibt es einen interessanten Pachtvertrag über eine Papyrusplantage bei Alexandria, den Schubart, BGU. 4, 1121 herausgegeben hat. Merkwürdigerweise sind es zwei geborene Perser, welche die Papyruspflanzung pachten wollen. Sie verpflichten sich, für das *τέλος παπυρικόν* im Jahre 5000 Drachmen zu zahlen, in den Monaten Thoth bis Mecheir: 250 Drachmen, in den Monaten Phamenoth bis Mesore: 583 Drachmen 2 Obolen. „Die ungleiche Höhe der Monatsraten hängt wohl von der Zeit der Papyrusernte ab."[1] Außer dem Gelde haben die beiden Perser den Besitzern auch noch Naturallieferungen zu leisten, vgl. Z. 17: *τελέσουσι δὲ ἐξαίρετα κατ' [ἐ]νιαυτὸν ἕ[καστον] φορτία παπυρικὰ ἐξ[άγκαλ]α ἑκατόν*. „Die Einheit für den Papyrus — — ist offenbar das Sechsarmvolle", BGU. 4, 1121_{18}, was also unserem Klafter beim Holzkauf (wenn auch nicht dem Umfang nach) entsprechen würde. Pachtvertrag Papyrusplantage

Außerdem müssen die Pächter sich noch für den Betrieb sehr detaillierte erschwerende Bedingungen gefallen lassen in bezug auf die Pflanzungen am Meeresstrand, das Halten von Haustieren und die Instandhaltung der Kanäle; auch der Verkauf der gewöhnlichen Binsen wird den Pächtern untersagt. Erschwerend sind auch die Bestimmungen für den Fall, daß die Pächter ihren Verpflichtungen nicht genau nachkommen.

20 *ἀπαρανθιγολογήσειν μηδὲ βαριοτομήσειν*[2] *μηδ' ἐπὶ μέ[ρει]*
[ἐργάσεσθαι μηδὲ σχοινικὰ π]ωλεῖν μηδὲ ἑτέροις
μεταμισθ[οῦν] μηδὲ καταν[έ-
22 *[μειν ἐν τῷ ἕλει κτήνη] μήτε ἴδια μήτ' ἀλλότρια, ἃ δ' ἐὰ[ν*
καταλα]μβάνω[σιν]

---

[1] Schubart, BGU. 4. S. 211.

[2] Was unter *βαριοτομήσειν* zu verstehen sei, ist mir nicht klar: *βᾶρις* ist ein ägyptischer Nachen, Floß.

23 [ἐκστήσειν τοῖς ἰδίοις αὐτῶν δαπανήμασι . . . βαλεῖν δὲ τὸ ἕλος ἐν] τοῖς καθ[ή]-
24 κουσι καιροῖς, ἔτι δὲ καὶ τοὺς καθ' ἑαυτοὺς ποταμοὺς καὶ τὰς πλαγίους δι]ώρυγας παρα[θέ-
25 [νειν καὶ] ὀρύξειν [καὶ μεταβαλεῖν καὶ παρέξεσθαι πλωτὰς οἵας καὶ] παρειλήφαν [τοῖς]
26 [ἰδίοις ἀναλώμασιν

Cyperus papyrus eignet sich durch die Höhe und namentlich die Breite seines Stengels vor allen Binsenarten ganz besonders zur Be-

Beschreibstoff

reitung eines gleichmäßigen Beschreibstoffes. Der Schreibstoff (*chartae*) wird nach Plinius 13, 21, 68[1] auf die Weise gewonnen, daß man mit der Nadel ganz dünne aber möglichst breite Bastlagen ablöst: *diviso acu in praetenues sed quam latissimas philuras.*[2] Doch gibt es überhaupt keine Binsenart oder überhaupt Monokotyledonen, bei denen dieses Verfahren anwendbar wäre. Praktische Versuche haben gezeigt, daß Plinius irrt. G. Seyffarth hat in seiner Abhandlung „über das Papier der Alten nach Plinius und der Papyrusstaude im botanischen Garten zu Leipzig" (Serapeum 3. 1842 S. 33 ff., bes. 54 ff.) ausführlich Bericht erstattet über seine sehr instruktiven praktischen Versuche, der illustriert wird durch wohlgelungene Abbildungen der Pflanze, einen Querdurchschnitt des dreieckigen Stengels, mikroskopische Zeichnungen des Zellengewebes im Quer- und Längsdurchschnitt sowohl der frischen Pflanze als auch des verarbeiteten Papyrus. Da Landolina, der schon 1780 ähnliche Versuche anstellte, sein Verfahren niemals beschrieben, so ist die ausführliche[3] Beschreibung Seyffarths um so dankenswerter.

Markstreifen

Da man lange und möglichst breite Markstreifen, σχίζα, *schida, scissura* (*philyra* und *schida* s. C. Paoli, Lat. Paläogr., übersetzt von Lohmeyer. Innsbruck 1895. 2, 43 A.) brauchte, so pflegte man den dreieckigen Stengel der Pflanze von der einen Ecke aus nach der Gegenseite mit scharfem Messer[4] in gleichmäßige Streifen zu zerlegen:[5] und

[1] Siehe jedoch die hieroglyphischen Abbildungen bei Seyffarth Taf. 1 G. — Birt, Buchwesen S. 223 A. 1 stellt sich auf Parlatores Seite unter Berufung auf Prof. Wiegand, gibt aber zu, „daß die Unterschiede beider Arten in der Tat keine erheblichen sind." Jedenfalls kommt er für die Bereitung des Beschreibstoffes gar nicht in Betracht.

[2] Ausführlich ist der Text des Plinius behandelt bei Guilandini, Birt und Dziatzko, Buchwesen S. 58 mit kritischem Apparat und eingehendem Kommentar.

[3] Für diviso acu schlug Landolina (s. Blümner, Technologie 1. 310 A) vor diviso scapo. Wunderbarerweise hält Birt, Buchrolle 6 an der Beschreibung des Plinius fest: „mit der Nadel wurden aus dem Mark des Schaftes — — Streifen — — herausgeschnitten." Mit der Nadel schneidet man überhaupt nicht.

[4] Größere Gleichmäßigkeit der feinen Streifen hätte sich natürlich erreichen lassen, durch ein Doppelmesser oder eine Art Hobel.

[5] Plin. n. h. 13, 74: Principatus medio atque inde scissurae ordine.

Dziatzko, Buchwesen S. 76 hat die mathematischen Formeln gefunden, die Breite des ersten und des zweiten Streifens zu berechnen. Die grüne Rinde der Außenseite wurde natürlich entfernt. Die Streifen vom unteren Teile des Stengels waren vielleicht 3—4 cm breit, die vom oberen Teil dagegen schmäler; jene waren für den Beschreibstoff erster, diese dagegen für den zweiter Qualität bestimmt. Wahrscheinlich wurden auch noch die Seitenränder etwas beschnitten, damit die einzelnen Streifen ohne Lücken dicht nebeneinander gelegt werden konnten.

Dann pflegte man die einzelnen Markstreifen nach der Breite und nach der Länge zu sortieren und auf einem Tisch dicht nebeneinander in parallelen Lagen zu ordnen; und diese erste Schicht wurde dann von einer zweiten gekreuzt. Plinius braucht allerdings das Bild von Kette und Einschlag eines Gewebes, deshalb muß besonders betont werden, daß beide Schichten sich nur kreuzen. Selbstverständlich mußte die vertikale und die horizontale Schicht der Markstreifen sich vollständig decken und das tut sie auch in der guten Zeit. Später aber, als die Sorgfalt der Bearbeitung nachließ, kam es manchmal vor, daß auf der einen oder anderen Seite Lücken blieben, die von den Streifen der anderen Seite nicht bedeckt wurden. Aber das ist ein Mangel der Fabrikation, der in der guten Zeit nicht vorkommt.[1] Erst in der späteren Zeit, als die Technik sich verschlechterte, wurden auch wohl drei Schichten übereinander gelegt, wie ausdrücklich von Faijûmer drei Schichten Funden bezeugt wird; s. Führer durch die Ausstellung der Pap. Erzherzog Rainer. Wien 1894 S. 5, dreifach geschichtete Papyrusblätter s. Wilcken, Hermes 23 S. 466.[2] Über die Anwendung von Schutzstreifen sagt Ibscher[3]: Mir sind nur vier Fälle bekannt — — darunter befinden sich zwei hieratische (1800 u. 1000 v. Chr.), ein demotischer (200 v. Chr.) und ein griechischer Papyrus aus dem achten Jahrhundert nach Christus. Bei allen vier Papyri sind nun die Schutzstreifen so angebracht, daß die Vertikalseite innen lag.

Um eine innigere Verbindung derselben herzustellen, wurde alles mit Nilwasser reichlich übergossen (*turbidus liquor* [*h. e. Nili aqua*] *vicem*[4]

[1] Austlicken des Papyrus s. Preisigke, Gr. Pap. Straßburg 1. S. 38.

[2] Borchardt, Ztschr. f. ägypt. Spr. 1889. S. 119: Da das aus zwei Lagen gebildete Blatt am Anfang und Ende am meisten gefährdet ist, so schützte man „den Rand des Anfangs und oft auch des Endes durch Aufkleben eines vertikalen Streifens auf die Vorderseite des Blattes“; man kann daraus schließen, ob die Rolle vollständig ist. — Auch ein Homerfragment Oxyrh. Pap. 2. p. 96 ist, ehe der homerische Text auf die Rückseite geschrieben wurde, auf der Vorderseite unterklebt.

[3] Arch. f. Papyr. 5, 193.

[4] vim s. Dziatzko, Buchwesen S. 53, der die Anwendung des Leims als Bindemittel leugnet.

glutinis praebet). Plinius a. a. O. Dziatzko faßt *glutinis* als Genitiv, Birt, C. f. Bibl. 7, 1900, 556, als Dativ auf.

Leim Die reichliche Anwendung des Nilwassers genügte, um die im Binsenmark vorhandenen Klebstoffe zu lösen und den gekreuzten Lagen den nötigen Halt zu geben, der dann durch Klopfen oder Pressen noch verstärkt wurde. Dziatzko, Buchwesen S. 83, weist mit Recht darauf hin, daß auch Landolina bei der Fabrikation seines neuen Papyrus den Leim als Bindemittel nicht angewendet habe.

Leim verwendete man als Firnis oder Bindemittel der einzelnen Blätter, und Athen setzte dem Philtatius eine Statue zum Dank für eine Verbesserung bei der Bereitung oder Anwendung des Leims in der Papierfabrikation. Photius biblioth. c. 80. ed. Bkk. p. 61 (F. H. G. IV. 64 § 32): *Ὅτι ζητήματος ἐν ταῖς Ἀθήναις ἀνακύψαντος περὶ τῶν κεκολλημένων βιβλίων μαθεῖν τοῖς ἐπιζητοῦσι τὸ μέτρον τοῦ κόλλου: Φιλτάτιος ὁ τοῦ ἱστορικοῦ ἑταῖρος, εὐφυῶς περὶ γραμματικὴν ἔχων, τοῦτο ἐπέδειξε· καὶ εὐδοκιμήσας τυγχάνει παρὰ τῶν πολιτῶν εἰκόνος.*

E. Rohde[1] fragt allerdings: „aber was ist denn ‚Maaß' des Leimes? *κόλλον* scheint eher die *σελίς* zu bedeuten (vgl. *πρωτόκολλον ἐσχατόκολλον μακρόκολλον*)." Weder durch die Etymologie noch durch den Sprachgebrauch läßt sich der Erklärungsversuch rechtfertigen, zumal da die *κεκολλημένα βιβλία* der vorhergehenden Zeile doch sicher nicht davon getrennt werden dürfen. *Μέτρον τοῦ κόλλου* ist entgegengesetzt dem Maße des Wassers und der anderen Ingredienzien, die für die Lösung zusammengegossen wurden; es ist also die Proportion der Mischung (mit Recht braucht Plinius den Ausdruck *temperatur*) und *κόλλον* eine Nebenform von *κόλλα*.

Dziatzko, Buchwesen S. 84, ließ mit verschiedenen Chartaresten eine chemisch-mikroskopische Untersuchung vornehmen, welche die Angabe des Plinius bestätigte, daß Kleister nicht angewendet wurde, um die einzelnen Papyrusstreifen aneinander zu binden; Leim oder Kleister wurde nur an der Oberfläche als eine Art von Firnis gefunden; er diente also nur zur Satinierung des Beschreibstoffes.

Wie wichtig die richtige Bereitung des Leims war, sieht man aus den genauen Vorschriften bei Plinius *n. h.* 13, 82: *Glutinum vulgare e pollinis flore temperatur fervente aqua, minimo aceti aspersu, nam fabrile cummisque fragilia sunt. diligentior cura mollia panis fermentati colata aqua fervente. minimum hoc modo intergeriri, atque etiam Nili lenitas superatur. omne autem glutinum nec vetustius esse debet uno die nec recentius.*

Klopfen u. Glätten Schließlich wurde das Blatt, das inzwischen getrocknet, beschnitten, mit dem Hammer geklopft oder in der Presse einem starken Druck

---

[1] Gött. Gel.-Anz. 1882. S. 1558.

ausgesetzt und endlich durch Abreiben mit Elfenbein oder Muschel geglättet.[1] Manchmal aber mußte der Schreiber erst, wenn er den Papyrus benutzte, sich die Schreibfläche selber glätten. Cicero beginnt einen Brief *ad Quint. fr.* II 14 [15b] mit den Worten: *Calamo et atramento temperato, charta dentata res agetur.* Vielleicht wurde die Charta auch manchmal noch vom Fabrikanten mit einem Firnis versehen, um das Ausfließen der Schrift zu verhüten. — Diese Methode der Fabrikation hat sich im Laufe der Jahrhunderte vorzüglich bewährt. Die einzelnen Blätter sind vielfach durch Wasser und durch Feuer beschädigt oder durch Zerreißen und Wurmfraß lädiert, aber die beiden aufeinander gepreßten Schichten der Papyrusfasern haben in fast allen Fällen zusammengehalten.

Vier Zustände

Vier Zustände der schon beschriebenen, aber noch unfertigen Rolle werden unterschieden. Digesten 32, 52, 5 ed. M. 2. p. 89: *quaeritur, si libri legati sint, an contineantur nondum perscripti. et non puto contineri.... sed perscripti libri nondum malleati vel ornati continebuntur; proinde et nondum conglutinati vel emendati continebuntur. sed et membrani nondum consutae continebuntur.*

Papyrus, guter und schlechter

Man schätzte besonders den feinen, durchsichtigen Papyrus (τοὺς διειδεστάτους χάρτας) und bezeichnete die gröberen Sorten wegwerfend als χόρτον (Joh. Lydus de mag. 3, 14).[2] Karabacek, Führer durch die Ausstellung S. XVI, schildert den schlechten Beschreibstoff der letzten Zeit:

Die Markstreifen sind dichtwandig, meist schwammig, nachlässig sortiert, ungleich gelegt, unvollkommen konglutiniert und geglättet.

Von dem fertigen Fabrikat verlangte man besonders: *tenuitas, densitas, candor, levor* (Plin. n. h. 13, 78). Das sind Eigenschaften, die sich nur schwer vereinigen lassen und den heute noch erhaltenen Rollen wenigstens teilweise abgehen. Die Mängel des Papyrus als Beschreibstoff bestehen besonders darin, daß es leicht brüchig wird und die zufälligen Färbungen der einzelnen Fasern die Schrift leicht undeutlich machen. Diels, Über die Berliner Fragmente der Ἀθηναίων πολ. des Aristoteles (Abh. der Berl. Akad. 1885 S. 2 A.) empfiehlt dagegen ein Firnisverfahren. „Bei besser erhaltenen Papyri und Ostraka ist dieses Verfahren, namentlich unmittelbar nach dem Auftragen des Firnisses, von außerordentlichem Erfolg."

Ort der Fabrikation

Der Ort der Fabrikation wird selten erwähnt, aber es versteht sich von selbst, daß die Fabriken am besten da angelegt wurden, wo die Papyruspflanze am häufigsten war, d. h. an den Mündungsarmen des Nils, die denn auch mehreren Sorten den Namen gegeben haben;

---

[1] Martial epigr. 14, 209: Levis ab aequoreo cortex Mareotica concha
Fiat: inoffensa curret harundo via.

[2] Über die verschiedenen Qualitäten des Papyrus s. u. Form d. Handschriften.

aber die Bezeichnung Täneotisches, Saitisches Papier darf man nicht mißverstehen, wie Birt[1] es tut. Entscheidend war nicht das Material, sondern das Format und die Fabrikationsart. Die Fabriken von Saïs mögen die verschiedensten Qualitäten, z. B. hieratisches oder auch täneotisches Nilpapier fabriziert haben.

Glutinatores und *glutinarii* sind die einzigen Handwerker einer Papyrusfabrik, die gelegentlich erwähnt werden und zwar in italischen Inschriften; mit Recht hat man daher geschlossen, daß wohl auch in Italien Papyrusfabriken existiert haben müssen.[2]

Wenn z. B. eine Sorte von Papyrus nach dem Fannius benannt Römische Fabrikanten ist, wird man ebenfalls natürlich an einen römischen Fabrikanten zu denken haben. — Im sechsten Jahrhundert dagegen war die Fabrikation Ägypten tatsächlich auf Ägypten beschränkt: *Pulchrum plane opus Memphis ingeniosa concepit, ut universa scrinia vestiret quod unius loci labor elegans texuisset.*[3] *Anonym. de toto mundo* (Riese, *Geogr. lat. min*, p. 113) *charta ... nusquam nisi in Alexandria et eius regione fit.* Aber die Möglichkeit, auch an anderen Orten Papyrusfabriken zu gründen, war doch vorhanden. Karabacek, Das arabische Papier S. 12, weist darauf hin, daß im Jahre 836 n. Chr. ein Chalife sich in Sâmarrâ, etwa drei Tagereisen Bagdad nördlich von Bagdad, eine neue Hauptstadt gründen wollte und aus vielen Städten des Reiches Künstler und Handwerker mit ihren Familien dorthin verpflanzte. Unter diesen befanden sich auch Papyrusarbeiter aus Ägypten, die dort ihr Handwerk treiben konnten, weil die Papyruspflanze in diesen Gegenden heimisch war (s. o. Babylon). Viel Erfolg und lange Dauer scheint dieser Versuch allerdings nicht gehabt zu haben.

Recto und Verso.[4]

Beim Papyrus, der oft so fein war, daß Spuren der Schrift auf der anderen Seite deutlich hervortraten, galt es als Regel, daß nur eine Seite beschrieben wurde; nur aus Sparsamkeitsrücksichten hat man später auch noch die Rückseite beschrieben.

opistographen Daß von den Papyri die opistographen (d. h. *verso* geschriebenen) jünger waren und weniger Wert hatten, steht fest; Plinius, *epist.* 3, 5, 17

[1] C. f. Bibl. 7. 1900. 557, „nur eine Sorte kam aus Sais".

[2] Charisius p. 131, 24 ed. Keil: glutinum Varro in Scauro, „glutinum inquit, Daedalum invenisse". glutinator Ti. Caesaris C. I. L. X. 1735. Ein glutinarius C. I. L. VI. 2, 9443, P. Clodius Metrodorus, hat wahrscheinlich in einer römischen Papyrusfabrik gearbeitet. Die Fasti Antiates (C. I. L. I. p. 327) erwähnen unter andern Sklaven zwei glutinatores, Eros und Aphrodisius. — Antium hatte demnach vielleicht seine eigene Papierfabrik; glutinator s. Corpus gloss. lat. III 367, 27.

[3] Cassiodor Variae 11, 38: Monum. Germaniae. Auct. antiquiss. 12. p. 351.

[4] Vgl. Kenyon, Gr. Pal. p. 19.

braucht das Wort in verächtlichem Sinne: *Commentarios CLX mihi reliquit, opistographos et minutissime scriptos*; aber dies hat seinen Grund darin, daß alter abgegriffener Papyrus benutzt wird.

In den meisten Fällen ist es nicht schwer zu entscheiden, welche Seite zuerst beschrieben wurde, da die Vorderseite sorgfältiger beschrieben und vollständiger ausgenutzt wurde; aber die von Plinius (s. o.) erwähnten Rollen beweisen, daß auch der Platz der Rückseite zuweilen vollständig ausgenutzt wurde.

Diese Frage ist übrigens unabhängig von der anderen, ob man lieber in der Richtung der Horizontal- oder Vertikalfasern des Papyrus schrieb.

Da das Papyrusblatt aus zwei gekreuzten Schichten besteht, so hatte man, wenn nur eine Seite beschrieben wurde, die Wahl, ob die Schriftzeile parallel mit den Horizontal- oder den Vertikalstreifen laufen sollte; beides war möglich bei gut geglättetem Papyrus. Ein loses Blatt kann natürlich so gehalten werden, daß bei jeder Seite die Fasern horizontal laufen, bei einer geklebten Rolle dagegen nicht. Horizontal- od. Vertikal-streifen

Für diejenigen Schriftarten, die mit ganz breitem Kalamus oder mit dem Pinsel geschrieben wurden, z. B. der demotischen Schrift der Ägypter, kommt der Unterschied zwischen Horizontal- und Vertikalfasern kaum in Betracht.

Bei den alten Ägyptern und ihren Nachfolgern den Kopten pflegte die Schrift ursprünglich im rechten Winkel die Fasern der oberen Schicht des Papyrus zu schneiden. Auch Krall, *Corpus papyrorum Raineri II.* Kopt. Urkunden S. 8 macht einen Unterschied in der Anordnung der Zeilen, die entweder längs den Vertikal- oder Horizontalfasern geschrieben werden; diese Richtung ist bei koptischen Urkunden älter als jene. Borchardt, Ztschr. f. ägypt. Sprache 27. 1889. S. 119 A. bestätigt dieses Gesetz für die ägyptischen Papyri und Dziatzko, Buchwesen S. 82 macht dieselbe Beobachtung bei einzelnen Chartablättern mit Pehlewischrift (um 600 n. Chr.), dabei wird aber ausdrücklich bemerkt, daß die Schrift sehr dick sei und wahrscheinlich mit dem Pinsel geschrieben. Ägypter Kopten

Bei den griechischen Papyri dagegen war die Richtung der Schriftzeilen meistens parallel mit der Richtung der oberen Schicht der gekreuzten Papyrusfasern, weil der Schreiber so weniger Widerstand fand, als wenn er die vertikalen Streifen kreuzte. Jene Seite pflegen wir Recto, diese dagegen Verso zu nennen. *The side of a roll on which the fibres run in the direction of the length of the roll is that which is primarily intended for writing.* Kenyon, Gr. Pal. p. 19. Griechische Papyri

Schon früher hatte man die Frage gestellt, ob die Seite mit vertikalen oder mit horizontalen Fasern zuerst beschrieben wurde und Blümner, Technologie 1. Leipzig 1875 S. 313 A. nennt es „sehr wahr- Blümner scheinlich, [daß] die Seiten in der Weise beschrieben sind, daß die Schrift den Commissuren parallel[1] geht, d. h. also, daß man diejenige Seite, auf der die Streifen wagerecht über die erste senkrechte Schicht gelegt waren, beschrieb". Ebenso erwähnt Birt. Buchwesen S. 255, daß das Losreißen einer Faser mehrere Kolumnen der Schrift beschädigte, was nur möglich ist, wenn längs der wagerechten Faser geschrieben wurde.

Wilcken Neuerdings hat Wilcken[2] dieses Gesetz, das sich ihm bei der Untersuchung tausender von Papyri bestätigte, schärfer formuliert und H. Ibscher[3] bestätigt aus seiner reichen Praxis diese Theorie von *recto* und *verso*, „daß die zuerst beschriebene Seite stets die ist, auf welcher die Fasern horizontal, d. h. die Selisklebung rechtwinklig schneidend, laufen." Ibscher schließt sich in diesem lehrreichen Artikel an die neueste Fassung an, die Wilcken diesem Gesetz von Recto und Verso gegeben hat:[4]

„Hier liegt offenbar nur das Faktum vor, auf das ich gleichfalls schon in einer Anmerkung hinwies, daß man in der byzantinischen Zeit besonders gern die Schrift parallel den Klebungen, resp. der Höhe der Pagina, d. h. den Vertikalfasern (der Rückseite) gesetzt hat. Für die Frage, welcher Text der ältere ist, d. h. für die Frage nach Recto und Verso ist dies aber ganz indifferent." S. 19 erklärt Wilcken Horizontalreihe = die Seite, deren Fasern rechtwinklig gegen die Selisklebungen laufen. Horizontalseite = Innenseite. Vertikalseite = Außenseite.

In der klassischen Zeit läßt sich das Bestreben oder die Mode nicht leugnen, längs der Horizontalfasern zu schreiben. Bei einzelnen Blättern vergriff man sich leichter, wer dagegen eine ganze Rolle zu schreiben begann, gab besser acht: bei größeren Schriftstücken kommt ein Versehen kaum vor.[5]

Man begreift sofort die Wichtigkeit dieses Gesetzes für die paläo-

Chronologie graphische Chronologie: bei zweiseitig beschriebenem Papyrus gewinnen wir dadurch ein sicheres Kriterium, welche Schrift der früheren und welche der späteren Zeit angehört. Namentlich bei größeren litterarischen Denkmälern, die sich sonst schwer bestimmen lassen, ist diese chronologische Beobachtung von entscheidender Wichtigkeit. „Daß

[1] P. Ewald, N. Arch. f. ält. dtsch. Gesch. 9. 1884. S. 339. A. 3, glaubt hier bei Blümner einen Widerspruch entdeckt zu haben, der nicht vorhanden ist. Ewald faßt Commissuren im Sinne von Klebung der Seiten; Blümner dagegen meint die Fugen zwischen den einzelnen Markstreifen.

[2] Siehe Wilcken, Hermes 22. 1887. S. 487; 41. 1906. S. 104; Gr. Ostraka 1. S. 18 A. — Dziatzko, Buchwesen S. 81.

[3] Arch. f. Papyrusf. 5. 1909. 191.

[4] Wilcken, Ostraka 1, 18.

[5] Vgl. Dziatzko, Buchwesen S. 82.

ein größeres Werk . . . auf die Rückseite geschrieben wäre, während die Vorderseite noch leer war, ist aber absolut ausgeschlossen." Wilcken, Hermes 41. 1906. S. 104 A. 1.

Schwierigkeit machen jedoch die berühmten Papyrusrollen der *Ἀθηναίων πολιτεία* des Aristoteles, die (alle?) auf der Versoseite geschrieben sind,[1] während auf der Vorderseite der ersten Rolle nichts steht, als kurze Notizen vom Jahre 78—79 n. Chr.[2] *Ἀθηναίων πολιτεία*

Man muß also annehmen, daß dem ersten Schreiber diese kurzen Notizen vom Jahre 78—79 so wichtig waren, daß er ihnen nicht nur die ganze Vorderseite, sondern auch die ganze Rückseite der Rollen opferte. Später, als diese Notizen jede praktische Wichtigkeit verloren hatten, habe dann ein anderer Schreiber auf die leere Rückseite den Aristotelestext geschrieben. Da dieser Text nicht in kalligraphischer Unziale ausgeführt ist, so hält man ihn für eine Privatabschrift.

Auf diesen Unterschied können wir hier nicht eingehen, ich verweise auf Schubart, Das Buch S. 149. „Die Unterscheidung des Buchhändlerexemplares von der Privatabschrift hat in Wirklichkeit keine sichere Unterlage, und eine feste Grenzlinie gibt es nicht. — — Der Buchhandel beschränkte sich keineswegs auf die kalligraphierten und nur auf einer Seite beschriebenen Musterrollen." In ähnlicher Weise wie Aristoteles ist auch ein Homerfragment auf die Rückseite des Papyrus geschrieben.[3]

Gegen die allgemeine Gültigkeit dieses Gesetzes hat E. Meyer, Abh. d. Berl. Akademie 1904; Ägypt. Chronolog. S. 111 seinen Zweifel geäußert und ebenso die Herausgeber der Tebtunis-Papyri:[4] *The writing is on the verso of the papyrus, the recto being blank. As there is a junction of the two selides down the papyrus, there can be no doubt that it is a real exception to Wilcken's law about recto and verso* (folgen andere Beispiele). Zweifel

Es wäre leicht, aus den verschiedenen Papyruspublikationen Beispiele dafür herauszusuchen, daß die Vorderseite entweder gar nicht oder zuletzt beschrieben wurde. In den Oxyrhynch. Pap. (namentlich Bd. 3. 6) bemerken die Herausgeber sehr häufig: *the writing is across the fibres of the papyrus.* Auch die von Preisigke herausgegebene Straßburger Sammlung ist reich an Beispielen, die zeigen, daß die sogen. Rückseite allein oder zuerst beschrieben wurde. Aber dadurch wird diese Frage nicht entschieden. Jenes Gesetz behält seine Gültigkeit mit bestimmten Beschränkungen. Mit Recht sagt Schubart, Das Buch

[1] Siehe Kenyon, Gr. Pal. p. 20.
[2] Siehe *Ἀθηναίων πολιτεία* ed. Kenyon II ed. 1891. p. XIII—XIV.
[3] Before beeing utilized for the Homer the roll had to be patched up and strengthened in places by strips of papyrus glued on the recto. Oxyrh. Pap. 2. p. 96.
[4] Tebtunis-Papyri 1. p. 143.

S. 9: „Unter den ältesten griechischen Urkunden auf Papyrus aus dem Ende des vierten und dem Anfang des dritten Jahrhunderts v. Chr. befinden sich viele, die gegen die Faserrichtung beschrieben sind.“ Für die römische Zeit gilt dieses Gesetz als — wenn auch nicht ausnahmslose — Regel. Schubart S. 9 faßt sein Urteil dahin zusammen, „daß jene Theorie über Rekto- und Versoseite nur für die griechische Periode sicher gilt und genau genommen auch nur für die Zeit etwa von 250 v. Chr. bis 400 n. Chr.“ Das ist aber auch gerade die Zeit, die für das klassische Altertum hauptsächlich in Betracht kommt.

Byzantin. Zeit

In byzantinischer Zeit herrscht große Regellosigkeit und der Gebrauch von Papyruscodices oder losen Papyrusblättern führte zuletzt zu einer Aufhebung des Gesetzes überhaupt.

Größe Breite Höhe

In der Fabrik entstanden also zuerst rechteckige Blätter von verschiedener Größe und Breite; die Höhe mußte natürlich der Rolle entsprechen, die man machen wollte; die Breite war sehr verschieden. Bei der Beschreibung eines Straßburger Papyrus bemerkt Preisigke, Gr. Pap. Straßbg. 1, S. 28: Das zwischen beiden Klebungen befindliche Mittelstück von 36 1/2 cm gibt uns die Länge der fabrikmäßig hergestellten Blätter an. Über die Breite der einzelnen *plagulae* s. Birt, Buchwesen S. 247. Da solche Einzelblätter vielfach für kurze Notizen und Briefe des täglichen Lebens verwendet wurden (s. u.), so möchte man annehmen, daß sie auch in dieser Form in den Handel kamen, was Ibscher, Arch. f. Pap. 5, 192 allerdings leugnet. „Die Fabriken haben überhaupt nur Rollen, nicht einzelne Blätter geliefert, und erst für den praktischen Gebrauch hat der Benutzer sich Blätter beliebiger Größe herausgeschnitten.“ Der Regel nach wurden die so entstandenen Blätter meistens miteinander vereinigt zu einer (unbeschriebenen) Rolle,

scapus

scapus;[1] mehr als 20 pflegte der Fabrikant nicht zusammenzufassen: vgl. Plin. n. h. 13, 77: *numquam plures scapo quam vicenae (plagulae)*, das stimmt also vorzüglich zu der Beobachtung von Borchardt,[2] der stets auf dem 20. Blatt ein Κ (20) notiert fand. Aber man darf diese Angabe nicht so mißverstehen, als ob es keine Papyrusrolle gäbe, die aus mehr als 20 Blättern bestehe, wie Birt es tut (Buchwesen S. 241 u. 244 A.), der statt *vicenae*, *ducenae* schreiben wollte. Der Führer durch die Ausstellung der Pap. Erzherzog Rainer, Wien 1894 S. 83 Nr. 282 erwähnt eine „Papyrusrolle, welche mindestens 20 Kolumnen

[1] Vgl. Birt, Buchwesen S. 238—240. — Pauly-Wissowa 2. 2187—2188. — Blümner, Technologie 1. 317—318 A.

[2] Siehe Borchardt, Ztschr. f. äg. Spr. u. Altert. 1889. S. 3. — Dziatzko, Buchwesen S. 87.

Schrift enthielt; die 17. 18. 19. u. 20. Kolumne ist samt der Kolumnennumerierung am oberen Rande erhalten, desgleichen vier andere Kolumnen Schrift.“ Das heißt also nur, daß der Fabrikant solche Rollen von höchstens 20 Blättern in den Handel brachte, aus denen dann der Schreiber nach Bedarf größere Rollen zusammensetzte. *Scapus* ist also die Einheit, in der das Nilpapier in den Handel kam, ähnlich wie wir heute ein „Buch“ Schreibpapier kaufen.

Der erste Teil der so entstehenden Rolle hieß *πρωτόκολλον*, der letzte *ἐσχατόκολλον*: πρωτόκολλον

Lectis vix tibi paginis duabus
Spectas eschatocollion Severe.[1]

Man sieht daraus, daß das Eschatokoll den letzten Abschnitt bezeichnet, der zuletzt aufgerollt und zuletzt beim Lesen abgerollt wurde. Über das *πρωτόκολλον* s. u. S. 75.

Doch auch Privatpersonen konnten je nach Bedürfnis solche Klebungen vornehmen. Als Cicero in den Orient reiste,[2] hatte er dem Klebungen Atticus seine Abhandlung über den Ruhm zur Durchsicht und Weiterverbreitung übergeben; nun entdeckte er auf der Reise, daß er sich bei der Einleitung vergriffen habe; er schrieb also sofort eine neue und schickte sie dem Freunde; ad Attic. 16, 6, 4: *statim novum prooemium exaravi et tibi misi: tu illud desecabis, hoc adglutinabis* und ähnlich Terent. Scaur. Gramm. ed. Keil. 7 p. 33[11]: *brevitatem huius libelli si tibi videtur, adglutinabis ei, quem de litteris novis habes a me acceptum, quod ipse feci, quia huius pusillitas sub ipso* (d. h. ihm angehängt) *decentius prodire quam per se censeri poterat.*

Selten aber können wir nachweisen, daß der Verfasser wirklich erst während der Arbeit die Rolle verlängert hat. Der Kaiser Justinian de confirm. dig. 1 verkündet den Namen seiner Gesetzsammlung *nomenque libris imposuimus Digestorum seu Pandectarum*, das Werk habe 50 Bücher in ungefähr 150 000 Zeilen. Man sieht also, das Werk war fertig, als die Vorrede geschrieben wurde, die also nur auf einem vorn angeklebten Blatte geschrieben sein kann.

Von sämtlichen erhaltenen Papyrusrollen war der jetzt zerschnittene Papyrus Ebers in Leipzig die zweitgrößte (20,23 m); er ist aus einzelnen Papyrusblättern zusammengeklebt, die 40—42 cm breit und 30 cm hoch sind, und meistens zwei Schriftkolumnen umfassen.[3] Die Fuge zweier Blätter ist niemals in der Mitte, sondern meistens am linken Rand der Schriftkolumne. — Der Schreiber kaufte sich

---

[1] Martial epigr. 2, 6, 3.
[2] Siehe m. Augustus 1. S. 75.
[3] Birt S. 144 berechnet die Länge einer Odysseerolle auf 150 Fuß.

vom Papyrusfabrikanten eine fertige Rolle, die nach seinem Überschlage ausreichte. Beim Papyrus Ebers reichte die Papyrusrolle nicht ganz aus; deshalb mußte der Schreiber den Schluß auf die Rückseite schreiben.[1]

Papyrus Ebers

Oft wurden einzelne Klebungen zur Erleichterung des Findens auch durch beigeschriebene Zahlen bezeichnet. Nach den *κολλήματα* des Fabrikanten wird in den Akten gelegentlich zitiert.[2]

Auch in den Bureaus der ägyptischen Regierung war es sogar Regel, daß die einzelnen Eingänge (Bittschriften, Berichte, Urkunden) sachlich geordnet in langen Rollen zusammengeklebt wurden, nach deren Nummern künftig zitiert wurde,[3] z. B. *κολλ(ήματα) ρνβ' τόμ(ου) α'.*[4]

Ἐκ βιβλιοθ(ήκης) δημοσίων λόγ(ων) κολλ(ήματος) ρη.[5]

Ἐκ διαστρωμ(άτων) Σοκνοπ(αίου) Νήσου στοιχ(είου) ε κολλ(ήματος) ιζ. BGU. 3, Nr. 959.[6]

Papyrus gebrechlich

Daß der Papyrus nach unseren Begriffen ein sehr vergänglicher Beschreibstoff ist, braucht nicht erst besonders hervorgehoben zu werden. Namentlich war es gefährlich, ihn zu knicken, weil die Markstreifen allzu leicht brachen und dann fiel das Blatt auseinander. Die „gerollte Urkunde[7] wurde später zusammengepreßt, daher entstanden Knicke. — Je mehr nach rechts, desto mehr verwandeln sich die Knicke in Brüche und Lücken". Schriftstücke, die 200 Jahre alt waren, galten schon als Ausnahme. Plin. n. h. 13, 83: *Ita sint longinqua monimenta Tiberi Gaique Gracchorum manus, apud Pomponium Secundum vatem civemque clarissimum vidi annos fere post ducentos, iam vero Ciceronis ac divi Augusti Vergilique saepenumero videmus.* Die übrigen Beispiele (vgl. § 84 ff.) für eine noch größere Dauerhaftigkeit sind allerdings nicht in gleicher Weise beweiskräftig.

Es gibt kaum einen Beschreibstoff, der so vergänglich wäre; und das wird auch der Grund sein, weshalb man für die Ausführung von Miniaturen selten den Papyrus wählte.[8] Einen litterarischen Papyrus mit Miniaturen in der Pariser Nationalbibliothek erwähnt S. de Ricci, Revue des ét. gr. 1902 p. 448. Über farbige Zeichnung auf Papyrus siehe Schubart, Das Buch S. 127. Bresslau, Urkundenlehre 1, 882 A meint

Miniaturen

[1] Vgl. Birt, Buchwesen S. 259 ff. Messungen über den Umfang der einzelnen Teile, aus denen griechische Papyrusrollen zusammengeklebt wurden.

[2] Preisigke, Gr. Pap. Straßburg 1. S. 93.

[3] Mitt. a. d. Samml. d. Pap. Erzherz. Rainer 4. 1888. 146.

[4] Wessely, Stud. z. Paläogr. 2. S. 28 Z. 8: *ἐξειλήφαμεν ἐξσῆς* (l. *ἑξῆς*) *κολλησίμων καὶ οἰκ(ιῶν) ἀπογρα(φῆς) κδ (ἔτους).*

[5] Ägypt. Urkund. zu Berl. Nr. 274. p. 270.

[6] Zu *διάστρωμα* = Übersicht, vgl. Mitteis, Arch. f. Pap. 1. S. 198.

[7] So sagt Preisigke, Griech. Pap. Straßburg 1. S. 12.

[8] Miniaturen auf Papyrus s. Strzygowski, Denkschr. d. Wiener Akad. (phil.-hist. Kl.) 51. 1903. Nr. II S. 169.

allerdings: Goldschrift ist auf dem letzteren Beschreibstoff (dem Papyrus) sehr wohl denkbar, aber bis jetzt kennen wir kein Beispiel. Wenn man jetzt auch zugeben muß, daß auf Papyrus gemalt wurde, so folgt daraus noch nicht, daß man jemals ein Papyrusblatt vergoldet habe, um auf diesem Grunde zu schreiben. Wenn es von den Musen heißt; γραψάμεναι δέλτους ἐν χρυσέαις σελίσιν,[1] so dürfen wir nicht mit Birt, Buchrolle S. 202 von Schriftkolumnen reden auf vergoldeten Papierblättern; es sind vielmehr Kolumnen auf goldenen Seiten, d. h auf Goldplatten. Diels übersetzt mit Recht: „auf die Goldblätter der Tafeln aufgeschrieben" und ebenso Dziatzko. Goldschrift

Außerdem war die Oberfläche der Papyrusrolle sehr empfindlich. Zum Glück, oder auch zum Unglück, konnte die Schrift niemals ganz getilgt werden, mochte man mit dem Messer kratzen, oder die Schrift mit dem Schwamm oder mit einer Salbe aufzulösen suchen. Mit Recht sagt daher Kaiser Claudius, daß von jeder Rasur immer noch Spuren übrig bleiben.[2] Rasuren

Rasuren sind auf Papyrus selten, kommen aber vor; s. Tebtunis Papyri I p. 245. Bei gerichtlichen Urkunden war es Vorschrift, daß sie geschrieben sein mußten auf ungebrauchtem Papyrus ohne Änderungen und ohne Zusätze. Pap. Lond. II p. 207,11: τὸ δὲ χειρόγραφον τοῦτο δισσὸν γραφὲν καθαρὸν ἀπὸ ἐπιγραφῆς καὶ ἀλίφαδος κύριον ἔστω und BGU. 578,15: [ἐγρ]άφη χωρὶς ἀλίφατος καὶ ἐπιγραφῆς.[3]

Der Preis des Papyrus.

Birt, der mit vollem Rechte auf die Wichtigkeit der Apophoreta des Martial 14, 183 ff. hingewiesen hat, ist zu wiederholten Malen[4] auf diese Frage nach dem Preise zurückgekommen. Da er von dieser doppelten Reihe von Geschenkversen die eine (Papyrusbücher) dem Reichen, die andere für Pergamenthandschriften den Armen zuweist (s. u. S. 97—98), so muß er natürlich den Beweis antreten, daß Papyrus teuer, Pergament dagegen billig gewesen sei. Wer aber die Apophoreta des Martial anders beurteilt, wird, wie ich glaube, zu einem anderen Resultat kommen. Geschenkverse

Für die älteste Zeit, ehe Ägypten den Hellenen erschlossen war, mag er für Griechenland Recht haben, ebenso für die letzte Periode, als die Fabrikation beinahe kaiserliches Monopol geworden war. Aber für die mittlere Zeit, auf die es uns eigentlich ankommt, habe ich

[1] Diels, Sitzungsber. der Berl. Akad. 1898. S. 851.

[2] Sueton Claud. 16: cum orantibus familiaribus dempsisset cuidam appositam notam: Litura tamen extet.

[3] Vgl. Wilcken, Arch. f. Pap. 1. 1900. S. 125.

[4] Buchrolle S. 28. Zentralbl. f. Bibl. 17. 1900. 552.

mich von der Richtigkeit dieser Annahme nicht überzeugen können. Einen gewissen Preis mußte der Beschreibstoff allerdings haben, denn sonst hätte man nicht Quittungen und Notizen auf Tonscherben geschrieben; aber die Tonscherben hatte der Schreibende umsonst. daraus folgt noch nicht, daß der Papyrus teuer gewesen wäre.

Pflanze nicht selten Die Pflanze selbst war durchaus nicht selten, weder in den anderen Ländern (s. o.), noch in Ägypten, und wenn Strabo (p. 800) das Gegenteil behauptet, so denkt er an die veredelte Kulturpflanze, die man zu den feinsten Papiersorten verarbeitete: *ἡ δὲ βύβλος ἐνταῦθα μὲν οὐ πολλὴ φύεται οὐ γὰρ ἀσκεῖται.* Daß der gewöhnliche Papyrus nicht selten war, beweisen allein schon die Massen des heute noch erhaltenen.

Aber der hieratische, von dem Strabo spricht, mag zeitweise durch eine Übereinkunft der Pflanzer verteuert sein: *οὐ γὰρ ἐῶσι πολλαχοῦ φύεσθαι, τῇ δὲ σπάνει τιμὴν ἐπιτιθέντες τὴν πρόσοδον οὕτως αὔξουσι, τὴν δὲ κοινὴν χρείαν διαλυμαίνονται.*[1] Hüten wir uns also, das von Strabo Angedeutete zu verallgemeinern. Seine Klage über eine künstliche Verteuerung des Papyruspreises steht wahrscheinlich direkt in künstliche Verteuerung Verbindung mit einer Teuerung des Papiers unter dem Kaiser Tiberius,[2] der deswegen eine Senatskommission einsetzen mußte.[3] Damals mag also der Preis zeitweise durch wucherische Spekulation der Pflanzer in die Höhe getrieben sein, so daß der Staat eingreifen mußte; aber das war eine Ausnahme.

Für gewöhnlich mußte der Preis des Papyrus in Ägypten ein billiger sein. Fast alle Teile der Pflanze konnten verwertet und verarbeitet werden, das mußte auch den Preis des Beschreibstoffes herab-Fabrikation einfach drücken. Die Fabrikation — ohne Maschinen, bloß mit Messer und Hammer — war so einfach wie möglich. Sklaven lernten sie leicht: es kam vor, daß einfach ein Centurio zu dieser Arbeit abkommandiert wurde. Auch in unserer Zeit wird der moderne — gar nicht üble — Papyrus ohne Schwierigkeit von Dilettanten hergestellt, wie z. B. vom Grafen Landolina in Syrakus. Ich besitze selbst ein modernes Papyrusblatt, fabriziert und unterschrieben von dem Fremdenführer Salvatore billige Sklavenarbeit Politi. Die Herstellungskosten können bei der billigen Sklavenarbeit keine großen gewesen sein; zumal da es auch außerhalb Ägyptens

[1] Strabo p. 800.

[2] Der Abschluß der Geographie Strabos, der im letzten Buch den Tod Jubas [II] erwähnt, wird dadurch (d. h. eine Goldmünze bis zum Jahr 23 [n. Chr.] herabgedrückt. Mommsen, Goldstater des Königs Ptolemäus von Mauretanien. Sitzungsber. der Berl. Akad. 1883. S. 1146; vgl. Rühl, Jbb. f. klass. Philol. 1878 S. 542.

[3] Plin. n. h. 13, 13, 89: factumque iam Tiberio principe inopia chartae, ut e senatu darentur arbitri dispensandae, alias in tumultu vita erat. Diese Teuerung fällt also in die Zeit von 14—23 n. Chr.

Papyrusfabriken, z. B. in Rom, in Antium und vielleicht auch in Athen (s. o.) gab, die den Preis regulieren konnten.

Wenn eine Steuer vom Papyrus (s. u.) erhoben wäre, so hätte das den Kaufpreis allerdings erhöhen können;[1] vgl. A. F. Didot, De la fabr. et du prix d. pap. Paris 1856. Rev. Contempor. Manche Preisangaben beweisen nichts für den Beschreibstoff, sondern nur für den Preis der Pflanze, die oft gegessen wurde. G. Lumbroso, Recherches s. l'économie polit. de l'Ég. sous les Lagides. Turin 1870 p. 12. — F. Robiou, Mém. s. l'économ. politique. 1875 p. 94.

Erschwerend waren nur die Transportkosten, die aber beim Seetransport nicht sehr bedeutend gewesen sein können. Positive Angaben über den Preis[2] der Papyrusrollen haben wir in einigen griechischen Papyrusurkunden aber mit diesen Angaben kann man nicht viel anfangen, weil man nicht erfährt, wieviel Papyrus dafür geliefert wurde. Aber Crönert[3] hat eine Stelle der Tebtunis Papyri I Nr. 112 $_{25}$ (S. 474) **Crönert**
herangezogen: es sind Rechnungen eines Komogrammateus vom Jahre 112 v. Chr., darin finden wir einen Posten *κάτεργον χαρτῶν ι ἀν(ὰ) ρ ⊿* „Lohn für 10 *χάρται*, den *χάρτης* zu 100 (Kupfer-) Drachmen, macht 1000 Drachmen". Crönert will nun den *χάρτης* mit dem *scapus* identifizieren, was nicht sicher ist. Wenn also 10 Buch Papyrus 1000 Drachmen kosten, so kostet 1 Buch 100 Drachmen. Der *scapus* hat 20 Blatt; das Blatt also kostet 5 Kupferdrachmen; auf alle Fälle eine sehr geringe Summe.[4] Als Wert von einer ptolemäischen Kupferdrachme ergibt sich 0,546 Pfennig.[5] Eine erhebliche Abminderung ist gegen Ende des zweiten Jahrhunderts v. Chr. eingetreten — — der Wert der Kupferdrachme ist auf 0,145 Pfennig herabgesunken. Ein Blatt kostete also noch nicht 1 Pfennig.

Im übrigen haben wir mehr Angaben über die Preise geschriebener Bücher als über den der leeren Papyrusrolle, z. B. über die Schriften **Schriften des Anaxagoras**
des Anaxagoras bei Plato, Apologie S. 26 D, s. Dziatzko, Buchwesen S. 40. Dort behauptet Sokrates, daß man die Schriften des Anaxagoras (beim Antiquar) auf der Orchestra gelegentlich für höchstens eine Drachme kaufen könne. Nach dem Zusammenhang wird man zunächst

[1] Über den Preis des Papyrus vgl. E. Egger, Sur le prix du papier dans l'antiquité. Revue contemporaine et Athenaeum franç. Paris 1857. — Dziatzko, Buchwesen S. 40. — Birt, Buchrolle S. 27—28.

[2] Dziatzko, Buchwesen S. 39.

[3] Hermes 38. 1903. 403 A.

[4] Über den Geldwert s. Not. et Extr. 18. II. p. 186. Wilcken, Ostraka 1, 179. Pauly-Wissowa 5. II: Hultsch, Drachme (mit Litt.). Revillout, Lettres s. les monnaies égypt. Paris 1895 p. 209. Proportion de valeur entre l'argent et le cuivre.

[5] Hultsch, Abh. d. Sächs. Ges. 22 III. 1903 S. 54.

an seine Schrift *περὶ φύσεως* zu denken haben.[1] Wenn das Buch eine Drachme kostet, so rechnet Dziatzko, Buchwesen S. 41 für den Beschreibstoff ein Drittel, also zwei Obolen.

Urkunde kl. Umfangs Wo es sich nicht um ein Buch, sondern um eine privatrechtliche Urkunde kleineren Umfangs handelt, ist der Preis des Papyrus sehr gering. Demosthenes ed. Dind. 4. p. 1306 *κατὰ Διονυσιοδώρου: λαβὼν γὰρ ἀργύριον φανερὸν καὶ ὁμολογούμενον ἐν γραμματειδίῳ δυοῖν χαλκοῖν ἐωνημένῳ καὶ βυβλιδίῳ μικρῷ πάνυ τὴν ὁμολογίαν καταλέλοιπε τοῦ ποιήσειν τὰ δίκαια.* Das verwendete Papier, das für diesen Vertrag gebraucht wurde, kostete also nur 2 *χαλκοῖ* (1/4 eines Obolos) und zwar zu einer Zeit, da Ägypten noch nicht griechisch war.

Nur bei oberflächlicher Betrachtung könnte man sich für unsere Frage auf die schon erwähnte Urkunde beziehen:

BGU. 4, 1121 33: *καὶ ἑκάστου φορτίου οὗ ἐὰν μὴ ἀπ[ο-] [δῶσιν τὴν ἐπὶ τοῦ χ]αρ̣ο̣ῦ τιμὴν καὶ ἄλ[λα]ς̣ ἐπί̣τ̣ι̣μ̣ο̣ν̣ ἀργυ[ρ]ίου δραχμὰς χιλί[ας];*
Marktpreis u. Geldstrafe denn hier handelt es sich überhaupt nicht um den Marktpreis, sondern um eine viel höhere Geldstrafe, welche für jede Last zu zahlen sein würde, wenn die Pächter einer Papyrusplantage ihren Verpflichtungen nicht nachkommen.

Interessant für unsere Frage wäre auch eine Papyrusurkunde, Oxyrh. Pap. VI, 895 p. 216, wenn wir sie ergänzen könnten:

τιμῆς χάρτου καὶ γράπ[των . . .][2] *ελίας ἐργατῶν*
τριῶν ἀποσταλέντ[ων...   ] ἐπὶ Βαβυλῶνα (δραχμαὶ) ρκ, (= 120)
τιμῆς χάρτου και γράπ[των . . . ελί ας ἄ̣λ̣λου ἐργάτου ἑνὸς
ἀποστ]αλεντων ἐπὶ [τὴν . . . ι̣τῶν π̣ό̣λ̣ι̣ν δραχμαὶ ρ[

Über den Preis des Papyrus[3] haben wir noch einige inschriftliche Angaben: C. I. A. I S. 324 vom J. 407 v. Chr., die sich aber schwer berechnen lassen:
ἀναλώματα ὠνήμ(ατ-)
α· χάρται ἐωνήθησαν δύω ἐς
ἁ τὰ ἀντίγραφα ἐνεγράψαμ-
εν ⊢⊢IIII. *σανίδες τέτταρες* ⊢⊢⊢⊢.

Vgl. Birt, Buchwesen S. 433. Dziatzko, Buchwesen S. 39. In den Rechnungen von Delos finden sich regelmäßig wiederkehrende Posten für Papier.[4]

[1] Wilamowitz, Hermes 21. 1886. 603 A. — Dziatzko, Buchwesen S. 40.

[2] Wilcken, BGU. IV. 1062 20.

[3] Birt, Buchrolle S. 28—29 gibt eine Zusammenstellung von Preisangaben aus den erhaltenen Papyrussammlungen, namentlich Tebtunis- (s. o.) und Amherstpapyri, aber keine dieser Angaben ist genau genug, den Preis des Papyrus genau zu berechnen.

[4] Vgl. Homolle, Les archives de l'intendance sacrée de Délos (Biblioth. des écoles fr. 1887. 49) p. 12 n. 2: 2e mois *χάρτης* ⊢IIII, 3e mois *χάρτης* ⊢IIIII, 11e mois *χάρτιον* ⊢IIII — — *χαρτία πέντε ἀνὰ* ⊢⊢I *ἡ πᾶσα τιμὴ* ΔIIIII. Bull. de corr. héllén. 1890 p. 398 *χαρτία δύο* -⊢⊢⊢⊢ (Délos). B. C. H. 27. 1903 p. 70 *χάρτης* ⊢IIIII.

In dem Maximaltarif Diokletians, den wir allerdings nicht ganz vollständig besitzen, wird wohl Pergament, aber nicht Papyrus erwähnt; das ist wohl nur so zu erklären, daß dieser Tarif nur das gibt, das sich auf alle Provinzen bezieht; in Gallien wäre z. B. eine solche Bestimmung für Ägypten nicht verständlich gewesen; und dann berücksichtigt er besonders die Bedürfnisse der Soldaten, welche ihren Papyrus entweder selbst fabrizierten (s. o.) oder vom Kaiser geliefert erhielten. **Maximaltarif**

Auch Erman und Krebs, Aus den Papyrus d. Kgl. Museen Berlin 1899 S. 5 weisen mit Recht darauf hin, daß in römischer Zeit der Papyrus sehr im Preise gesunken war. Nach Karabacek (Österr. Monatsschr. 11. 1885. 164) hatte in arabischer Zeit ein Papyrusstreifen von 0,80 Meter Länge einen Wert von 8 Kreuzern, was sicher nicht teuer genannt werden kann; vgl. Karabacek, Das arabische Papier. Wien 1887 S. 17 (Tabelle der Preise). **römische Zeit** **arabische Zeit**

Papyrussteuer.

Der Preis der Beschreibstoffes hing natürlich davon ab, ob er mit einer Steuer belastet war. Bei der Sonderexistenz des alten Reichs der Pharaonen ist eine derartige Besteuerung oder Monopolisierung durchaus nicht unmöglich und Wilkinson behauptet, allerdings ohne Belege anzuführen, daß die Bereitung des Beschreibstoffes ein Vorrecht der Krone gewesen sei. *It is evident that this plant, from its great value and from its exclusive* [?] *cultivation in certain districts, where it was a Governement monopoly, could not have been applied to the many purposes mentioned in ancient authors; we may therefore conclude that several plants of the genus Cyperus were comprehended under the head of byblus or papyrus.*[1] **Zeit der Pharaonen**

Für die Zeit der Ptolemäer haben wir, soweit ich sehe, keinen Beweis für eine Papyrussteuer. Die Regierung hatte nicht ein Monopol für die Pflanze, die an den verschiedensten Punkten des Mittelmeergebietes wuchs, also auch wohl kaum ein Monopol für den Beschreibstoff. Und wenn sie es beansprucht hätte, so wäre das das beste Mittel gewesen, an anderen Orten, wo dieselbe Pflanze wuchs, eigene Fabriken entstehen zu lassen. Dann folgte die römische Herrschaft in Ägypten; und es läßt sich mit Bestimmtheit behaupten, daß Augustus und seine Nachfolger im ersten und zweiten Jahrhundert nach Christus nie ein Monopol für sich in Anspruch genommen haben. Der Kaiser hätte sein Recht einer Gesellschaft von Steuerpächtern übertragen oder durch eigene Prokuratoren mit Unterbeamten und Sklaven ausüben lassen können, aber unser Material für diese Zeit ist **Ptolemäer** **römische Herrschaft**

[1] Wilkinson-Birch, Manners and customs. London 1878. 2. p. 121 vgl. 179. 406, vgl. Dziatzko, Buchwesen S. 98.

so reich, daß wir irgend welche Spuren davon in den Inschriften und Urkunden haben müßten. Wir haben hier einen zuverlässigen Führer in O. Hirschfelds vorzüglichem Buch über die kaiserlichen Verwaltungsbeamten bis auf Diokletian (Berlin 1905), der das inschriftliche Material für die einzelnen Steuern gesammelt hat, und außerdem noch ganz besonders S. 343—409 Ägypten und die Provinzen besonders behandelt hat. Aber nirgends finden wir auch nur eine Spur von einer Papyrussteuer und ihren Beamten. Die Kaiser hatten ausgedehnte Domänen in Ägypten,[1] zu denen vielleicht auch Papyrusplantagen gehörten, deren Ertrag verkauft wurde, aber ein Monopol haben sie nie gehabt. Am allerwenigsten darf man sich für ein ägyptisches Monopol der Regierung auf einige stadtrömische Inschriften beziehen. Es sind Grabschriften

ratio chartaria kaiserlicher Freigelassener mit der Bezeichnung *rationis char[tariae]*.[2]

O. Hirschfeld, an den ich mich mit einer Anfrage wandte, hatte die Güte mir zu schreiben: „Die *ratio chartaria* muß jedenfalls ein kaiserliches Verwaltungsressort in Rom gewesen sein, das mit der Verwaltung und dem Verkauf des in kaiserlichem Besitz befindlichen Papyrus betraut war.“[3]

Der in kaiserlichen Domänen gewachsene und fabrizierte oder vielleicht auch in Ägypten angekaufte Papyrus wurde nach Rom geschafft, da die Regierung für ihre zahlreichen Bureaus große Massen dieses Beschreibstoffes jährlich gebrauchte. Es gab in Rom sogar eigene Speicher für diese Vorräte „zwischen der Buchhändlergasse und dem orientalischen Bazar“.[4] Ähnlich werden wir uns auch die Magazine der Regierung vorzustellen haben; die genannten Freigelassenen waren angestellt bei der Verwaltung und Kontrolle. Ihre Inschriften können also für ein Regierungsmonopol in Ägypten nichts beweisen.

Ferner wurden gelegentlich in Ägypten Soldaten von der Legion abkommandiert zur Bereitung des Nilpapiers.[5] Wenn es in diesem Falle kaiserliche Fabriken gegeben hätte, wäre es jedenfalls rationeller gewesen, den Beschreibstoff von geübten Handwerkern der Fabrik machen zu lassen, der dann umsonst oder billig vom Kaiser seinen Legionen hätte geliefert werden können.

[1] Hirschfeld a. a. O. 355.

[2] C. I. L. VI. 8567: officiales rationis chartariae, vgl. 9255—9256; VI. 9255: Ti Claudio Hermeti patri chartario; als Name: VI. 14052: Cartoria Germul[l]a. — Bullett. d. inst. 1884. 59: — - cornicularius cum cartularis officii.

[3] Über die kaiserlichen Beamten a rationibus vgl. Hirschfeld, Verwaltungsbeamte 1905. S. 29 ff. u. 177 über die ratio urbica.

[4] Über die horrea chartaria in Rom (Notit. reg. IV) s. Jordan-Hülsen, R. Topogr. 1. III. 329.

[5] T. Flavius Valens, Exit ad chartam comfici[endam]. — Nicole et Morel, Archives militaires du 1er siècle. Genève 1900. Recto II. Col.

Namentlich die Existenz von Papyrusfabriken in Rom, z. B. des Fannius, spricht entschieden gegen ein kaiserliches Monopol. kein Monopol

Selbst eine besondere Papyrussteuer[1] wird man für die ersten Jahrhunderte in Abrede stellen müssen. Die Kaiser ließen sich von allen öffentlich verkauften Waren eine πεντηκοστὴ ὠνίων bezahlen,[2] der gelegentlich auch der Beschreibstoff unterliegen konnte; aber der Papyrus war dann eine Ware wie alle andern. Nun gab es allerdings im zweiten Jahrhundert nach Christus eine Steuer γραφείου καὶ χαρτηρᾶς BGU. 277. II. 11. Allein Wilcken, Ostraka 1, 403 sagt mit Recht, „daß hier eine Abgabe für das Schreibmaterial und Papier gemeint ist, das die Behörden im Interesse des Publikums verbrauchten.“ Da wir also bei Hirschfeld keine Spur von Steuerbeamten und bei Wilcken keine Spur einer Steuer finden, so läßt sich mit ziemlicher Sicherheit behaupten, daß es eine solche Papyrussteuer nicht gegeben hat. Steuer?

Im dritten Jahrhundert wurde allerdings die charta mit andern Waren zollpflichtig, Scr. hist. Aug. v. Aurel. 45, 1: *vectigal ex Aegypto urbi Romae Aurelianus vitri, chartae, lini, stuppae atque anabolicas species aeternas constituit.* Über die Form der Erhebung erfahren wir nichts; ebensowenig, ob die Steuer überhaupt wieder abgeschafft wurde. Sein Gegenkaiser Firmus hatte als Privatmann große Einnahmen aus dem Papyrushandel. Scr. hist. Aug. v. Firmi 3, 2: *perhibetur et tantum habuisse de chartis, ut publice saepe diceret, exercitum se alere posse papyro et glutine.* Der Verkauf einer monopolisierten Ware kann solchen Gewinn nicht eingebracht haben. Die Nachricht wird nur verständlich, wenn Firmus den Papyrus auf seinen Gütern anbauen und in seinen eigenen Fabriken bearbeiten ließ, daher auch die besondere Erwähnung des Leims. 3. Jahrh.

Für das fünfte Jahrhundert setzt Montfaucon, Mém. de littérature de l'Acad. des inscr. et b. lettres. 6. Paris 1729 p. 200 eine Steuer voraus: *Les impôts sur le papier étant grands sur la fin du même [V^e] siècle.* Hier haben wir einen Erlaß des Kaisers Theodosius II. vom Jahre 439 n. Chr.: Cod. Justin. 11, 18 (17): *De collegiis et chartopratis et nummulariis § 4. Sed ne tantum circa munera relevanda supplicibus consuluisse noscamur, illud etiam dicendum observandumque esse censemus, ut chartae venditio, quae de provinciis ad corporatos supplicum per innovationem translata est, primae constitutionis terminis concludatur, hoc est quod in initio dispositionis constitutum est, id in posterum nulla addita novatione servetur.* 5. Jahrh.

[1] Auch Lumbroso, Recherches s. l'économ. pol. de l'Égypte, und Robiou, Mém. s. l'économie politique (1875) erwähnen keine derartige Steuer. — Wessely, Die ägypt. Steuerwesen in griech.-röm. Zeit. Ztschr. f. Steuer- u. Gebührenwesen 2. 1888. Nr. 10 ff. — Auch die Indizes zu BGU. haben einen Abschnitt Abgaben und dergleichen.

[2] Wilcken, Ostraka 1. S. 343. Andere ägyptische Steuern s. Erman u. Krebs, Aus den Papyr. d. Kgl. Mus. S. 165.

Noch weniger beweist aber eine Stelle der Varien des Cassiodor für eine Papyrussteuer: *hoc munus supplicantibus datum est, ne avare constringerentur ad commodum, pro quibus a largitate publica constabat acceptum. ademptus est impudentissimis exactionibus locus: specialiter a damnis exemit propter quos principis humanitas dedit.*[1] Hier wird gerade die *humanitas principis* entgegengesetzt den *impudentissimis exactionibus*; gemeint sind also die Forderungen der Beamten, die von den Bittstellern unrechtmäßigerweise Geld forderten.

Ob es Privatpersonen damals in Ägypten überhaupt verboten war, Papyrus zu bauen und zu fabrizieren läßt sich mit Bestimmtheit nicht sagen; aber gültige Urkunden konnten nach den Bestimmungen Justinians vom Jahre 536 (s. u. S. 75) nur auf kaiserlichen Papyrus geschrieben werden, der auf dem Protokollon den Namen des kaiserlichen Beamten zeigte. Faktisch kam das also ungefähr auf eine Art von Monopol der kaiserlichen Regierung heraus, und die Araber scheinen nach der Eroberung Ägyptens nur wenig daran geändert zu haben (s. u. S. 76).

χαρτιατικόν Endlich könnte man sich noch für die letzte Zeit auf eine in Konstantinopel vom Kaiser Nicephorus (802—810) erhobene Steuer berufen, die den Namen *χαρτιατικόν* führte. Geo. Credenus p. 479 P. ed. bonn. 2, 37 13: *τρίτη κακόνοια ἐποπτεύεσθαι πάντας, καὶ ἀναβιβάζεσθαι τὰ τούτων δημόσια τέλη, παρέχοντας καὶ χαρτιατικοῦ*[2] *ἕνεκα ἀνὰ κεράτια δύο.*

Der Zusammenhang zeigt deutlich, daß dies nicht Steuer für die Bereitung des Papyrus war, denn Ägypten gehorchté bereits den Arabern, sondern, wie die Steuer *γραφείου καὶ χαρτηρᾶς* (s. o.), eine Steuer für die Bureaukosten. Die neue Einschätzung, welche die Steuerpläne des Kaisers notwendig machten, veranlaßte viel Schreiberei, und das Publikum mußte nicht nur die erhöhte Steuer zahlen, sondern auch die notwendigen Bureaukosten.

Verschied. Schriftarten Der ägyptische Papyrus fand seinen Absatz im Orient wie im Okzident; fast alle, auch die von den Fremden in Ägypten geredeten Sprachen sind in den gefundenen Urkunden vertreten. Die Funde der Sammlung Erzherzog Rainers „bilden ein zehnsprachiges Urkundenmaterial von mehr als hunderttausend Stücken — — aus einem Zeitraum von rund 2700 Jahren."[3] Fast alle in Ägypten gefundenen

[1] Cassiodor Variae 11. 38. a. 534. Monum. Germ. Auct. antiquiss. 12. p. 351.

[2] C. I. G. III. p. 534 No. 5187 c. 21: *το[ῖς ἀ]ρτ[οῖς] ἀ[π]ὸ τῶ[ν] χαρτ[ι]ατικῶν ἀπὸ σε[βα]στοῦ κάσ[τ]ρου.*

[3] Führer durch die Ausstell. d. Pap. Erzh. Rainer S. XII. Für Berlin siehe Stern, Ztschr. f. ägypt. Spr. 23. 1885, 24.

Urkunden sind auch dort geschrieben, aber das Berliner Museum besitzt doch auch einige Aktenstücke, die in Pamphylien und Lykien geschrieben und dann nach Ägypten geschickt sind.[1]

Da fast alle Funde außer denen von Herculaneum und Ravenna aus Ägypten stammen, so ist die ägyptische Schrift und Sprache natürlich besonders zahlreich vertreten. Dazu kommen die koptischen und eine ziemliche Anzahl von Urkunden in koptisch-arabischer Geheimschrift; Wien besitzt außerdem noch ca. 200 Papyrusurkunden in meroitisch-äthiopischer Schrift; und ungefähr 300 in Pehlewi. Daneben gibt es phönizische,[2] hebräische, syrische und aramäische.[3] Nach einer Notiz von Sayce[4] ist der Papyrus sogar bis zu den Akkadiern gedrungen. Orient

Die Araber haben in der Zeit der Eroberung von Ägypten überhaupt noch nicht viel geschrieben und auch schon früh angefangen Papier zu benutzen; deshalb besaßen wir früher wenig arabische Papyri. Außer einem Beispiel im ersten Bande von Silvestres pal. univ. kannte man früher nur einen Reisepaß eines ägyptischen Fellah vom Jahre 750 (Pal. Soc. Oriental ser. No. V); doch existiert im Museum von Bulaq noch ein Papyrus, dessen arabische Schrift offenbar älter ist als die hinzugefügten griechischen Charaktere, s. Mélanges d'archéologie égyptienne et assyrienne 1874 p. 199, Pap. XIV.[5] Nach den neueren Funden in Ägypten besitzen wir massenhafte arabische Papyrusurkunden. — Vielleicht am zahlreichsten sind die griechischen Papyri; doch auch lateinische haben wir in bedeutender Zahl. Griech. Röm.

Außerdem besitzen wir tachygraphische Papyri. Auf anderen Papyrusfragmenten aus dem Faijûm sieht man Charaktere[6] von zwei bis jetzt noch nicht entzifferten Alphabeten, andere lassen sich überhaupt wohl nicht entziffern und scheinen bloß ornamental zu sein.[7]

Papyrusrollen sieht man auf ägyptischen Monumenten bereits in der ältesten Zeit, im dritten und vierten Jahrtausend vor Christi Geburt. Das Wort *χάρτης* findet sich, wenn die Kombination von Bergk richtig ist. zuerst zur Zeit des Komikers Plato bei Pollux 7, 210 Alter

[1] Wilcken, N. Jahrbb. f. klass. Altert. 7. 1901. 682 A.

[2] Seyffarth, Serapeum 3. S. 42.

[3] Aramäische Papyri sind von Sachau publiziert: Sitzungsber. d. Berliner Akad. 1907. — Bellili, L., Aramaic Papyri. London 1909.

[4] Sayce, H. A., The use of papyrus as a writing-material among the Accadians: Transact. of the Soc. of bibl. Arch. 1. 1872, 343—345.

[5] Silvestre de Sacy, Sur d'anciens mss. sur papyrus écrits en caractères arabes neskhi: Journ. Asiat. 1825. p. 110.

[6] Mommsen, Monatsber. d. Berl. Akad. 1879. S. 501 A. 1.

[7] Lepsius, Sitzungsber. d. Wien. Akad. 161. Phil.-hist. Kl. 1908. S. 4 A. 2. — Preisigke, Eine fremdartige Schrift. Ztschr. d. D. Morg. Ges. 62. 1908. 111—112.

Τὰ γράμματα τούς τε χάρτας ἐκφέρων.[1] Der massenhafte Verbrauch Griechen des ägyptischen Beschreibstoffs ist bei den Griechen natürlich nicht älter als die Eroberung Ägyptens durch Alexander d. Gr. Aber Handel zwischen den Hellenen und Ägyptern war auch vorher nicht unmöglich, und dementsprechend haben die Hellenen schon im 5. Jahrhundert das ausländische Nilpapier angewendet.[2]

Schon in den oben erwähnten Baurechnungen des Erechtheions C. I. A. I, S. 324 vom Jahre 407 v. Chr. werden zwei Papyrusblätter erwähnt, die für Abschriften gekauft seien. Ebenso in einer wenig jüngeren Inschrift, *βιβλίον* v. Jahre 403—402: C. I. A. II. 1b v. 25 (B. H. C. 3, 507).

Namentlich aber zeigt eine zweimalige Erwähnung des Papyrus bei Herodot 2, 92; 5, 58, daß dieses Schreibmaterial nicht, wie Varro behauptet, jünger ist als Alexander d. Gr., Plin n. h. 13, 21, 68: *cum chartae usu maxime humanitas vitae constet certe memoriae et hanc Alexandri magni victoria repertam auctor est M. Varro condita in Aegypto Alexandria; ante ea non fuisse chartarum usum, in palmarum foliis primo scriptitatum, dein quarandam arborum libris.*[3]

Um diesen Irrtum Varros, den bereits Plinius als solchen erkannte, zu erklären, hat man gemeint, daß vielleicht die Fabrikation, die früher ein Privilegium der Krone gewesen, damals freigegeben sei. Allein das ist ein Irrtum. Wenn Plinius sagt *postea promiscue repatuit usus*, so heißt das nur, daß das Exportverbot aufgehoben wurde. Es steht fest, daß der Staat sich gelegentlich in späterer Zeit um den Papyrushandel kümmerte. Plin. a. a. O.: *Sterilitatem sentit hoc quoque, factumque iam Tiberio principe inopia chartae, ut e senatu darentur arbitri dispensandi, alias in tumultu vita erat.*

Römer Die Römer, die in alter Zeit überhaupt nicht viel schrieben, sollen durch eine Schenkung des ägyptischen Königs im Anfange des zweiten Jahrhunderts den ägyptischen Beschreibstoff kennen gelernt haben.[4] Wie die anderen griechischen Könige gelegentlich durch Kornsendungen, so mag auch ein ägyptischer Herrscher durch eine Papyrusschenkung sich um das Wohlwollen des römischen Volkes beworben haben. Aber wenn dieser Beschreibstoff damals in Rom noch nicht bekannt war, so wäre diese ägyptische Schenkung bei der Masse des Volkes unbeachtet geblieben. Bei den Lateinern hat Birt, Buchwesen

[1] Egger, Memoire d'histoire ancienne et de philologie p. 184 sur le prix du papier au temps de Périclès. — Schubart, Das Buch S. 29.

[2] Schubart, Das Buch S. 29.

[3] Vgl. Birt, Buchwesen S. 50.

[4] Boissonade, Anecd. graeca 1. p. 420: *Ὁ δὲ Πτολεμαῖος, ἔχων Ἀρίσταρχον γραμματικὸν συμβουλευσάμενον αὐτῷ ἀπέστειλε πρῶτος χάρτην εἰς Ῥώμην* (ca. 170 vor Christus).

S. 52 es schon beim Lucilius, und Bährens, Jahrbb. f. klass. Philol. 1882, 125, S. 785 sogar beim Ennius (ann. 229) nachgewiesen, das Wort läßt sich also ungefähr so weit zurückverfolgen, wie die lateinische Litteratur überhaupt.

In der späteren Zeit, vom vierten Jahrhundert an, hörte die Fabrikation des Papyrus nicht auf, das beweisen die Urkunden des Mittelalters. Daß die Fabrikation und der Handel des Papyrus zur Zeit des H. Hieronymus noch blühte, zeigt dessen Brief an den Chromatius (s. u. S. 93 A). Noch zur Zeit Gregors v. Tours (Hist. Franc. 5, 5) wurden ganze Schiffsladungen von Papyrus nach Gallien eingeführt. Allein Papyrusrollen wurden für Bücher nicht mehr oder doch nur selten angewendet. Dem vierten Jahrhundert mag der Isokratespapyrus von Marseille angehören, noch späterer Zeit die Papyruspsalmen des British Museum und Cyrill de adoratione, den Kenyon (Palaeogr. gr. pap. p. 118) selbst dem sechsten bis siebenten Jahrhundert nach Christus zuweist; aber das sind Ausnahmen, welche die Regel bestätigen. Das Pergament hatte einen vollständigen Sieg errungen und Papyrus wurde nur noch zu Briefen und Urkunden des täglichen Lebens verwendet.

4. Jahrh.

Das Protokoll.

In byzantinischer Zeit standen die Fabriken unter dem *Comes largitionum sacrarum*, dessen Namen gewissermaßen als Fabrikstempel auf dem *πρωτόκολλον*[1] verzeichnet stand. Im Gebrauch des täglichen Lebens pflegte man denselben wegzuschneiden oder vielleicht gar Papyrus zu benutzen, der niemals diese Unterschrift getragen und also auch nicht aus der kaiserlichen Fabrik hervorgegangen war, bis Justinian ein Verbot dagegen erließ und befahl, daß eine Urkunde nur gültig sein solle, wenn jene Unterschrift vorhanden war: Corp. Iur. civ. Nov. XLIV c. 2: *Ἐκεῖνο μέντοι τῷ παρόντι προστίθεμεν νόμῳ, ὥστε τοὺς συμβολαιογράφους μὴ εἰς ἕτερον χάρτην καθαρὸν γράφειν συμβόλαιον, πλὴν εἰ μὴ εἰς ἐκεῖνον, ὃς προκείμενον τὸ καλούμενον πρωτόκολλον ἔχοι, φέρον τὴν τοῦ κατὰ καιρὸν ἐνδοξοτάτου κόμητος τῶν θείων ἡμῶν λαργιτιόνων προσηγορίαν, καὶ τὸν χρόνον, καθ' ὃν ὁ χάρτης γέγονε, καὶ ὁπόσα ἐπὶ τῶν τοιούτων προγράφεται, καὶ τὸ πρωτόκολλον μὴ ἀποτέμνειν ἀλλ' ἐγκείμενον ἐᾶν.*[2] Diese Novelle Justinians verordnet gewissermaßen eine Stempelsteuer[3] zugunsten der kaiser-

πρωτόκολλον

Stempelsteuer

[1] Führer durch die Ausstell. Pap. Erzherz. Rainer S. 17—25, s. Wessely, Byzantin. Stempelschrift auf Papyrus: Studien zur Paläogr. 2. Leipzig 1902. T. XXXIX. Probe: Not. et Extr. 18, 2. Atl. pl. XXV.

[2] Vgl. Julians epitome. nov. c. 40, § 170.

[3] Siehe Beckmann, Beitr. z. Gesch. d. Erfindungen 2. S. 301.

lichen Fabriken. Über die Fassung des Protokolls aus der letzten byzantinischen Zeit hat Karabacek (Sitzungsber. d. Wien. Akad. 161. 1908 S. 12) arabische Berichte mitgeteilt: man hatte diese Papyrus-
Tirâz rollen mit dem Ṭirâz versehen; solch ein Ṭirâz enthielt die Worte: Vater, Sohn und heiliger Geist.[1] Dieser Zustand setzte sich zu Beginn des Islâm fort — — bis in die Regierungszeit des 'Abd el-Melik: s. Führer durch die Ausstellung Pap. Erzherz. Rainer S. 19. Nr. 7:—76. Protokolle mit griechischer Textierung. — Die Eroberung Ägyptens durch die Araber änderte in diesen Verhältnissen zunächst gar nichts.[2] Der Anbau und die Fabrikation des Papyrus wurde in alter Weise fortgesetzt.

Ein Protokoll (ca. 700 n. Chr.: Führer durch die Ausstellung S. 19 Nr. 77 wird bezeichnet als *opus regium*, was Karabacek als *charta regia* erklärt. Dem Zweck des Protokolls entsprechend möchte ich *opus* eher als Fabrikat erklären, d. h. aus der Fabrik der Regierung. Die Stoffqualität des Protokolls brauchte durchaus nicht mit jener der Rolle, welche sich daran fortsetzte, übereinzustimmen. Im Gegenteil ist vielfach zu bemerken, daß die Protokolle aus stärkeren Blättern gröberer Qualität hergestellt wurden[3] — —, sie sind geschrieben „in absonderlicher, aus dem Rahmen gewöhnlicher Urkundentexte herausfallender Eigenart".

Die arabischen Protokolle hatten auf einer Seite, seltener auf beiden Blattseiten, die — — amtlichen Signierungen, die in Koransprüchen und gewissen Formeln, den Namen der Chalifen, Statthalter, Steuerverwalter, Arbeiter und den entsprechenden Jahreszahlen, sowie der Angabe der Papyrusqualität [?] bestanden.[4]

Anweisungen des arabischen Beamten zu Papyruslieferungen aus den Jahren 811—815 aus den ärarischen Fabriken siehe bei Karabacek. Das arabische Papier S. 17.

arabische Beamte Der *Comes largitionum* war durch einen arabischen Beamten ersetzt worden. Wie sehr sich das Aussehen des Landes und seiner Verwaltung verändert hatte, zeigt die chronologische Unterschrift eines Papyrus[5] vom Jahre 730 n. Chr., dessen Güte von Egger gerühmt wird.

Ἐγράφη μηνὶ παῦνί, ἰνδ. τρίτῃ,
ἐπὶ Μαμὲτ Ἀμιρᾶ εὐκλ. ἀμιράτης[6] *πασαρχίας*

[1] Also doch wohl *ἐν ὀνόματι τοῦ πατρός* etc.

[2] v. Kremer, Kulturgesch. des Orients 2, 305 verweist auf Balâdory 240.

[3] Führer durch die Ausstellung Pap. Erzherz. Rainer S. 15.

[4] Führer durch die Ausstellung S. 17.

[5] „Ces lignes grecques placées en tête d'un rouleau écrit en copte" Egger: Revue archéol. XXIII 1872 I p. 147. Bell, Archiv f. Papyr. 5, 144.

[6] Mein Freund Loth schreibt der orientalischen Titulatur entsprechend *ἀμιρᾶ τῆς πασαρχίας*, macht aber zugleich darauf aufmerksam, daß im Jahre 730

Ἑρμώνθεως καὶ Χαὴλ υἱὸς Ψμὼλ λαμπροτάτου διοικητοῦ ἀπὸ κάστρου Μεμνονίων[1] *ἔτους Διοκλῆ βασιλεὺς υνα καὶ ἔτους Σαρακοινὸν ρια.*

Das Protokoll wurde im Mittelalter als Kennzeichen des *ξυλοχάρτιον* oder *ξυλότευκτον* (Sathas Biblioth. I p. 68) benutzt, Basilicorum libri LX ed. Heimbach t. 2 p. 513: *Ἐνταῦθα ὁ βασιλεὺς νομοθετεῖ μὴ ἐν ἑτέρῳ χάρτῃ γράφεσθαι τὰ συμβόλαια ἀλλ' ἐν τῷ λεγομένῳ ξυλοχαρτίῳ, τοῦτο γὰρ θέλων εἰπεῖν ἀντὶ τοῦ εἰπεῖν εἰς ξυλοχάρτιον, εἶπεν, εἰς ἐκεῖνον, ὃς ἔχει πρωτόκολλον. οὐδεὶς δὲ ἕτερος ἔχει τοῦτον τὸν χάρτην εἰ μὴ ὁ ξυλώδης*, was ich nicht mit Karabacek, Die Th. Grafschen Funde in Ägypten S. 10 und derselbe, Das arabische Papier S. 49 und Österr. Monatsschr. 11, 1885 S. 163 auf besonders steifes brettartiges Papier beziehen möchte; es scheint vielmehr, daß man den Papyrus der ägyptischen Staude so bezeichnete nach dem Aufkommen des orientalischen (Bombycin)papiers. Diese Erklärung wird bestätigt durch Justinian Nov. 44, 2: *τοὺς συμβολαιογράφους μὴ εἰς ἕτερον χάρτην καθαρὸν γράφειν συμβόλαιον πλὴν εἰ μὴ εἰς ἐκεῖνον, ὃς — — τὸ πρωτόκολλον ἔχει* und der Scholiast zu dieser Stelle ersetzt das Wort *χάρτην* durch den gleichbedeutenden Ausdruck *ἐν ξυλοχαρτίοις.* ξυλοχάρτιον

Zunächst blieb nach der arabischen Eroberung alles möglichst beim alten, die neuen Herrn getrauten sich in den ersten 50 Jahren noch keine durchgreifenden Änderungen durchzuführen. Neben den griechischen Protokollen gab es bilingue und nach Karabacek trilingue [?], d. h. griechische, lateinische [?], arabische, was Wilcken, Arch. f. Pap. 4, 258 mit Recht bezweifelt, während Karabacek sich verteidigt (Anzeig. d. Wiener Akad. Phil.-hist. Kl. 1908 d. 13. Mai und derselbe, Die arabischen Papyrusprotokolle, Sitzungsber. d. Wien. Akad. Phil.-hist. Kl. 1908. 161. S. 1 ff.). Gegen Karabacek wendet sich auch Becker, Ztschr. f. Assyriol. 22. S. 178 f. m. 1 Tafel; vgl. S. 170: Das Material. Protokolle bilingue

Selbst der Name des Propheten wäre mit lateinischen Buchstaben geschrieben (s. Karabacek, Sitzungsber. 161. S. 92): *Mamat a(pos)t(olus)*

---

n. Chr. Muhammed schon nicht mehr Statthalter Ägyptens war, vielleicht aber galt er noch als Oberstatthalter (*ἀμιρᾶς τῆς πασαρχίας*) als er das Land schon wieder verlassen hatte. Wessely, Prolegg. p. 5 schreibt richtig *παγαρχίας*. Wegen *Ἀμιρᾶ* vgl. Montfaucon, P. Gr. p. 75: *ἐπὶ βασιλείᾳ τοῦ ἀσεβεστάτου Ἀμήρα τοῦ ἐπονομαζομένου Παγιαζίτης* (= Bajazet). Pachymeres ed. Bekker II p. 532.

[1] Über diesen Ort s. Buttmann, Erklärung einer griechischen Beischrift auf einem ägypt. Papyrus (Abhandl. d. Berl. Akad.) 1824. S. 12—13; die chronologischen Angaben lassen sich so wenig vereinigen, daß man zu der Ansicht gedrängt wird, es müssen hier ein oder mehrere Fehler in der Entzifferung vorliegen, denn so kann das Dokument nicht datiert sein. — „Die diokletianische Ära führt auf das Jahr 735 n. Chr. mit richtiger Indiktion." Fr. Rühl.

dici. Die einzelnen vermeintlich lateinischen Buchstaben sind allerdings fast zu Wellenlinien verflüchtigt, so z. B. S. 99: *octava*. [?] Manchmal scheinen ganze Zeilen aus aneinander gefügten U zu bestehen; s. Not. et Extr. 18 II Atl. pl. 25.

Religion und Nationalgefühl erlaubten den Arabern nicht, das byzantinische Protokoll und Münzen beizubehalten, und die Bemühungen des Hofes von Byzanz[1] blieben vergeblich. Die lateinisch-griechische Sprache und Schrift wurde durch arabische ersetzt. Kreuz und Bibelsprüche wurden durch Koranverse verdrängt, mit dem Namen der Statthalter[2] und Steuerbeamten datiert nach arabischer Rechnung.

Über das arabische Protokoll der späteren Urkunden vgl. Bell. Latin in the protocols of the arab. period. Arch. f. Papyr. 5. 144:

Formular

1. *ἐν ὀνόματι τοῦ θεοῦ τοῦ*
2. *ἐλεήμονος καὶ φιλανθρώπου·*
3. *1 arabic line (Bismi'llah, as in greek)*
4. *οὐκ ἔστιν θεὸς εἰ μὴ (ὁ) θεὸς μόνος*
5. *Μααμετ ἀπόστολος τοῦ θεοῦ·*
6. *1 arabic line (as the greek)*

7—8. *The governor's or khalif's name, or both in Greek (two lines or, less often, one)*

In späterer Zeit hörte die Papyrusfabrikation in Ägypten auf, weil man auch an anderen Orten billigeres Schreibmaterial herzustellen gelernt hatte. T. Chr. Tychsen hat in zwei Abhandlungen, De chartae papyraceae in Europa per medium aevum ejusque termino in den Commentationes societatis regiae scientiarum gottingensis recentiores vol. IV p. 141—208 die letzten Spuren der ägyptischen Fabrikation des Papyrus und seiner Verwendung in den einzelnen Ländern des Abendlandes zusammengestellt; keine dieser Spuren führt uns über das elfte und zwölfte Jahrhundert hinaus.

Letzte Spuren

Hidschradatierungen

Die Liste der Hidschradatierungen arabischer Papyrus reicht vom Jahre 22 (643 n. Chr.) bis 323 (935 n. Chr.); im zehnten Jahrhundert wurde der Papyrus durch das Papier verdrängt.[3] Mit großer Wahrscheinlichkeit kann die ägyptische Fabrikation des Papyrusbeschreibstoffes um die Mitte (zweite Hälfte) des zehnten Jahrhunderts nach

[1] Siehe den Bericht: Sitzungsber. der Wiener Akad. 161. S. 11 ff.

[2] Vgl. Karabacek, Das arab. Papier S. 19: Unter Leitung des Sa'îd ibn 'Abd er-rahmân.

[3] Mitteil. aus d. Samml. d. Papyri Erzh. Rainer 1. 1886. S. 50; 2—3. 1887. S. 10.

Christus im großen und ganzen als erloschen angenommen werden.[1] Im zwölften Jahrhundert gehört dieselbe nur noch der Vergangenheit an, und wenn Eustathius zur Odyssee 21 v. 390 in einer gelehrten Notiz die Sache erwähnt, so setzt er ausdrücklich hin: ὧν ἡ τέχνη, ἄρτι ἀπῄλειπται.

Selbst im Abendlande[2] war damals der Papyrus noch nicht ganz Abendland vergessen, denn die letzten der fränkischen von J. Tardif (Archives de l'empire; chartes et diplômes, Paris 1864, Nr. 47) herausgegebenen Papyrusurkunden sind datiert vom Jahre 862, und ein Brief des Papstes Nicolaus I. ebenfalls auf Papyrus (Nr. 49) vom 28. April 863. Nur wenig jünger ist die berühmte Bulle Johann VIII. zugunsten des französischen Klosters Tournus, die Amari, Storia dei Musulmani in Sicilia II, 299 beschreibt; sie zeigt, daß das Haupt der abendländischen Christenheit arabisches Fabrikat benutzte mit der von Karabacek, Das arabische Papier S. 19 gelesenen und ergänzten Unterschrift: „Unter der Leitung des Sa'îd ibn 'Abd er-rahmân." Die jüngste päpstliche Papyrusbulle stammt von Sergius IV. vom Jahre 1011.[3]

Es ist begreiflich, daß der Papst seine Bullen kirchlichen Inhalts Päpstliche Bullen lieber auf einem Schreibstoff schreiben ließ, der weniger deutliche Spuren eines ketzerischen Ursprungs trug, als die oben erwähnten. Die päpstliche Kanzlei in Rom konnte ihren Papyrus am leichtesten aus Sizilien und Unteritalien beziehen, falls es dort wirklich Fabriken[4] gab; und in der Tat meint Sickel (Acta Karolinorum 1, 286) „nur die päpstliche Kanzlei fand noch einige Jahrhunderte hindurch Mittel, ihren Bedarf an Papyrus aus Sizilien und Unteritalien zu decken". Das Sizilien scheint mir an und für sich nicht unwahrscheinlich zu sein. Wenn der Papyrus nach Sizilien verpflanzt und als eine Einnahmequelle der Fürsten angesehen wurde, so wird man sicher auch daneben einheimische Fabriken annehmen müssen, wenn sie auch zunächst nur für den Fürsten des Landes arbeiteten (s. u. S. 80).

Aus der späteren Zeit haben wir keine Spuren mehr von der Anwendung des Nilpapiers. Petrus von Cluny (Abt 1122—1150) spricht allerdings noch von Büchern *ex biblis vel iuncis orientalium paludum — — compactos* (du Chesne Bibl. Clun. p. 1069), die aber aus einer früheren Zeit herstammten.

[1] Karabacek, Führer durch die Ausstell. S. XVII.

[2] Paoli, Del Papiro p. 33 ff.

[3] Delisle, Bulletin du Comité des travaux histor. et scientif. 1885. No. 2. — Thompson-Lambros, Palaeogr. S. 65. — 5 Papyrusbullen v. 891—1014, s. Ewald, N. Arch f. ält. dtsch. Gesch. 9. 1884. S. 338.

[4] Karabacek, Das arabische Papier S. 17—18 spricht ebenfalls von sizilischer Fabrikation. Vielleicht benutze der Papst arabischen und sizilischen Papyrus.

Mit der Fabrikation des Papyrus hörte natürlich in Ägypten der Anbau und später sogar die Existenz der Pflanze auf. Für Ägypten und Syrien erfüllte sich also das Wort des Propheten Esaias 19, 7: *ξηρανθήσεται πᾶσα συναγωγὴ ὕδατος καὶ ἐν παντὶ ἕλει καλάμου καὶ παπύρου.* Sie ist nicht nur in Ägypten, sondern auch in Syrien,[1] wo sie im Altertum ebenfalls angebaut wurde, fast vollständig ausgestorben.
Sizilien Aus Ägypten, oder wie Paoli meint, aus Syrien, wurde dieselbe nach Palermo[2] verpflanzt, nicht, wie gewöhnlich angenommen wird, erst durch die Araber, sondern bereits in der vorhergehenden Zeit. Mit Recht hat nämlich Carini[3] auf einen Brief Gregors des Großen hingewiesen (bei Di Giovanni, Cod. diplom. Sicil. No. 186), bei dem bereits eine *Massa Papyrianensis* in Sizilien vorkommt; ein Name, der bereits das Vorhandensein der Papyruspflanze daselbst voraussetzt. Für die arabische Zeit haben wir das Zeugnis des Ibn Haukal (ed. de Goeje S. 86)[4]
Orient für das zehnte Jahrhundert: „und in seinem (d. h. Palermos) Gebiet sind Sümpfe, welche ganz von *‚Barbîr‘* eingenommen werden; das ist das *‚Bardî‘*, aus welchem die *Chartae*, Urkundenblätter,[5] gemacht werden. Auf der ganzen Erde kenne ich von diesem *‚Barbîr‘* nichts, was dem in Ägypten ähnlich wäre, mit Ausnahme dessen in Sizilien. Das meiste davon wird zu Schiffstauen verflochten; nur aus dem wenigsten werden *Chartae* für den Fürsten (Sultan) gemacht und zwar nicht mehr, als für seinen Bedarf ausreicht“ (vgl. Karabacek, Das arabische Papier S. 18).

Einen längeren Artikel über Papyrus hat auch Ibn Baitâr (arab. Ausg. I, S. 86 ff.) s. v. *Bardî*).[6] Einer seiner Gewährsmänner, Abul-Abbâs Annabatî (d. i. der „Botaniker“) erwähnt die Pflanze als in Sizilien vorkommend, wo sie *„Babîr“* heiße und in einem „Teiche gegenüber dem Schlosse des Sultan“ wachse. Die Nachricht rührt also aus der Zeit her, wo Sizilien arabische Fürsten hatte, oder doch aus der Zeit der halbarabischen Normannen. Andere von seinen Gewährsmännern nennen das (verbrannte) Papier wenigstens noch als Arzneimittel. Doch sagt der obenerwähnte Abul-Abbâs, daß in Ägypten die Papyrusfabrikation aufgehört habe, obwohl die Pflanze dort doch noch vorkomme. In der letzten Zeit, meint v. Kremer, Kulturgesch. d.

[1] Theophrast und Plinius a. a. O.

[2] P. Parlatore, Mémoires présentés par divers savants à l'Acad. des sciences (Sciences math. et phys.) T. 12. 1854. p. 469 u. V. Hehn, Kulturpflanzen VII. Aufl. 307—309.

[3] Sulle materie scrittorie adoperate in Sicilia, prolusione al corso di paleografia e diplomatica, letta dal sac. Isid. Carini. Palermo 1879. 92 S. 8°. (Estr. dalle Nuove Effemeridi Siciliane vol. VIII.)

[4] Diese Stellen verdanke der Freundlichkeit Nöldekes.

[5] „Er hat den Plural von tumâr = *τομάριον*.“ Nöldeke.

Vgl. auch die allerdings nicht zuverlässige Übersetzung Sontheimers.

Orients 2, 306, fingen die Araber an, den echten Papyrus mit Baumwolle zu fälschen, „wodurch man schließlich auf die Entdeckung der Papierbereitung aus Baumwolle allein kam“. Eine Probe dieser supponierten Fälschung nachzuweisen, ist aber bis jetzt nicht gelungen.

Noch im 13. Jahrhundert sind die Papyrusplantagen bei Palermo eine Einnahmequelle für den Staat; aber nachher verschwanden die Sümpfe und mit ihnen der *πάπυρος ὑδροχαρής*. Doch hat sich wenigstens sein Name noch gehalten in dem *Piano del papireto* und *Transpapyretum*. Erst im 17. Jahrhundert wurde die Pflanze in der Gegend von Syrakus wieder entdeckt. Hier ist nicht nur das ganze Bassin der Arethusa, sondern auch das Bett des Anapo von Papyrusstauden überwachsen, die mit ihren palmartigen Kronen 12 oder 16 Fuß hoch aus dem klaren, nicht allzutiefen Flusse emporschießen. Gegen Ende des 18. Jahrhunderts wurden von Landolina sehr interessante Versuche gemacht, die Pflanze wieder zur Bereitung von Schreibmaterial zu verwenden, die im wesentlichen vollständig glückten, und nicht leicht wird jetzt jemand das Museum von Syrakus besuchen können ohne — wohl oder übel — eine Probe mitnehmen zu müssen des „*Papiro Syracusano per Salv. Politi*“. Birt, Buchwesen S. 365 A klagt über den modernen Papyrus; aber der meinige hat sich seit 40 Jahren gut gehalten.

13. Jahrh.

Moderner Papyrus

— — —

Außer den *volumina herculanensia* hat man fast alle griechischen Papyrusurkunden in Ägypten gefunden; viele stammen aus Gräbern, denn man gab den Toten ihre Lieblingsschriftsteller, zu denen meistens auch Homer gehörte, ferner ihre Briefschaften, bei Knaben auch oft ihre Schulhefte mit ins Grab.

Art der Auffindung

Bei der Zubereitung der Mumien hat man vielfach die Hohlräume mit Papyrusmakulatur ausgefüllt, dann mit Binden umwickelt und mit Harz übergossen, namentlich die Krokodilmumien von Tebtunis lieferten in dieser Beziehung einen reichen Ertrag. Eine bessere Art der Konservierung hätte man sich kaum ausdenken können.

Ferner sind manche Urkunden, Testamente, Kontrakte, Erlasse, Steuerlisten, aber auch litterarische Bruchstücke dadurch erhalten, daß man bei der Bestattung einen Sarg aus Papyruskartonnage herstellte, der dann noch meistens durch einen äußeren Sarg aus Holz oder Papyrusschilf und Palmrippen geschützt wurde.[1] Auf diese Weise sind uns außer wertvollen Urkunden Stücke von Platos Phaedon,

[1] Vgl. Jahrb. d. Arch. Inst. 1904. Anzeiger S. 109. Cartonnage namentlich häufig vom dritten und zweiten Jahrhundert vor Christus, Wilcken, N. Jahrbb. f. klass. Altert. 7. 1901, 683; aus der Zeit des Augustus, BGU. 4 1 ff. s. Schubart, Arch. f. Papyr. 5. S. 1 ff.

Euripides' Antiope usw. erhalten. Auch die einzelnen Blätter des Papyrus Bernardakis waren früher aufeinander geklebt.

Andere Funde hat man in den Ruinen verlassener Städte gemacht: es sind Urkunden der verschiedensten Art, die dort als wertlos zurückgelassen oder auch vergessen waren. In Arsinoë entdeckte man das sehr reichhaltige Archiv der Stadt bedeckt vom Sande der Wüste. Im Faijûm dagegen fand man nicht ein einheitliches Archiv (s. Karabacek, Der Papyrusfund von el-Faijûm. Denkschr. d. Wiener Akad. 33. 1882), sondern massenhafte, aber zerstreute Urkunden.[1]

Noch mehr hat man aber vor den antiken Städten auf dem Kehrichthaufen gefunden. Wenn der Papyrus zweimal beschrieben war mit Aufzeichnungen des täglichen Lebens, die im Laufe der Jahre bald jedes Interesse verloren hatten, dann wurde die wertlose Makulatur, die sich nicht mehr verwerten und verkaufen ließ, weggeworfen und sammelte sich mit verschiedenstem Unrat auf dem Kehrichthaufen, wo natürlich vieles verkam, einiges aber, namentlich in den untersten Schichten, gerettet wurde; aber auch durch das steigende Grundwasser ist vieles vernichtet. Das alte Aktenmaterial wurde in ganzen Körben auf den Kehrichthaufen befördert, so wie sie Grenfell und Hunt in Oxyrhynchos gefunden haben (Archaeol. Report. 1896—1897 p. 8 des Egypt Exploration Fund). Einzelne dieser Schutthügel haben eine Höhe von 24—26 m über der Niederung (s. Wilcken, N. Jahrbb. f. klass. Altert. 7. 1901. 682).

Älteste Funde

Ehe Europa auf den Wert der manchmal unscheinbaren Papyrusfragmente aus dem Altertum[2] aufmerksam geworden war, mögen viele derartige Funde verkommen sein, weil niemand ihnen Wert beilegte. Auch die Entdeckung der *volumina herculanensia* änderte noch nicht viel in der Sache. Noch im Jahre 1778 fanden einige Araber bei Gizeh nicht weit von dem alten Memphis ungefähr 50 Papyrusrollen, die sie einem europäischen Kaufmann anboten; da dieser den Kauf aber ausschlug, so verbrannten die Araber ihren ganzen Fund und freuten sich, wie es heißt, an dem harzigen Wohlgeruch.[3] Eine einzige Rolle wurde gerettet und kam in den Besitz des gelehrten Cardinals Stef. Borgia, der sie dem dänischen Gelehrten Schow zur Entzifferung übergab. Diese Liste ägyptischer Erdarbeiter vom Jahre 191 n. Chr.,[4] die von Schow unter dem Titel: Charta papyracea saeculi III musei Borgiani Velitris etc., Rom 1788, herausgegeben wurde, war von epochemachender Wichtigkeit, weil sie uns eine Schriftart kennen lehrte, deren Existenz bis dahin mit Recht angezweifelt war.

Schow

[1] Wilcken, Die griech. Papyrusurkunden S. 47.

[2] Vgl. U. Wilcken, Die griech. Papyrusurkunden. Berlin 1897.

[3] Schow, Charta papyracea p. IV.

[4] Kenyon, Pal. p. 4 n. 2.

Um so größer war deshalb die Mühe, aber auch das Verdienst von Schow, in dessen Fußstapfen Böckh getreten ist, der eine viel schwerer zu lesende Urkunde vom Jahre 104—105 v. Chr. gelesen und herausgegeben hat; dann mehrte sich das Material rasch.[1] Über die einzelnen Funde von 1820—1877 s. Kenyon, Pal. p. 4—5; Haeberlin, Centralbl. f. Bibl. 14 S. 1 ff. Die Späteren standen bereits auf den Schultern ihrer Vorgänger, und nur Letronne verdient noch ganz besonders hervorgehoben zu werden, weil wir ihm die eigentlich grundlegende, zusammenfassende Publikation der „Papyrus grecs", Paris 1865, verdanken. Als eine Fortsetzung dieser Arbeit von Letronne, Brunet de Presle u. a. kann der erschienene griechische Teil eines Werkes gelten, das schon an seiner großartigen Anlage scheitern mußte: Corpus papyrorum Aegypti a Revillout et Eisenlohr conditum. Papyrus grecs du Louvre, par E. Revillout t. 3 fasc. 1. Le plaidoyer d'Hyperide contre Athénogène (14 pl.). Paris 1892. Ein *Corpus papyrorum graecarum* ist sicher notwendig; aber die Zeit dazu ist noch nicht gekommen.[2]

Böckh

Letronne

Neue Papyrusfunde

Erst kurz vor dem Jahre 1880 begann dann die Hochflut der neuen Entdeckungen. Die überraschenden Papyrusfunde[3] der letzten 30 Jahre verdanken wir in letzter Linie der intensiveren Bodenkultur, die in Ägypten eingeführt ist. Die Baumwollen- und Zuckerkultur verlangt eine künstliche Düngung, die man am billigsten in den Schutthügeln der alten Städte und Nekropolen gewann, die ausgegraben wurden, um die salz- und natronhaltige Sebaherde zu gewinnen; diesen Ausgrabungen verdankt die Wissenschaft die Funde der Papyrusrollen.[4]

Der genaue Fundort und manchmal auch der Aufbewahrungsort ist gelegentlich geheim gehalten, bis später der Schleier gelüftet wurde. Über den Aufbewahrungsort der englischen Schätze vgl. List of Papyri distributed (Oxyrhynch., Faijûm, Hibeh). — Brit. Mus. Table of Papyri acquired in 1896—1903, s. Greek papyri in the Brit. Mus. 3. 1907 p. IX ff. Ein großer Teil der Petriepapyri, darunter alles Litterarische, ferner von Pap. Grenfell I u. II, Pap. Oxyrhynch. I, II u. III und Pap. Faijûm ist in das Brit. Museum gewandert (s. Lit. Centralbl. 1908 p. 63).[5]

Durch die Papyrusfunde der letzten Jahrzehnte haben wir Material gewonnen nicht nur für die Aufzeichnungen des täglichen Lebens, sondern auch für die handschriftliche Grundlage der Schriftsteller. Die

[1] Notices et Extr. 18, 2 p. 6 ff.

[2] Wilcken, Die griech. Papyrusurkunden. Berlin 1898. S. 23.

[3] Kenyon, Gr. Palaeogr. of gr. papyri p. 5—6. — The discovery of papyri in the Fayûm: Grenfell, Hunt and Hogarth, Fayûm towns p. 17.

[4] N. Jahrbb. f. d. klass. Altert. 7. 1901. 680—681.

[5] List of Papyri distributed. s. Grenfell and Hunt, Oxyrhynchus Papyri 5. p. 318—319 (Aufbewahrungsort).

neuen Papyrusrollen des Hyperides z. B. sind nicht jünger als das Ende des zweiten Jahrhunderts vor Christus und kommen gleich nach der Antiope und dem platonischen Phaedon. Zu den ältesten litterarischen Denkmälern gehört ohne Frage der Timotheospapyrus, herausgegeben von Wilamowitz-Moellendorf. Leipzig 1903. Während meines Aufenthalts in Ägypten im Anfang des Jahres 1881 sah ich eine große Sammlung griechischer Papyri bei Brugsch und eine kleine bei einem Engländer namens Rogers. Beide stammen aus dem Faijûm und sind in den Besitz des Berliner Museums übergegangen. Erzherzog Rainer kaufte 1883 die Sammlung des Wiener Kaufmanns Th. Graf, aus der Hartel und Wessely einige Stücke veröffentlichten, s. Karabacek, Der Papyrusfund von el-Faijûm in den Denkschr. der Wiener Akad. 33. 1882 und die Th. Grafschen Funde in Ägypten. Wien 1883 (S. 9 an 10 000 in 6 Sprachen abgefaßte Urkunden vom fünften bis zehnten christlichen Jahrhundert).[1]

Funde seit 1880 Seit dem Jahre 1880[2] haben die Funde noch nicht aufgehört; fast jedes Jahr schenkte uns noch neue und bedeutende Schätze. Sie sind jetzt allerdings weit zerstreut über alle Länder der zivilisierten Welt, aber das ist kein Unglück; denn wo sich ein neues Zentrum bildete, fanden sich bald auch neue Vertreter dieser Disziplin, welche rasch auch die Schwierigkeiten des Anfangs überwanden. Ich lasse deshalb einen Überblick folgen, der auf Vollständigkeit durchaus keinen Anspruch macht, sondern nur zur Orientierung dienen soll. Die nach antiken Städten benannten Sammlungen können hier selten berücksichtigt werden.

England Da ungefähr seit diesem Jahre England tatsächlich Ägypten beherrscht, so hatten die Engländer (London und Oxford) die Vorhand bei der Erwerbung dieser Schätze; und die Hüter der Schätze wurden bald auch ihre Interpreten. Kenyon, heute Direktor des British Museum, unternahm die Herausgabe der *Ἀθηναίων πολιτεία*. Seine sichere Lesung der schwer lesbaren Handschrift und prompte Herausgabe zeigten ihn sofort als Meister auf diesem Gebiet, dem England nur wenige an die Seite stellen konnte. Den neuen Faijûmer Bestand hatte Wessely, Gr. Pap. des Brit. Mus. Wiener Stud. 9. 1887 S. 235 bis 278 und 12. 1890 S. 81, herausgegeben. Bald folgten die Greek Papyri in the Brit. Mus. 1 (1893) bis 3 (1907) mit Faksim. und die Classical Texts in the Brit. Mus. ed. Kenyon. London 1891. Kenyon, Pap. acquired in the years 1894—1899. Additional Catal. of the Brit. Mus. — Grenfell and Hunt, The Oxyrhynchos Papyri 1—7. London 1898—1908. Fayum towns and their papyri. London 1901. The Hibeh

[1] Vgl. A. Erman, Die Herkunft der Faijumpapyrus, Hermes 21. 1886, 585.
[2] Von der älteren Litteratur sehen wir hier ab; s. Paoli, Del papiro p. 46 ff.

Papyri by Grenfell and Hunt. London 1906. H. J. Bell, The Aphrodito Pap. Journ. of the Hell. Stud. 28. 1908, 97; über Papyri des British Mus. s. Revue des ét. gr. 14. 1901. 178; 1902, 426; 18. 1905, 320 um von den kleineren Publikationen ganz zu schweigen.[1] Auch Oxford besitzt in der Bibliotheca Bodleiana eine Sammlung von ungefähr 350 Papyrusurkunden; vgl. Lindsay u. Nicholson, The Fayoum papyri in the Bodleian library.[2] Von dieser reichen Sammlung ist bis jetzt wenig publiziert,[3] um so dankenswerter ist der Überblick von S. de Ricci, Rev. des ét. gr. 1902, 430. Über die Sammlungen von Cambridge[4] (meist aus Oxyrhynchos), Aberdeen und Dublin vgl. S. de Ricci, Rev. des ét. gr. 14. 1901, 186—187; 15. 1902, 437—438. Mahaffy verdanken wir die Ausgabe der Flinders-Petrie-Papyri 1. 2. Dublin 1891—1905 = Cunningham Memoirs 8. 9.

Von privaten Sammlungen seien die von Lord Amherst und Earl Crawford genannt.

An zweiter Stelle kommt Deutschland. Auch das Berliner Museum[5] hatte sich seinen Anteil an den neuen Funden gesichert, und Wilcken, der beste Kenner der Papyrusschrift in Deutschland, wurde mit der Herausgabe betraut: Griechische Urkunden aus den Museen in Berlin (BGU.) 1—4. (noch nicht vollendet) 1892 ff., mit Sonderheft von O. Rubensohn. Berlin 1907; W. wird dabei unterstützt durch Krebs, Viereck u. a.; vgl. Mitteis, Zu den Berliner Papyr. Hermes 30, 564; 32, 629. Die Ausstattung dieser Berliner Publikation ist nicht so vornehm wie die Londoner, namentlich Faksimiles wünscht man in größerem Umfang beigegeben zu sehen, aber das wirklich Notwendige ist vorhanden.[6] Ferner: Berliner Klassikertexte 1—5. Berlin 1904—1907. Von den Berliner Museen sind einzelne Urkunden den preußischen Universitäten leihweise überwiesen, andere sind nach Kairo gekommen; eine Liste s. Arch. f. Pap. 5, 195—196. Deutschland

Dem Beispiel Berlins folgten die größeren deutschen Universitäten, die sich schließlich eine feste Organisation gaben, um die Funde in Ägypten zu erwerben und dann unter sich zu verlosen, und mehrere derselben sind im Laufe der Zeit für verhältnismäßig geringe Summen in den Besitz einer ansehnlichen Sammlung gekommen.

[1] Darüber vgl. Kenyon, Pal. of gr. papyri p. 129 u. 149.

[2] Athenaeum 1885, Sept. u. Oct. — Mahaffy, J. P., On new pap.-fragm. from the Ashmolean Mus. at Oxford: Transact. of the R. Irish Acad. 31. 1898. part VI.

[3] Grenfell and Mahaffy, Revenue laws of Ptol. Philadelphus ed. from a greek pap. in the Bodleian library. Oxford 1896. — Grenfell (and Hunt), Greek papyri 1. 2. Oxf. 1896—1897. Rev. des ét. gr. 14. 1901, 180; 18. 1905, 323.

[4] Rev. d. ét. gr. 18. 1905, 324.

[5] Über die älteren Berliner Papyruspublikationen s. Wilcken, Die griech. Papyrusurkunden S. 44—45.

[6] Rev. d. ét. gr. 18. 1905. 355—362.

Mitteis und Wilcken unternahmen es, die Papyrusurkunden von Leipzig herauszugeben, Preisigke die von Straßburg,[1] Deissmann u. a. die von Heidelberg. Aber auch München,[2] Dresden,[3] Bremen und Hamburg u. a. haben kleinere Sammlungen; kürzlich erschien: Griech. Papyri zu Gießen, herausgegeben von Kornemann und P. Meyer. 1. Leipzig und Berlin 1910.

In Belgien hat Brüssel eine kleine Sammlung. Rev. des ét. gr. 18. 1905, 351, s. Mayence et S. de Ricci, Pap. Bruxellens. Musée Belge 8. 1904 p. 101; andere Papyrusschätze scheint Belgien nicht zu besitzen.

Die holländischen Sammlungen sind zum Teil älter als die neueren Funde; sie wurden publiziert unter dem Titel Papyri graeci musei antiquarii publici Lugduni-Batav. ed. C. Leemans 1. 2. Leiden 1843—1885.

Österreich Was die österreichischen Bibliotheken besitzen, konzentriert sich in Wien. Erzherzog Rainer hatte eine wertvolle Sammlung von Urkunden erworben, die er schließlich der Hofbibliothek schenkte. Von C. Wessely, der sich wie kein anderer um die griechischen Papyri Österreichs verdient gemacht hat, ist ihre Publikation begonnen: Corpus papyrorum Raineri 1. Wien 1895 und Corpus pap. Hermopolitan. 1. 1905. Vorbereitet war diese Ausgabe durch die Mitteilungen aus d. Samml. d. Pap. Erzherzog Rainer und durch Wessely, Studien zur Paläographie und Papyruskunde. 10 Bde. Leipzig 1901 ff. — Liste von Wesselys Publikationen: Revue des ét. gr. 14. 1901, 166—170. — vgl. Führer durch die Ausstellung Pap. Erzherzog Rainer. Wien 1904. — Karabacek, Österr. Monatsschr. f. d. Orient. 11. 1885 S. 159. 179. Pap. Erzherz. Rainer. — v. Hartel, Über die griechischen Papyri Erzherz. Rainer. Wien 1886 (auf Grund von Wesselys Entzifferung). — Rev. d. ét. gr. 18. 1905, 366. Andere Papyri sind vorhanden in dem kunsthistorischen Hofmuseum, s. Wessely, Die griech. Papyri der Kaiserl. Sammlungen. Wien 1885, dem Theresianum[4] in Wien und in Graz.[5]

Innsbruck besitzt einen demotischen Papyrus mit griech. Unterschrift.[6] Aus Wesselys Privatsammlung sind einzelne Stücke publiziert

[1] Kalbfleisch, Pap. Argent. gr. Prgr. v. Rostock 1901. — Keil, Br., Anonymus Argentin. Straßburg 1902; vgl. Hermes 42. 1907, 375.

[2] Wilcken, Archiv. f. Pap. 1. 1901. S. 468—491. — Boll, Arch. f. Pap. 1, 429.

[3] Wessely, Die griech. Pap. Sachsens. Sitzungsber. d. Sächs. Ges. 1885. S. 237.

[4] C. Wessely, Die griech. Papyrusurk. des Theresian. in Wien: Stud. zur Pal. 1. 1901 p. 1.

[5] Rev. des ét. gr. 1903. p. 119. — Wessely, Stud. z. Pal. u. Pap. 4. S. 114—121.

[6] Spiegelberg, Recueil de travaux rel. à la philologie et à l'archéol. ég. et assyr. 25. 1903 p. 4.

in den Mélanges Nicole p. 555. Les plus anciens monuments du Christianisme. Paris 1906 Nr. 1 und Anzeiger der Wiener Akad. 1906. Nr. 8 S. 35—42.

Die Schweiz hat meines Wissens nur wenige öffentliche Sammlungen in Basel[1] und in Zürich[2] und eine städtische und Privatsammlung in Genf; ihr Besitzer Jules Nicole hat begonnen seine Schätze zu veröffentlichen: Les Papyrus de Genève 1. Pap. gr. in den Mém. de l'Inst. Nat. Genevois 18, 1896 ff.; Textes grecs inédits de la Collect. papyrologique de Genève, par J. Nicole. Genève 1909; er schließt sich äußerlich den BGU. an. Schweiz

In Skandinavien gibt es nur eine kleine Sammlung in Kopenhagen, s. Revue des ét. gr. 1903 p. 120. Schweden und Rußland scheinen von den neuen Funden nichts erworben zu haben (Rev. des ét. gr. 14. 1901, 201—202); nur aus der früheren Zeit besitzt die Bibliothek von St. Petersburg einige Papyrusurkunden.[3] Auch der Bischof Porfirij Uspenskyj besaß einige Papyrusurkunden, die heute in St. Petersburg aufbewahrt werden.[4] Bedeutend muß auch die Privatsammlung Goleniščevs sein.[5] In Frankreich kommen zunächst für uns die beiden großen Pariser Sammlungen in Betracht.[6] Die Nationalbibliothek erwarb in den Jahren 1900—1901 einige griechische und koptische Urkunden (Suppl. gr. 1291 und 1294), meistens aus der arabischen Zeit. Wichtiger ist die Sammlung des Louvre mit einigen Funden[7] aus dem Faijûm; der Grundstock dieser Sammlung ist aber älter. Die Herausgabe der Papyrus grecs (s. o.) wurde von Letronne vorbereitet und von Brunet de Presle und Egger vollendet (Paris 1865). Über die Pap. Pathyris im Louvre s. Arch. f. Pap. 2. 515. — Auch das Musée Guimet besitzt einige Urkunden. S. de Ricci, Trois pap. du Musée Guimet trouvés à Antinoë: Wessely, Stud. z. Pal. u. Pap. 1901 S. 6. Auch in Lille gibt es ein Institut papyrologique de l'université de Lille, und die Publikation der Papyrus Grecs ist von Jouguet, Paris 1907 begonnen.[8] Von privaten Sammlungen nenne ich die von Rußland Frankreich

[1] Rabel, Festschr. d. Univ. Basel. Leipzig 1909.

[2] Rev. des ét. gr. 18. 1905, 365.

[3] Vgl. Muralt, Catalogue d. mss. gr. de la Bibl. Imp. de Petersbourg 1864. Jernstedt im Journal d. Minist. f. Volksaufklär. Abt. f. klass. Philol. 1901 Oktober, S. 48—55.

[4] S. de Ricci a. a. O. 1903. p. 120—121.

[5] Bauer-Strzygowski, Eine alexandr. Weltchronik. Gr. Papyr. der Samml. Goleniščev. Denkschr. der Wiener Akad. 51. 1905.

[6] S. de Ricci, Rev. des ét. gr. 1902. p. 447—450; 18. 1905, 344.

[7] Wessely, Rev. Égyptol. 3, 1885, 161; 4, 58. 177; 5, 66; 6, 1. Progr. v. Hernals 1889. 1890. Wiener Denkschr. 1889, 97—256. Wiener Stud. 11, 175—191; 13, 312. Studien z. P. P. 1910.

[8] Vgl. Jouguet, Fouilles du Fayoum. B. C. H. 25. 1902. p. 379—411.

Firmin-Didot, s. Weil, H., Un pap. inédit d. l. biblioth. de Firmin-Didot: Monum. gr. publ. p. l'Assoc. pour l'encouragement des ét. gr. en France 1879 p. 35 und Th. Reinach, der eine wertvolle Sammlung demotischer und griechischer Urkunden gekauft und herausgegeben hat (Paris 1905). Außerdem gibt es noch einige Papyrusurkunden in Lyon, Marseille und Vitry-le-François.[1] Im Königreich **Italien** gehören die *volumina herculanensia*[2] zum alten Besitz, aber von den neuen Schätzen hat das Königreich wenig erworben, s. Papiri greco-egizii — — p. Dom. Comparetti e G. Vitelli. 1 Pap. Fiorentini p. G. Vitelli, Milano 1906; es sind darunter Urkunden der römischen und byzantinischen Periode.

Italien

Die Bibliotheken von Mailand, Turin (s. Lumbroso, Documenti gr. del R. Museo Egizio di Torino raccolti 1869. — S. de Ricci a. a. O. 1903 p. 113), scheinen nur einzelne Urkunden (herausgegeben von Ceriani und Am. Peyron) zu besitzen; ebenso Venedig, s. G. Ferrari, Tre pap. inediti gr.-egizi dell' età bizant. Atti d. R. Istituto Veneto di scienze 67, II. 1907—1908 p. 1185

Griechische Papyri des **Vatikans** sind publiziert von Angelo Mai und Bern. Peyron, s. Arch. f. Papyr. 3, 151. Ob der Vatikan auch neuerdings griechische Papyri erworben hat, läßt sich nicht sagen; herausgegeben sind nur von Marucchi die Monumenta papyracea latina. Rom 1895. — Lumbroso, Pap. gr.-egiz. della Bibl. Vat. Rendiconti d. Acc. d. Lincei 2. 1893 p. 829. — Benigni, Un papiro copto-greco: Bessarione 6. 1899. 514. — Rev. des ét. gr. 18. 1905, 371.

Griechenland

Von **Griechenland** kommt nur Athen in Betracht, s. E. Egger, Bull. d. l. Société imp. des antiq. de France. Paris 1862 p. 128; ders., Pap. gr.-égypt. appart. à la bibl. de l'univers. d'Athènes: Journ. d. Sav. 1893 p. 30. 97. Revillout, Le pap. Sakkakini, Revue Égyptol. 3, 118.

Ägypten

In **Ägypten**, woher alle diese Schätze stammen, ist einiges geblieben im Museum von Kairo, vgl. Greek Papyri from the Cairo Mus. by Goodspeed. Chicago 1903 ff. = University of Chicago Decennial Publications II, 10. – Rev. des ét. gr. 14. 1904, 204; 18. 1905, 376. — Service des antiquités de l'Égypte. Catalogue général des antiquités égyptiennes du musée du Caire. Vol. X. Grenfell and Hunt, Catalogue of gr. Pap. in the Cairo Mus. In demselben Katalog: Jean Maspero, Pap. gr. d'époque byzantine. Kairo 1910. Auch das Museum von Alexandria besitzt eine Papyrussammlung, s. S. de Ricci a. a. O. 1903 p. 121. — G. Botti, Pap. Ptolémaiques du Musée d'Alexandrie. Bull. de la Soc. Arch. d'Alexandrie 1899. No. 2 p. 65 ff. — E. Breccia, Pap. gr. d. Mus. di Alexandria. Bull. de l. Soc. Arch. d'Alex. 1907. No. 9. p. 87. — G. Vitelli, Mélanges Chatelain 1910 p. 288. — Barry, Bull.

[1] S. de Ricci a. a. O. p. 454.
[2] S. de Ricci a. a. O. 1903. p. 115.

de l'Institut franç. d'arch. orientale 3. 1903 p. 188. Alexandria besaß im Jahre 1898 ca. 900 griechische Papyri.[1]

Auf dem Sinai sind einige Papyri (gr., lat., iberisch usw.), die aber nicht aus den neueren Funden herstammen.

Selbst Amerika, so z. B. Chicago,[2] Columbia, Harvard, New York,[3] Philadelphia usw., hat sich griechische Papyrusurkunden verschafft durch Ausgrabungen 1899—1900 im alten Tebtunis, welche die englischen der vorhergehenden Jahre ergänzen: The Tebtunis Pap. 1 ed. by Grenfell, Hunt and Smyly. London 1902. 2. ed. by Grenfell and Hunt with assistance of Goodspeed. New York 1907. = University of California publications. Greco-rom. archaeology vol. 2, vgl. W. C. Winslow, Distribution of papyri. A list of one hundred and eighteen papyri, presented in 1901 to American colleges by the Egypt Exploration Fund in der Zeitschrift Biblia 14. 1901 p. 43—53. Amerika

Auch die Universitäten von Toronto und Melbourne haben einige griechische Papyri erworben. Rev. des ét. gr. 18. 1905, 382.

Die Zahl der Papyrusfunde in den letzten Jahrzehnten ist so groß, daß wir von einer Aufzählung des Einzelnen absehen und uns auf die allgemeinen bibliographischen Hinweise beschränken müssen. Repertorien

Archiv f. Papyrusforschung und verw. Gebiete herausgegeben von Wilcken. Leipzig. 1. 1900 ff., vgl. Encyclopaedia Biblica und Realencyclop. f. protest. Theol. und Kirche (s. Deissmann). Papyri.

Bauer, A., Neue Funde griech. Papyrusrollen. Ztschr. ägypt. Sprache. Berlin 1878. S. 108.

Blass, F., Mitteil. aus Papyrushandschr. s. Jahrbb. f. klass. Philol. 1892. 145. S. 571 ff.

Litterarische Texte mit Ausschl. d. christlichen. Arch. f. Papyrusforsch. 3, 257—299. 473—502.

Bidez, J., Les decouvertes récentes de papyrus Bibliographie moderne Besançon, s. Rev. de instr. publ. en Belg. 45. 1902 p. 58.

Chvostov, Papyrolog. Bulletin (russ. Ann. de l'Univers. de Kasan) kenne ich nur aus Rev. des ét. gr. 18. 1905, 305.

Couvreur, P., Inventaire sommaire des papyrus grecs classiques. Revue de philol. 20. 1896. p. 165—174. I poésie. II prose.

Crönert, Arch. f. Papyrusforsch. 1, 104 bis 120. 502—539; 2, 337—381.

— Beilage zur Allgem. Zeitung 1901. Nr. 246. S. 1—5.

Crusius, O., Die neuesten Papyrusfunde, s. Münchener Allgem. Zeitg., Beilage 1896. Nr. 80; 1897. Nr. 53.

Dareste, R., Les papyrus gréco-égyptiens. Journal des Savants 1883 (Mars) 163 bis 173.

Deissmann, A., Papyri: Encyclopaedia Biblica 3. London 1902. sp. 3556.

Engelmann-Preuss, Biblioth. scriptorum classicorum (7. Aufl.) p. 249—250.

Haeberlin, C., Griech. Papyri: Centralbl. f. Biblioth. 14. 1897. p. 8 u. 201 ff.; nach den einzelnen Schriftstellern geordnet.

Hohlwein, N., Papyrologie grecque (alphabet. geordn. Verz.), s. Le Musée

[1] Arch. f. Pap. 1, 172.

[2] E. J. Goodspeed, Chicago literary Papyri. Pap. from Karanis: Stud. in class. philol. 3. Chicago 1900. Revue des ét. gr. 18. 1905, 381.

[3] Goodspeed, Gr. documents in the Mus. of the Newyork Hist. Soc.: Mél. Nicole 187.

belge 1902. p. 190—194; 1903. p. 41. 168. 1903. p. 278: II Année 1902, fortgesetzt bis 1905; Löwen 1905 (178 S. 8°).
Institut papyrologique de l'univ. de Lille. Papyrus grecs, par Pierre Jouguet. Avec la collaboration de P. Collart, J. Lesquier, M. Xoual. T. I fasc. 1 (in 4°). Paris 1907.
Jouguet, P., Chronique des papyrus. Revue des ét. anciennes 3. 1901. p. 359—360; 5. 1903. p. 139—190; 7. 1905. p. 1—82, vgl. 7. 1905. 165. 250. Ann. d. l. Fac. d. Lettres de Bordeaux et d. Univers. du Midi IV. Sér. 27. 1905.
Kenyon, F. G., Griech. Papyrusrollen. Dtsche. Revue 23. 1898. S. 363—371.
Palaeogr. of. gr. papyri p. 129. Catalogue of literary papyri. p. 149. Catalogue of non literary papyri.
Progress of Egyptolog. Graeco-Rom. Egypt im Archaeol. Report des Egypt Explor. fund. 1894—1895 ff.
Papyri: Hastings Dictionary of the Bible.
Krebs u. Schmidt, Äg. Ztschr. 32. 1894.
Lumbroso, G., L'Egitto dei Greci e dei Romani. II ed. Roma 1895. p. 241. Appendice bibliografica.
Mahaffy, J. P., Cunningham Memoirs 8. R. Irish Academy. Dublin 1891. p. 6.
Maurenbrecher u. Wagner, Grundzüge der klass. Philol. 1. Stuttgart 1908. S. 165. Die Papyri.
Mayence, F., Les papyrus Égyptiens: Musée belge 5. 1901 p. 319; 6. 1902 p. 59.
Paoli, Cesare, Del Papiro p. 46 ff.
Reinach, A. J., Nouv. découvertes papyrologiques: Revue des Idées. 15. Mai 1908.
Revillout, E., Corpus papyrorum Aegypti (1. 2. ägypt.) 3. 1. Le plaidoyer d'Hypéride contre Athénogène. Paris 1892.
Ricci, S. de, Bulletin papyrologique (sachlich geordnet): Rev. des ét. gr. 14. 1901 p. 163—205; 15. 1902 p. 408 bis 460; 16. 1903 p. 105—125; 18. 1905 p. 303—382.
Stähelin, F., Neuere Papyrusfunde: Jahreshefte d. Vereins schweiz. Gymnasiallehrer 31. 1901. S. 42—69.
Thompson, E. M., Handbook of gr. and latin palaeogr. London 1893 p. 33, in der griech. Bearbeitung S. 54.
Viereck in Bu. Jahresbericht f. Altert. 1898. III. 98. S. 135; 1899. III. 102. S. 244.; 1899—1905: 1906. III. 131. m. alphab. Reg. S. 220 ff.; mit sachlich geordn. Übers. S. 183 ff.
— Byzant. Ztschr. 1903. 1904. 1905. 1906. (S. 432.)
Vitelli, G., Papiri greci s. Atti d. congr. internat. d. scienze stor. Roma 1903 v. 2. Roma 1905. p. 185.
Wattenbach, Anleit. z. griech. Pal.³ 9—20.
Weil, H., Nouv. papyrus littéraires, siehe Journ. d. Sav. 1901. p. 737 b. 1904. p. 569.
Wessely, K., Prolegomena ad papyrorum graecorum novam collectionem edendam. Inaug.-Diss. Wien 1883 (vgl. Jahrbb. f. klass. Philol. 1883. S. 505; Philol. Rundschau 3. 1883. 1383—1386.
— Bemerkungen zu einigen Publikationen auf d. Geb. der älteren griech. Paläographie, s. Schulprogr. v. Wien. Staatsgymnas. III. Bezirk 1891—1892.
— Litteratur der Papyruskunde 1899 bis 1905: Studien zur Paläogr. und Papyr. 1. 1901 ff., vgl. Bd. 2. 4.
— Studien z. Pal. 3. u. 8. Leipzig 1904 bis 1908 (Griech. Papyrusurkunden kleineren Formats).
Wilcken, U., Die griechischen Papyrusurkunden. Vortrag, gehalten auf der 46. Philol.-Versammlung. Dresden, am 30. Sept. 1897. Berlin 1897.
— Generalregister d. gr. u. lat. Papyrusurkunden aus Ägypt., s. Arch. für Papyr. 1. 1900. S. 1.
— N. Jahrbb. f. d. klass. Altert. 7. 1901. S. 677 ff.
Zech, M., La papyrologie grecque et son progrès.: Bullet. d. l'Académie R. d'archéologie de Belgique 1907. 5.
Zereteli, G., Griechische Papyri. Journ. d. Minister. d. Volksaufklär. 19. 1909. Klass. Abt. S. 89 (russ.).
Zur Sprache d. Pap. (u. a.): Revue des ét. gr. 14. 1901, 175; 18. 1905, 307.
Mayser, Prodromus grammaticae papyrorum graecorum. Prgr. v. Heilbronn 1898. 616, als Vorläufer seiner Grammatik. Leipzig 1906.
Witkowski, St., Prodromus grammaticae papyrorum graecorum aetatis Lagidarum: Academ. litt. Cracov. v. 26 (Class. phil.). Cracov. 1897.

Drittes Kapitel.

Beschreibstoffe.

III.

Leder, Pergament, Papier.

Die künstliche Bereitung des Papyrus, seine teilweise Lokalisierung in einem Lande und seine geringe Haltbarkeit waren Übelstände, die das Aufkommen anderer Beschreibstoffe begünstigten. Selbst in Ägypten[1] wurde ursprünglich auf Tierhaut geschrieben, siehe eine Bau- Tierhaut inschrift bei Baedeker, Oberägypten S. 91: „Gefunden wurde der große Bauplan von Ant (Dendera), in alten Schriften geschrieben auf Tierhaut, aus der Zeit der Nachfolger des Horus." S. o. Pietschmann, S. 35 A. 1. Chinesische Kaufleute, die ums Jahr 100 v. Chr. Bactrien usw. besuchten, hoben es besonders hervor, daß die Einwohner dieser Gegenden, um ihre Bücher zu schreiben, sich der Tierhäute bedienten.[2]

Im Orient war es von jeher Sitte gewesen, auf Leder zu schreiben, Persien und Darius Hystaspis scheint es gewesen zu sein, der diesen Brauch auch bei den königlichen Archiven einführte, die bis dahin nur Tontafeln benutzt hatten. Die große Inschrift von Behistûn ist allerdings nur unvollkommen erhalten. Bei Weissbach, Keilinschriften der Achämeniden[2] S. 71 rühmt der König nur, eine neue Art der Inschriften erfunden zu haben. Herzfeld dagegen übersetzt: „Durch die Gnade Auramazdás machte ich Inschriften — — wie sie vorher nicht waren auf Tontafeln und auf Leder."[3] Herzfeld erläutert die Neuerung des Königs: „Diese ist die Einführung der Kuhhäute als Schreibmaterial in die Königlichen Archive" (*„defter" = διφθέραι*). So wichtig diese Nachricht, die durchaus nicht unglaublich klingt, auch für den Paläographen sein würde, so wird man doch auf eine Verwertung derselben verzichten müssen; denn Weissbach, Zeitschr. d. D. Morgenl. Ges. 63. 1909 S. 839 hat gezeigt, daß gerade die entscheidenden Worte des elamischen Textes nicht sicher gelesen und erklärt sind.

Für die Geschichte des Pergaments bei den Griechen wäre es διφθέρα griechisch wichtig, zu entscheiden, ob das Wort *διφθέρα* ursprünglich griechisch oder orientalisch ist. Nöldeke, dem ich diese Frage vorlegte, hatte

[1] Pietschmann, R., Leder u. Holz als Schreibmaterial bei den Ägyptern, s. Dziatzko, Samml. bibl. Arbeiten 2. 1895 S. 105; 11. 1898 S. 51. — Kenyon, Pal. p. 112: transition to vellum.

[2] v. Gutschmid, Gesch. Irans S. 65.

[3] Klio 8. 1908 S. 67.

die Freundlichkeit, mir zu schreiben: „Da *διφθέρα* ‚Haut‘ schlechtweg heißt, das persische *defter* aber nur in der Bedeutung ‚Buchheft‘ (also zunächst wohl ‚Pergament‘) vorkommt, so kann es gar keinen Zweifel leiden, daß das Wort aus dem Griechischen nach dem Osten gekommen ist. Das Wort kommt schon in den altjüdisch-palästinensischen Schriften vor, vom zweiten Jahrhundert vor Christus an.

Oriental. Sitte

Für die spätere Zeit haben wir ein Fragment des Ktesias bei Diodor 2, 32: *οὗτος* (Ktesias) *οὖν φησιν ἐκ τῶν βασιλικῶν διφθερῶν, ἐν αἷς Πέρσαι τὰς παλαιὰς πράξεις — — εἶχον συντεταγμένας.* Bei den Syrern war Leder als Beschreibstoff schon seit alter Zeit in Gebrauch. „Ich möchte annehmen“, schreibt mir Nöldeke, „daß die Syrer, speziell die Edessener schon eher regelmäßig auf Pergament geschrieben haben, als die Griechen; der syrische Ductus der ältesten codd. scheint mir auf eine schon Jahrhunderte alte Übung zu führen.“ Diese uralte orientalische Sitte lebt noch heute in den heiligen Gebräuchen der Juden.[1] Die Gesetzesrollen, die zum Gebrauch in den Synagogen bestimmt sind, dürfen nur auf einem eigens zubereiteten Leder geschrieben sein.

Auch auf der Ägypten benachbarten Insel Cypern wurde auf Tierhaut geschrieben; hier wurde der Schreiblehrer nach dem Leder benannt, auf das er schrieb und schreiben ließ. *διφθεράλοιφος· γραμματοδιδάσκαλος παρὰ Κυπρίοις* Hesychius (Etymologie des Wortes: Meister, Die griechischen Dialekte 2, 278), so nennt sich Onosagoras, der Sohn des Stasagoras auf einer Weihinschrift in epichorischen Charakteren s. Journal of hellen. stud. 12. 1891 p. 330).[2]

Griechenland

Doch auch im eigentlichen Griechenland wurde nicht so selten wie es nach Birt, Das antike Buchwesen 55 ff. scheinen könnte, auf Leder geschrieben, so z. B. in den Tempelarchiven nach Euripid. Plisth. fr. 629 ed. Nauck:

εἰσὶν γάρ, εἰσὶ διφθέραι μελαγγραφεῖς
πολλῶν γέμουσαι Λοξίου γηρυμάτων.

Suidas s. v. *Ζεύς· Ὁ Ζεὺς κατεῖδε χρόνιος εἰς τὰς διφθέρας.* Namentlich die Griechen in Kleinasien hatten diese Sitte angenommen nach Herodot 5, 58: *καὶ τὰς βύβλους διφθέρας καλέουσιν ἀπὸ τοῦ παλαιοῦ οἱ Ἴωνες, ὅτι κοτὲ ἐν σπάνι βύβλων ἐχρέωντο διφθέρῃσι αἰγέῃσί τε καὶ οἰέῃσι· ἔτι δὲ καὶ τὸ κατ' ἐμὲ πολλοὶ τῶν βαρβάρων ἐς τοιαύτας διφθέρας γράφουσιν.* Zu diesen Barbaren gehörten z. B. auch die Italiker, welche die Sitte hatten, den Vertrag, der zwischen Völkern

[1] Blau, L., Stud. z. althebr. Buchwesen 1. Straßburg i. E. 1902 S. 12. — Dziatzko, Buchwesen S. 129.

[2] *διφθεροποιός*, Corp. Gloss. 3. 371, 28; 2. 454, 4.

geschlossen wurde, auf die Haut des Rindes zu schreiben, das beim Abschluß des Vertrags den Göttern geopfert war.[1]

Die Benutzung der Tierhäute als Beschreibstoff hatte in Asien niemals ganz aufgehört; und als nun König Eumenes II. eine große Bibliothek nach dem Muster der alexandrinischen gründen wollte, legte ihm die Eifersucht der Ptolemäer alle möglichen Hindernisse in den Weg und verbot sogar einmal — wenn die Nachricht richtig ist — die Ausfuhr des Papyrus. Plin. n. h. 13, 21, 70 *Mox aemulatione circa bibliothecas regum Ptolemaei et Eumenis* [II, 197—158 v. Chr.], *supprimente chartas Ptolemaeo, idem Varro membranas Pergami tradit repertas. Postea promiscue patuit usus rei qua constat inmortalitas hominum.*[2] Birt, Buchwesen S. 50 hat diese Nachricht verworfen, sie steht allerdings mit der oben erwähnten (s. o. S. 74) Erzählung des Varro über die Erfindung des Nilpapiers in Verbindung, aber daraus folgt noch nicht, daß sie ebenfalls falsch sein muß; der Name Pergament muß doch in irgend einer Weise erklärt werden, auch die Eifersucht zwischen Alexandrinern und Pergamenern ist durchaus glaublich; sie mag zu einem Ausfuhrverbot geführt haben. Die Pergamener mußten also an neue Mittel denken, wenn sie ihren Plan nicht aufgeben wollten; sie griffen daher zurück zu den Tierhäuten, die sie bald so fein zubereiten lernten, daß dieser neue Beschreibstoff den Namen *charta pergamena*[3] (griechisch *Περγαμηνή*,[4] *σωμάτιον, δέρμα*) erhielt. Wie weit Krates dabei beteiligt war, bleibt zweifelhaft trotz Boissonade Anecd. I 420: *Κράτης ὁ γραμματικὸς ὑπάρχων μετὰ Ἀττάλου τοῦ Περγαμηνοῦ ἐκ δερμάτων ἔκαμε μεμβράνας καὶ ἐποίησε τὸν Ἄτταλον ἀποστεῖλαι αὐτὰς εἰς Ῥώμην.* Ob die Pergamener Rollen- oder Buchformat bevorzugten, wird nicht gesagt. Pergamon

Die Zubereitung des Pergaments war im Orient und Okzident eine verschiedene. Die morgenländische Technik kennen wir durch Fihrist:[5] „Im ersten Jahrhundert schrieben die Moslime Notizen auf Tafeln von Holz und Schiefer, und bleibende Schriftstücke auf Leder und Pergament. Ursprünglich gerbte man das zum Schreiben bestimmte Leder mit ungelöschtem Kalk, weswegen es trocken und starr morgenländ. Technik

[1] Dionys. halic. 4. 58, 5. — Festus ed. Müller p. 56 s. v. clypeum.

[2] Hieronym. Opera ed. Vallarsi (Venet. 1766) 1. p. 18 C. ep. 7 ad Chromatium: Chartam defuisse non puto, Aegypto ministrante commercia. Et si alicubi Ptolemaeus maria clausisset, tamen rex Attalus membranas a Pergamo miserat, ut penuria chartae pellibus pensaretur. Unde et Pergamenarum nomen ad hunc usque diem — — servatum est.

[3] Peignot, Gabr., Essai sur l'hist. du parchemin et du vélin. Paris 1812. Krünitz. Ökonom.-technol. Enzyklop. 108. Berlin 1808 S. 446—513.

[4] Daneben *Περγαμηνόν* im Maximaltarif Diokletians u. Joh. Lydus, De mensibus 1. 24: *μεμβράνα περγαμηνά.*

[5] Sprenger, Leben und Lehre Mohammads III[2]. S. XCII.

τοῦ δράκοντος ἕτερον [*ἔντερον* Zonaras *margo* P.] *ποδῶν ἑκατὸν εἴκοσιν, ἐν ᾧ ἦν γεγραμμένα τὰ τοῦ Ὁμήρου ποιήματα ἥ τε Ἰλιὰς καὶ ἡ Ὀδύσσεια χρυσέοις γράμμασι μετὰ καὶ τῆς ἱστορίας τῆς τῶν Ἡρώων πράξεως.* Ausnahmsweise wurde auch auf den feinsten Häuten von Elephanten (*in elephantinis omentis* Isidor 6, 12, 1) geschrieben.

Allmähl. Aufkommen Selbst die allmählich vervollkommnete Technik verschaffte dem Pergament trotz seiner Vorzüge keineswegs sofort das Übergewicht über den Papyrus, der, wie Birt meint, die Herrschaft behauptet hat vom fünften Jahrhundert vor bis zum vierten Jahrhundert nach Christus.[1] Für diese Zeit will er Buchwesen S. 57 ff.) das Pergament auf vier Ausnahmefälle beschränken.[2]

Allein die Tatsache läßt sich nun einmal nicht beseitigen, daß der Name Pergament von der pergamenischen Bibliothek abgeleitet ist, in der allerdings nicht alle, aber doch viele Handschriften auf diesem neuen Beschreibstoff geschrieben waren und zwar in vorchristlicher Zeit; da M. Antonius es bekanntlich war, der diese berühmte Bibliothek von Pergamon entführte.

Aus derselben Zeit und derselben Gegend haben wir eine Inschrift, die ebenfalls den Gebrauch des Pergaments für Bücher oder Rollen

Inschr. v. Priene bezeugt. Inschr. v. Priene, herausgegeben von Hiller v. Gärtringen. Berlin 1906 S. 112—114. Nr. 114 Z. 10 ff.: *διπλῆν τὴν* [*ἀνα*]*γραφὴν αὐτῶν παραδοὺς ἐν δερματίνοις καὶ βυβλίνοις τεύ*[*χ*]ε[*σιν*], vgl. Z. 30. 112, 23: 113, 17: *τὸ*]*ν κοινὸν καὶ τὸν ἴδιον ἑκάστου βίον ἀσφαλισάμενο*[*ς δ*]*ιὰ τῆς ἐν τοῖς δερματίνοις βυ*[*β*]*λίοις ἀναγραφῆς.* Die Inschrift stammt aus dem ersten Jahrhundert vor Christus.[3]

In Ciceros Zeit wurde Pergament allerdings nicht für kalligraphische Handschriften verwendet, aber doch für recht umfangreiche Schriftstücke, vgl. Cicero ad Attic. 13, 24: *quid tibi ego de Varrone rescribam? quattuor διφθέραι sunt in tua potestate quod egeris id probabo.* Plin. n. h. 7, 21, 85: *Iliadem Homeri carmen in membrana scriptum tradit Cicero.* Unter den *voll. herculanensia* — mag man sie nun dem ersten Jahrhundert vor oder nach Christus zuweisen — hat man Pergament überhaupt nicht gefunden.

Im ersten Jahrhundert nach Christus hat sicher der Papyrus immer noch überwogen, obwohl Horaz schreibt (sat. 2, 3, 1):

[1] Vom fünften Jahrhundert vor Christus bis zum vierten Jahrhundert nach Christus — ist diese Buchrolle ganz vorwiegend, man kann sagen, ausschließlich der Träger — — der gesamten eigentlichen Litteratur der Alten gewesen: Birt, Buchrolle S. 24.

[2] Vgl. dagegen Häberlin, Zentralbl. f. Biblioth. 7. 287.

[3] Über die Inschrift von Priene vgl. Wilhelm, Sonderschr. d. Österr. Arch. Instit. 7. 1909, 273.

Sic raro scribis ut toto non quater anno
Membranam poscas.

Auch der Apostel Paulus bittet in dem zweiten Briefe an den Timotheus um die in Troas vergessenen μεμβράνας; aber eine allgemeine Anwendung hatte der neue Beschreibstoff damals noch nicht gefunden. Auch Quintilian gibt noch ganz entschieden der Wachstafel den Vorzug vor dem Pergament, von dem er nichts anderes zu rühmen weiß, als daß seine größeren und farbigen Buchstaben diesen damals noch nicht verbreiteten Beschreibstoff den Schwach- und Kurzsichtigen empfehlen. Inst. orat. 10, 3, 31: *Illa quoque minora . . . non sunt transeunda: scribi optime in ceris, in quibus facillima est ratio delendi; nisi forte visus infirmior membranarum potius usum exiget, quae ut iuvant aciem, ita crebra relatione, quod intinguntur calami, morantur manum, et cogitationis impetum frangunt.*

Man fing wohl schon recht früh an, in die Notizbücher (*pugillares*) erst weniger, dann immer mehr Pergamentblätter zu legen; die als Vorläufer der Pergamentkodizes anzusehen sind, denn ein *Homerus in pugillaribus membranis* (s. S. 98), den Martial erwähnt, muß doch bereits wenigstens ein stattlicher Codex gewesen sein.

Auch die *pugillares membranacei operculis eboreis* (C. I. L. X, 6) müssen wir uns als einen mehr oder weniger dicken Pergamentcodex mit Elfenbeindeckel vorstellen, der im Tempel des Apollo aufbewahrt wurde.

Wichtig ist namentlich eine Stelle des Galen (XVIII B, 630 K), auf die sehr energisch Rohde hingewiesen hat:[1] „soviel ist deutlich, daß Galen von ganz alten, dreihundert Jahre vor seiner Zeit geschriebenen Texten des Hippokrates redet, welche niedergelegt seien teils ἐν βιβλίοις, teils ἐν χάρταις (d. h. offenbar nicht in Papyrusrollen, vermutlich in Papyruscodices), teils ἐν διφθέραις (so Cobet;[2] das wäre auf Codices von Pergament) ὥσπερ τὰ παρ' ἡμῖν ἐν Περγάμῳ. Aus dieser Stelle erfährt man zunächst, daß ‚die in Pergamon geschriebenen Texte' auf Pergament zu stehen pflegten; weiterhin aber lehrt dieselbe — —, daß bereits im zweiten Jahrhundert vor Christus Texte des Hippokrates auf Pergament vorkamen."

Für das Ende des ersten Jahrhunderts nach Christus haben wir die Begleitverse der Apophoreta im 14. Buche des Martial,[3] auf deren Apophoreta
Wichtigkeit Birt, Buchwesen S. 73 ff. und derselbe, Buchrolle S. 31 ff. und derselbe, Zentralbl. f. Biblioth. 17. 1900, 561 mit besonderem

[1] Gött. Gel. Nachr. 1882. 1547.

[2] Ebenso Dziatzko, Buchwesen S. 44, der aber daneben auf die Möglichkeit hinweist, durch Umstellung zu lesen: τὰ δὲ ἐν φιλύραις ἢ διφθέραις.

[3] Vgl. die Anmerkungen von Friedländer 2. S. 300. 336.

Nachdruck hingewiesen hat; sie sind paarweise geordnet für die Geschenke eines Reichen und Armen, und in doppelter Hinsicht besonders wichtig, weil sie einmal zeigen, daß zur Zeit Martials Pergamentcodices schon durchaus nicht ungewöhnlich waren, und dann — wenn man sich nur erst geeinigt hat, ob Papyrus oder Pergament von dem Reichen oder dem Armen geschenkt wurde — zugleich auch für den Preis beider Beschreibstoffe in der Zeit Martials.

1. { 183 Homeri Batracho[myo]machia.
184 *Homerus in pugillaribus membranis.*

2. { 185 Vergili Culex.
186 *Vergilius in membranis.*

3. { 187 Μενάνδρου Θαΐς.
188 *Cicero in membranis.*

4. { 189 Monobiblos Properti.
190 *Titus Livius in membranis.*

5. { 191 Sallustius.
192 *Ovidi Metamorphosis in membranis.*

6. { 193 Tibullus.
194 *Lucanus.*

7. { 195 Catullus.
196 *Calvi de aquae frigidae usu.*

Birt — Birt, Buchrolle S. 26 u. 31 polemisiert gegen Friedländers Anordnung der Epigramme Martials und ordnet sie anders. Auf der einen Seite die Papyrusrollen (Geschenke des Reichen nach Birt), auf der andern Pergamentbücher (Geschenke des Armen). Gegen diese Auffassung spricht, daß die sieben Pergamentbücher sieben Papyrusrollen gegenüberstehen; die ersteren sind alle groß: Homer, Vergil, Cicero usw. (nur den Umfang des letzten Werkes von Calvus kennen wir nicht). Die sieben Papyruswerke dagegen sind alle kleine Einzelschriften: Batrachomachie, Vergils Culex usw. mit Ausnahme von Sallust. Da also umfangreiche Bücher im allgemeinen stets auch teurer sind, so meine ich, daß Friedländer Recht hat, wenn er die Pergamentbücher als Geschenke des Reichen auffaßt; dieser huldigt also der aufkommenden Mode, Pergament zu benutzen; Papyrus ist also billig. So aufgefaßt, gewinnt die Martialstelle eine ganz andere Bedeutung für das Verhältnis des Pergaments zum Papyrus.[1] — Friedländer

Im zweiten Jahrhundert nach Christus war das Leder bereits als Beschreibstoff so gewöhnlich, daß Plutarch das Wort bereits ganz allgemein für Beschreibstoff braucht. Plutarch. quaest gr. 25: *ταῦτα ἐν διφθέραις χαλκαῖς γράφουσι.*

[1] Birts Auffassung wird auch bei Pauly-Wissowa 3, 2191 zurückgewiesen.

Erhalten hat sich aus dieser ältesten Zeit des Pergaments merkwürdig wenig. Das älteste unter den erhaltenen Exemplaren setzt Schubart, Das Buch S. 108, in das erste Jahrhundert nach Christus, „ein Pergamentblatt aus den sonst nicht bekannten ‚Kretern' des Euripides.[1] Fände man diese Schriftzüge auf einer Papyrusrolle, so würde man schwerlich an einer solchen Datierung Anstoß nehmen". Ungefähr ebenso alt wie das Fragment der Kreter des Euripides scheint ein Pergamentblatt mit der Gesandtschaftsrede des Demosthenes (im Brit. Mus.) zu sein, vgl. Kenyon, Journ. of Philolog. 22, 247; ders., Paläogr. p. 113. Ferner besitzt das British Museum noch zwei Pergamentblätter mit dem Text von Demosthenes, De falsa legatione (Brit. Mus. Add. mss. 34473 s. Kenyon, Pal. p. 113), die nach Kenyon dem zweiten Jahrhundert nach Christus angehören, und noch vollständig im Stil der gleichzeitigen Papyrusunziale geschrieben sind. Schließlich haben wir ein Fragment einer sehr alten Pergamenthandschrift von Euripides' Melanippe (s. Wilcken, Taf. z. älteren griech. Paläogr. Nr. IV), die nach Graux' Urteil spätestens in das vierte Jahrhundert, möglicherweise noch viel älter anzusetzen ist. Älteste Pergamentblätter

Allmählich aber lernte man die Vorzüge des Pergaments mehr und mehr schätzen, namentlich seine größere Dauerhaftigkeit;[2] Symmachus klagt z. B. über den leicht vergänglichen Papyrus. Symmachus 4, 41; Mon. Germ. Auct. antiq. 6, 110: *mandari enim perituræ chartae epistulis quereris,* und ähnlich Ruricius (ed. Engelbrecht p. 446, 7) auf den Birt hinweist. *Chartaceus liber est et ad ferendam iniuriam parum fortis quia citius charta, sicut nostis vetustate consumitur. Legite si iubetis, et transcribite.*

Schon im vierten Jahrhundert fing man an, Papyrushandschriften auf Pergament umzuschreiben, s. Hieronym. epist. 141: *quam (bibliothecam Caesareae urbis) ex parte corruptam Acacius dehinc et Euzoius eiusdem ecclesiae sacerdotes in membranis instaurare conati sunt.* Umschreiben auf Pergament

Neue Bücher wurden damals bereits auf Pergament geschrieben: die 50 Bibelhandschriften z. B., welche Constantin für seine neu erbauten Kirchen bestellte (Euseb. vita Const. 4, 36—37), wurden *ἐν διφθέραις* geschrieben *ὑπὸ τεχνιτῶν καλλιγράφων καὶ ἀκριβῶς τὴν τέχνην ἐπισταμένων.* Diese Zeit bezeichnet den definitiven Sieg des Pergaments über den Papyrus. Birt, Buchwesen S. 121, meint allerdings, daß die Papyrusrollen „damals noch im christlichen und nichtchristlichen Publikum die gültigeren Träger litterarischer Werke gewesen zu sein scheinen" und wundert sich, daß „von den Papyrusrollen des

[1] Berl. Pap. Ausgrab. Nr. 217. — Berl. Klassiker Heft V. S. 73 (Taf. IV).

[2] P. Krüger, Über die Verwendung von Papyrus u. Pergament f. d. jurist. Litteratur d. Römer, s. Ztschr. d. Savignystift. 8. Roman. Abt. 1887, 76.

vierten und fünften Jahrhunderts — — uns die Tradition der Klosterbibliotheken neben den Codices kein einziges Exemplar erhalten“ hat. Papyrusurkunden haben sich aus der Zeit vorher und nachher erhalten; wenn aber aus dem vierten bis fünften Jahrhundert Papyrusrollen gänzlich fehlen, so werden wir — anders als Birt — den Schluß ziehen, daß damals litterarische Denkmäler nicht mehr auf Papyrusrollen, sondern nur noch auf Pergamentbücher geschrieben wurden. Also das Pergament hatte damals bereits den Papyrus für diese Zwecke in den Hintergrund gedrängt.

In dem Kircheninventar einer ägyptischen Kirche aus dem fünften bis sechsten Jahrhundert nach Christus (s. Grenfell und Hunt, Greek Papyri S. II. Nr. 111 p. 161) werden aufgezählt:

> *βιβλία δερμάτι(να) κα.*
> *ὁμοίως χαρτία γ.*

also im Verhältnis von 1 : 7.

Pergament im Orient — Der Orient hat bekanntlich die Sitte, auf tierische Haut zu schreiben, später vollständig aufgegeben. In den ersten Zeiten des Islâm wurden wohl noch Akten und Urkunden der Regierung auf Pergament geschrieben. Ibn Chaldûn (gest. 1408), zitiert bei Karabacek, Das arabische Papier S. 33, erzählt:

In den ersten Zeiten des Islâm — — wurden die fürstlichen Sendschreiben, die Verleihungsurkunden und andere offizielle Aktenstücke auf künstlich aus Tierhäuten bereiteten Pergamenen geschrieben.

Es gibt sogar aus den ersten drei Jahrhunderten kufische Pergamentkorane, aber später haben die Muhamedaner nur noch Papier angewendet, das übrigens nach Nöldekes Bemerkung in den ältesten Handschriften sehr dick und wenig fest gefügt war. Ein rechtgläubiger Muhamedaner mußte natürlich Bedenken tragen, auf Pergament zu schreiben, weil er niemals genau wußte, von welchem Tiere es stammte; ein heiliges Buch auf Schweinshaut zu schreiben wäre natürlich eine Todsünde gewesen. Nur die Christen des Orients verwendeten später noch Pergament; derartige Schriftstücke sind aber selten, z. B. in dem cod. Sinaiticus in S. Petersburg, dem cod. Paris. 48 und cod. Vatic. 13. Nöldeke macht mich noch aufmerksam auf zwei Pergamentblätter mit arabischer Schrift aus einer genealogischen Prachthandschrift, die von Rödiger herausgegeben sind in den Abh. der Berl. Akad. 1875, Pal. Soc. Or. 19. Notices et Extr. d. mss. 20 p. 407.

Der Luxus, der sich damals in Pergamenthandschriften entwickelte, war bereits sehr groß. Früher hatte man bewundert: *τῆς ἰσχνότητος τοὺς ὑμένας καὶ τῆς συμβολῆς τὸ ἀνεπίγνωστον* (Joseph. Ant. Jud. 12, 2, 11). Doch stiegen die Ansprüche sehr rasch, die an Prachthandschriften

Purpurpergament — gemacht wurden. Schon Ovid erwähnt Purpurpergament, wenn auch zunächst bloß als Futteral der Bücherrollen Trist. I, 1, 5: *nec te purpureo velent vaccinia fuco.* Aber schon im dritten Jahrhundert waren Schulbücher, die der spätere Kaiser Maximinus benutzte, ganz auf Purpurpergament[1] geschrieben: Jul. Capitolin. vita Max. Jun. c. 4: *Cum grammatico daretur quaedam parens sua libros Homericos omnes purpureos dedit aureis litteris scriptos.* — Im vierten Jahrhundert erwähnt Ephraim Syrus (gest. 378 n. Chr.) paraenesis 48: *χαρτοκόκκινα — — ἀναλόγισαι τοὺς λωροτόμους.* Mit Recht sagt Wattenbach, Schriftwesen³ 139: „Obwohl der Wortlaut eher auf Färbung des Papyrus führt, scheint doch die Vergleichung mit den Riemern für Pergament zu entscheiden." Ein rötliches Pergament wird z. B. vorausgesetzt in der griechischen Übersetzung von Diokletians Maximaltarif s. Tod, Journ. of Hellen. stud. 24. 1904 p. 196 (vgl. p. 200): VII, 38:

διφθεραρίῳ ἰς τετράδ[ιον] ἀμ — —
περγαμηνοῦ ἢ κροκάτο[υ — —]
Membranario in ///tlendone pedali pergamen(ac) D XL[2]

Vergebens eifern die Kirchenväter, wie Hieronymus und Joh. Chrysostomus,[3] gegen den steigenden Luxus der Vornehmeren, welche die heiligen Schriften nicht mehr lesen, sondern in Schaukästen einschließen; sie achteten weniger auf den Inhalt, als auf die goldenen Schriftzüge, das dünne Pergament und die zierlichen Buchstaben. Auch in der Einleitung zum Buche Hiob predigt Hieronymus gegen *libros — in membranis purpureis auro argentoque descriptos — — onera magis exarata quam codices.*[4]

Geschrieben wurden diese Handschriften genau so wie die andern, von einem Druckverfahren kann keine Rede sein. Druckverfahren

Curzon, in der Philobiblion Society II p. 45, meint, die Manuskripte auf Purpurpergament mit Silber, z. B. die Itala der Evangelien in Verona und der Codex argenteus in Upsala, seien nicht mit Feder oder Pinsel geschrieben, *but each letter is stamped separately with a hot metal*

[1] Vgl. Nouveau Traité de Diplomatique t. II. Paris 1755 p. 97, in deutscher Übersetzung von Adelung. Erfurt 1761 S. 330. — Sueton ed. Reiff. p. 132: fiebant autem primum coloris lutei id est crocei; postea uero Romae candida membrana reperta sunt klingt nicht recht glaublich.

[2] Vgl. Maximaltarif Diokletians v. Mommsen u. Blümner 7:38.

[3] Io. Chrysost. Homil. in Joh. XXXIII T. VIII p. 188 ed. Montfaucon: *καὶ ἡ πᾶσα αὐτῶν σπουδὴ περὶ τῶν ὑμένων τῆς λεπτότητος, καὶ τὸ τῶν γραμμάτων κάλλος, οὐ περὶ τὴν ἀνάγνωσιν — — Τοσαύτη τῆς κενοδοξίας ἐπίδειξις. οὐδενὸς γὰρ ἀκούω φιλοτιμουμένου, ὅτι οἶδε τὰ ἐγκείμενα ἀλλ' ὅτι χρυσοῖς ἔχει γράμμασιν ἐγγεγραμμένον.*

[4] Hieron. ad Eustoch. de custod. virgin. (ed. Vall. I p. 115). Inficiuntur membranae colore purpureo, aurum liquescit in literas. — Isidor. Origin. 6, 11: Purpurea (membrana) inficiuntur colore purpureo, in quibus aurum et argentum linquescens patescat in literas.

die, like a bookbindre's lettering tool . . . The letters are many of them deeply indented on the vellum.

Das glaube ich nicht, schreibt mir Rühl, denn dann müßten die einzelnen Buchstaben wenigstens nach ein paar Reihen absolut identisch sein, was, soviel ich sehen kann, bei dem Ulfilas kaum der Fall ist. Tiefe Eindrücke in das Pergament pflegen die *calami* immer zu machen, wie man z. B. bei dem Codex Vercellinus des Clemens Romanus und auch bei dem Florentiner Varro sehen kann, wo die Tinte vielfach abgebröckelt ist.

Purpur Purpur bezeichnet jedoch keineswegs eine bestimmte Farbe, sondern nur den dunklen Grund von verschiedener Färbung. Isidor Orig. 6, 11, 4: *Membrana autem aut candida aut lutea aut purpurea sunt. Candida naturaliter existunt. Luteum membranum bicolor est, quod a confectore una tingitur parte id est crocatur. De quo Persius* [3, 10]: „*Iam liber et positis bicolor membrana capillis.*"[1] Eine der ältesten von den erhaltenen Handschriften, der Codex Argenteus, ist kirschrot; siehe das Faksimile bei A. Uppström, Codex Argenteus Upsala 1854; mehr blaurot ist das Pergament des Evangeliorum cod. gr. purpureus Beratinus Φ. Mélanges d'Archéol. et d'hist. 5. 1885 p. 358 (m. Faksim.). Arch. des missions scientif. III 13. Paris 1887 p. 437. Manchmal ist der Grund bläulich, meist aber hell[2] oder dunkel lila, so z. B. der Evangeliorum codex graecus purpureus Rossanensis Σ ed. Gebhardt et Harnack. Leipzig 1880, vgl. A. Haseloff, Cod. purpureus Rossanensis. Berlin u. Leipzig 1898 (vgl. unten). — v. Funk, Die Zeit des Cod. Rossanensis. Histor. Jahrb. d. Görres-Gesellsch. 17. 1896, 331 entscheidet sich mit archäologischen Gründen für das achte Jahrhundert.[3] Zuweilen ist das Pergament ganz schwarz.[4] — Über den Begriff von Purpur vgl. Al. Dedekind, Ein Beitrag zur Purpurkunde 1. 2.

neue Funde Berlin 1906 (nicht nur rot, sondern violett und sogar grün). Dazu kommen neue Funde: Ein neu gefundener Purpurcodex d. Evangel. s. Nachrichten d. Russ. Archäol. Instituts in Konstantinopel 1. Odessa 1896 (russisch), gefunden in dem griechischen Dorf Sarmisachly b. Kaisareia v. russ. Kaiser für 1000 türk. Pfund gekauft vgl. Lit. Zentralbl. 1909, 446). H. S. Cronin, Codex purpureus Petropolit (N), s. Robinson, Texts and studies 5. 1899 Nr. 4. N. Pal. Soc. 151. — G. Cozza-Luzzi, Pergamene purpuree Vaticane di evangeliario, s. Festschr. der Vatikan. Bibliothek al sommo pontif. Leone XIII. Rom 1888 (m. 1 Photolithogr.). S. 9: Übersicht über die andern zerstreuten Blätter dieser Handschrift.

[1] Über die älteren Handschriften auf farbigem Pergament vgl. Wattenbach, Schriftwesen[3] S. 130, wir beschränken uns hier auf die neuerdings gefundenen.

[2] Westwood, Palaeogr. sacra vierte Tafel.

[3] Vgl. Dobbert, Repertor. f. Kunstwiss. 14. 1891 S. 455.

[4] Siehe das Faksimile des Evang. Palat. ed. Tischendorf.

Ferner erwarb ein französischer Offizier für die Pariser Nationalbibliothek ein Fragment des Matthäusevangeliums mit goldenen Buchstaben auf Purpurpergament geschrieben, s. Omont, Journal d. Savants 1900 Mai (mit 4 Faksim.). Omont, Un très ancien manuscr. gr. de l'evangile selon S. Matthieu, s. Comptes rend. de l'acad. des inscr. et b. l. 1900 p. 215; ders., Notices et Extr. 36, II. Paris 1901. p. 599; ders., Un nouveau feuillet du Cod. Sinopensis, s. Journ. d. Savants 1901 p. 260; ders., Peintures du ms. gr. de l'Evang. de S. Matthieu, s. Mon. et mém. de la Fondation Piot 7. 1900 p. 175 m. Taf. — Lambros beschreibt einen jungen Purpurcodex des Athos: N. Hellenomnemon 2. 1905, 352—356. Zu den jüngsten griechischen Purpurhandschriften gehört das Evangelium des Markus nach dem Cod. Theodorae imperatricis purpureus Petropolitanus (Nr. 53) aus dem neunten Jahrhundert, zum erstenmal herausgegeben von J. Belsheim (Christiania, Videnskabs-Selskabs Forhandling. 1885 Nr. 9. 51 Seiten in 8° mit 1 Faksim.).

Da die griechischen Handschriften überhaupt einfacher ausgestattet sind als die lateinischen, so hört hier der Gebrauch des Purpurpergaments auch früher auf. Etwas länger scheint der farbige Untergrund sich bei byzantinischen Diplomen gehalten zu haben. Byzantinische Byzantin. Diplome Kaiserurkunden in Goldschrift auf violettem Pergament s. Pflug-Harttung, Forsch. z. dtsch. Gesch. 24, 570. In der Kirche von Bari fand man in einer vermauerten Ecke über 2000 byzantinische Diplome auf bläulichem Pergament mit Silberschrift geschrieben,[1] allein Duchesne hat gezeigt, daß hier eine Fälschung vorlag (s. o. S. 4). Doch gibt es auch griechische Minuskelhandschriften, die auf Purpurpergament mit goldener Tinte geschrieben sind, so z. B. in der Bibliothek von S. Petersburg, vgl. Wattenbach, Schriftwesen[3] S. 135.

Palimpseste

Palimpseste[2] im eigentlichen Sinne des Wortes setzen natürlich einen dauerhaften Beschreibstoff wie Pergament voraus. Daß Wachs-

[1] Vgl. Académie des inscr. et belles lettres v. 7. Mai 1886.

[2] Wattenbach, Schriftwesen im Mittelalter III. Aufl. Berlin 1896, 300 (mit Litteratur) Detlefsen, Sitzungsber. d. Wiener Akad. 1858 S. 89 ff., doch ist nachzutragen Montfaucon, Mém. de l'Académie t. VI p. 606 und Bibliothèque raisonnée de la diplomatique t. 1 p. 176. — E. Ferrario, Memoria intorno ai palinsesti. Milano 1853. — H. W. Reich, Über die Palimpseste der Universitäts- u. Nationalbibliothek in Athen, s. Festgruß für H. Heerwagen. Erlangen 1882. S. 91 — Alfr. Jacob, De nonnullis codd. gr. palimpsestis (Paris): Mélanges Renier. Bibl. de l'école des hautes ét. 73. 1887 p. 346—358; ders., Notes sur les mss. gr. palimpsestes de la Bibl. Nation. s. Mélanges Julien Havet 1895; ders., Notes sur l. mss. gr. palimps. du fond Coislin et du supplément gr. d. l. Bibl. Nat. Revue d. biblioth. 9. 1899, 372. — Thompson-Lambros, Paläogr. 139. — Sp. P. Lambros, *Περὶ τῶν παλιμψήστων κωδίκων τῶν ἁγιορειτικῶν βιβλιοθηκῶν* S. A. aus d. Palingenesia. Athen 1888 (20 S.); ders., A new palimpsest of the M. Athos. Athenaeum 1890. No. 3281 p. 353. — K. Sittl., Münchner Palimpseste. Sitzungsber. der Münch. Akad. (Philos.-philol. Klasse) 1889. S. 372. — G. Cozza-Luzi, Della Geografia di

tafeln öfter beschrieben wurden, versteht sich von selbst, deshalb hatte man gerade diesen Stoff zu Notiztäfelchen gewählt.[1] Doch auch Papyrus wurde zum zweiten Male beschrieben, indem man entweder die leere Rückseite beschrieb (*ὀπισθόγραφος*) oder auch die alte Schrift mit dem Schwamme löschte (daher *charta deleticia*), um dieselbe Seite noch einmal beschreiben zu können. Preisigke[2] bemerkt ausdrücklich: Beide Seiten des Blattes zeigen Spuren einer älteren Beschreibung, diese ältere Schrift ist mit großer Sorgfalt abgewaschen. — In beiden Fällen schrieb man natürlich niemals Sachen von bleibendem Wert darauf, weil die Spuren der ersten Schrift doch immer das Lesen erschwerten. Daher befahl Justinian, nov. 44, 2 *τοὺς συμβολαιογράφους — — εἰς — χάρτην καθαρὸν γράφειν συμβόλαιον*. Plato soll den Tyrannen Dionysius mit einem *codex rescriptus* (*δυσέκπλυτος*) verglichen haben, bei dem trotz aller philosophischen Äußerlichkeiten der alte natürliche Mensch immer wieder durchblickte. Plut. Cum princip. philos. 4 (p. 779 C.) *ἀλλ' εὗρε Διονύσιον, ὥσπερ βιβλίον παλίμψηστον, ἤδη μολυσμῶν ἀνάπλεων, καὶ τὴν βαφὴν οὐκ ἀνιέντα τῆς τυραννίδος, ἐν πολλῷ χρόνῳ δευσοποιὸν οὖσαν καὶ δυσέκπλυτον.* Das Wort Palimpsest geht aber sicher nicht auf den Plato, sondern auf Plutarch zurück, der Wort und Gleichnis auch sonst anwendet, z. B. de garrul. 5 p. 504 D: *Οἱ δ' ἀποκναίουσι δήπου τὰ ὦτα ταῖς ταυτολογίαις ὥσπερ παλίμψηστα διαμολύνοντες.*

Da aber Papyrus ein wirkliches Schaben und Kratzen nicht verträgt, so muß man zunächst immer an Pergament denken, erst in übertragenem Sinne kann das Wort auf Papyrus angewendet werden,[3] ebenso wie man anderseits auch die antike Rußtinte[4] auf Pergament mit dem Schwamme löschen konnte: Martial 14, 7 rühmt von den *pugillares membranei: Esse puta ceras, licet haec membrana vocetur Delebis quoties scripta novare voles.* Manchmal wurde die alte Schrift erst getilgt, wenn der neue Codex schon zusammengestellt und gebunden war; deshalb ist z. B. bei dem Cod. Tischend. IIIe der Leipziger Universitätsbibliothek die alte Schrift an den beiden inneren Rändern (im Bruch) stellenweise vollständig intakt.

Sparsamkeit Besonders war Sparsamkeit ein Grund, Papyrus oder Pergament zum zweiten Male zu beschreiben, daher schilt Cicero seinen Freund

Strabone. Nuovi frammenti scoperti in membrane palinseste della biblioteca Vaticana. Studi e docum. d. storia e dir. 17. 1896, 237. 315: 18. 1897, 57. 273. — Taylor, C., Hebr.-Greek Cairo palimpsest. Cambridge 1900.

[1] Ovid ars amator 3, 495: nec nisi deletis tutum rescribere ceris
ne teneat geminas una tabella manus.

[2] Gr. Pap. Straßburg 1. S. 129.

[3] Vgl. dagegen Wattenbach, Schriftwesen[3] S. 302.

[4] Abwaschen der Schrift 4. Mos. 5, 23.

Trebatius, der rücksichtslos genug gewesen war, Ciceros Brief zu vernichten und seine Antwort auf dieselbe *chartula* zu schreiben (ad fam. 7, 18, 2): *Nam quod in palimpsesto, laudo equidem parsimoniam; sed miror, quid in illa chartula fuerit, quod delere malueris, quam haec [non] scribere, nisi forte tuas formulas. Non enim puto te meas epistulas delere, ut reponas tuas. An hoc significas nihil fieri? frigere te? ne chartam quidem tibi suppeditare?* Doch auch zum Zwecke der Fälschung kam eine spätere Benutzung früher beschriebener Dokumente vor. Silvanus wurde z. B. zur Empörung gegen Constantius getrieben i. J. 355 n. Chr., weil seine Feinde am Hofe einen unschuldigen Empfehlungsbrief bis auf seine Unterschrift vernichtet und durch einen ganz anderen, hochverräterischen Inhalts ersetzt hatten. Zu spät entdeckte sein Freund Florentius die Intrigue, *contemplans diligentius scripta apicumque pristinorum reliquias quasdam reperiens animaduertit, ut factum est, priore textu interpolato longe alia, quam dictarat Siluanus, ex libidine consarcinatae falsitatis adscripta.*[1] Fälschung

Die Sitte, altes Pergament zum zweiten Male zu beschreiben, findet sich im Orient sowohl wie in Europa. „Leider wurde auch bei den Arabern beschriebenes Pergament. gewaschen um es wieder zu gebrauchen.“ — — Abgewaschene Pergamente heißt man Ṭorûs. „Viele Jahre“, so lesen wir im Fihrist, „wurde in Baghdâd nur auf Ṭorus geschrieben“.[2] Daß die Orientalen auch lateinische und griechische Schrift nicht schonten, zeigt ein trilinguer Palimpsest mit griechischer, lateinischer und syrischer Schrift, dessen Faksimile Cozza vor dem ersten Bande seiner Sacrorum bibliorum vetustissima fragmenta (Rom 1867) publiziert hat, ferner ein griechisch-arabischer Palimpsest der Leipziger Universitätsbibliothek und eine Ilias im British Museum (Pal. Soc. II, 3) mit dicker syrischer Schrift. Heiberg, Eine neue Archimedeshandschrift (Hermes 42. 1907, 236, mit Faksim.), fand einen Palimpsest mit doppelter griechischer Schrift des 10. und 12.—13. Jahrhunderts.

Bei den Byzantinern muß die Sitte des Reskribierens, wenn ein Reskribieren verboten Schluß aus der großen Zahl der reskribierten Handschriften erlaubt ist, viel verbreiteter gewesen sein als im Abendland. Die großen Synoden, so z. B. das *concilium quinisextum sive in Trullo* im Jahre 691, haben öfter, wenn auch ohne Erfolg, verboten, Bibelhandschriften zu vernichten oder zu zerschneiden: *καὶ τοῖς βιβλιοκαπήλοις ἢ τοῖς λεγομένοις μυρεψοῖς ἢ ἄλλῳ τινὶ πρὸς ἀφανισμὸν ἐκδιδόναι εἰ μή τι ἄρα τέλεον εἴτε ὑπὸ σητῶν, ἢ ὕδατος ἢ ἑτέρῳ τρόπῳ ἀχρειωθείη· ὁ δέ τι τοιοῦτον ποιεῖν ἁλισκόμενος ἀπὸ τοῦ νῦν ἐπὶ ἐνιαυτὸν ἀφοριζέσθω.*

[1] Am. Marc. 15, 5, 12.

[2] Sprenger, Leben und Lehre Mohammeds III² S. XCIII.

(Acta Conciliorum, Paris 1714 T. 3 p. 1685—1688.) Man könnte diese Stelle so auffassen, daß bis dahin die heiligen Schriften von den Salbenhändlern als Makulatur zum Einwickeln ihrer Ware verwendet wären, aber dann wären dieselben doch in gleicher Lage mit Krämern gewesen, die hier dann viel eher hätten erwähnt sein müssen. Daß die *μυρεψοί* hier gerade mit den *βιβλιοκάπηλοι* zusammengenannt werden, hat vielmehr seinen Grund darin, daß beide in hervorragendem Maße den alten Büchern gefährlich waren. Die *μυρεψοί* kochten also Salben, welche die alte Schrift vernichteten; darauf führt auch der Ausdruck *ἀπαλείφειν* in einem Verbot: *τὶ ἐκ τῆς θείας γραφῆς ἀπαλείφειν καὶ ἕτερον ἐν τοῖς ἀπαλειφεῖσιν μεταγράφειν*, das noch im zwölften Jahrhundert bestand. Wir wissen nicht, wie dieses Gebräu bei den Byzantinern zusammengesetzt war, im Abendland pflegte man eine Komposition von Milch, Käse und ungebranntem Kalk anzuwenden, um ohne Bimsstein alte Schrift zu entfernen.[1]

Für uns wäre es viel wichtiger, ein ebenso sicheres Mittel zu besitzen, die absichtlich vernichtete Schrift wieder hervorzuzaubern; Anfeuchten aber das ist leider bis jetzt noch nicht erfunden. Das bloße Anfeuchten einer unleserlichen Stelle hat allerdings oft den Erfolg, daß die Buchstaben für einige Augenblicke klarer hervortreten; allein für die Behandlung eines Palimpsest reicht dieses einfache Mittel nicht aus.

Ein wesentlicher Fortschritt in der Behandlung der Palimpseste getrennte Photographien ist es, daß man jetzt gelernt hat, getrennte Photographien der alten und neuen Schrift herzustellen, die durch technische Prozesse verstärkt werden können. Davon gibt sehr instruktive Photographien O. Posse, Handschriftenkonservierung. Dresden 1899. Manchmal wird die alte Schrift wieder sichtbar auf der photographischen Platte, s. Paul, Ein neues Verfahren zum Nachweise von Urkundenfälsch.: Archiv f. Kriminalanthropologie 15. 1899 S. 46: „Im Jahre 1899 konnte Gross — — auf der Photographie eines alten Manuskriptes Phrasen finden, die auf dem Originale nicht sichtbar waren.“ Man verstärkt die schwachen Spuren, indem man die Stelle zu wiederholten Malen photographiert und die Kopien genau übereinander legt.

Dieser photographische[2] Weg empfiehlt sich namentlich dadurch, daß die Originale dabei vollständig intakt bleiben. Man macht also von derselben Seite des Palimpsestes zwei genau gleich große, kongruente Aufnahmen, die eine auf einer farbenempfindlichen Platte mit Gelbscheibe; sie wird besonders lange exponiert und dann entwickelt; für die zweite Aufnahme wählt man eine gewöhnliche Bromsilberplatte

[1] Wright and Halliwell, Reliquiae antiquae I, 108.

[2] Offizieller Katalog und Führer der internat. Ausstellung f. Amateurphotographie. Berlin 1906 S. 48.

und ersetzt die Gelbscheibe durch eine dicke, aber doch klare Glasscheibe. Diese Platte wird unter reichlichem Bromkalizusatz entwickelt. Beide Negative sind genau gleich groß, aber insofern verschieden, als das erste die ältere Schrift möglichst schwach, das zweite beide Schriften ungefähr gleich stark zeigt. Nun macht man ein Diapositiv von der zweiten Platte, das mit der ersten Platte zur Deckung gebracht wird. Der Untergrund auf dem Negativ ist dunkel, auf dem Diapositiv aber hell; die ältere Schrift ist auf beiden Platten dunkel, die jüngere dagegen auf dem Negativ hell, auf dem Diapositiv dunkel. Beide Platten werden zur Deckung gebracht und bei senkrecht durchfallendem Licht aus ziemlicher Entfernung noch einmal photographiert; so erhält man ein Negativ mit möglichst vollständiger Wiedergabe der alten Schrift. — Daneben sind noch andere Experimente gemacht. Briginti (Bessarione vol. 6, 1899–1900 p. 216. La paleografia ed i raggi di Röntgen) hat Versuche gemacht, Palimpseste durch Röntgenstrahlen lesbar zu machen; mit Erfolg jedoch nur bei Mennig, Zinnober und Ultramarin, also bei Überschriften und Initialen.[1] Röntgenstrahlen

Häufiger pflegt man chemische Reagenzien anzuwenden. Das ältеste Mittel, das angewendet wurde, z. B. von den Benediktinern,[2] deren Palimpseste allerdings stark gebräunt sind, ist Galläpfeltinktur, die man auch heutzutage in den Handschriften am besten anwendet, die früher schon einmal damit behandelt sind, weil sich ohne Schaden für das Pergament immer noch Resultate auf diese Weise erzielen lassen. Für die Behandlung der früher durch Galläpfeltinktur gebräunten Stellen empfiehlt Studemund, mittels eines Pinsels eine Lösung aufzutragen, bestehend aus 1 Teil Schwefelcyankalium, 15 Teilen Brunnenwasser mit Hinzufügung weniger Tropfen Salzsäure. „Die Schriftzüge werden dann auf wenige Minuten rötlich hervortreten, ohne daß dem Pergament daraus ein Schade erwächst“ (Fleckeisens Jahrbb. 97 S. 546 Anm.). Dagegen bei einem Palimpsest, der noch nicht chemisch behandelt ist, verwendet Studemund Rhein. Mus. 21, 575 eine „Mischung aus 1 Teil Kalk mit 1 Teil Schwefel, die in einer Retorte, in der sich 2 Teile Salmiak befinden, unter Vorlage von 2 Teilen destillierten Wassers bei allmählich bis zum Glühen der Kapelle erhitztem Feuer destilliert werden“. Dieselben Bestandteile, aber in anderen Verhältnissen, hatte schon Pertz vorgeschlagen im (Frankfurter) Archiv 5, 512. Niebuhr wendete bei den Mailänder Palimpsesten Schwefelkalium an,[3] das aber das Pergament sehr angreift. In noch höherem Grade gilt dies von der Giobertischen Tinktur (blausaurem Eisenkali), deren

Reagenzien

Galläpfeltinktur

Schwefelcyankalium

Schwefelkalium

Giobertische Tinktur

---

[1] Vgl. Thompson-Lambros, Paläographie S. 141 A.
[2] Anschütz: Pertz' Archiv 11, 216.
[3] Ciceronis Orationum fragmenta, Romae 1820 p. 11.

Rezept Ebert (zur Handschriftenkunde I S. 230) gibt: „Giobert hat vorgeschrieben: 6 Teile Wasser, 1 Teil *acidum muriaticum*, $^{1}/_{8}$ *prussiat de potasse* (*kali zooticum*); allein diese Verhältnisse können etwas verändert werden, wenn die Wirkung dadurch verstärkt wird. Die Hauptregel bleibt, alles Reiben zu vermeiden". Die Erfolge, die auf diese Weise erzielt werden können, sind nicht zu unterschätzen, aber das Pergament dunkelt nach und nimmt allmählich eine tiefblaue Farbe an. — Bei der Entzifferung des Granius Licinianus wendete Karl Pertz

Schwefelammonium

Schwefelammonium an, das aber ebenfalls das Pergament stark angreift. Jaffé empfahl *liq. ammonii hydrosulfurati*. F. Ehrle warnt vor Schwefelleber[1] und Schwefelammonium.

Tischendorf[2] hat seine chemischen Mittel niemals, soviel ich weiß, näher bezeichnet. Da aber die meisten von ihm behandelten Stellen der Leipziger Handschriften eine (blau-)grüne Färbung angenommen

Blutlaugensalz

haben,[3] so leidet es keinen Zweifel, daß er Blutlaugensalz anzuwenden pflegte. Ein anderes Mittel hat später E. v. Bibra (in Kolbes Journal für praktische Chemie 1878 N. F. 17 S. 38—40) vorgeschlagen. Er beschreibt zunächst die ältere Methode S. 38: „Man bestreicht ... mit einem Pinsel ... die schadhaften Stellen mit womöglich frisch bereitetem Schwefelwasserstoff-Ammonium; bereits nach einigen Sekunden beginnt die Schrift scharf und deutlich hervorzutreten . Das überschüssige Schwefelwasserstoff-Ammonium wird hierauf vermittels einer Spritzflasche entfernt, und das feuchte Papier oder Pergament entweder bei gelinder Wärme oder zwischen öfter erneutem Filtrierpapier

Tannin

getrocknet." — Dann schlägt er S. 40 die Anwendung von Tannin vor „in einer mäßig konzentrierten wäßrigen Lösung". „Die Methode zur Hervorrufung der Schrift ist ganz dieselbe, als jene mit Schwefelwasserstoff-Ammonium, Bestreichen mit der Tanninlösung, Abspülen mittels einer Spritzflasche und Trocknen des Schriftstückes. Machen es die Nebenumstände nicht unrätlich, so ist hier, bei Anwendung von Tannin das Trocknen bei etwa 50—60° R. zu empfehlen; die also behandelte Schrift steht scharf und tiefschwarz wenigstens einige Monate lang, also jedenfalls länger als bei Anwendung von Schwefelwasserstoff-Ammonium." Tannin war schon von Dübner bei dem c. Paris. der griechischen Epistolographen angewendet; infolgedessen aber ist nicht nur die Schrift „tiefschwarz", sondern auch der Grund.

Alle diese Versuche, erloschene Schrift wieder herzustellen, setzen natürlich den Gebrauch metallischer Tinte voraus und würden auf

---

[1] Centralbl. f. Bibl. 16, 35.

[2] Vgl. Wattenbach, Schriftwesen[3] S. 310.

[3] Siehe die Farbe auf dem Faksimile am Schluß des fünften Bandes seiner Monumenta sacra, Nova coll.

die schwachen Spuren der Rußtinte auf Papyrus gar keinen Einfluß ausüben. Von der metallischen Tinte ist gewissermaßen selbst nach Entfernung der schwarzen Schrift ein kleiner Teil noch latent vorhanden im Pergament. Dieser kleine Rest von Eisen verbindet sich mit dem Blutlaugensalz, Schwefelammon usw. und tritt nun wieder verstärkt zutage.

Zugleich aber zeigen sich die schädlichen Einwirkungen der Säuren, Gasform welche das Pergament anfressen oder wenigstens dunkeln. Es liegt daher der Gedanke nahe, dieselben Kräfte, aber unter Ausschluß jener zerstörenden Flüssigkeiten, d. h. in Gasform[1] wirken zu lassen. Praktische Versuche, die ich in dieser Richtung auf dem hiesigen chemischen Laboratorium unter befreundeter Leitung vorgenommen, haben gezeigt, daß diese Methode wirksam, wenn auch nicht für alle Fälle anwendbar und ausreichend kräftig ist.

Manchmal glückt es, einen Teil der alten Schrift durch diese Mittel lesbar zu machen, aber das Original wird oft durch die Reagenzien Reagenzien verboten verändert, d. h. verschlechtert, und es ist zu begreifen, daß manche Bibliothekare die Anwendung chemischer Mittel überhaupt verbieten.

Über die Behandlung der durch Feuer und Wasser beschädigten beschädigte Pergamenthandschriften Pergamenthandschriften s. J. Guareschi, Osservazioni ed esperienze sul ricupero e sul restauro dei codd. dannegiati dall' incendio della Bibl. Nazionale di Torino I. Mem. della R. Accad. d. sc. di Torino 1904 p. 423.

Papier.

Alle anderen Beschreibstoffe wurden schließlich durch das Papier[2] verdrängt, das diesen definitiven Sieg nur seiner Billigkeit verdankt; dem klassischen Altertume aber völlig unbekannt blieb. Wie schon der Name sagt, ist es mit dem Papyrus bis zu einem gewissen Grade Papier u. Papyrus

[1] Nachträglich macht mich mein Freund Arndt darauf aufmerksam, daß Anschütz bereits auf ähnlicher Fährte gewesen ist. Anschütz, Das Palimpsest der lex Visigothorum in Pertz' Archiv 11. 215—218.

[2] G. F. Wehrs, Vom Papier. Halle 1789. Dazu Supplemente. Hannover 1790. — Lalande, L'art de faire le papier (avec planch.). Paris s. a.; Egger, Le papier. Paris 1865. — Wattenbach, Schriftwesen³ S. 139 ff. — C. Paoli, Carta di cotone e carta di lino: Arch. storico ital. 15. 1885 p. 230; ders., La storia della carta secondo gli ultimi studi: Nuova Antol. III 18. 1888 p. 297—313; ders., Progr. scolast. di paleogr. lat. Firenze 1892. 2 p. 49. — Karabacek, Das arabische Papier. Wien 1887 — A. Chroust, Vom Papier, s. Nord u. Süd 1890 Sept. S. 365. — E. Grosse, Das Papier, s. Gesch. u. Fabrikation. Vom Fels z. Meer 1888—1889 S. 1519. — V. Mortet, Le papier. Revue d. biblioth. 1. 1891, 195. — Über das Schriftpapier der Orientalen, vgl. Alw. Rudel, Die Schriftmittel und Schreiber des Orients alter und neuer Zeit: Österr. Monatsschr. für den Orient, redigiert von A. v. Scala 1880 Nr. 5 S. 87.

verwandt, obwohl das Prinzip der Herstellung ein anderes war. Der ägyptische Papyrus entstand dadurch, daß man dünne schmale Streifen des Binsenmarkes neben- und übereinander legte und zu einem Schreibbogen verband; das Papier des Mittelalters wurde ebenfalls aus Pflanzenstoffen bereitet, die aber bis in ihre kleinsten Fasern aufgelöst und zu einem Brei verarbeitet waren.[1] Der Papyrus wurde zusammengestellt, das Papier dagegen wurde geschöpft. Mit Hilfe einer andern Technik hätte man auch aus der Papyrusstaude wirkliches Papier herstellen können, ebenso wie man später aus vielen andern Pflanzen, deren Gespinstfasern man heute verarbeitet, ein dauerhaftes Papier herzustellen gelernt hat. In Amerika verstand man schon früh, als die berühmte Mayahandschrift (heute in der Dresdner Bibliothek) geschrieben wurde, ein brauchbares Papier aus den Fasern der Agave zu bereiten. Wright, Catalogue of Syriac mss. in the Brit. Mus. handelt III p. XXVI ff. über das syrische Schriftwesen. Daraus und nach eigener Anschauung, so schreibt mir Rühl, habe ich mir notiert: Cod. Add. 14726 saec. X ist aus einer Pflanzenfaser, weder Baumwolle, noch Flachs, wahrscheinlich eine Art ägyptischen Strohs.

Früher mochte man vielleicht annehmen, daß das Papier im Abendlande erfunden sei, daß man allmählich die Streifen des Zellengewebes bis zu Fasern zerkleinert, auch wohl fremde Bestandteile, als Surrogate, beigemischt habe und auf diese Weise die Fabrikation eines neuen Beschreibstoffes kennen gelernt habe. Allein diese Annahme entspricht nicht der historischen Entwicklung, wie die genaue Untersuchung des ältesten datierten Papiers deutlich gezeigt hat. Das Papier ist eine Erfindung des fernen Ostens und in China wahrscheinlich nicht viel jünger als die Bereitung des Papyrus in Ägypten.[2] Da das chinesische Papier gut und leicht zu transportieren ist, so verbreitete es sich über die Grenzen Chinas hinaus immer weiter nach Westen bis in die Gegenden, wo der Papyrus und Pergament herrschte.

Chinesische Erfindung

Ein Kampf zwischen den Beschreibstoffen der Mittelmeerländer und dem chinesischen Beschreibstoff war damit gegeben, und in diesem Kampfe hat China schließlich den Sieg davongetragen.

[1] Höhnel, Die Mikroskopie der techn. verwendeten Faserstoffe II. Aufl. Wien 1905 S. 107 ff. Leinen-, Hanf-, Baumwollfaser.

[2] Über das chinesisch-japanische Papier vgl. A. Dybowski, Rapport sur le papier au Japon, sa fabrikation et ses usages: Archives des missions scientifiques III sér. t. 7. 1881 p. 213. Ein anschauliches Bild chinesischer Papierbereitung, von Zerkleinern und Stampfen des Rohmaterials und dem Schöpfen des Papieres gibt Réclus, Nouv. géographie universelle vol. 7 p. 585. — T'oung pao Archives. I. Leiden 1890 p. 1. Fr. Hirth, Die Erfindung des Papieres in China (105 n. Chr.).

Die neutrale Zone zwischen beiden Gebieten wird ungefähr durch Turkestan[1] und die Gegend von Samarkand bezeichnet, und hier hat Samarkand man in der Tat das fehlende Bindeglied zwischen Ost und West gefunden. Hier entwickelte sich eine einheimische Papierfabrikation, welche der chinesischen nicht nachstand. Karabacek, Das arabische Papier S. 26 verweist auf eine Stelle des Ta'âlibî, deren Übersetzung er mitteilt:

Von den Besonderheiten Samarkands sind die Papiere zu erwähnen, welche die Papyrusrollen Ägyptens und die Pergamene — — verdrängt (wörtlich: vernichtet) haben, weil sie schöner, angenehmer und tauglicher sind. Man findet sie nirgends als da und in China. Der Verfasser des Werkes „Die Reiserouten und Königreiche“ berichtet, daß das Papier von China durch Kriegsgefangene nach Samarkand gelangte, und zwar ist es Zijâd, Sohn des Ṣâlih, gewesen, welcher diese Kriegsgefangenen machte. — — Danach wuchs die Papierfabrikation und ward zum bleibenden Gebrauch, bis sie für die Bevölkerung von Samarkand die Bedeutung einer Handelsmanufaktur gewann.

Karabacek (S. 278) fügt hinzu: Es kann somit historisch sicher das Jahr 751 n. Chr. als die Epoche, und Samarkand als der Ausgangs- 751 n. Chr. punkt der Papierfabrikation im Islâm angenommen werden.

Noch im zehnten Jahrhundert rühmt Mukaddasi das Papier von Samarkand als unvergleichlich.[2]

Casiri,[3] in der Biblioth. Arab. Hisp. (Madr. 1770) T. II p. 208, beruft sich auf eine Handschrift des Escurial, ein *Florilegium* oder *opus de politico regimine*, in der es nach Casiris Übersetzung so heißen soll. *„In urbe Samarcanda praecellit chartae nitidissimae usus, quae tantum ibi et in Sinis reperitur, unde Arabes Mahometani ea in suam ditionem redacta conficiendae chartae artificium acceperunt.“* Wenn diese Nachricht richtig ist, so bezieht sie sich auf eine viel frühere Zeit. Jenes Florilegium ist nämlich erst im Jahre 887 d. Heg. (ca. 1509 n. Chr.) zusammengestellt. Aber wenn auch in späterer Zeit die Papierfabrikation hier aufgehört hatte oder zurückgegangen war, so haben die Araber doch hier das ursprünglich chinesische Papier kennen gelernt durch die Eroberung von Samarkand.

Die abendländische Überlieferung weiß allerdings nichts von diesem kulturgeschichtlich wichtigen Handel, der zeitlich und örtlich außerhalb ihrem Horizont lag. Wir sind ausschließlich auf die Fabrikate selbst angewiesen, um die Art und die Zeit der Fabrikation kennen zu lernen.

[1] v. Kremer, Kulturgesch. d. Or. 1. S. 330: Ganz besonders war aber Transoxanien berühmt wegen seiner Papierfabriken, aus welchen ein feines, hochgeschätztes Schreibpapier hervorging, das nach ganz Vorderasien ausgeführt ward.

[2] Karabacek a. a. O. S. 32.

[3] Karabacek, Das arabische Papier S. 25—26. A. 1.

Es ist hauptsächlich das Verdienst von Wiesner, durch mikroskopische Untersuchungen der Papiere aus dem Innern Asiens diese dunkeln Beziehungen zwischen Ost und West klar gelegt und unsere Kunde des ältesten Papiers auf eine ganz neue Grundlage gestellt zu haben,[1] während ein Orientalist wie Karabacek die naturwissenschaftlichen Resultate antiquarisch und historisch verwertete und einordnete.

In dankenswerter Weise faßt Wiesner seine Resultate kurz dahin

Bestandteile zusammen: Die ostturkestanischen Papiere des vierten bis fünften Jahrhunderts nach Christus sind ein Gemenge von rohen Bastfasern aus der Rinde verschiedener Pflanzen, die auf roh mechanische Art in Papiermasse verwandelt sind. Man benutzte durchweg Fasern dikotyler Pflanzen: Chinagras, Lein- und Hanffasern, gelegentlich auch Rinde vom Papiermaulbeerbaum. Ungefähr seit dem fünften bis siebenten Jahrhundert pflegt man durch Anwendung von Gips oder Leim und Stärkekleister (nach chinesischem Vorgang) den Beschreibstoff gleichmäßiger und ebener zu machen. Ungefähr seit dem siebenten bis achten Jahrhundert wechseln Rohfaserpapiere mit Hadernpapieren, die beide durch Mazeration entstanden sind. Das Hadernpapier ist ebenfalls chinesische Erfindung, aber von den Arabern verbessert, dasselbe gilt von dem Stärkekleister als Leimungsmasse; ebenso sind die Chinesen Erfinder des gefilzten Papiers; ihr Papier ist hergestellt wie das heutige Zellulosepapier. Das älteste datierte Hadernpapier (mit Stärkekleister geleimt) stammt aus dem Jahre 768 nach Christus.

Art der Bereitung Diese durch das Mikroskop festgestellten Kennzeichen des ältesten orientalischen Papiers werfen zugleich ein Licht auf die Art seiner Entstehung. Der Rohstoff aus dem Pflanzenreich wurde mechanisch zerkleinert, wahrscheinlich ursprünglich im Mörser, später durch Maschinen. Aus den Fasern, die mit Wasser übergossen wurden, entstand ein dicker Brei, aus dem mittels eines Drahtrahmens das Papier geschöpft wurde. Während man den Gebrauch des Drahtrahmens zum Schöpfen des Papiers früher für eine abendländische Erfindung hielt, ist jetzt durch neuere Funde festgestellt, daß die Araber diesen Rahmen gleich anfangs benutzt und „also auch echte und rechte sogenannte gerippte Papiere erzeugt haben“.[2] Durch die Drähte lief das Wasser ab, was noch übrig war, wurde durch Wärme oder Druck entfernt, dann wurde der Bogen geglättet und später auch satiniert. Geleimt wurde das altorientalische Papier meistens mit Stärkekleister.

[1] J. Wiesner, Die Faijûmer und Uschmûneiner Papiere. Mitt. aus d. Samml. d. Pap. Rainer 2—3. Wien 1887. S. 179; ders., Mikroskop. Untersuchung alter ostturkestan. u. and. asiatischer Papiere nebst histologisch. Beiträg. z. mikroskop. Papieruntersuchung. Wien 1902; ders., Ein neuer Beitr. z. Gesch. des Papieres. Sitzungsber. der Wiener Akad. 148. Wien 1904 (Phil.-hist. Kl.) Nr. VI.

[2] Karabacek, Das arab. Papier S. 53.

Die Gleichmäßigkeit beider Seiten war keineswegs so groß, daß sich beide Seite beschreiben ließen. Die Araber pflegten daher anfänglich zwei Bogen zusammenzuleimen, um beide Seiten beschreibfähig zu machen. „Solche zweischichtige auf beiden Seiten glatte Papiere nannte man in Persien zweigesichtig (s. Nr. 199).“[1]

Nachdem einmal die Papierfabrikation sich in Ägypten eingebürgert hatte, fing sie an, sich den Bedürfnissen des Publikums anzupassen, die bis dahin durch den Papyrus bedingt waren. Es gab in Ägypten orientalisches Papier, das sogen. Pharaonenpapier, das mit dem Papyrus wetteifern sollte, „was die Doppelschichtigkeit, Selisbreite, Kollesis usw. betrifft“.[2]

Wir sehen also, daß Papyrus und Papier längere Zeit im Orient nebeneinander benutzt wurden. Karabacek (Mitt. a. d Samml. Erzh. Rainer 2—3. 1887 S. 13) erwähnt die Äußerung des Dschâhiz (um 869 n. Chr.): die Papyrusblätter Ägyptens sind für den Westen das, was die Papiere Samarkands für den Osten sind. — Später aber verschob sich der Schwerpunkt; das Papier fand bei allen Völkern des Orients Eingang, die sich allmählich von Samarkand emanzipierten.

Namentlich Ägypten, die Heimat des Papyrus, wurde auch bald ein Zentrum für die Bereitung des Papiers und gerade die zahlreichen Papierurkunden, die zugleich mit Papyrusrollen im Faijûm gefunden wurden,[3] gaben den Anstoß zu den grundlegenden Untersuchungen von Wiesner und Karabacek,[4] die keinen Zweifel mehr daran lassen, daß die Araber in Ägypten die Bereitung ihres Papiers von Samarkand und China erlernten. Die Fabrikation und die Bestandteile sind dieselben;[5] es besteht aus Pflanzenfasern, meist von Leinen oder Hanf und aus Hadern; unter den letzteren findet man auch gelegentlich Baumwolle; aber rohe Baumwolle hat man nicht zur Papierfabrikation benutzt (Karabacek S. 43). Die Oberfläche pflegte man mit Weizenstärke zu glätten. **Leinen** **Baumwolle**

Für die alte Welt unterschied man früher Baumwollen- und Leinenpapier,[6] und stritt lange über das höhere Alter beider Sorten,

[1] Karabacek, Führer durch die Ausstell. S. XXII; Das arab. Papier S. 54, s. die Abbildung S. 55.

[2] Karabacek, Das arab. Papier S. 32. 58.

[3] Bereits unter den Oxyrhynch. Papyr. VI, 1006 p. 327 hat man eine arabische Urkunde auf richtigem Papier gefunden.

[4] J. Karabacek, Das arabische Papier: Mitt. aus d. Samml. der Pap. Erzh. Rainer 2-3. Wien 1887. S. 1—92; ders., Neue Quellen zur Papiergeschichte. Mitt. aus d. Samml. der Pap. Erzh. Rainer 4. 1888 S. 75 (Lichtdrucktaf. III u. 4 Textbilder).

[5] Karabacek, Das arabische Papier S. 42.

[6] Reisseck, Denkschriften der Wiener Akademie (naturwiss.-mathem. Klasse) IV S. 127 ff mit 14 Taf.

bis Wiesner mit dem Mikroskop nachwies, daß es Baumwollenpapier im Mittelalter gar nicht gegeben hat.[1] Durch die neueren Funde ist die ganze Kontroverse auf eine ganz andere Basis gestellt worden. Diese früher mit großer Hartnäckigkeit geführte Kontroverse, ob das alte Papier aus Baumwolle bereitet sei oder nicht, ist jetzt durch das Mikroskop entschieden.

J. Wiesener[2] sagt darüber S. 180: „Meine mikroskopischen Untersuchungen haben aber gegen alle Erwartung den Beweis geliefert, daß kein einziges der Faijûmer Papiere ein Baumwollenpapier ist, sondern daß sie durchweg aus Hadern (Lumpen) vornehmlich Leinenhadern bereitet werden.“[3] Er fragt dann weiter, „ob es überhaupt jemals ein Baumwollenpapier[4] gegeben hat. Ich glaube auf Grund sehr eingehender Untersuchungen diese Frage mit Bestimmtheit verneinen zu dürfen“.

Wenn man früher also darüber gestritten hatte, ob italienische oder deutsche Fabriken das Lumpenpapier erfunden hätten, so ist auch diese Frage jetzt entschieden; die Antwort lautet: Weder die einen noch die andern; das Lumpenpapier stammt aus dem Orient.

Papier der Orientalen

Über das Schreibpapier der Orientalen, die auch hier wieder die Lehrer des Abendlandes waren, finden wir eine Stelle des Fihrist in Sprengers Leben und Lehre Moḥammads III[2] S. XCII: „Das chorâsânische Papier wird aus Flachs gemacht. Einige sagen, es wurde schon unter den Omayyiden eingeführt, andere behaupten, daß es unter den Abasiden eingeführt worden sei; einige halten die Erfindung für neu, andere für alt. Man versichert, daß Arbeiter aus China es in Chorâsân verfertigten nach der Art, wie man das chinesische Papier macht. Es gibt folgende Arten von chorâsânischem Papier: solaymânisches, ṭahirisches, nûḥisches.“[5] — — — Das nûḥische hat wahrscheinlich von dem Sâmâniden Nûḥ (regierte 331—363 d. Heg.) und das ṭâḥirische

Arten

[1] J. Wiesner, Mitteil. aus d. Sammlung der Papyri Erzherzog Rainer 1—2. 1886 S. 45; ders., Denkschr. d. Wiener Akad. 72 (naturwiss.-mathem. Klasse) Wien 1902; ders., Die mikroskop. Untersuchung des Papieres mit bes. Berücksichtigung der ältesten oriental. u. europ. Papiere. Mit 15 Holzschn. u. 1 Lichtdruck. Wien 1887 in 4° (s. o. S. 35 A.). — Recherches sur les premiers papiers employés en Occident et en Orient du Xe au XIVe siècle par C. M. Briquet. Paris 1886 in 8° 77 pages (Extr. des Mém. de la Société nationale des Antiquaires de France. t. XLVI. — Blanchet, Essai sur l'histoire du papier et de sa fabrication 1. Paris 1900 (Exposition rétrospective de la papeterie).

[2] Mitt. aus d. Samml. d. Pap. Erzh. Rainer 2—3. 1887 S. 179. — Die Entstehung der Fabel vom Baumwollenpapier. Karabacek, Das arab. Pap. 43.

[3] Vgl. a. a. O. S. 237.

[4] Vergrößerte Bilder der Baumwollenfaser und Leinenfaser S. 194 vgl. 198. Andere orientalische Sorten s. Karabacek, Das arab. Papier S. 32.

von Ṭâhir b. Abd Allah (gest. 230 d. Heg.), dem Statthalter von Chorâsân, seinen Namen.

Schon diese vielen Namen zeigen, welchen Wert man damals im Orient auf die Qualität des Papiers legte. Außer den gewöhnlichen wurden auch sehr dünne und kostbare Sorten gefertigt. Das feinste Fabrikat der ägyptischen Papierfabriken war das Vogelpapier (*warak el-their*), weil es für die Taubenpost bestimmt war und eigens zu diesem Zwecke fabriziert wurde.[1]

Die ältesten, im Faijûm gefundenen Papierurkunden setzt Karabacek[2] S. 4—6 in die Zeit von ca. 800 n. Chr.; aus dem zehnten bis elften Jahrhundert haben wir bereits eine ganze Reihe datierter orientalischer Urkunden (S. 5 u. 11).

Zu den ältesten Papierhandschriften des Orients gehört ein Manuskript der Leidener Bibliothek, der Cod. Warner. 298, aus dem Jahre 866 n. Chr. (Catalog. codd. orient. IV 1725 = Palaeogr. Soc. Oriental series Pl. VI). Dann folgt in der Bibliothek von Kairo Nr. 6546 aus dem Jahre 878; ferner Pal. Soc. O. S. XX vom Jahre 885 und Pl. XXI vom Jahre 993. Die Leipziger Universitätsbibliothek besitzt eine Handschrift (CD 33 = Pal. Soc. Oriental series Pl. VII), die im Jahr 990 geschrieben wurde.[3] Alter orient. Handschr. 866 878 990

Dieser Überblick über die Vorgeschichte des Papiers im Orient, die jetzt um Jahrhunderte nach oben verlängert ist, hat natürlich für das Abendland mehr theoretischen als praktischen Wert; denn die muhamedanischen und christlichen Völker waren damals durch eine große Kluft geschieden, und was für den Orient richtig war, können wir keineswegs für den Okzident voraussetzen. Aber sowohl der griechische Osten wie der lateinische Westen hatten doch bestimmte Berührungspunkte mit den Ländern des Islam. Griechische Bevölkerung lebte in Asien und Ägypten, abendländische in Sizilien und Spanien unter muhamedanischer Herrschaft. Es ist also wenigstens die Möglichkeit vorhanden, daß in diesen Ländern die Urkunden und Bücher der Christen ebenso früh auf dem neu erfundenen Papier geschrieben rwuden wie die der Muhamedaner. Wenn das Papier viel älter ist als man früher meinte, so wird man namentlich bei den Byzantinern die Frage aufwerfen müssen, ob sich nicht auch bei ihnen ältere Spuren nachweisen lassen. Theorie u. Praxis

Im Abendlande verbreitete sich das Papier erst, als durch die Kreuzzüge die Beziehungen zwischen dem Orient und Okzident innigere P. d. Abendlandes

[1] Karabacek, Führer durch die Ausstellung S. XXII.

[2] Karabacek, Die Th. Grafschen Funde in Ägypten S. 17.

[3] At Parham, there is a Coptic Ms. on paper, with the date 1018. Curzon, Philobiblion Society I p. 44.

geworden waren, daher der Name *charta Damascena* neben den gewöhnlicheren: *charta bombycina, gossypina, cuttunea* usw.; sogar der Name *pergamena graeca* kommt vor, jedoch mit der Erklärung *quae fit ex lana ligni*[1] (oder *lini*).

Karabacek und Wiesener betonen mit Recht, daß es ein Baumwollenpapier niemals gegeben hat (s. o.). Den Ausdruck Baumwollenpapier wird man also künftig nicht mehr anwenden dürfen; dagegen würde es sich empfehlen, den eingebürgerten Ausdruck Bombycinpapier, der im Mittelalter gebraucht wurde, beizubehalten, um das orientalische von dem europäischen Papier zu unterscheiden. Man kann die Bezeichnung von der Stadt Bambyke[2] ableiten, sie wäre also ebenso berechtigt wie *charta Damascena.* Europa gewöhnte sich erst etwas später an das orientalische Papier.

Die Kaiserin Irene (ca. 1120) bestimmt in ihrer Klosterregel bei Migne P. gr. 127 p. 1104: *τρία τυπικὰ γεγόνασι σωματῷα* (membran.) *ἀπὸ βλαττίων* (serico) *ἐνδεδυμένα*, die deponiert werden sollen *ὡς ἀνεξάλειπτα εἶναι εἰς τὸν αἰῶνα τὸν ἅπαντα*; für den täglichen Gebrauch dagegen: *βαμβύκινα — — εἰς καθημερινὴν χρῆσιν ἔσονται.*[3]

Montfaucon

Montfaucon[4] gibt eingehende Nachrichten über die ältesten auf Bombycinpapier geschriebenen griechischen Handschriften, die aber doch wenigstens teilweise revidiert werden müssen.[5]

Ein c. Paris 990 (bei Mtfc.: c. Reg. 2289) ist nicht auf Papier sondern auf Pergament geschrieben und zwar nicht 1050 sondern 1030 n. Chr.; er kommt hier also für uns nicht in Betracht. Ferner verweist Montfaucon p. 18 auf einen c. bomb. der Wiener Bibliothek (Nr. 193 Nessel des Philippus Solitarius vom Jahre 1095; allein Graux, Les articles originaux p. 134—135, *un prétendu bombycinus de l'an 1095,* hat gezeigt, daß die Handschrift jünger und die Unterschrift kopiert ist.

Der c. Paris 154 (bei Mtfc.: c. Reg. 2436) ist allerdings auf Papier geschrieben, aber nicht im zehnten sondern im dreizehnten Jahrhundert, in einer Zeit, wo die Anwendung von Papier nichts Auffallendes mehr hat. Über ein schon von Montfaucon p. 19 erwähntes Diplom siehe Huillard-Bréholles, Hist. diplom. Friderici II. Paris 1859. Introduction p. LXXIII n. 1.: Avril 1139, *diplôme grec écrit en lettres d'or, par lequel le roi Roger élève l'amiral Christodule à la dignité de protonobilissime.*

[1] Theophilus 1, 23.

[2] Karabacek sagt selbst (S. 47): Diese Stadt Bambyce — — meine ich — — hat den Bombycinpapieren zuerst ihren Namen gegeben.

[3] Über die Veränderung der Schrift beim Übergang vom Pergament zum Papier, s. Graux et Martin, Fcs. d. mss. gr. d'Espagne. Texte p. 91.

[4] Aufkommen des Papiers im Abendlande s. Montfaucon, Gr. Pal. p. 19. und Mém. de littérature de l'Acad. d. inscr. et b. lettres 6. Paris 1729 p. 605.

[5] Ch. Graux, Rev. de Philol. 1877 p. 207; 1880 p. 87—88.

Zunächst ist auch diese Urkunde nicht auf Papier, sondern auf Pergament geschrieben und ein neuer Abdruck der Urkunde bei Cusa, Diplomi greci ed arabi 1. p. 58, II, vgl. 695, zeigt, daß alles, was sich auf König Roger II und Unteritalien bezieht, im Original fehlt; auch die Datierung ist dort eine andere, ,ϛφπζ', d. h. 1079 n. Chr. (2. indict.). Carini,[1] weist daher die Urkunde einem byzantinischen Kaiser zu.[2] Dagegen hat H. Omont, *La plus ancienne charte sur papier*[3] darauf hingewiesen, daß wir in der Tat eine Urkunde der Gräfin Adelaide vom Jahre 1109 aus normannischer Zeit besitzen, die wirklich auf Papier geschrieben ist.

Im Abendlande nehmen Unteritalien und Spanien eine Sonderstellung ein und gingen am frühesten zum Gebrauch des orientalischen Papiers über. Montfaucon Pal. gr. p. 19 erwähnt eine Bombycin-Urkunde vom Jahre 1102, die aber bald auf Pergament renoviert werden mußte; und doch hat man natürlich erst bloß Bücher und dann auch Urkunden auf den neuen Beschreibstoff geschrieben. Die übrigen abendländischen Schriftstücke auf Bombycinpapier stammen aus Spanien, das damals noch vorwiegend arabisch war; jedoch darf man nicht vergessen, daß die ältesten Manuskripte[4] vom Jahre 1079, 1090, 1178, 1237 usw. nicht alle über jeden Zweifel erhaben sind.

Einen anderen Maßstab müssen wir auch an die Handschriften der Griechen anlegen, die unter arabischer Herrschaft lebten. Wenn datierte arabische Handschriften bis in das achte und neunte Jahrhundert (s. S. 115) zurückgehen, so sieht man nicht ein, weshalb nicht auch die orientalischen Griechen Bombycinpapier haben sollten. Ich trage kein Bedenken, einige Bombycinblätter des c. Sinait. 468 u. 925 mit spitzbogiger akzentuierter Unziale dem zehnten Jahrhundert zuzuweisen. Vielleicht noch älter sind einige Bombycinblätter c. Sinait. 590 mit 1 cm hohen Unzialbuchstaben vom Schriftcharakter des Psalteriums des Jahres 862. Die Wichtigkeit derselben beruht besonders darin, daß hier die unterste Grenze der Unziale und die oberste des Bombycinpapiers zusammenfallen. Ferner könnte man auch die Ausläufer der Cursive (s. u., im c. Vatic. 2200 (Pal. Society II, 126) auf orientalischem Papier dem neunten bis zehnten Jahrhundert zuweisen, da die Überschriften in der spitzbogigen Unziale vom Jahre 862 ausgeführt sind.[5] Dann folgt ein Euchologium (c. Sinait. 973), wahrscheinlich in Armenien geschrieben vom Jahre 1153 und ein Typicon (c. Sinait. 1097) vom Jahre 1214 mit

Griechen unter arabischer Herrschaft

10. Jahrh.

9. Jahrh.

[1] Nuove effemeride Siciliane III 10. 1880 p. 5.

[2] Vgl. Bresslau, Urkundenl. 1. 1889, 892—893 A. 4.

[3] Siehe Bibliothèque de l'École des chartes 1910 p. 238.

[4] Siehe Ersch und Grubers Enzyklopädie III. Bd. 11, S. 86.

[5] Franchi de' Cavallieri — Lietzmann, Specimina t. 5 setzen diese Handschrift sogar ins achte bis neunte Jahrhundert.

georgischen Quaternionenzeichen; beide sind auf orientalischem Papier geschrieben. Doch diese Handschriften beweisen wenig oder nichts für Europa. Unsicher bleibt die Provenienz des c. Sinait. 754 vom
1177 Jahre 1177, der wenigstens teilweise aus Bombycinlagen besteht, und
1244 des c. Sinait. 201 vom Jahre 1244, der ebenfalls auf Bombycinpapier geschrieben wurde. In Wattenbachs Sammlung datierter Minuskelhandschriften (Exempla codd. graecorum ed. W. Wattenbach et A. von Velsen)
1280 ist die älteste Bombycinhandschrift (c. Laur. pl. 32 c. 16) vom Jahre 1280. Die Herausgeber der New Pal. Soc. geben unter Nr. 154 das Faksimile dieser Hesiodhandschrift, die sie fälschlich dem Jahre 1281 zuschreiben, und weisen ausdrücklich darauf hin, daß damals Papier für die Handschriften des Okzidents noch selten angewendet wurde. Graux[1] geht daher zuweit, wenn er behauptet: *Un bombycinus est, on pourrait presque dire, toujours du XIIIe ou du XIVe siecle* (s. o. S. 117 A. 5).

datierte Handschr. In der Reihe der datierten Handschriften des British Museum ist keine vor dem c. Lond. Add. 27, 359 vom Jahre 1252 auf Bombycin geschrieben. Von den datierten Handschriften, die ich in Paris untersuchte, ist der älteste Bombycincodex: c. Parisin. 194 A aus dem Jahre 1255. In der Ambrosiana zu Mailand besteht die Handschrift D 58 sup. vom Jahre 1259 wenigstens halb aus Pergament und halb aus Bombycin. Ob also wirklich schon im 13. Jahrhundert von den Griechen mehr auf Bombycin als auf Pergament geschrieben wurde, wie Wattenbach (Schriftwesen[2] p. 115) annahm, erscheint danach sehr zweifelhaft.

Nissen, d. Diataxis des Mich. Attaleiates S. 89 meint sogar, es sei sicher, daß schon Ende des elften Jahrhunderts von den Griechen mehr auf Papier als auf Pergament geschrieben wurde.

Preis Über den Preis des in der päpstlichen Kanzlei im Jahre 1279 verwendeten Papiers gibt Denifle, Specim. palaeogr. p. 31 folgende Angaben: *uno quadro di perghamene di banbasca 4 soldi di ravignani. 3 soldi e dan. 8 per uno quadro di carte di banbasca.*

Kennzeichen Man erkennt das Bombycinpapier am sichersten an der gelblichen, oft sogar bräunlichen Farbe, an der stark geglätteten Oberfläche, die ihren Glanz durch Feuchtigkeit verliert, den unverhältnismäßig dicken Blättern, die dem Zerreißen mehr Widerstand entgegenstellen als die europäischen. Die vegetabilischen Fasern sind nicht so vollständig zerarbeitet und unterbrechen oft durch ihre natürliche Farbe sogar den einheitlichen Grundton der Oberfläche.

Nur die jüngeren Sorten zeichnen sich durch eine spiegelglatte Oberfläche und eine gelbe Farbe aus; auch pflegen die Blätter nicht so dick und steif zu sein wie in der früheren Zeit.

Dem Papier allein — mag es nun im Orient oder im Okzident

[1] Escurial p. XXVI.

fabriziert sein — kann man sein Alter nicht immer ansehen; der Charakter der Schrift, die Wasserzeichen (s. u.) usw. müssen natürlich immer mit berücksichtigt werden. *Les papiers du XIVe siècle se reconnaissant au premier coup d'oeil, mais on prend souvent un ms. grec du XVe siècle pour un du XVIe, et réciproquement,* sagt Graux, er wünscht eine besondere Bearbeitung mit Faksimile *du filigrane, de la vergeure et des pontuseaux.*[1]

Daß man stets direkt auf die Oberfläche des Papiers zu schreiben pflegte, brauchte nicht erst besonders hervorgehoben zu werden; aber die Gewohnheit auf Purpurpergament zu schreiben, wirkte noch nach, als das Pergament bereits anfing dem Papier zu weichen. Es gibt sogar griechische Purpurhandschriften auf Papier von verschiedener Färbung.[2] **Purpurhandschriften auf Papier**

Je mehr sich der neue Beschreibstoff im Abendlande einbürgerte, desto mehr suchte man sich natürlich vom Orient unabhängig zu machen. Wo Flachsbau besonders getrieben wurde, blühte auch Papierfabrikation. In Spanien, das sich besonders durch seine Papierfabriken auszeichnete, erfreuten sich schon im zwölften Jahrhundert Xativa, Valencia und Toledo eines besonderen Rufes.[3] Um dieselbe Zeit erwähnt auch der schon oben genannte Petrus Cluniacensis (1122—1150) Bücher *ex rasuris veterum pannorum compactos.* **Papierfabrikation**

Wasserzeichen.

Das Papier wird geschöpft mittels eines Holzrahmens mit Drahteinlage, die der flüssigen Masse abzulaufen gestattet; die konsistenteren Teile bleiben zurück und trocknen auf dem Drahte, dessen Zeichen sie wiedergeben; wenn man die Drähte also biegt, erhält man Figuren und Buchstaben im Papier; so entstehen die Wasserzeichen, die zugleich als Fabrikmarken gelten können. Sie sind nach Karabacek[4] eine europäische Erfindung des späteren Mittelalters. Der Orient kennt sie nicht. Einzelne Wasserzeichen halten sich allerdings durch Jahrhunderte. Aber genaueres Studium erlaubt doch, die Grenzen enger zu ziehen. „Es wird allgemein anerkannt, daß dieselbe Qualität Papier, zu erkennen an ihren Wasserzeichen und an dessen Stellung den Bodendrähten (Stegen) und Formdrähten gegenüber, während eines längern Zeitraums als 25 Jahre nicht vorkommt. Auf Grund des von mir gesammelten Materials ist es mir aber möglich, den unvermeidlichen Spielraum vielfach auf noch weniger Jahre, z. B. zehn, zu verringern."[5] **Wasserzeichen in Europa**

[1] Graux, Les articles originaux 1893 p. 183.
[2] Bresslau, Urkundenlehre 1. 1889 S. 892.
[3] Edrisi Géographie II p. 37 ed. Jaubert.
[4] Sitzungsber. der Wiener Akad. 161. 1908 S. 21 A.
[5] de Vreese, Ztschr. f. dtsch. Altert. 51. 1909 S. 66.

In den dicken Blättern orientalischen Papiers, die oftmals für griechische Handschriften benutzt sind, fehlen die Wasserzeichen meistens; und wo wir sie finden, werden wir nach der Beobachtung von Karabacek annehmen, daß dieses Papier aus Europa importiert sei. Für Herkunft und Alter dieses Papiers sind die Wasserzeichen also von großer Wichtigkeit. Es ist daher dankenswert, wenn Graux in seinem Katalog der Kopenhagener Bibliothek die Wasserzeichen datierter griechischer Handschriften hat nachbilden lassen, so z. B. den bekannten Ochsenkopf (den Graux allerdings nach der anderen Seite hätte herumdrehen müssen) vom Jahre 1465, eine Art von Wage vom Jahre 1482, die ich in einfacherer Gestalt bereits in dem c. Vindob. theol. 113 vom Jahre 1412 gefunden habe. Ferner gibt Graux S. 31 Wasserzeichen einer Handschrift vom Jahre 1314. Einige Beispiele orientalischer Handschriften mögen genügen: Wage, c. Alex. ϛϙβ a. 1354, c. Sin. 1194 a. 1491; Mohnkopf zwischen zwei langgestielten herzförmigen Blättern, c. Mosq. 308 a. 1355; geöffnete Schere, c. Mosq. 505 a. 1434, 5 a. 1445, 476 a. 1451, 7 a. 1494 (daneben auch ein Pferd); ferner: zwei Pfeile, drei Berge, eine Hand, eine Krone usw. Einen Krug als Wasserzeichen fand Pulch (Hermes 17, 1882 S. 187) in einem von Constantin Palaeocappa geschriebenen Katalog, c. Par. 3066 (Mitte des 16. Jahrhunderts).

Sehr eingehend hat auch Holzinger die Wasserzeichen einiger Aristophaneshandschriften behandelt: Mélanges Chatelain 1910 S. 298 ff. Andere Wasserzeichen des 14. und 15. Jahrhunderts siehe Naumanns Katalog der Leipziger Ratsbibliothek Tab. IX. — T. O. Weigel und Zestermann, Anfänge der Druckerkunst. Leipzig 1866 Bd. 2. Eine reichhaltige Zusammenstellung abendländischer Wasserzeichen verdanken wir Midoux (Etienne) und Matton (Aug.): Étude sur les filigranes des papiers employés en France aux XIVe et XVe siècles. Accomp. de 600 dessin lithogr. Paris 1868. Die neuere Litteratur ist sehr umfangreich.

Briquet, C. M., Papiers et filigranes des archives de Gênes 1154—1700, avec 593 dessins autographiés. Genève 1888 (Atti d. società ligure di storia patria t. 19).

— De la valeur des filigranes du papier comme moyen de déterminer l'âge et la provenance des documents non datés (Bull. de la Société d'hist. et d'archéol. de Genève). Genève 1892.

— Le papier et ses filigranes: C. R. des plus récents travaux, s. Revue des bibliothèques 4. Paris 1894. 209—231.

Briquet, C. M., Les filigrans. Dictionnaire historique des marques du papier dès leur apparition vers 1282 jusqu'en 1600. Leipzig 1907. Bd. 1—4. M. 1612 Fks. auf 1500 Tafeln.

Richard, Filigranes de papier de la première motié du XIV s., s. Bull. archéol. du comité des travaux hist. et scient. Paris 1887. p. 6ff.

Barone, N., Le filigrane dei antiche cartieri nei documenti del'Archivio di stato in Napoli dal XII—XV secolo. Arch. stor. napol. 14. 1889 p. 69—96.

Kirchner, E., Die Papiere des XIV. Jahrhunderts im Stadtarchive zu Frankfurt a. M. Mit 153 Abbild. v. Wasserzeichen. Frankf. a. M. 1893. (Mohnk. m. 2 Bl. Nr. 152—153 a. 1352 u. 1369.)

Abendländische Wasserzeichen auf sechs Doppeltafeln geben die „Quellen zur Geschichte der Stadt Kronstadt in Siebenbürgen". Kronstadt 1896. 3.

Sitzungsber. d. Münch. Akad. (Philol.-philos.-hist. Kl.) 1895. 206.

Keinz, Fr., Wasserzeichen des XIV. Jahrhunderts (Münch. Hof- u. Staatsbibl.) Abh. d. Münch. Akad. 20. I. Kl. 1897. III. Ab. S. 497 m. Taf.

Steinschneider, Centralbl. f. Biblioth. Beihefte Bd. 7. Leipzig 1897. S. 21 bis 22.

Lichačev, N., Izdanija obščestva ljubit. drevnej pismen. 116. 1—3. S. Petersburg 1899. Mit viel. Abbild. und chronolog. Liste v. J. 1293—1832.

Reusens, Éléments de paléogr. Louvain 1899 p. 412.

Marmol, F. del, Dictionnaire des filigranes. Paris und Namur 1900.

Heitz, P., Les filigranes des papiers contenus dans les archives de Strasbourg. Straßburg 1902.

Gollob behandelt die Wasserzeichen gr. Handschriften in Österr. s. Sitzungsber. der Wiener Akad. 146. 1903. VI. S. 145 ff; 164. 1910. III.

Neben dem Hadernpapier müssen anhangsweise auch noch Gewebe als Beschreibstoff erwähnt werden. Die Buchstaben der orientalischen Prachtgewänder, ferner die Briefe der Inder[1] und vollends die hineingewebten[2] Charaktere, welche auf dem Peplos[3] der Athene die Namen der fürs Vaterland Gefallenen verherrlichen sollten, stehen außerhalb der Grenze, die uns hier gesteckt ist. Gewebe

Dagegen sind hier die *libri lintei* und *carbasini* zu erwähnen, die in Ägypten[4] und in Italien namentlich für religiöse Aufzeichnungen in Gebrauch waren,[5] und in auffallender Weise sogar für Notizen des täglichen Lebens gebraucht sein sollen. Leinwand ist in größerem Umfang, als man bisher meinte, als Schreibmaterial benutzt. In dem Führer durch die Ausstellung S. 11 Nr. 51—65 werden Proben erwähnt, die aber nur von Kopten und Arabern, nicht von Griechen benutzt wurden. Der Kaiser Aurelian benutzte noch zu seinen Tagebüchern *libri lintei in quibus ipse cotidiana sua seribi praeceperat,*[6] die in der ulpischen Bibliothek aufbewahrt wurden. libri lintei

[1] Strabo 17, 1, 67 p. 717 (Inder): ἐπιστολὰς δὲ γράφειν ἐν σινδόσι λίαν κεχορηγημένας.

[2] Chartraire et Prou, Sur un tissu byz. a personnage et inscr. Mém. et bull. d. ant. d. Fr. VI. 8, 1897 p. 258.

[3] Suidas s. v. πέπλος (III p. 183 ed. Bernhardy). — Plin. n. h. 13, 73: malunt Parthi vestibus litteras intexere.

[4] Reuvens Lettres I p. 2.

[5] Über den Gebrauch der libri lintei usw. s. J. Krall, Die etrusk. Mumienbinden des Agramer Museums. Denkschr. d. Wiener Akad. 1892. 41 S. 20.

[6] Flav. Vopisc. v. Aur. c. 1.

Selbst zur Zeit des Codex Theodosianus wurde in Italien — wenn auch nicht häufig, so doch wohl gelegentlich — noch auf Leinen geschrieben.[1] Für das eigentliche Griechenland kenne ich kein Beispiel dieser Sitte; sondern nur für Großgriechenland; wenn uns nämlich überliefert wird, daß die Orakel der kymäischen Sibylle in Leinenbücher geschrieben seien, so werden wir darin eine Einwirkung der Landessitte italischer Völker anzunehmen haben.[2]

*

Bücherwurm Der Feind eines jeden Beschreibstoffes[3] ist der **Bücherwurm**; er zerfrißt Papyrus, Pergament, Papier in gleicher Weise wie Holz und Leder des Einbandes; ihn trifft der Fluch des Grammatikers Anth. Palatin. IX. 251.

ΕΥΗΝΟΥ ΓΡΑΜΜΑΤΙΚΟΥ.[4]

Ἐχθίστη Μούσαις σελιδηφάγε, λωβήτειρα
φωλάς, ἀεὶ σοφίης σκέμματα φερβομένη,
τίπτε, κελαινόχρως, ἱεραῖς ψήφοισι λοχάζῃ,
σίλφη, τὴν φθονερὴν εἰκόνα πλαττομένη;
Φεῦγ' ἀπὸ Μουσάων, ἴθι τηλόσε, μηδ' ὅσον ὄψει
*βάσκανον *ἐν ψήφῳ δόξαν ἐπεισαγάγῃς·*

Namentlich bei der gebrechlichen, wenig geschützten Papyrusrolle, sind die Folgen der Zerstörung schrecklich. Preisigke, Gr. Pap. Straßburg 1 S. 17, kontrolliert die Würmer, ob sie die Rolle von innen nach außen oder in umgekehrter Richtung durchbohrt haben. Im
Zedernöl Altertum suchte man den Bücherwurm fern zu halten durch Zedernöl, mit dem man die Rollen tränkte.[5] In neuerer Zeit hat man auch wohl Petroleum benutzt, wodurch das Buch natürlich leidet; ferner ist Alaun
Schwefelkohlenstoff angewendet.[6] Allein mehr zu empfehlen ist Schwefelkohlenstoff (CS_2), den man in einem hermetisch geschlossenen Kasten eine Zeitlang auf die Handschriften wirken läßt. Man nehme einen Blechkasten von passender Größe, dessen Ränder oben mit einer Rinne versehen sind.

[1] Cod. Theodos. 11. 27, 1: Aereis tabulis, vel cerussatis, aut linteis mappis, scripta per omnes ciuitates Italiae — — — m. Anm. von Gothofredus 4 p. 199.

[2] Symmachus epist. 4, 34: monitus Cumanos lintea texta sumpserunt. Monum. German. Auctor. antiquiss. 6.

[3] Mulsant Ét., les ennemis des livres. Lyon 1879. — R. Prumers, Die Insekten als Papierfeinde. Archival. Ztschr. N. F. 14. 1907, 22—38. — P. Hennig, Ztschr. f. Bücherfr. N. F. 1909, 331.

[4] Der Scholiast überschreibt dies Gedicht: *Εἰς τοὺς σκώληκας τοὺς τὰς βίβλους βιβρωσκούσας* (sic) *ἤγουν σῆτας.*

[5] Cedro perunctus. Martial epigr. s. o. S. 53.

[6] Centralbl. f. Biblioth. 16. 1899 S. 36.

Diese Rinne, in welche die Ränder des Deckels eingreifen, wird mit Glyzerin ausgegossen. Der Schwefelkohlenstoff tötet jeden lebenden Keim in 24 Stunden.[1]

Zum Schutze und zur Ausbesserung der Handschriften hat man Zapon vorgeschlagen.[2] Diese Methode wurde zunächst mit großem Beifall aufgenommen, später aber hat man nicht mehr viel davon gehört. Beschädigte Papierhandschriften warnt Ehrle mit Transparentpapier zu bekleben; er empfiehlt vielmehr einen feinen Seidenschleier. Zapon

Viertes Kapitel.

Die äußere Form der Handschriften.

Die Form eines Buches ist natürlich bedingt durch die Natur des Beschreibstoffes. Die Mannigfaltigkeit der oben besprochenen Beschreibstoffe bedingt also eine fast ebenso große Mannigfaltigkeit der Form. Der Inhalt des Schriftstückes braucht allerdings durch die Form nicht beeinflußt zu werden, aber wenn z. B. eine Beschädigung des Textes eintritt, ist es oft von Wichtigkeit, die Form und die Äußerlichkeiten der beschädigten Handschriften möglichst genau zu ermitteln; daher sind gerade bei Umstellungen, bei regelmäßig wiederkehrenden Lücken usw. sehr genaue und scharfsinnige Untersuchungen notwendig über die Beschaffenheit des zugrunde liegenden Archetypus. Form des Buches

Deltos (πίναξ, πυξίον).[3]

Bei den übrigen Beschreibstoffen ist Form und Größe weniger willkürlich, sondern wesentlich durch ihre Natur bestimmt, namentlich bei den Elfenbein-, Holz- und Wachstafeln. Alle haben die Form

[1] J. Bolle, Die Anwendung von Schwefelkohlenstoff. Centralbl. f. Biblioth. 20. 484. — Schwefelkohlenstoff wird ebenfalls empfohlen: Revue des biblioth. et archives, par Stainier. Renaix 1903. 1 p. 125—126.

[2] Fr. Ehrle, Über Erhaltung u. Ausbesserung alter Handschriften. Centralbl. f. Bibl. 15. 1898 S. 17; 26. 1909 S. 245 (vgl. 16. 27); ders., Della conservazione e del restauro d. mss. antichi. Rivista d. biblioteche 9. 1898 p. 5. — E. Schill, Anleitung z. Erhalten u. Ausbesserung von Handschriften durch Zaponimprägnierung. Dresden 1899. — O. Posse, Handschriftenkonservierung. Dresden 1899. — Biagi, Della conservazione d. mss Riv. d. bibl. 9. 1898. 154. — Sello u. Rose, Das Zapon in der Archivpraxis. Korrespondenzbl. d. Gesamtver. d. d. Gesch.- u. Alt.-Ver. 50. 1902 S. 195.

[3] Wilhelm, Sonderschr. d. Österr. Arch. Inst. 7. 1909. 244.

eines Rechtecks und werden *δέλτοι* genannt.[1] Dieses phönizische Wort bezeichnet die Tür, ein viereckiges Buch.[2]

δέλτος Der Ausdruck ist allgemein und bezeichnet die Tafel im Gegensatz zur Papyrusrolle; lateinisch *tabula*.[3] *δέλτος* ist ohne Frage ursprünglich die Holztafel, daher *δέλτος κυπαρισσίνη*, Biblioth. des éc. fr. 49, 1887 p. 13 ff. (vgl. S. 27); darauf schrieb man den ersten Entwurf, der nach dieser Vorlage später monumental ausgeführt wurde:[4] sogar den Preis der Arbeit erfahren wir, B. C. H. 27, 1903 p. 85: *Δέλτον ποήσαντα* M *τῶι εἰς τὴν δέλτον γράψαντι τὰ ἐκ τῆς στήλης* M.

Sehr dankenswert ist die Zusammenstellung der Inschriften mit *δέλτος* und *σανίς* bei Wilhelm, Sonderschr. d. Öst. Arch. Inst. 7. 1909. 240—242.

Der Plural und manchmal auch der Singular bezeichnet im Griechischen das aus mehreren Tafeln zusammengesetzte Buch, z. B. Dittenberger, Sylloge² 334 31: *τὴν τῶν ὑπομνημάτων δέλτον* (vgl. d. Anm.), bald darauf in derselben Inschrift bezeichnet *δέλτος* nach Dittenberger die einzelne Tafel: *ἐμ πραγμάτων συμβεβουλευμένων δέλτωι πρώτηι χρώματι τεσσαρεσκαιδεκάτωι*, Dittenberger, Sylloge inscr. 334 58 not. 48.[5]

Birt verallgemeinert zu sehr, wenn er sagt: *δέλτος* muß der allgemeinere Ausdruck gewesen sein, und es lag in dem Wort keine nähere Anzeige des Materials und der Buchform. *δέλτοι* war Oberbegriff, *πίναξ* (*σανίς*) und *βιβλίον* die Unterarten.[6]

Allein da in diesem ausführlichen Zitate eine 14. Wachstafel, d. h. *columne* erwähnt wird, so sieht man, daß *δέλτος* wie *tabula* gebraucht wird. Das Brett ist in Brettchen zerlegt, die wiederum *tabula* genannt werden. *δέλτος* bedeutet also Kolumne und zugleich auch eine Gruppe solcher Tafeln. Auch längere Urkunden und umfangreiche Akten des Senates, die aufzubewahren waren, selbst die Gedichte des Homer[7]

[1] Phön. דֶּלֶת, Tür, Seite, Kolumne eines Diptychons. A. Müller, Sem. Lehnworte im älteren Griech. — Bezzenberger, Beiträge 1. S. 276. — Lewy, Sem. Fremdw. im Griech. S. 171. — *δέλτος*, kyprisch *δάλτος*, eigentlich Spaltfläche, dann Schreibtafel, zunächst nur in der kleinasiatischen Jas (Herod. Herodas) und im Kyprischen (Tafel von Edalion), hier in der Form *δάλτος* heimisch; — — echt attisch *γραμματεῖον. πίναξ* — — s. Solmsen, Berl. Phil. Wochenschr. 1906 S. 757. — Stowasser, Wiener Studien 31. 1909. 150.

[2] Birt, Rhein. Mus. N. F. 63. 1908. 41.

[3] Mommsen, Hermes 20. 1885. — Dziatzko, Buchwesen S. 10 ff.

[4] IG. XII. 7. 515 Z. 130: *τὸν δὲ νόμον τόνδε εἶναι κύριον εἰς τὸν πάντα χρόνον καὶ ὁ γραμματεὺς αὐτὸν ἀναγραψάτω εἰς τὰ δημόσια γράμματα πάντα καὶ εἰς τὰς δέλτους, οὗ οἱ νόμοι εἰσὶν ἀναγεγραμμένοι.*

[5] Manifestum est, *δέλτος* hic non ut v. 31 totum codicem significare, sed unam tabulam. Dittenberger, Sylloge Inscr.² 1 p. 543 n.

[6] Centralbl. f. Biblioth. 17. 1900 S. 550.

[7] C. I. G. 1907: *κατεῖδ' Ὁμήρου δέλτον ὡς ἐνὶ πτυχαῖς.*

oder Babrius waren auf Wachstafeln geschrieben. Gleichbedeutend mit *δέλτος* sagte man auch *δελτογράφημα*; so heißt der Erlaß eines Statthalters von Asien[1] *ἀναγραφῆναι δὲ τὸ δελτογράφημα τοῦ ἀνθυπάτου — — ἐν στήλῃ λευκολίθωι — —*.[2] Endlich ist noch zu erwähnen, daß Deltos auch die Erztafel bezeichnet: *ἐς δέλτους χαλκᾶς* (Appian Syr. 39) war der Vertrag mit Antiochus dem Großen und ein Dekret Cäsars über die Juden geschrieben,[3] *ἐς δέλτον χαλκῆν* (Josephus ant. Jud. 14, 10. 3).

Also nicht auf den Beschreibstoff, sondern auf die Form kam es an. In allen erwähnten Fällen haben wir eine rechteckige Kolumne vorauszusetzen. Ob aber auch die Kolumne einer Papyrusrolle so bezeichnet werden kann, wie Birt[4] annimmt, ist doch sehr zweifelhaft; eine solche Kolumne heißt weder *tabula* noch auch *δέλτος*. Wenn also Josephus c. Apion. 1, 73 ed. Niese erzählt, Manetho habe geschrieben *τὴν πάτριον ἱστορίαν ἐκ δέλτων ἱερῶν*, so können damit nur wirkliche Tafeln gemeint sein. Papyrusrolle

Auch für öffentliche Anschläge und Bekanntmachungen pflegte man Holztafeln zu verwenden, natürlich von größerem Format. Hier wurde die Schreibfläche aber nicht mit dem oft dunkelfarbigen Wachs, sondern mit weißer Kreide überzogen; von diesem Grunde hoben sich die mit schwarzer Farbe aufgetragenen Charaktere am besten ab.[5] So pflegten die Römer nicht nur die Liste der Senatoren (*album*), sondern auch Edikte und Verordnungen bekannt zu machen. Derartige Urkunden haben sich allerdings im Original selten erhalten, müssen aber ohne Frage der Paläographie im engeren Sinne zugerechnet werden.

Neben einem Viereck soll *δέλτος* nun auch noch ein Dreieck bezeichnen; siehe Eusthatius zum Dionys. perieg. v. 242: *δέλτοι κυρίως μὲν οἱ τόμοι ὅσοι τριγωνοειδῶς ἐσχηματίζοντο ἐν τῷ πτύσσεσθαι, καθὰ καὶ νῦν ποιοῦσί τινες, ὕστερον δὲ ἁπλῶς αἱ βίβλοι.* Er scheint also fälschlich *δέλτος* von *δέλτα* abzuleiten. Allein ein dreieckiges Buch ist unpraktisch und wenig wahrscheinlich. Bergk, Gr. Lit. 205 A. 46 sucht ihn zu verteidigen: „so (*δέλτος*) nannte man die Schreibtafel, weil sie halb geöffnet an die Gestalt des Buchstabens Delta erinnerte." Wenn man wirklich zur Zeit des Eusthatius dreieckige Bücher fabrizierte, so mag die falsche Ableitung (*δέλτος* von *δέλτα*) dazu Veranlassung gegeben haben. Dreieck

[1] Mitteil. d. Athen. Inst. 16. 1891 S. 282.

[2] Inschr. v. Priene herausgeg. von Hiller v. Gärtringen 1906 Nr. 105 62.

[3] Dittenberger, Sylloge 1 Nr. 349 p. 555: *ἐν δέλτωι χαλκῆι γεγραμμένα.* C. I. A. 3. 479. *αἱ ἐν Καπετωλίῳ δέλτοι.*

[4] Buchrolle S. 155 A. 2 u. S. 210 A. 1; Zentralbl. f. Biblioth. 17, 547.

[5] *λεύκωμα* s. Wilhelm, Sonderschr. d. Öst. Arch. Inst. 1907. 7, 246.

Holz- oder Wachstafel.

Eine einfache, rechteckige Holz- oder Wachstafel[1] hieß *πίναξ, δέλτος, πυξίον*, lateinisch *tabula* oder *tabula cerata*.

Meistens wurden aber mehrere Tafeln verbunden; vgl. Seneca de brevitate uitae c. 13: *plurium tabularum contextus caudex apud antiquos vocabatur, unde publicae tabulae codices dicuntur.*

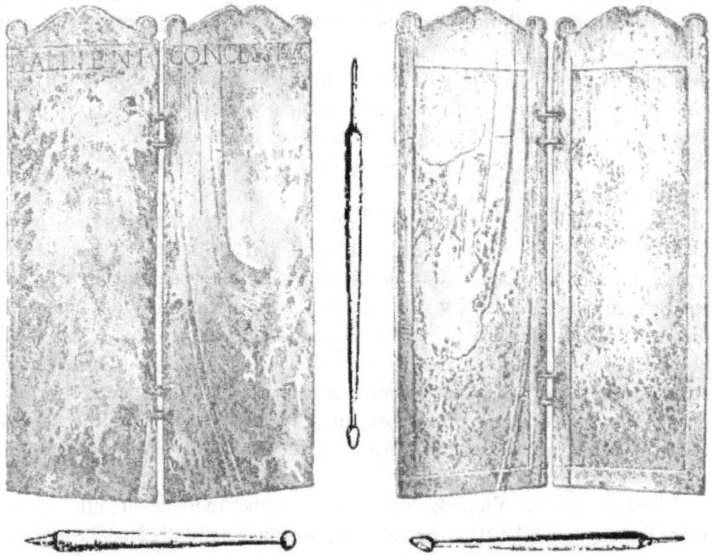

Fig. 8. Doppelte Holztafeln mit Silberringen und drei stili.
Bullet. com. munic. 1874 tv. 7. 8.

Zweiteilung Gewöhnlich lief die Schrift über die ganze Breite der Wachsfläche, bei größeren Tafeln aber nur über die halbe, sei es nun, daß ein freier Raum oder ein Holzrand (s. Fig. 1) vertikal die beiden Hälften voneinander trennte; beide hießen *κηρώματα, cerae*, und wurden so zitiert. Bei Testamenten von Privatpersonen war die Zweiteilung die gewöhnliche Form. Daher befahl Nero, daß die zweigeteilte Vorderseite des Testamentes (*duae primae cerae*) nur die Namen der Zeugen enthalten durfte,[2]

[1] Ad. Wilhelm, Beitr. zur griech. Inschriftenkunde mit Anh. über d. öffentl. Aufzeichn. v. Urkunden. Sonderschr. d. Österr. Arch. Inst. Wien 1909 Bd. 7. Vgl. Dtsch. Lit.-Ztg. 1910. 224.

[2] Sueton Nero 17.

ohne ihre Unterschrift; denn das Testament wurde natürlich geschlossen und versiegelt. Die Unterschrift der Zeugen konnte dann also nur gefälscht werden, wenn der Verschluß[1] beseitigt war.[2]

Die Art der Verbindung der einzelnen Tafeln war sehr verschieden. Verbindung
Die einfachste Art wurde nicht häufig angewendet; sie bestand darin, daß die Ränder der Tafeln an entsprechender Stelle durchbohrt und mittels einer hindurchgezogenen Schnur verbunden wurden; in dieser Weise waren z. B. die sieben Wachstafeln verbunden, welche die Fabeln des Babrius enthalten.[3] Sie bildeten alle sieben ein Heft

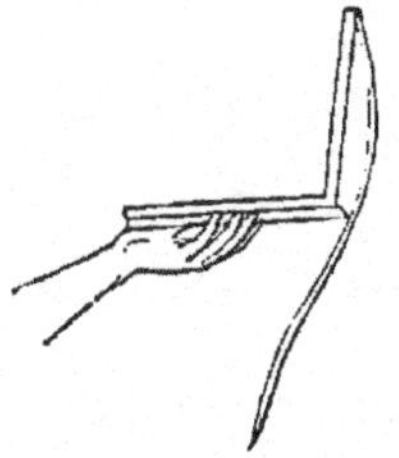

Fig. 9. Wachstafel (Triptychon m. Riemen). Gerhard A. V. IV, 4.

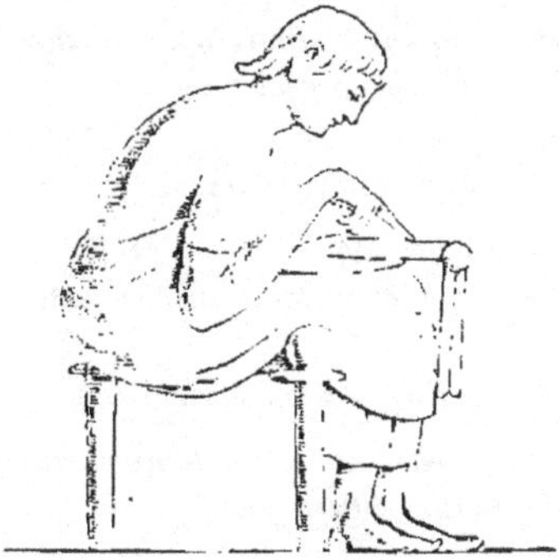

Fig. 10. Lesender Jüngling Ann. d. Inst. 1861. tav. A B.

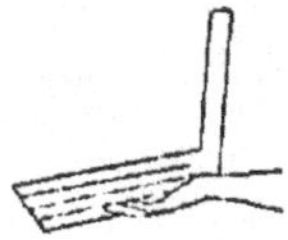

Fig. 11. Wachstafel (Polyptychon). Gerhard A. V. IV, 18.

und wurden durch eine dicke Schnur, die durch vier paarweise geordnete Löcher im Rande lief, zusammengehalten. Abgesehen von der ersten Seite, die als Schutz diente, sind die Tafeln beschrieben.[4] Aber meistens pflegte die Vereinigung eine innigere zu sein. Die Verbindung wurde hergestellt dadurch, daß man an entsprechenden Stellen die Langseite oder auch die schmale Seite durchbohrte und Ringe einsetzte, in denen sich die Tafel drehen konnte. Zwei solche verbundene Tafeln nannte man δίθυροι oder δίπτυχα, doch gab es auch Triptycha δίπτυχα
und Polyptycha; sie hatten also entweder die Form /\ oder /|\.

[1] Auch für den Verschluß der Urkunden hatte Nero genaue Bestimmungen erlassen. Sueton Nero 17.

[2] Archiv f. Urkunden 3. 1910 S. 9.

[3] Crusius, Philologus 53, 230.

[4] Du Rieu, Centralbl. f. Biblioth. 10. 1893, 276. — Hesseling, Journ. of hellen. stud. 13. 293—314 (mit Faksim.).

Pollux 4, 18: *καὶ Ἡρόδοτος* (7, 239) *μὲν λέγει δελτίον δίπτυχον. οἱ δ' Ἀττικοὶ γραμματεῖον δίθυρον καὶ θύρας τὰς πτύχας ἄχρι δύο, καὶ τρίπτυχον καὶ πολύπτυχον.*

Diese Notizbücher bestanden also aus der Vereinigung von zwei bis fünf Tafeln; einen größeren Umfang durften sie nicht haben, wenn sie handlich bleiben sollten; man nannte sie *ἐγχειρίδιον, pugillares.*[1]

In bezug auf Größe und Ausstattung wechselte natürlich die Mode. Martial nennt die beliebtesten Formen seiner Zeit Epigr. 14, 3:

Pugillares citrei.

Secta nisi in tenues essemus ligna tabellas,
Essemus Libyci nobile dentis onus.

4. *Quinquiplices.*

Caede iuvencorum domini calet ara felix,
Quinquiplici cera cum datur auctus honos.

5. *Pugillares eborei.*

Languida ne tristes obscurent lumina cerae
Nigra tibi niveum littera pingit ebur.

6. *Triplices.*

Tunc triplices nostros non vilia dona putabis,
Cum se venturam scribet amica tibi.

Pugillares membranei.

Esse puta ceras licet haec membrana vocetur:
Delebis, quotiens scripta novare voles.

8. *Vitelliani.*

Nondum legerit hos licet puella,
Novit quid capiant Vitelliani.

9. *Idem.*

Quod minimos cernis, mitti nos credis amicae
Falleris, et nummos ista tabella rogat.

[1] Charisius ed. Keil. p. 97[10]: pugillares et masculino genere et semper pluraliter dicas, sicut Asinius in Valerium quia pugillus est qui plures tabellas continet in seriem consutas.

Nach der Hofrangordnung der hellenistischen Staaten vertraute der König sein ἐγχειρίδιον nur einem hochstehenden Manne an, dem er besonderes Vertrauen schenkte. Dittenberger, Inscr. orient. 1, 372: *Δορύλαον — — τὸν σύντροφον καὶ ἐπὶ τοῦ ἐγχειριδίου τεταγμένον* (des Königs Mithridates Eupator). S. Reinach hat dies richtig mit Geheimsekretär übersetzt; was Dittenberger ohne Grund bezweifelt. Auch bei den Römern gab es einen *procurator pugillationis* für die Registrierung von Schiffen in den Häfen Latiums,[1] dem wiederum besondere Sklaven, *pugillarii* (C. I. L. VI, 9841)[2] zur Verfügung standen. ὁ ἐπὶ τοῦ ἐγχειριδίου

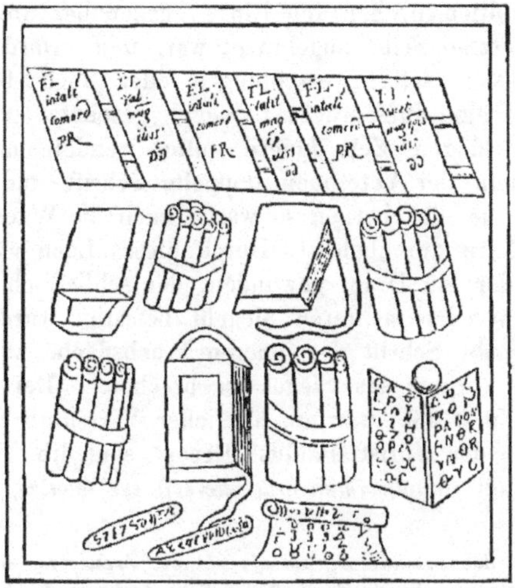

Fig. 12. Polyptychon geöffnet, darunter codex ansatus mit Aktenschwanz. Notit. dign. ed. Seeck p. 161.

Manchmal mögen diese *pugillares* mit den Akten der Beamten einen recht unhandlichen Umfang angenommen haben; so daß ein Diptychon oder Triptychon nicht mehr ausreichte. Bei der Verbindung von sechs bis zehn oder mehr Tafeln mußte man zu einem anderen System greifen. Man verband also, wie wir es in Zeichnungen der *Notitia Dignitatum* sehen, die einzelne Tafel nur mit den beiden benachbarten zu einer Art von Leporelloalbum.[3] Andere Verbindung

[1] C. I. L. XIV, 2045. Hirschfeld, Verwaltungsbeamt.[2] S. 204.

[2] Einen Freigelassenen a memoria et a diplomatibus s. Wilmanns Exempla 661.

[3] Vgl. Mélanges Chatelain p. 815 ff. Ich freue mich, in dieser Erklärung mit Wilhelm, Sonderschr. d. Öst. Arch. Inst. 7. 1909, 243, zusammen zu treffen. Man vergleicht den Golf von Smyrna mit einem Polyptychon. Aristides 17, 22:

Zusammengeklappt nahm ein solches Diptychon nur die Fläche einer Tafel ein.[1]

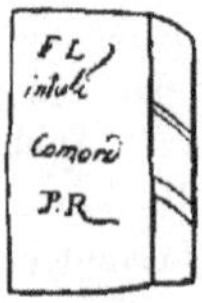

Fig. 13. Polyptychon geschlossen. Notit. dign. ed. Seeck p. 160.

Zum Anfassen hatten diese dicken (Notiz-)Bücher einen Handgriff (*ansa*). In der *Notitia Dignitatum* bilden die Embleme der *magistri scriniorum* die *codices ansati*, d. h. aufeinander liegende und, wie es scheint, zusammengebundene Stöße von viereckigen Tafeln mit einem Griffe zum Aufhängen. Im C. I. L. X, 7852 heißt es *descriptum et recognitum ex codice ansato*.

Verschluß Zum Verschluß diente ein -förmiger Bügel[2] oder ein Riemen, der den Ringen gegenüber an der entgegengesetzten Seite angebracht war, und erforderlichen Falles in sich selbst verschlungen oder auch bei wichtigeren Sachen durch ein aufgedrücktes Siegel geschützt wurde.[3] Wenn die Schrift für längere Zeit dauern sollte, wendete man auch wohl wie bei Erztafeln der Veteranen doppelte Schrift und sorgfältigeren Verschluß an; wie die ehernen so waren auch die Wachstäfelchen seit der Zeit des Nero durchbohrt.[4] Durch dieses Loch wurde mehrmals eine Schnur oder ein Draht gewunden, der schließlich auf der Rück-
Siegel seite mit einem oder mehreren Siegeln befestigt wurde,[5] so daß es unmöglich war, die Schrift der inneren Wachsfläche zu lesen oder zu ändern,[6] ohne vorher das Siegel zu brechen.[7] Bei den Diplomen (vgl. C. I. L. III p. 843 ff.) war ein ähnlicher Verschluß sogar gesetzlich vorgeschrieben; der Jurist Paulus (Recept. sent. lib. V tit. XXV § 6 ed. Huschke) sagt: *amplissimus ordo decrevit eas tabulas, quae publici vel*

ἑνὸς ἔχων κόλπου προσωνυμίαν εἰς πολλοὺς κόλπους ἀνελίττεται καθάπερ οἱ πίνακες οἱ πτυκτοί, die also in dieser Form /\/\/\/\ gedacht sind. Es ist die Weiterbildung der Doppeltafel S. 126.

[1] Ps.-Lucian. Amores 44 p. 447: *πολύπτυχοι δέλτοι*.

[2] Sitzungsber. d. Berl. Akad. 1899 S. 847, s. d. Abbild.

[3] Aeschyl. Suppl. 957:

ταῦτα οὐ πίναξιν ἐστιν ἐγγεγραμμένα
οὐδ' ἐν πτυχαῖς βίβλων κατεσφραγισμένα.

[4] Sueton Nero c. 17: adversus falsarios tunc primum repertum, ne tabulae nisi pertusae ac ter lino per foramina traiecto obsignarentur; cautum ut testamento primae duae cerae, testatorum modo nomine inscripto, vacuae signaturis ostenderentur ac ne qui alieni testamenti scriptor legatum sibi ascriberet. Ztschr. f. Bücherfr. 8. 1904 S. 311. Abb. 9, Schnürverschluß des aus Wachstafeln gebildeten Buches. Siehe die Abbildung Seite 24 und (im allgem.) Giornale degli scavi di Pomp. Nuova ser. Vol. I. Tav. II. Eine pompejanische Quittungstafel restauriert: Overbeck-Mau, Pompeji 1883. 488—489.

[5] Maffei Istoria diplom. p. 30.

[6] Über durchkorrigierte Holztafeln s. S. 36.

[7] Lucian. Timon. c. 21: *ἐπειδὰν δὲ τὸ σημεῖον ἀφαιρεθῇ καὶ τὸ λίνον ἐντμηθῇ καὶ ἡ δέλτος ἀνοιχθῇ.*

privati contractus scripturam continent, adhibitis testibus ita signari, ut in summa marginis ad mediam partem perforatae triplici lino constringantur atque impositae supra linum cerae signa imprimantur, ut exteriore parti scripturae fidem interior servet. Aliter prolatae nihil momenti habent. Wie man beim Lesen der versiegelten *tabellae* zu Werke ging, schildert Cicero (in Catilinam III, 5 ed. Baiter und Kayser IV p. 229): *tabellas proferri iussimus — — primum ostendimus Cethego signum; cognovit: nos linum incidimus; legimus — — introductus est Statilius; cognovit et signum et manum suam.*

äußere und innere Schrift

Um wenigstens oberflächlich den Inhalt einer versiegelten Wachstafel erkennen zu können, war das Wichtigste meist auch ganz kurz auf der Außenseite notiert.[1] Für Pompeji läßt sich diese Sitte an vielen Wachstafeln des letzten großen Fundes nachweisen, die allerdings ausschließlich lateinische Quittungen des J. Secundus enthalten, die sich dadurch auszeichnen, daß äußere und innere Schrift nicht immer übereinstimmen.[2]

Ausstattung

Die äußere Ausstattung war natürlich je nach ihrem Besitzer und ihrer Bestimmung sehr verschieden. Properz 3, 32 sagt von seinen verlorenen Tafeln:

Non illas fixum caras effecerat aurum
Vulgari buxo sordida cera fuit.

Es gab also schon damals sehr elegante, die auch wohl als Weihgeschenke den Göttern vermacht wurden; ein ENXIRIDIVM ARGENT. wird dem Äskulap geweiht in einer Inschrift Bulletin épigr. de la Gaule 1. 1881 p. 115. — C. I. L. X, 6 (Wilmanns Exempla 1818):

ITEM IN TEMPLO APOLLINIS MAIORIS
PVGILLARES MEMBRANACEOS OPERCV
LIS EBOREIS PVXIDEM EBOREAM TABV
LAS PICTAS XVIII

vgl. Martial 14, 7 (S. 44). Kleopatra verwendete z. B. δελτάρια ὀνύχινα καὶ κρυστάλλινα. Plutarch Anton 58. Der Luxus nahm in der Kaiserzeit immer noch zu, da sich die Sitte herausgebildet hatte, daß Konsuln und sonstige hohe Beamte bei ihrem Amtsantritt prächtige Diptycha zu verschenken pflegten.[3] Claudian. schildert sie in Stilich. III, 437:

[1] Doppelausfertigung s. u. S. 147—148.

[2] Siehe de Petra, Tavole cerate. Neapel 1876. — Mommsen, Hermes XII S. 88—142. Faksimile: Pal. Soc. 159.

[3] Cod. Theodos. 15, 9, 1. de Expens. lud. solidamus, ut, exceptis consulibus ordinariis nulli prorsus — — diptycha ex ebore dandi facultas sit. Cum publica celebrantur officia sit sportulis nummus argenteus alia materia diptychis. Symmachus ep. 2, 81.

Qui (sc. *dentes*) *secti ferro in tabulas auroque micantes,*
Inscripti rutilum caelato Consule nomen
Per proceres et vulgus eant. — —

Elfenbeintafeln im Mittelalter

An die Stelle des einfachen Holzes trat also oft Elfenbein mit prächtigen Schnitzereien, die im Mittelalter zu Prachtbänden verwendet wurden, wie man sie z. B. abgebildet sieht bei Lacroix, Les arts au moyen age p. 492 und Labarte, Hist. d. arts I Pl. II—XV; vgl. S. 39 Fig. 5. Eine genügende Zusammenstellung dieser für klassische und besonders byzantinische Kunst so wichtigen Denkmäler gibt es leider nicht, man ist noch immer angewiesen auf Gori's Thesaurus veter. diptychorum; vgl. S. 39 A. 2. Diese Elfenbeinschnitzerei gehört im Anfang des Mittelalters noch zu den wenigen Zweigen der Kunst, in denen antike Tradition, ohne eine Unterbrechung erfahren zu haben, fortlebte, weil sie in den Dienst der Kirche getreten war; es war nämlich Regel, beim Gottesdienst, nach dem Segen aus einem elfenbeinernen Diptychon ein Verzeichnis von heiligen Männern oder Bischöfen zu verlesen.[1] Aus dieser Liste gestrichen zu werden, entsprach der *damnatio memoria* bei den Alten, und diese Strafe wurde manchmal aus ähnlichen Gründen verhängt; so fordert z. B. Innocenz I. vom Kaiser Arcadius, daß der Name des Arsacius, des Nachfolgers des Chrysostomus, in die heiligen Diptycha nicht eingetragen werde (*μηδὲ τὸ ὄνομα ἐγγραφήτω τοῖς ἱεροῖς διπτύχοις*), und im folgenden Jahrhundert befahl der Papst Hormisda, daß die Patriarchen Euphemius und Macedonius gestrichen würden, weil sie sich geweigert hatten den Namen des Papstes Leo II. in die Listen aufzunehmen. Noch im siebenten Jahrhundert faßte das sechste ökumenische Konzil, das im kaiserlichen Palaste Trullum abgehalten wurde, den Beschluß, die ketzerischen Patriarchen dadurch zu strafen, daß man ihre Namen aus den Diptycha, ihre Bilder aus den Kirchen entfernte. Die Diptycha blieben im kirchlichen Gebrauch ungefähr bis zum elften oder zwölften Jahrhundert.[2]

Das Blatt.[3]

Für jeden Beschreibstoff ist die Form des Blattes die einfachste Form der Anwendung, vorausgesetzt, daß der Umfang des Inhalts nicht den Schreibenden zwingt, einer anderen Form den Vorzug zu

[1] Dionys areopag. de eccles. hierarch. c. 3 § 9 p. 294 ed. Cord. 1634: *Τῶν δὲ ἱερῶν πτυχῶν ἡ μετὰ τὴν εἰρήνην ἀνάρρησις ἀνακηρύττει τοὺς ὁσίως βεβιωκότας, καὶ πρὸς ἐνάρετον ζωῆς τελείωσιν ἀμεταστάτως ἀφικομένους.* Acta Concil. V, 691 E.

[2] Capesius Barth., de historia sacrorum rituum de diptychis veterum cum primis Graecorum. Wittenberg 1693. Beispiele für das Abendland und den profanen Gebrauch s. Wattenbach, Schriftwesen[3] S. 59.

[3] Vgl. Birt, Buchrolle S. 220.

geben. Sein Format und sein Umfang war sehr verschieden. Es wurde meistens in seiner ganzen Breite in einer Kolumne beschrieben. Das lose Papyrusblatt pflegte man im Altertum namentlich für Aktenstücke und Notizen des täglichen Lebens zu verwenden, zu denen sonst auch Wachstafeln oder Ostraka gebraucht wurden, also bei Billetts und Briefen des täglichen Lebens, Rechnungen, Quittungen, Listen der verschiedensten Art und Notizen der Steuer- und Schuldverhältnisse; doch auch die Amulette seien hier erwähnt mit ihrem magischen Inhalt, die man bei sich zu tragen pflegte. Auch zu Anfragen beim Orakel wurden häufig *chartulae seu membranae* (Amm. Marc. 19, 12, 4) genommen. In der bildlichen Darstellung treten diese losen Blätter, wie Birt Buchrolle S. 221) betont, gegen die Rollen sehr zurück. Kleinere Aufzeichnungen des täglichen Lebens, die keine Rolle füllten, wurden natürlich von jeher auf lose Blätter geschrieben, so schon im dritten Jahrhundert vor Christus der Fluch der Artemisia (Pal. Soc. II, 141; Wessely, Elfter Jahresber. d. Franz-Joseph-Gymnas. Wien 1885 auf einem Blatt von $11\frac{1}{2} \times 5\frac{5}{8}$ (engl.) Zoll. Manchmal gewann man das Material zu solchen Einzelblättern aus beschriebenen Rollen, deren Rückseite unbeschrieben war. Die Aktenrollen z. B. wurden zuletzt als Makulatur behandelt und in kleine Blätter zerschnitten, ohne Rücksicht auf die erste Schrift. Diese kleinen Blätter wurden aufs neue beschrieben, manchmal wurden sie zu neuen Rollen zusammengeklebt und mit fremdartigen Bestandteilen vereinigt. Die Zeit zwischen der ersten und zweiten Verwendung des Papyrus war natürlich verschieden; sie wird ungefähr auf 100 Jahre zu schätzen sein; s. Preisigke, Gr. Pap. Straßburg 1 S. 79.

Format und Umfang

Einzelblätter aus beschr. Rollen

Den mannigfachen Zwecken entsprechend mußte auch die Form verschieden sein, die man den Papyrusblättern gab. Manche, die man an sicheren Orten aufbewahrte, blieben ungerollt und ungebrochen, aber bei den meisten suchte man dem gebrechlichen Papyrus durch Falten einen besseren Halt und mehr Widerstandsfähigkeit zu geben. Amulette und Zauberpapyri, die man am Körper stets bei sich trug, brauchten von keinem Menschen gelesen zu werden, sie verloren ihre Zauberkraft durchaus nicht, wenn sie klein gefaltet und an irgend einem Orte versteckt wurden, oder wenn man sie in einer geschlossenen Kapsel um den Hals hängte. Aber auch die Aufzeichnungen des täglichen Lebens wurden oft gefaltet. Dziatzko, Buchwesen S. 126, gibt mehrere Beispiele, er verweist auf eine Rechnung für Apollonius vom Jahre 132 v. Chr.,[1] die auf einem Blatte steht *pliée en douze*; und auf die neueren Funde im Faijûm, die nach Schweinfurth, Ztschr. d. Ges. f. Erdkunde. Berlin 22. 1887 S. 66 „die Steuer- und Schuldverhält-

ungebrochen

Amulette

gefaltet

[1] Vgl. Egger, Mém. d'hist. anc. et de philol. p. 149.

nisse der Bewohner betreffen“. Sie waren „etwa in einem halben Dutzend Zeilen auf ein Stück in Kleinoktavformat geschrieben . . . der

vertikale Faltung Länge nach zwei- bis vierfach gefaltet, etwa wie die . . . Fidibus.“ Früher pflegte man auf derartige Spuren wenig zu achten, bis Wessely

horizontale Faltungen und Preisigke das Versäumte nachholten, z. B. horizontale Faltungen zu 1,5 cm (oder 2 cm) Abstand usw. Wessely, Studien z. Pal. u. Pap. 8. S. 203. — Drei horizontale Faltungen ergeben vier Faltungsprodukte mit den Höhen: α) 0,7, β) 0,7, γ) 2, δ) 1,3 cm. Wessely, Studien 3 Nr. 10.

Fig. 14 a. Fig. 14 b. Fig. 14 c.

Verschiedene Blattfaltungen.

Wilcken, Taf. z. älteren gr. Pal. Nr. XIV, bemerkt: Die Urkunde war, wie üblich, von rechts nach links gefaltet, so daß die Kniffe nach links immer breiter werden. Die letzte Faltung trägt (auf dem Verso) die Aufschrift *Ὠνὴ χαρίλου*. Faltung und Siegelung eines Papyrusblattes 11 × 19 $^1/_2$ cm (mit Zeichnung) s. Preisigke, Gr. Papyr. Straßburg 1. S. 48, vgl. S. 101.

Aber durch solche Faltung wurde der Natur des Papyrus doch immerhin Gewalt angetan, vielfach brach der Beschreibstoff gleich oder später. Statt der Papyrusblätter, die für die Niederschrift eines Briefes verwendet wurden, verwendete man nicht ausschließlich, aber oft, die Papyrusrolle.

Papier Wie der Papyrus so wurde auch das Papier als einfaches Blatt resp. Bogen fabriziert. Aber zu offiziellen Urkunden brauchte man mehr Raum; man klebte 2—3 Blätter und mehr zusammen, die dann meistens gerollt wurden, und so entstanden Papierrollen, die gelegentlich 51 Meter lang waren; s. Karabacek, Das arabische Papier S. 59. Über zweischichtige Blätter s. o. S. 113.

Die Rolle.[1]

Baehrens, E., Das antike Buchformat der römischen Elegiker (gegen Birt). Jahrbüch. f. kl. Philol. 1882. 125 S. 785.

Birt, Th., Die Buchrolle in der Kunst (m. 190 Abb.). Leipzig 1907. (Lejay, P., Revue Crit. Jg. 43. 1909 p. 462.)

[1] Vgl. im allgem. Birt, Über den Begriff des Buches bei den Alten, Verhandlungen der 34. Philologenversammlung in Trier 1879 S. 91 und Mazochi, Alex. Symm.: Diatribe de librorum bipatentium et convolutorum antiquitate. (Raccolta d'opusculi 1747 T. 37 p. 168.)

Birt, Buchwesen und Bauwesen: Trajanssäule und Delphische Schlangensäule. Rhein. Mus. N. F. 63. 1908. S. 39.

— Nachträgl. zur Buchrolle in d. Kunst. Jahrb. d. Arch. Inst. 1908. 112; vgl. dagegen Jb. Arch. Inst. 22, 113.

Daremberg et Saglio, Dictionnaire 3. II p. 1177 s. v.

Davenport, C., The book. London 1907.

Engelmann, R., Ztschr. f. Gymnas. 1908. Jahresberichte 34, 313.

Gerhard u. Gradenwitz, N. Heidelbg. Jahrb. 12, 141—183: ausführlicher Exkurs über Rolle u. Kodex, namentl. Anfänge des Kodex.

Haenny, Louis, Schriftsteller u. Buchhändler in Rom. Inaug.-Diss. Zürich 1884 (s. Philol. Anz. 16. 1886 S. 197).

Jacobs, E., Zentralbl. f. Bibl. 26. 1909, 80—83.

Kraemer, M., Res libraria cadentis antiquitatis. Inaug.-Diss. Marburg 1909.

Landwehr, Die Buchterminologie: Arch. f. lat. Lex. 6. 1889, 225.

Pfuhl, Zur Darstellung von Buchrollen auf Grabreliefs. Jahrb. d. Arch. Inst. 22. 1907 S. 113.

Schubart, W., Das Buch b. d. Griechen u. Römern. Berlin 1907 (m. 14 Abb.).

Schultze, V., Rolle u. Kodex. Greifswalder Studien, H. Cremer dargebracht 1895 S. 147.

Schumrick, A., Observat. ad rem librariam pertinentes. de σύνταξις, σύνταγμα πραγματεία, ὑπόμνημα vocabulis. p. 68 u. 84. Marburg 1909.

Sprockhoff, E., De libri voluminis βίβλου sv. βιβλίου vocabulorum apud Gellium Ciceronem Athenaeum usurpatione. Inaug.-Diss. Marburg 1909.

Birt, Buchrolle

Wir müssen namentlich Birt dankbar sein für die mühsame Sammlung des archäologischen Materials, wenn sie auch, wie er selbst hervorhebt, nicht vollständig sein konnte. Man könnte sogar meinen, die Vollständigkeit sei sogar zu groß. Die Ausführlichkeit der Darstellung und der Reichtum der — übrigens sehr ungleich ausgeführten — Illustrationen steht nicht recht im Verhältnis zu den paläographischen Resultaten. Mit einer kleineren Auswahl ausgesuchter Typen hätte sich vielleicht dasselbe erreichen lassen. Doch wenn man auch über den Umfang der Auswahl verschiedener Meinung sein kann, wird doch jeder für diesen Überblick dankbar sein. Auf der anderen Seite aber müssen wir uns hüten, falsche Schlüsse daraus zu ziehen, namentlich für die Zeit des Kampfes zwischen Rolle und Kodex. Die Kunst hält oft an den altertümlichsten Formen fest, die im Leben oft längst durch Neueres ersetzt sind, und der Künstler bevorzugt die schönen Linien der Rolle im Gegensatz zu dem viereckigen Kodex. Aber daraus dürfen wir noch nicht folgern, daß die Rolle im täglichen Leben ebenso überwogen habe wie in den Denkmälern. In den Pergamentkodizes des Mittelalters sieht man noch häufig Bilder von Heiligen usw., die Rollen in der Hand halten. Auch der Moses des Michelangelo entrollt eine Rolle, ohne daß wir annehmen können, die Rolle sei damals statt der Tafel noch in Gebrauch gewesen; dasselbe gilt aber auch für das Altertum. In der Theorie gibt Birt das zu, hat aber trotzdem aus dem Vorkommen der Rolle in antiken Denkmälern zu weitgehende Schlüsse gezogen.

Geistreich und frappant ist der Gedanke, auch die Windungen der Schlangensäule von Delphi und die Trajanssäule als eine aufgerollte Buchrolle aufzufassen und Jacobs, Zentralbl. f. Bibl. 26. 1909, 82 erklärt ihn für den schönsten und fruchtbarsten Teil des Buches. Darin aber kann ich ihm nicht zustimmen.[1]

Es gibt allerdings Litteraturdenkmäler auf Holz oder Tonscherben, Psalmen auf Bleitafeln und Gedichte auf Wachstafeln, aber für Litteratur treten diese Ausnahmen doch vollständig in den Hintergrund gegen Rolle und Buch.

Die Papyrusrolle[2]

ist für das klassische Altertum die eigentliche Trägerin der Litteratur; Alter sie ist viel älter als die griechische Litteratur, denn sie ist bei den Ägyptern schon Jahrtausende vorher bekannt und gebraucht und anderseits hat die Rolle das klassische Altertum lange überlebt.

Wenn Wilcken Tafeln z. ält. gr. Pal. Nr. III p. IX) die Papyrusrollen dem achten Jahrhundert völlig absprechen will, so geht er darin zu weit, und Blass, Gött. Gel.-Anz. 1894 S. 496, hat mit Recht gegen diese Annahme protestiert.

Die Pergamentrolle hat sich in der orthodoxen Kirche während des ganzen Mittelalters gehalten bis in die Renaissancezeit, und alte Klosterbibliotheken, wie die des Sinai zeigen Rollen aus sehr verschiedenen Zeiten. Ihre Größe und Breite war sehr verschieden.

Wenn der Papyrusfabrikant dafür sorgte, daß die nebeneinandergelegten Streifen nicht an derselben Stelle abbrachen, sondern zahnförmig ineinander griffen, so hätte es in seiner Macht gestanden, mehrere Blätter zu vereinigen, ohne daß die Fuge allzusehr hervortrat und ein Hinder-
Rolle aus Blättern nis für den Schreibenden wurde. Das geschah aber nicht; man fabrizierte Blätter mit gleichmäßigen Rändern, die später zu einer Rolle zusammengeklebt wurden. Aber es muß ausdrücklich hervorgehoben werden, daß der Fabrikant zunächst nicht eine Rolle machte, sondern Papyrusblätter, aus denen er eine Rolle zusammenleimte (*κεκολλημένα βιβλία*).

Die Ränder (vielleicht 1–2 cm) wurden verdünnt, wahrscheinlich geklopft und sehr sorgfältig geleimt; bei manchen Rollen muß man

[1] Buchrolle und Chartablatt s. Dziatzko, Buchwesen. Leipzig 1900 S. 115. Rotoli s. Ces. Paoli, Progr. scolast. d. pal. lat. 2, 86. Rollen abgebildet (m. Litteratur) s. Paully-Wissowa, Realenzykl. 3. I. 957.

[2] *βιβλίον, κύλινδρος, εἰλητάριον*, volumen, als Teil eines größeren Werkes *τόμος*. *βιβλίον* als Urkunde s. Dittenberger, Sylloge² 57 n. C. I. A. II p. 398 n. 1 b. *τὸ δὲ βιβλίον τοῦ ψηφίσματος παραδοῦναι αὐτῷ τὸν γραμματέα τῆς βουλῆς*. Über den Begriff von *βιβλίον* s. Arch. f. Pap. 5 S. 262–263. Über die Form *βιβλίον, –ίδιον, –ιδάριον* s. Haeberlin, Zentralbl. f. Biblioth. 7, 1898, 290–291. — V. Schultze, Rolle u. Kodex, Greifswalder Stud. H. Cremer dargebr. Greifswald 1895 S. 147.

wirklich sehr genau zusehen, um die Fugen zu finden. So entstand eine leere Papyrusrolle und in dieser Gestalt kam der Beschreibstoff in den Handel.[1]

Da die Fuge, wo die einzelnen Teile der Rolle zusammengeklebt sind, für das rasche Schreiben kein großes Hindernis bilden, so konnte der Schreiber über diese Fuge manchmal wegschreiben. Lieber aber gab er seinen Zeilen gerade die Länge, daß die geklebte Stelle als Rand frei blieb.[2] Meistens reichte die Breite des *κόλλημα* für zwei Zeilen. Es gibt Rollen mit mehr als 100 Kolumnen.

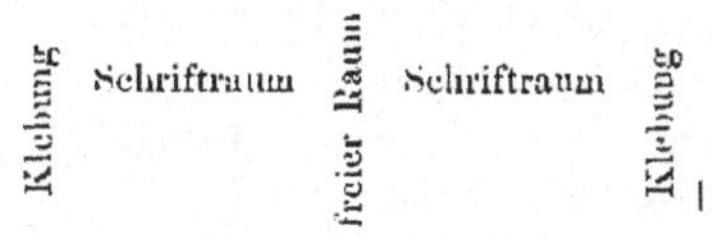

Die Blätter nannte man *σελίδες*,[3] *paginae*, den Anfang einer solchen Rolle *πρωτόκολλον*, den Schluß *ἐσχατόκολλον*. Es gibt ägyptische Rollen, bei denen die einzelnen *κολλήματα* von 20 zu 20 mit Zahlen bezeichnet sind; danach sind sie also wahrscheinlich verkauft.[4] Borchardt fand in einem Berliner Papyrus mehrmals das Zeichen ‘Δ 20; „Zwischen diesen beiden Fabrikzeichen befinden sich nun gerade 19 Klebungen, d. h. 20 Blatt — — aus diesen Rollen klebte man nach Bedarf größere zusammen — —. Noch Plinius schreibt in seinem Fabrikationsbericht n. h. 13, 77: *numquam plures scapo quam vicenae.*“ σελίδες

„Die Papyri des neuen Reichs und der Spätzeit sind bedeutend höher als die des mittleren Reichs, jedoch scheinen sie nicht über das Maß von 40 cm hinauszugehen — —. Die Handschriften des mittleren Reichs bestehen aus Blättern von 38–42 cm Länge — —. Die späteren haben durchweg Blattbreiten von nur 16 bis höchstens 20 cm.“[5] Blattbreite
Eine Rolle von ungewöhnlichem Umfang wurde *macroco[l]lon* genannt, z. B. von Cic. ad. Attic. 13, 25; 16, 4. Daß diese großen Rollen in der Fabrik zusammengesetzt wurden und nicht erst von dem Schreiber, scheint mir unzweifelhaft. Crönert[6] meint allerdings, „daß der Schreiber

[1] Wilcken, Hermes 28, 166. — Ibscher, Arch. f. Pap. 5. 1909, 193.

[2] Birt, Buchwesen S. 257 A.

[3] C. I. G. 3960b v. 4. 5: σελὶς est spatium inter sedilia [stadii]; vgl. Birt, Rhein. Mus. N. F. 63. 1908 S. 43—44.

[4] Borchardt, Ztschr. f. ägypt. Sprache 27 S. 120.

[5] Borchardt, Ztschr. f. ägypt. Sprache 1889. Heft II S. 118: scapus s. o. S. 62.

[6] Hermes 38. 1903. 398.

keine fertige Rolle, sondern einzelne Blätter für die Aufnahme des Textes benützte".

Formate

Plin. n. h. 13, 12. 74—79 gibt eine Übersicht der gebräuchlichen Formate:

Plinius	römische Zoll	Isidor origines 6, 9
Hieratica appellabatur antiquitus religiosis tantum voluminibus dicata, quae adulatione Augusti nomen accepit	13 (0,2403 m)[1]	*Augustea regia maioris formae*
secunda Liviae a conjuge eius .	13 (0,2403 m)	*Liviana*
ita descendit hieratica[2] *in tertium nomen.*	11 (0,2033 m)	*hieratica*
Proximum amphitheatricae[3] *datum fuerat a confecturae loco* . . .	9 (0,1663 m)	
Excepit hanc Romae Fanni[4] *sagax officina*	10 (0,1848 m)	
Post hanc Saitica ab oppido	7—8 (0,1478 m)	5) *Saitica*
propior cortici Taeneotica . .	7—8 (0,1478 m)	4) *Taeniotica*
nam emporetica inutilis scribendo	6 (0,1109 m)[5]	*emporetica.*

Corneliana

Isidor Etymol. 4, 10 erwähnt außerdem noch eine Art, die nach dem ersten römischen Statthalter Ägyptens C. Cornelius Gallus benannt war; ebenso Sueton ed. Reiffersch. p. 131, der die Sorte des Fannius ausläßt, dagegen heißt es *sexta Corneliana a Cornelia Gallo praefecto Aegypti primum confecta.*

charta Claudia

Kaiser Claudius, der in seinen Mußestunden das römische Alphabet verbesserte, fand auch Zeit, Experimente mit dem Format des Papyrus machen zu lassen. Die *charta Claudia* übertraf an Größe alle

[1] *λαβὼν χάρτην ἱερατικὸν*, Kenyon, Greek papyri in the Brit. Mus. London 1893 p. 74. *ἱερατικὸν χαρτίον* (oder *κόλλημα*) häufig erwähnt auf Zauberpapyri, s. C. Wessely, Denkschr. d. Wiener Akad. 44. 1896, IV S. 9. — Strabo 17 p. 800: *ἡ δὲ βελτίων ἡ ἱερατική.* — Von den Hierat. Pap. des Berlin. Mus. Nr. 1559 rühmt Birt, Buchwesen S. 261: Feinster, zartester, dichtester Papyrus, den ich gesehen.

[2] Nach Birt, Buchw. S. 247.

[3] Nach dem Amphitheater in Alexandria benannt.

[4] Fannius nicht zu verwechseln mit dem Remmius Palaemo, s. Christ, Rhein. Mus. 20. 69. Nach Paoli, Grundriß, übers. von Lohmeyer 2. Innsbruck 1895 S. 47 A. 1 wurde in der Fabrik des Fannius in Rom nur der fertige ägyptische Papyrus umgearbeitet und verbessert.

[5] Wessely, Stud. z. Pal. u. Papyrusk. 3—4 S. 136. Griech. Papyrusurkunden kleineren Formats. Ein Supplement z. d. Samml. von Ostraka und Überresten griech. Tachygraphie: vgl. Bd. S.

früheren, die sonst nur ausnahmsweise dieselben oder noch größere Maße (bis zu 1 röm. Fuß = 0,2957 m) erreichten. Das Augustuspapier war allzu fein; die Schrift der einen Seite war gelegentlich auf der anderen Seite zu sehen; beim Claudiuspapier blieb die Seite, auf der man schrieb, ebenso fein wie früher, dagegen die Unterlage der Rückseite wurde aus etwas dickeren Markstreifen gebildet, um das Durchschlagen der Tinte zu verhindern. Erhaltene Fragmente kaiserlicher Originalreskripte, die Mommsen herausgegeben (Jahrbuch des gemeinen deutschen Rechts 1863 VI, 398—416), zeigen ein Format von 17 römischen Zoll, die genau einem griechischen Fuß entsprechen.

Die Gerichtsschreiber durften den Preis des gebrauchten Papyrus in Rechnung setzen; sie benutzten natürlich die schlechteste Sorte. s. Lydus de magistr. 3, 14: *χόρτον — fenum — ἀντὶ χάρτου γράμμασι φαύλοις καὶ πενίαν ὄζουσιν ἐκδιδοῦσι. Chartae maiores* (Martial 14, 10. 11) s. Ephem. ep. 5 p. 643.[1]

Von großer Wichtigkeit für die Haltbarkeit der Rolle war das Verhältnis der Schmalseite zur Langseite. Die Schmalseite der erhaltenen Rollen wechselt nach Schubart, Das Buch S. 48, zwischen 5 cm und 30 cm. Auch die Länge war sehr verschieden; Kenyon, Pal. p. 18 erwähnt die Höhe der Papyrusrollen im British Museum; die größten sind über 15 (engl.) Zoll = 375 mm hoch; die litterarischen sind aber kleiner; als Durchschnitt kann eine Höhe von 9—11 (engl.) Zoll gelten.

Gewöhnlich faßt man die Dimensionen des Plinius so auf, als ob dadurch die Schmalseite der Papyrusrolle bezeichnet wäre. Allein Birt, Buchw. S. 251 und nach ihm Kenyon, Palaeogr. of gr. pap. p. 16 haben gezeigt, daß Plinius vielmehr die Breite der einzelnen *plagulae*, Breite der plagulae
Blätter (*κολλήματα*) meint, aus denen sich die Rolle zusammensetzt. Birt, Buchw. gibt S. 259 ff. das Resultat seiner Messungen; s. Dziatzko, Buchwesen S. 95—96.

Es ist interessant, die Theorie der plinianischen Liste mit der Praxis, d. h. mit den erhaltenen Papyrusrollen zu vergleichen.

Ibscher[2] bemerkt über das Format einiger hieratischer Papyri vom Ramesseum in Theben: bei diesen litterarischen Rollen — — läßt sich bei einer Blattlänge von 35—46 cm eine Höhe von 30, 20, 14. 9 cm feststellen. Wie man hieraus ersieht, zerschnitt man die 30 cm hohe Rolle nach Belieben der Länge nach in verschiedene Streifen, um so eine dem Geschmak des Besitzers entsprechende Rolle zu erhalten.

---

[1] Eph. epigr. 5 p. 632: Carta in postulatione si[mplici singulae] sufficiunt maiores; in contradictionibus quatern[ae] maiores; [nicht = Quaternionen].

[2] Arch. f. Pap. 5, 193.

Es gibt sogar Papyrusblätter von 40 × 28 cm,[1] aber bei den meisten Bücherrollen war sie geringer, so z. B. beim Timotheuspapyrus: *κολλήματα*: $8\frac{5}{8} \times 7\frac{1}{2}$ inches; *σελίδες*: $6\frac{1}{4} \times 10$ inches.

Die Fragen nach dem Großrollensystem Birts[2] und den *βίβλοι συμμιγεῖς* und *ἀμιγεῖς*, die kürzlich mehrfach behandelt wurden,[3] sind mehr litterar-historischer als paläographischer Natur.

Länge der Rollen

Die Länge der erhaltenen griechischen Papyrusrollen ist manchmal sehr groß. Flinders Petrie erwarb die Revenue Laws of Ptolemy Philadelphus jetzt in Oxford, eine Rolle von 42 (engl.) Fuß (s. Kenyon, Pal. p. 17 n. 1), aber diese Rolle ist aus verschiedenen selbständigen kleineren Rollen zusammengesetzt; über den Papyrus Ebers s. o. S. 63.

Es gibt ägyptische Papyrusrollen, die 40—43 m lang sind. Aber sie sind nicht nur gebrechlich, sondern auch unbequem zu benutzen. Meistens brauchte man daher kleinere Rollen, in denen sich leichter etwas finden ließ. Kenyon, Palaeogr. gr. pap. p. 122, hat darauf hingewiesen, daß die gar nicht umfangreiche *Ἀθηναίων πολιτεία* sich über vier Rollen verteilte, daß keine der vielen Homerrollen mehr als zwei, höchstens drei Bücher der Ilias umfaßt, dementsprechend wäre also auch für jedes der vier Evangelien ebenso wie für die Apostelgeschichte eine besondere Rolle notwendig. In der arabischen Zeit hatte eine Rolle (*χάρτης*) eine Normallänge von 30 arabischen Ellen (14.5 m); zwei Drittel derselben hießen *τόμος*, ein Sechstel *τομάριον*.[4]

arabische Zeit

volumen

Das Wort *volumen* wird nur in paläographischem Sinne gebraucht; *liber*, das Rollenbuch, dagegen auf litterarische Werke angewendet, bezeichnet nach Birt, Buchwesen S. 1 u. 13 das Ganze oder einen Teil des äußeren Umfangs der Rolle, während nach Rohde diese Worte auch im Singular gebraucht werden bei Werken, die aus mehreren Büchern bestehen. E. Sprockhoff, De libri voluminis, *βίβλου* sv. *βιβλίου* vocabulorum — — usurpatione. Marburg 1908, sucht die Erklärung seines Lehrers Birt zu stützen, muß dann aber öfter Änderungen vornehmen. Nach Landwehr (Arch. f. lat. Lex. 6. 1889, 223) bezeichnet *liber* das Ganze oder einen Teil seines Inhalts; *volumen* bezieht sich danach auf die Form, *liber* dagegen auf den Inhalt einer Rolle oder eines Kodex; vgl. Ulpian Digest. 32, 52: *Librorum appellatione continentur omnia volumina. — — Si cui centum libri sunt legati centum volumina ei dabimus.* Plin. Epist. 3, 5: *tres [libri] in sex volumina propter amplitudinem divisi.*

---

[1] Siehe Berliner Klassikertexte 5, 94.

[2] Birt, Buchwesen S. 283 ff.; Buchrolle S. 215.

[3] C. Haeberlin, Beitr. z. Kenntnis des antiken Bibliotheks- und Buchwesens, s. Zentralbl. f. Bibl. 6. 1889, 481; 7. 1890, 1 u. 271. — Dziatzko, Rhein. Mus. 46. 1891, 362; ders., Buchwesen S. 178.

[4] Karabacek, Das arabische Papier S. 17.

Τόμος bedeutete ursprünglich seiner Etymologie entsprechend den Abschnitt, also zunächst die Seite, Schriftkolumne einer Rolle. Diese Bedeutung hat das Wort selbst noch in lateinischen Glossen, die Löwe in Birts Buchwesen S. 239 mitteilt: *scapus certus numerus tomorum scriptorum* (Casin. 218, Vatic. 1469) und *certus numerus tomorum chartae scriptae* (Leidens. 67 F gl. Isidori p. 694. 56). J. Schmidt, Rhein. Mus. 47. 1892 S. 326, faßt *tomus* (vulgär: *tumus*) also ganz richtig als gleichbedeutend mit *pagina* auf. Aber *tomus* hat doch schon früh die spätere Bedeutung Band, Buch angenommen, und dementsprechend auf dem schon erwähnten steinernen Kasten, Revue Arch. 4, 2. 1848 p. 758: ΔΙΟΣΚΟΥΡΙΔΗΣ Γ ΤΟΜΟΙ,[1] wo man doch zunächst an drei Rollen denken wird, auf denen die Werke des Dioskurides geschrieben sein sollten. In demselben Sinne brauchte man auch *κεφαλίς*,[2] d. h. Rolle (= *τόμος*, Papyrusbuch, daher Apophthegm. Patrum Ephrem 2 (Migne 65. 168): *ἔχοντα ἐπὶ χεῖρας κεφαλίδα, τουτέστι τόμον γεγραμμένον ἔσωθεν καὶ ἔξωθεν*. Über das Wort *τεῦχος* s. u. S. 155. Τόμος

Beim Schreiben pflegte man am linken Ende der Rolle zu beginnen und am rechten zu enden. Wenn die Arbeit beendigt war, so wurde die Rolle von rechts aufgerollt, so daß der Leser von links beginnen konnte. Das Auf- und Abwickeln erfolgte natürlich stets in demselben Sinne, nicht etwa auf der einen Seite nach oben, auf der anderen nach unten;[3] bei den unzähligen Darstellungen der Rolle aus dem Altertum ist sie fast niemals in Form eines liegenden S gerollt.[4] κεφαλίς Auf- und Abwickeln

Die Anordnung der Schrift zeigt eine große Mannigfaltigkeit. Bei der Papyrusrolle des Altertums laufen die Zeilen parallel mit der Langseite der Rolle, bei der Pergamentrolle des Mittelalters dagegen mit der Schmalseite. Dementsprechend war auch die Länge der Zeilen im Altertum sehr verschieden. Am besten nutzte man den Raum aus, wenn eine Zeile so groß war wie die Langseite der Rolle, und dementsprechend haben Urkunden des täglichen Lebens vielfach Zeilen von ganz ungewöhnlicher Länge.[5] Aber wenn man eine von diesen langen Zeilen zu Ende gelesen hatte, war es schwer, sogleich den Anfang der nächsten zu finden. Zeilen

Namentlich bei litterarischen Denkmälern mußte die Zeilenlänge eine kleinere sein und besonders bei den so häufig abgeschriebenen homerischen Gedichten ergab es sich von selbst, daß ein Hexameter Zeilenlänge

[1] A. J. Reinach, Bull. de la Soc. Arch. d'Alexandrie 1909. 1—23 (S.-A.).
[2] Siehe Rhein. Mus. 62, 1907, 488.
[3] Siehe z. B. auf dem Elfenbeindiptychon S. 39 unten die beiden Männer mit aufgerollten Rollen in der Linken.
[4] Rollung in S-Form s. Birt, Buchrolle S. 226 Fig. 148 u. 191.
[5] Dziatzko, Buchwesen S. 125.

einer Schriftzeile entsprach (s. u. Stichometrie);[1] auch in griechischen Inschriften ist dieser Umfang der Zeile manchmal innegehalten.[2] So
pagina entstanden rechteckige Schreibflächen (*paginae*), getrennt durch freigebliebene Zwischenräume. Wie beim Theater[3] Gruppen von Sitzplätzen (*cunei*) durch die freigebliebenen Zugangsstraßen abgesondert werden, so wird auch die beschriebene Fläche eines Papyrusblattes auf allen vier Seiten durch weiß gebliebene Streifen eingefaßt. Diese *paginae* wurden oft bei den Griechen ebenso wie bei den Ägyptern numeriert.[4] Wer also eine antike Rolle mit der Linken auf-, mit der Rechten[5]

Fig. 15.
Grabrelief zu Krissa bei Delphi.
Monum. Ann. Bull. 1855 Tav. XV—XVI.

Fig. 16. Sarkophagrelief.
Jüngling, eine Rolle lesend.
Daremberg-Saglio 524.

dagegen abrollte, konnte eine oder einige Kolumnen übersehen. Die mittelalterliche Pergamentrolle dagegen bestand aus einer einzigen Kolumne, meist fast so lang wie die Rolle selbst. „Wenn über die Verknüpfung von *pāgus* und *pāgina* mit *pangere* und *pax* (Corssen, Ausspr. 1, 393) kein Zweifel sein kann, so können jene beiden Wörter wohl nur zurückgeführt werden auf die sowohl bei der Ackerflur wie bei dem Quadrat der Papyrusrolle[6] erforderliche Festsetzung der

[1] Birt, Buchwesen S. 156. S. 275: Zeilenlänge und Blattbreite.

[2] Birt, Buchwesen S. 221.

[3] Phrynich ed. Bekk. p. 62, 28: Σελίς· βιβλίον. λέγεται δὲ καὶ σελίς· θεάτρου.

[4] Jahrbb. f. klass. Philol. 1884 S. 419.

[5] Muse mit Rolle in beiden Händen. Bull. de corr. hell. 12. 1888 pl. II. Siehe Fig. 15 u. 16.

[6] Vgl. Festus ep. p. 221: paginae dictae quod in libris suam quaeque obtineant regionem ut pagi.

Grenzlinie.“[1] Allein diese Ableitung scheint doch eine zu künstliche Übertragung vorauszusetzen. *pagus* und *pagina* hängen allerdings zusammen; die Grundbedeutung scheint zu sein der Verband, die Einheit.[2] Etwas zu künstlich scheint auch Stowassers Etymologie von *pagina* zu sein (Wiener Stud. 31. 1909, 149); er hält die Endung des Wortes für unlateinisch. „Ein Täfelchen aus Buchenholz heißt griechisch *δέλτος φηγίνη*, dorisch *δέλτος φᾱγίνᾱ*, gesprochen *pagina*. — Seitenüberschriften braucht die Papyruskolumne nicht; auch bei den ältesten Pergamenthandschriften fehlen sie; danach bestimmt Dziatzko, Buchwesen S. 179 ihr Alter.

Da die erste Kolumne einer Papyrusrolle der Zerstörung immer am meisten ausgesetzt ist, so blieb sie gelegentlich frei oder wurde bloß mit dem Titel des Buches beschrieben,[3] damit bei einer Beschädigung des Anfangs kein Textverlust eintrete. Selten wurde bei der Rolle ein Schutzstreifen (s. o. S 55) angebracht. Bei einer Originalurkunde aus der ägyptischen Kanzlei der Regierung ist der Rand durch einen Pergamentstreif verstärkt.[4] Für den Transport wurde die Buchrolle wie der Brief umschnürt.[5] Die Rolle wurde in der Weise gelesen, daß man mit der Linken die gelesenen Teile aufrollte, mit der Rechten dagegen den Rest abrollte, wie es Lucian imag. c. 8 beschreibt: *βιβλίον ἐν ταῖν χεροῖν εἶχεν, ἐς δύο συνειλημμένον· καὶ ἐῴκει τὸ μέν τι ἀναγνώσεσθαι αὐτοῦ, τὸ δὲ ἤδη ἀνεγνωκέναι.* Bei kleineren Schriftstücken und Briefen brauchte die Linke nur festzuhalten, nicht aufzurollen. Seneca epist. 45, 13 sagt daher: *Sed ne epistulae modum excedam, quae non debet sinistram manum legentis — — implete* — —. Schon aus diesem Grunde pflegten die Papyrusrollen nur einseitig beschrieben zu werden, weil beim Auf- und Abrollen die Schrift der Rückseite durch die Hände des Lesenden zu sehr gelitten hätte. Wenn dennoch Opisthographen[6] vorkommen, so sind dies oft wertlose Schreibereien und Konzepte.

erste Kolumne

Auf- und Abrollen

Um der sehr gebrechlichen Papyrusrolle Halt zu geben, verstärkte man zuweilen die innere Schmalseite der Rolle durch einen feinen Stab, der in den Denkmälern der Kunst meistens nicht angedeutet, aber bei Schriftstellern oft genug erwähnt wird. Dziatzko, Pauly-Wissowa u. d. W. S. 956 meinte, daß man in der Kaiserzeit mit einem doppelten Stabe den Anfang und das Ende versehen habe, aber das folgt nicht aus

Rollenstab

umbilicus

---

[1] Mommsen, R. St. R. 3, 116 A.

[2] pāgina = Kolumne, s. Hermes 2, 116 A. 2. — Birt, Buchwesen S. 223.

[3] Berliner Klassikertexte 4. Hierokles bearb. von Arnim. Berlin 1906.

[4] Sitzungsber. d. Berl. Akad. 1910 S. 710—711. Unterklebung mit Papier s. Österr. Monatsschr. f. d. Orient 11. 1885, 251 ff.

[5] Zubinden der Rolle s. Birt, Buchrolle S. 241.

[6] Plin. ep. III, 5, 17. Ulpian dig. 37, 11, 4.

der Anwendung des Plurals (*umbilici*). Zündel beschreibt (im Rhein. Mus. N. F. 21 S. 431—437) Papyrusfragmente, die um einen kurzen Stab gewickelt sind, der aus Schilfblättern besteht, die durch ein rotes Tonsiegel verbunden sind; sonst war er meistens aus Holz oder Knochen nach Porphyr. ad Hor. Epod. 14, 8 *in fine libri umbilici ex ligno aut osse solent poni.* daher bedeutet *ad umbilicum perducere* soviel wie eine Schrift vollenden.[1] Der *umbilicus* oder *ὀμφαλός* ragt meist als Knopf über die beiden Schmalseiten der Rolle hervor, und wurde bei wertvolleren Werken oft gefärbt oder vergoldet.

cornua und umbilici

Wenn daneben auch noch *cornua* erwähnt werden, so meint J. Marquardt (Röm. Privataltertümer II S. 396), „die Identität der *cornua* und *umbilici* geht nicht nur aus diesen Stellen, sondern namentlich aus der Vergleichung von Martial IV, 89 *Iam perrenimus usque ad umbilicos* mit XI, 107 *Explicitum nobis usque ad sua cornua* hervor." Doch beweisen diese Stellen nur, daß *cornua* und *umbilici* sich vertreten konnten.[2] Letztere sind nichts weiter als Knöpfe, in welche der Stab ausläuft; die *cornua* dagegen sind, wie der Name sagt, eine schräge hornförmige Fortsetzung desselben, welche die Stelle einer Kurbel vertrat und zu dem Zwecke angebracht war, die Windungen der Rolle rascher und fester anziehen zu können. Wenn das der Zweck der *cornua* war, so versteht es sich von selbst, was Birt leugnet, daß die Rollenstäbe mit der Rolle fest verbunden waren, denn sonst konnte man durch Drehung der Stäbe die Windungen der Rolle nicht fester anziehen. „Dafür, daß der Stab an der Papyrusrolle befestigt war, ist meines Wissens Hero der einzige zuverlässige Zeuge."[3]

Birt

Ganz verfehlt ist Birts Erklärung Rhein. Mus. N. F. 63. 1908 S. 41: „*cornua* sind — — die unbeschriebenen verdickten Endblätter der offenen Rollen", und in seiner Buchrolle S. 235 vergleicht er die *cornua* der Rolle mit denen der Schlachtordnung; er leugnet, daß die Stäbe an den Rollen befestigt waren. Wenn Birt die *cornua* der Schlachtlinie heranzieht, so hatten die Rollen ein *cornu* am Anfang und eines am Ende. Ein Buch durchlesen würde also heißen von einem *cornu* bis zum andern. Martial epigr. 11, 107 sagt aber: *explicitus usque ad sua cornua*. Der Lesende trifft also am Schluß auf beide *cornua* zugleich.

Schubart

Auch Schubarts Erklärung (Das Buch S. 93) kann ich nicht für richtig halten, sie sollen „die untere und die obere Ecke des Anfangsblattes" bezeichnen. „Sie wurden schwarz gefärbt und hoben sich dadurch von der helleren Papyrusfarbe ab." Aber zu welchem Zwecke

[1] Ebenso im Griechischen *μὴ ταχὺς Ἡρακλείτου ἐπ' ὀμφαλὸν εἴλυε βίβλον* Jacobs Anthol. gr. IV p. 226 n. DXVII. Seneca suasor. 6, 27: librum — — usque ad umbilicum revolvere.

[2] Dziatzko, Buchwesen S. 119.

[3] Rollenstab umbilicus s. Birt, Buchrolle S. 228.

Jacobs

frons

wurden die Randecken schwarz gefärbt? Hat man solche *cornua* jemals gefunden in den unzähligen erhaltenen Papyrusrollen? Ovid in den Tristien 1, 1, 8 *nec candida cornua nigra fronte geras* sagt gerade das Gegenteil; die *cornua* waren vielmehr weiß. E. Jacobs[1] erklärt die *cornua* als Knöpfe. Das ist entschieden richtiger, aber auch noch nicht richtig. *Cornua* sind vielmehr die wenig gebogene Fortsetzung des Rollenstabes, die manchmal aus Knochen oder Elfenbein hergestellt waren. *Cornua* kann man z. B. sehr deutlich an den Rollen unterscheiden auf einem pompejanischen Gemälde, Mus. Borbonico Vol. I Tav. XII. 3 (s. Fig. 17). Neben den *cornua* wird häufig die *frons* oder *frontes* der Rolle genannt, so z. B. in der oben angeführten Ovidstelle Schubart, Das Buch S. 93 erklärt das als „den außen liegenden Rand, den Anfang der ganzen Rolle" mit dem Titel des Buches. Das ist

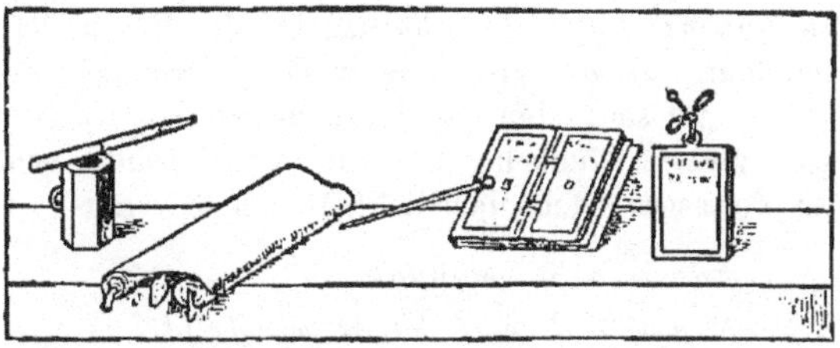

Fig. 17. Tintenfaß mit Schreibrohr, Rolle mit *cornua* und Pergamentfähnchen, Stilus, Polyptychon, Rechentafel.
Wandbild. Mus. Borb. 1, 12. 2.

eine gesuchte Erklärung. Birt, Buchrolle S. 236 hält vielmehr mit Recht an der alten Erklärung fest: die Stirnseite einer Rolle ist der Querschnitt der Rolle im Fache des Schrankes, den der Beschauer zuerst sieht. Die beiden Basisseiten des Zylinders wurden beschnitten und oft auch noch mit Bimsstein geglättet; daher *pumicata fronte* bei Martial 1, 66, 10.

Pergamentfutteral

Außer einem vergoldeten *ὀμφαλός* hatte ein Prachtwerk auch noch ein purpurnes Pergamentfutteral: Lucian adv. indoct. 7: *ὁπόταν τὸ μὲν βιβλίον ἐν τῇ χειρὶ ἔχῃς πάγκαλον, πορφυροῦν μὲν ἔχον τὴν διφθέραν, χρυσοῦν δὲ τὸν ὀμφαλόν*, und Tibull 3, 1:

Lutea sed niveum involvat membrana libellum.[2]

Noch deutlicher erhellt dies aus Lucian de merc. cond. 41: *τοῖς καλλίστοις τούτοις βιβλίοις, ὧν χρυσοῖ μὲν οἱ ὀμφαλοί, πορφυρᾶ δὲ ἔκτοσθεν ἡ διφθέρα, τὰ δὲ ἔνδον ἡ Θυέστης ἐστὶ τῶν τέκνων ἑστιώμενος*

[1] Zentralbl. f. Biblioth. 26. 1909, 80—83.

[2] Birt, Buchrolle S. 242 bemerkt dazu: Erst seit dem Jahre 11 n. Chr. bei Lygdamus Ps. Tib. III, 1, 9 — — taucht die erste Anspielung an die Paenula auf.

ἡ *Οἰδίπους*, was Förster, Jahrb. f. kl. Philol. 1880 S. 51 nicht auf beschriebenes Purpurpergament hätte beziehen sollen; denn im zweiten Jahrhundert wurde überhaupt selten auf Pergament geschrieben, geschweige denn auf Purpurpergament[1] (s. o. S. 100). Daß hier stets an das Pergamentfutteral gedacht werden muß, zeigt nicht nur Ovid Trist 1, 1. 5: *nec te purpureo velent vaccinia fuco*, sondern auch Tibull.

φαινόλα Dieser Pergamentüberzug führte den Namen *φαινόλα*, das bedeutet nach Hesychius *ἔφασμα*, und wurde eigentlich gebraucht zur Bezeichnung des priesterlichen Obergewandes. In der Sprache des Volkes wurde die richtige Form korrumpiert zu *φαιλόνης*, das ebenfalls in den älteren Texten des Hesychius vorkommt, von M. Schmidt aber eingeklammert wurde: [*φαιλόνης· εἰλητάριον μεμβράϊ(ν)ον. ἢ γλωσσόκομον*]. Diese Vulgärform findet sich auch im N. T. 2. Timoth. 4, 13: *Τὸν φελόνην, ὃν ἀπέλιπον ἐν Τρωάδι παρὰ Κάρπῳ, ἐρχόμενος φέρε καὶ τὰ βιβλία, μάλιστα* [*δὲ*] *τὰς μεμβράνας*; bei den Byzantinern braucht man das Deminutiv *λευκὸν φαιλόνιον* in dem *Ἐπαρχικὸν βιβλίον* des Kaisers Leo des Weisen: Mém. de l'inst. de Genève 18. 1893—1900 p. 15. Besser als ein einfacher Überzug (*toga, paenula*) schützte die Bücher vorm Zerfasern nach Martial 14, 18 ein hölzernes

Manuale.

Ne toga barbatos faciat vel paenula libros
Haec abies chartis tempora longa dabit.

σίλλυβοι Zum Behuf schneller Orientierung, um nicht jedesmal die Rolle aus dem Futteral ziehen und durchlesen zu müssen, hatte man am oberen Ende der Rolle Fähnchen[2] aus Pergament angebracht, die sogenannten *σιλλύβους*, für Titel und Inhalt des Buches. Cicero bittet z. B. seinen Freund Atticus ihm zwei tüchtige Buchbinder zu schicken (ad Atticum IV, 4[b] ed. Baiter und Kayser X p. 91) *iisque imperes, ut sumant membranulam, ex qua indices fiant, quos vos Graeci, ut opinor, σιλλύβους appellatis*, und dieses Wort erklärt Hesychius: *Σίλλυβον — καὶ τῶν βιβλίων τὸ δέρμα.* Haupt (Opusc. 3, 411) hat aber gezeigt, daß für die Vulgata *σιλλύβους* bei Cicero vielmehr *sittubos* oder *sittybos* zu schreiben sei, vgl. Marquardt, Altert. 2² S. 817. 4. Lobeck, Prol. pathol. p. 290. — Erhalten sind solche Rollentitel (2,8 × 12,5) Oxyrh. Pap. 2, 303 Nr 301 und 313 Nr. 381, (s. Arch. f. Papyr. 1. 1901, 510): *Σίλλυβος intended to be attached to a roll containing the title Σώφρονος*

[1] Ich begnüge mich hier einfach, eine Anmerkung von Birt, Buchwesen S. 64 A. 2 zu wiederholen: Daß R. Förster hier an codices auf Purpurpergament denken konnte, ist wunderbar. Er hat wohl die Erwähnung der *ὀμφαλοί* übersehen.

[2] Vgl. Mus. Borbon. Vol. I Tav. XII, 2 und Giornale degli scavi di Pomp. N. S. I Tav. II. sittybos der Griechen bei den Ägyptern s. Birt, Buchrolle S. 17. 237.

μῖμοι γυναικεῖοι Oxyrhynch. Pap. 2 p. 303 Nr. CCCI. Nicht nur die Bücherrollen, sondern auch die Akten der Beamten wurden mit Fähnchen versehen. Solche „Aktenfahnen“ oder Aktenschwänze sind P. Oxy. VI, 957 (um 123 n. Chr) und 958 (80 n. Chr.), wahrscheinlich auch 987 (5.—6. Jahrh n. Chr.). 957 besteht aus Leder, 958 und 987 aus Pergament . . . Der Aktenschwanz heißt σίλλυβος[1]

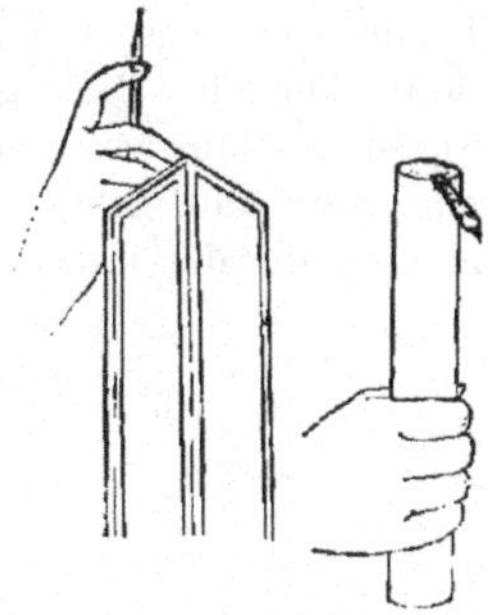

Fig. 18. Stilus, Wachstafel und Rolle mit Sillybus. Giorn. d. sc. 1868—1869 tav. 2.

Trotz des Futterals war die Rolle aber natürlich nicht sicher vor Motten und Würmern (s. o. S. 122), man suchte sie deshalb zu schützen dadurch, daß man sie mit Zedernöl tränkte und ihr dadurch eine gelbliche[2] Färbung gab, wie z. B. von Vitruv 2, 9, 13 als ganz gewöhnlich vorausgesetzt wird *ex cedro oleum, quod cedreum dicitur, nascitur, quo reliquae res cum sunt unctae, uti etiam libri a tineis et a carie non laedantur,* ebenso Hemina bei Plinius n. h. 13, 86: *et libros citratos fuisse propterea arbitrarier tineas non tetigisse* (vgl. S. 122). Das Schicksal eines eben beendeten Buches beschreibt Martial sehr ausführlich: zunächst wird die Rolle mit Zedernöl getränkt, dann werde die innere Schmalseite oft durch einen Stab mit vorstehenden Knöpfen verstärkt, schließlich erhält sie ein purpurnes Lederfutteral mit einem roten Fähnchen für den geschriebenen Titel.[4]

Wie das Fähnchen am Pergamentfutteral die Möglichkeit gewährte den Inhalt der Rolle kennen zu lernen ohne die Rolle selbst herauszunehmen, so wurde auch gelegentlich zu demselben Zwecke eine vollständige Abschrift dem verschlossenen Original hinzugefügt, so daß Abschrift
man den Inhalt der Urkunde lesen konnte, ohne das Siegel zu brechen (s. o. S. 131 Wachstafeln, Doppelausfertigung).[5]

[1] Preisigke, Girowesen im griech. Ägypten 1910 S. 457 A Vgl. o. Fig. 12.

[2] Ovid trist. 3, 113 cedro flavus (liber).

[3] Martial epigr. 3, 2. 7—11:

Cedro nunc licet ambules perunctus
Et frontis gemino decens honore
Pictis luxurieris umbilicis,
Et te purpura delicata velet,
Et cocco rubeat superbus index.

Lucian adv. indoct. § 16: (τὰ βιβλία) καὶ διακολλᾷς καὶ περικόπτεις καὶ ἀλείφεις τῷ κρόκῳ καὶ τῇ κέδρῳ καὶ διφθέρας περιβάλλεις καὶ ὀμφαλοὺς ἐντίθης.

[4] Das Fähnchen war rot, s. die Anm. Friedländers, nicht etwa die Buchstaben; vgl. o. S. 145 (Lucian).

[5] Gerhard, Scriptura interior und exterior. Ztschr. d. Sav.-Stift. 25. 1904. Röm. Abt. S. 382. H. Erman, Zum antik. Urkundenwesen. Ztschr. d. Sav.-St. 26. Röm. Abt. S. 456 über die Doppelredaktion der römischen Wachs- und Bronze-

Ein Ehekontrakt von Elephantine[1] ist doppelt ausgefertigt auf einem Papyrusblatt, getrennt durch einen Schlitz und einen Zwischenraum von 2—3 cm Breite. Der obere Text (I u. II) ist der ganzen Breite nach gerollt und in der Mitte geknickt, so daß II auf I zu liegen kommt. Diese geknickte Rolle wird umschnürt und durch drei Siegel geschlossen. Die Abschrift unten (III. IV) kann ohne weiteres aufgerollt und gelesen werden. Diese doppelte Ausfertigung erinnert also an die der lateinischen Militärdiplome.[2]

I II
Text

Abschrift
III IV

Fig. 19.

Urkunden haben sonst auf der Rückseite manchmal eine kurze Inhaltsangabe.[3]

In anderen Fällen sollte eine doppelte Ausfertigung nur dazu dienen, den Text der Urkunde gegen Veränderungen und Fälschungen zu sichern, deshalb wird hinzugefügt, daß der Wortlaut zweimal von derselben Hand geschrieben sei.[4]

Rollenbündel Da Rollen unbequem zu transportieren sind, so pflegte man sie oft durch ein Band zusammenzufassen, und solche Rollenbündel[5] zeigen z. B. die Abbildungen zur Notitia Dign. ed Seeck p. 43. 161 (s. o. S. 129) sehr häufig. Über Verschnürung und Besiegelung von Papyrusrollen s. u. d. Brief.

Einen eigenen Einband pflegte die Papyrusrolle nicht zu haben; seine Stelle vertrat vielmehr das bereits erwähnte Lederfutteral, das allerdings den gebrechlichen Papyrus nur unvollkommen schützte; der eine Schutz wurde daher häufig noch durch einen zweiten geschützt. Im Orient pflegte man die Rollen mit oder ohne Futteral in irdenen In Krügen Krügen aufzubewahren; das beweist für Palästina die unten erwähnte Stelle aus Jeremias 32, 14, für Ägypten ein alter Bücherkatalog,

tafeln. — Über eine „Doppelausfertigung“ auf Papyrus s. Br. Keil. Anonym. Argentin. S. 306, vgl. jedoch Wilhelm, Sonderschrift. d. Österr. Arch. Inst. 7. Wien 1909 S. 260.

[1] Elephantinepapyri bearb. von O. Rubensohn. Berlin 1907 S. 6—7.

[2] Versiegelte Urkunden s. Elephantinepapyri von Rubensohn. Taf. 1.

[3] Erman u. Krebs. Aus den Papyr. d. Kgl. Mus. S 221.

[4] *γρά[μ]ματα δισσὰ γραφέντα ὑπ' ἐμ[οῦ]*. Oxyrh. Pap. 7, 1039.

[5] Birt, Buchrolle S. 255. Rollenbündel.

den Brugsch[1] veröffentlichte, dessen Werke sich in zwei Krügen (*qeb*) befanden. Ebenso benutzte man in Griechenland einen eigenen runden Kasten, *κίστη* (Aristoph. Wespen 529) dazu, der im Lateinischen *cista*, aber auch *capsa* (Iuvenal 10, 117) und *scrinium* (s. u. S. 175) genannt wurde.[2] capsa

Eine interessante Nachbildung der *capsa*[3] zugleich mit der Aufschrift des Werkes, für das sie bestimmt war, ist in Ägypten gefunden und beschrieben in der Rev. archéol. (I. sér.) 1848. 4, 2. 758.[4] Rollen, zusammengeschnürt oder in Kästen, sieht man nicht selten bei antiken Porträtstatuen, die Dichtern (z. B. Sophokles) oder Philosophen gesetzt wurden.

Fig. 20. Holztafel u. capsa mit Rollen, daran cornua.
Wandb. Mus. Borb. I, 12.

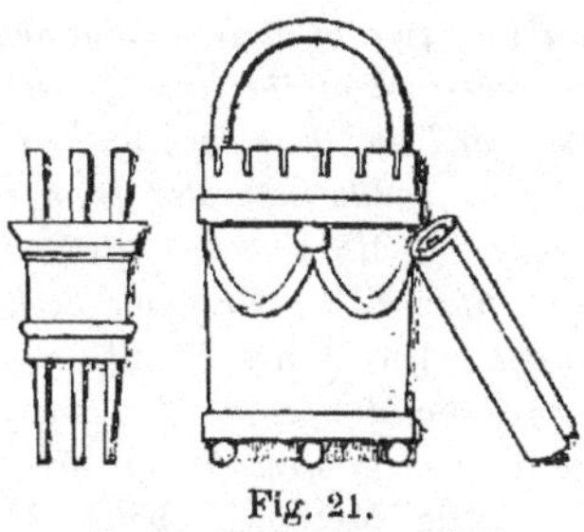

Fig. 21.
Drei calami, capsa, Rolle.
CIL. IX. 4909.

Der Sklave, der die *capsa* zu tragen hatte, hieß *capsarius*,[5] er ist es, der den Knaben in die Schule begleitet und zugleich mit der *capsa* seinen Mantel aufbewahrt; dann der Garderobier in den öffentlichen Bädern (C. I. L. VI 9232).[6]

Auf die Bücherschränke und Gestelle in Bibliotheken können wir hier natürlich nicht weiter eingehen; s. Birt, Buchrolle S. 261 u. 244.

[1] Ztschr. f. ägypt. Sprache 14 S. 1.

[2] Das Rollenbuch und seine Aufbewahrung s. Birt, Buchrolle S. 210. 248 ff. 259. capsa *βιβλιοφόριον* s. N. *Ἑλληνομνήμ.* 2, 267: Rechts vom Orthographen ein Henkelkrug, links ein Rollenbündel.

[3] Vgl. Antichità d'Ercolano II, 2. Mus. Borb. I pl. XII (s. o. Fig. 20). Darenberg et Saglio. Dictionnaire des antiq. s. v. Capsa.

[4] Gardthausen, Berliner Philol. Woch. 1907, 352. — A. J. Reinach, Bull. de la Société Arch. d'Alexandrie 1909 Nr. 11. — Horat. epist. 2, 1. 113: scrinia von Porphyrion erklärt capsas dicit in quibus scripta omnia reponantur. — Appian. bell. civ. 4. 44: *ἐν λάρνακι, ἃς ἀπὸ σιδήρου ἐς χρημάτων ἢ βιβλίων ἔχουσι φυλακήν.* — scrinium f. Rollen: Ztschr. d. Sav.-Stift. 12. Rom. Abt. 146. — Ein Kästchen mit getriebener Arbeit für die Legionspapiere der leg. IV Macedonica s. Notizie degli scavi 1887 p. 210.

[5] capsarius C. I. L. VI, 6245. 7368; VIII, 2553. Ephemeris epigr. 4 p. 433. — capsararius VI, 9232—9234. Liviae capsaria VI, 3952. Als Sklavenname: EPAPHRA PVER CAPSA. VI. 6576 Statilia Capsula.

[6] Maximaltarif Diokletians herausgeg. von Mommsen u. Blümner S. 120.

volumina herculanensia

In den letzten beiden Jahrhunderten ist das Interesse an Papyrusrollen sehr gewachsen, seitdem zahlreiche Urkunden und Bücher auf Papyrus geschrieben in Ägypten und in Unteritalien entdeckt sind. Zunächst waren es die *volumina herculanensia*, welche die Erwartungen der ganzen Welt in so hohem Grade erregt und bis jetzt wenigstens in so geringem Grade befriedigt haben; sie sind ohne Ausnahme auf Papyrus geschrieben, der im günstigsten Falle durch den Ausbruch des Vesuvs bloß verkohlt ist. — Das traurige Aussehen der *volumina herculanensia*[1] wird von einem Augenzeugen, Humphrey Davy (Literary Gazette Nr. 119 S. 280 ff.) so beschrieben: *(They) are brown, and still contain some of their volatile substance, or extractive matter, which occasions the coherence of the leaves; others are almost entirely converted in to charcoal, and in these, when their form is adapted to the purpose, the layers may be readily separated from each other by mechanical means. — — The number of MSS., and of fragments originally brought to the museum, as I was informed by Mr. Ant. Scotti amounted to 1696; of these 88 have been unrolled* [im Jahre 1819], *and found in a legible state. 319 more have been operated upon, and, more or less, unrolled and found not to be legible; 24 have been presented to foreign potentates.*

Methode des Abwickelns

Die Methode[2] beim Abwickeln der verkohlten Rollen, die zu Davys Zeiten ebenso wie heutzutage angewendet wurde, ist in der Mitte des achtzehnten Jahrhunderts erfunden; und hat sich trotz oder wegen ihrer Einfachheit von allen vorgeschlagenen Systemen am besten bewährt. Man klebt nämlich kleine Stücke von Goldschlägerhaut mit Hausenblase an die äußere Seite der Rolle und befestigt an der Goldschlägerhaut mehrere Fäden, die durch Drehung von hölzernen Schrauben straff gezogen werden und so allmählich das Abrollen bewirken. Diese einfache Maschine, die langsam aber sicher arbeitet, kann natürlich nur bei den Rollen angewendet werden, bei denen die einzelnen Lagen nicht zusammenkleben, ist aber wirkungslos bei den Rollen, die eine kompakte Masse bilden. Man hat verschiedene Lösungen in Vorschlag gebracht, aber noch keine erfunden, die nicht zugleich auch die Schrift vernichtet hätte, weil diese Flüssigkeiten nicht nur den Klebstoff zwischen den einzelnen Lagen, sondern auch das Bindemittel der antiken Rußtinte vernichten.[3]

[1] Eine farbige Nachbildung der verkohlten Papyrusrollen s. Mus. Borb. XVI tav. 24—25 und Silvestre Pal. univ. t. II.

[2] Winckelmanns Werke 2. Bd. S. 223, Dresden 1809 ff. — Erman u. Krebs, Aus den Papyrus d. Kgl. Museen 1899 S. 3. — W. Crönert, Über die Erhaltung und die Behandl. der herkulan. Rollen: Neue Jahrbb. f. klass. Altert. 5. 1900, 586—591. — Jorio, Real Museo Borbonico. Officio de' papiri descritto, c. 3 tavole. Neapel 1825.

[3] Vgl. F. Sickler, Die herkulanensischen Handschriften in England und meine nach erhaltenem Ruf und nach Auftrag der englischen Regierung im

Bei den nicht verkohlten aber zerknitterten, oft steinharten Papyrusstücken aus dem Faijûm hat Karabacek (Die Th. Grafschen Funde aus Ägypten S. 11) heiße Wasserdämpfe verwendet. Mit mehr Erfolg hat derselbe aber ein nasses Verfahren angewendet, das er in den Denkschr. der Wiener Akad. 33 1883 S. 214 beschreibt: „Man lege die Rolle zwischen zwei dichte Lagen stark feuchter, doch gut ausgewundener Flanelltücher und sehe vorsichtig zu, bis die obersten Lagen entsprechend weich und biegsam geworden, was alsbald geschieht. Nun beginne man behutsam, soweit die Wirkung der eingedrungenen Feuchtigkeit es zuläßt, mit der Abwicklung, welche dann, falls der Papyrus keine besonderen Klebstoffe enthält, um so leichter fortgeht, als man sehr bequem die trockenen Lagen des vor sich hinzulegenden Röllchens fortwährend mit dem feuchten Flanell bedeckt halten kann. Dasselbe Verfahren ist mit Vorteil auch bei den schon geöffneten aber verkrüppelten oder runzeligen Blättern anzuwenden; ein paar Augenblicke des Verweilens derselben zwischen den Flanelltüchern genügen, um die Glättung zwischen zwei Glastafeln vornehmen zu können."[1]

Wasserdämpfe

Flanelltücher

Glastafeln

Wo bei der traurigen Verfassung des Papyrus ein wirkliches Aufrollen untunlich ist, empfiehlt Seyffarth[2] folgendes Verfahren:

„Man nehme das feinste ungeleimte Papier, was gewöhnlich zwischen Kupferstiche gelegt wird, bestreiche dasselbe mit einer starken Auflösung vom besten, hellgelben arabischen Gummi und lege darauf den Anfang der Rolle, deren Teile, zumal wenn sie selbst mit Gummi bestrichen werden, mit dem darunterliegenden Papier sich verbinden. Letzteres wird durch das Gummi so durchsichtig wie Glas und läßt die Buchstaben auf der Rückseite der Rolle noch besser erkennen als vorher. Eine Rolle zu Leyden, die ganz feucht und fast so zerbrechlich als die herkulanischen war, hat der Verfasser mit Hilfe Reuvens dadurch gerettet, daß er sie mit einem scharfen Messer in der Richtung der Achse in zwei gleiche Teile trennte, die Segmente ablöste und der Reihe nach auf besagtes Papier mit Gummi aufklebte. Die einzelnen Stücke wurden so genau aneinander gepaßt, daß der Papyrus als ganz erschien und keine geteilten Buchstaben zeigte."

zerschneiden

Jahre 1817 zu ihrer Entwickelung gemachten Versuche (Leipzig 1819) und: Sir Humphrey Davys Versuche, die herkulanensischen Handschriften in Neapel mit Hilfe chemischer Mittel zu entwickeln (Leipzig 1819). Davys chem. Mittel, die herkulan. Handschriften zu Neapel zu entwickeln. 1821 (a. d. Isis).

[1] Behandlung der Papyrusrollen s. Handbücher der Kgl. Museen zu Berlin [7]. Rathgen, Konservierung von Altertumsfunden S. 132—133. — Ibscher, Beobachtungen bei der Papyrusaufrollung s. Arch. f. Papyr. 5. 1909, 191 u. R. Engelmann, Vossische Zeitg. vom 2. Febr. 1908. Sonntagsbeil. Nr. 5.

[2] Serapeum III S. 42.

Mittelalterliche Rollen.

Die Form der Rolle war jedoch durchaus nicht auf Papyrus beschränkt. Für die Thora der Juden war die Lederrolle seit alter Zeit vorgeschrieben. Ulpian (Digest. XXXII 52 spricht z. B. von

Pergamentrolle

volumina sive in charta sive in membranis sint. Eine Pergamentrolle, 120 Fuß lang, mit Ilias und Odyssee in Goldschrift erwähnt Zonaras 14, 2 in einer Bibliothek von Konstantinopel.[1] Es gibt noch eine merkwürdige Rolle[2] im Vatikan (Pal. 431), die nur 1 Fuß breit aber über 30 Fuß lang ist, mit Bildern aus dem alten Testament, die von Ehrle s. o. S. 22 publiziert sind. Während die Rolle nach den beigeschriebenen Inschriften ins siebente bis achte Jahrhundert gesetzt wurde, rückten die Leiter der Palaeographical Society, die Proben des Josuarotulus kürzlich herausgaben (Nr. 108—110), ihn bis zum zehnten Jahrhundert herab, weil sie die Minuskel für gleichaltrig mit den Bildern erklärten; und in der Tat führen die Formen der Minuskel eher auf das elfte als auf das zehnte Jahrhundert. Auch ein Miniaturenrotulus des Archäolog. Russischen Institutes in Konstantinopel wird beschrieben von B. Farmakowski, Byzant. pergam. rukopisn. svitok miniat.[3]

Vielleicht waren es praktische Gründe, die den Schreiber und Maler die Rollenform vorziehen ließen, weil die Buchform doch bei Umfang und Komposition der Bilder immer hätte berücksichtigt werden müssen. Sonst finden wir Rollen nur noch im Gebrauch bei Schriften, die in der Kirche rezitiert zu werden pflegten. In der

liturgische Rollen

griechischen Kirche wurde es Mode, die Liturgie zur Erhöhung der Feierlichkeit von einer Rolle, *κοντάκιον*, zu verlesen. In der Bibliothek des Sinai sah ich eine liturgische Pergamentrolle (c. 591) in kursiver Schrift,[4] die nach der liegenden Unziale der Überschriften mit ziemlicher Sicherheit dem neunten Jahrhundert zuzuweisen ist. Eine andere Pergamentrolle, c. Sin. 956 (7,55 m), gehört dem zehnten Jahrhundert an, die anderen sind jünger: Sin. 1012—1019 (Pergam.), 1020—1032 (Bomb.), 1033—1035 (Papier), Hierosolym. 519 (s. XII). In der Bibliothek von Patmos sind über 25 Rollen, darunter liturgische von den Jahren 1260 und 1429.

Auch die größeren europäischen Bibliotheken sind reich an liturgischen Rollen. Aus der vatikanischen Bibliothek geben P. Franchi de' Cavallieri und Lietzmann in ihren Specimina Nr. 35 eine hübsche Probe vom Jahre 1209, nach der arabischen Randnote aus dem Orient

[1] Vgl. Birt, Buchrolle S. 316. Darstellungen der Buchrolle im Mittelalter.
[2] S. o. S. 22; Hans Graeven, Il rotulo di Giosuè: L'Arte 1. 1898 p. 221—230.
[3] Izvěstija rusik. arch. instit. v. C. P. 6. 1901, 253.
[4] Mélanges, Graux, p. 733.

stammend.[1] Montfaucon, Pal. Gr. 33—34 kennt nur zwei griechische Pergamentrollen, die eine in Rom, die andere in Paris, die wahrscheinlich mit der ersten von Graux genannten identisch ist. Dieser schickte mir freundlichst eine Liste der *Rouleaux liturgiques à la Bibliothèque Nationale de Paris: Nr. 409 A de l'ancien fonds grec (liturgie de Chrysost. membr. XIe siècle). Nr. 468, 469, 577, 578 du Supplément grec, respectivement membr. du XIe, XIIe, XIIIe, chartac. du XVe siècle, ce dernier liturgie de St. Jacques, les autres de S. Basile.* Dazu kommt noch eine andere c. Paris. Suppl. 613 Chrysost. liturg. (s. XIV) und nach gütiger Mitteilung H. Omonts: c. Par. Suppl. 1268 (s. XIII), 1269 (s. XV), 1270 (s. XIV). K. Wessely[2] beschreibt eine Wiener Pergamentrolle mit Fragmenten der Psalmen, die er ins sechste Jahrhundert setzt. Ein Kontakion *ou liturgie de S. Basile, écrite sur 4 feuilles roulées sur un bâton (κοντάκιον)* bestehend aus *1 f. 242 lignes composées de 4 feuillets collés* aus dem 12.—13. Jahrhundert erwähnt der Petersburger Katalog p. 59 Nr. CIV. Eine Pergamentrolle der Bodleiana (Bodl. Laud. 92 A, I p. 580) von 29 Fuß Länge ist im Anfang des 12. Jahrhunderts geschrieben. Aus dem folgenden Jahrhundert beschreibt Miller (catalog. Escur. p. 499) eine Liturgie des Basilius, ebenfalls eine 16 Fuß lange Rolle. Auch Madrid besitzt zwei griechische Rollen, über die Graux mir schreibt: *Deux rouleaux liturgiques à la Biblioteca de la Academia de la historia, à Madrid, l'un en papier, l'autre en parchemin. Celui en papier porte en tête „Η θεία λειτουργία τοῦ μεγάλου Βασιλείου. — Ex codice Laurentino ad verum exarata". C'est une copie du Nr. 581 de Miller catal. Escur. Celui en parchemin est en grec et en latin, mutilé en tête; il passe pour avoir le même contenu que le rouleau en papier. On lit sur une petite pièce adjointe, au rouleau en parchemin: „Al fin del pergamino se lee: Fr. Joannes de Cuenca scripsit et in latinum convertit."* Die Leipziger Universitätsbibliothek besitzt eine Liturgie des 15. Jahrhunderts, die nach der Subskription im Jahre 1502 von dem Metropoliten von Monembasia (Epidaurus) gestiftet wurde; sie hat eine Länge von 6 Meter und besteht aus einzelnen zusammengenähten Stücken. — Auch in Curzons Bibliothek (s. S. 9 des Katalogs) befindet sich eine Pergamentrolle von 6 Fuß Länge. Es gibt sogar eine Bombycinrolle des 14. Jahrhunderts, die von Silvestre (Pal. un. II. 35) faksimiliert ist. — Ein *κοντάκιον* (des 12. Jahrhunderts) der Universitätsbibliothek von Messina behandelt Swainson in den Memoranda of the Cambridge philological Society 1878—1879 p. 14—15: *„The lengths of it and of another fragment of the same roll amounted to at least ten feet eight inches; unlike the Hebrew rolls, it was read across, and, when the reader reached the end, he*

[1] Vgl. Swainson, The greek liturgies. London 1884 p. 2.
[2] Wiener Studien 4. 1882 S. 214.

simply turned it over, i. e. turned over the edge and continued on the other side. Nach spezieller Erkundigung laufen die Zeilen parallel mit der Schmalseite. Auch das British Museum besitzt ähnliche liturgische Rollen, auf die Dr. Swainson[1] mich gütigst aufmerksam machte. Da im 12.—14. Jahrhundert die Anordnung nach Kolumnen schon nicht mehr gewöhnlich ist, so wurde die Rolle wie eine große Seite behandelt, deren Zeilen der Schmalseite parallel sind, während im Altertum fast ohne Ausnahme die einzelnen Kolumnenzeilen die Richtung der Langseite hatten. Das früheste Beispiel der jüngeren Anordnung bietet, so viel ich sehe, der Brief, den ein byzantinischer Kaiser an einen fränkischen König wahrscheinlich um 839 n. Chr geschickt hat. Siehe Wattenbach, Schrifttafeln X—XI. Arch. f Urkund. 1. S. 1.

Anordnung d. Schrift

---

libri lintei

Schließlich sei mit einem Worte noch die Form der *libri lintei* erwähnt, die gerade für rituelle Zwecke, z. B. auch für die Sibyllinischen Orakel (Symmach. Epist. 4, 34) benutzt wurden. Trotz des Ausdrucks *libri* wird man wahrscheinlich nicht an Bücher in engerem Sinne, sondern wohl eher an Rollenformat zu denken haben.

Das Buchformat

findet sich sowohl bei Wachstafeln als beim Papyrus und Pergament. Der eigentliche Ausdruck für Buch[2] ist sogar den Holztafeln entlehnt, denn nach Seneca (s. o. S. 126) ist *codex* oder *caudex* ursprünglich *plurium tabularum contextus.* Auch die Verwendung der Diptychen als Bücherdeckel weist auf einen ähnlichen Zusammenhang.

Das Rollenformat hat man auch für Papyrus aufgegeben oder beschränkt. Da die Rollen doch aus einzelnen Blättern zusammengeleimt waren, so lag es nahe, auch die losen Blätter zu beschreiben und das zog man vor namentlich im sechsten und Anfang des siebenten Jahrhunderts, indem man 8—8,5 cm breite Blätter einzeln beschrieb; Wessely gibt dafür Beispiele in den Wiener Studien 1882 S. 24—25.

Nun meint allerdings Jacobs, Zentralbl. f. Bibl. 26. 1909 S. 80, Lambros folgend, den Kodex in der bildenden Kunst schon für das

[1] Lond. Add. 22749 s. XII; 27563 s. XIII; 27564 s. XIV; 18070 s. XV. — Über Moskauer Rollen s. Amphilochius (Archimandr.), Koudacarion grec du XIIe au XIIIe siècle d'après le ms. de la bibliothèque synodale de Moscou Nr. 437. Moscou 1879 in 1°. Extraits du Koudacarion grec du XIIe au XIIIe siècle. Édition facsimilé. Moscou 1879 in 16°.

[2] Vgl. Dziatzko, Das Buch bei Pauly-Wissowa. Realenzyklop. 3, 939. — Ces. Paoli, Progr. scolast. d. pal. lat. 2, 92. — H. Landwehr, Studien über das ant. Buchwesen s. Archiv f. lat Lexikogr. 6, 419—433. Schultze, Rolle u. Kodex (Greifswalder Studien, H. Cremer gewidmet) 1895 S. 147—158.

zweite Jahrhundert nach Christus nachweisen zu können. Die Grabstelle des Orthographen Timokrates[1] vom Ende des zweiten Jahrhunderts n. Chr. zeigt nach ihm Rolle und Kodex nebeneinander, allein die Sache ist doch sehr zweifelhaft. Was der Schreiber in der Hand hält, scheint mir eher ein geöffnetes Diptychon als ein aufgeschlagener Kodex zu sein. Lambros wendet allerdings ein, daß man dann den erhöhten Holzrand der Wachstafel hätte sehen müssen, allein die Darstellung ist klein und nur andeutend. Wenn ein Kodex dargestellt werden sollte, so hätte auch der vorstehende Einband der Handschrift angedeutet werden müssen, was ebenfalls nicht geschehen ist Die Rechte des Timokrates hält ein Schreibinstrument, das sich aber ebenfalls nicht mit Bestimmtheit als *calamus* oder *stilus* erkennen läßt. Das schmale Format paßt sicher besser für ein Diptychon als für einen Kodex. Orthograph

Während man auf dem Relief des Orthographen nur einen Kodex im allgemeinen glaubte gefunden zu haben, schien eine Inschrift von Priene (s. o. S. 96) den Pergamentkodex in vorchristlicher Zeit zu beweisen.[2] Aber gegen diese Annahme von W. Schubart hat U. Wilcken, Zur Gesch. d. Kodex Hermes 44. 1909 S. 150—151, mit Recht polemisiert, weil dort τεῦχος nicht Kodex, sondern Rolle bedeutet; z. B. BGU 3, 970 (vom Jahre 177 nach Christus) ἐκ τεύχους βιβλειδίων; die erledigten Bittschriften wurden also zu einem τεῦχος zusammengeklebt, d. h. zu einer Rolle.[3] Durch die Inschrift von Priene ist also für die vorchristliche Zeit nur eine lederne Rolle bezeugt. Inschrift v. Priene

Das Papyrusbuch.[4]

Bücher aus Papyrusblättern sind heute noch selten und waren es früher noch mehr. Montfaucon, Pal. gr. p. 15 sagt: *Graecum autem Papyreum codicem nullum hactenus vidimus.* Das gilt aber nach den neueren Funden nicht mehr.

Daß der älteste Kodex ein Papyrusbuch sein werde, war vorauszusetzen, und Mahaffy meinte ihn gefunden zu haben in den Fragmenten der Antiope des Euripides aus dem dritten Jahrhundert vor Christus.[5] Allein in seiner Ausgabe der Flinders Petrie Papyri, Cunningham Memoirs Nr. 8, Dublin 1891 p. 30 drückt er sich vor- ältester Kodex

---

[1] *N. Ἑλληνομν.* 2. 1905, 265 T. 4.

[2] Inschr. v. Priene ca. 84 v. Chr. Nr. 114 Zeile 11 u. 31.

[3] Birt, Buchwesen S. 89: τεῦχος in einem Epigramm des Krinagoras; ders., Die Buchrolle in der Kunst (1907) S. 21 A. 2, etwas abweichend S. 326: Schachtel mit Blattlagen (capsa) vgl. S. 342, s. Rohde, Götting. Gel.-Anz. 1882, 1549 A.

[4] Vgl. die Liste bei Kenyon, Paläogr. p. 24—25.

[5] Hermathena, Dublin 1891. 17 p. 38—51.

sichtiger aus: *The pages of Antiope might almost seem to have been like modern pages, forming a little quarto volume, with only one side of the papyrus employed. But this last fact, as Weil has observed, makes the roll form much more likely.*

Manchmal ist es in der Tat nicht leicht zu entscheiden, ob lose Papyrusblätter zu einer Rolle oder einem Kodex gehörten. Auch bei den Berliner Papyrusfragmenten der *Ἀθηναίων πολιτεία* hat man gezweifelt;[1] seit aber der Text dieses Werkes durch die Londoner Rollen vollständiger bekannt wurde, läßt sich nicht mehr daran zweifeln, daß die Berliner Blätter wirklich einem Kodex, wahrscheinlich des vierten Jahrhunderts, angehörten.

Kenyon, Palaeogr. p. 24, meint, daß der Papyrus nur gegen das Ende Buchform angenommen habe und das Papyrusbuch auch bald durch Pergament verdrängt worden sei. Gegen diese Annahme wenden sich die Herausgeber der Oxyrynchos Pap. 2 p. 2 mit dem Hinweis, daß das Papyrusbuch für theologische Litteratur im dritten Jahrhundert nach Christus gewöhnlich war: *At Oxyrhynchos it was certainly the material more generally employed from the fifth to the seventh century* (p. 3). D. Serruys, Revue de philolog. 34. 1910, 102, setzte die Anfänge des Kodex ins Ende des ersten oder an den Anfang des zweiten Jahrhunderts.

Aus der Zeit nach Christi Geburt haben wir sichere Beispiele von Papyrusbüchern resp. -lagen. Sie sind nach den neueren Funden gar nicht so selten, wie man zunächst meinen möchte; und Dziatzko, Buchwesen S. 143—144 gibt eine mehr als eine Seite lange Liste von diesen Resten alter Papyrusbücher, soweit sie bis zum Jahre 1900 bekannt waren. Im British Museum gibt es z. B. einen Papyrus CXXVI mit den homerischen Gedichten in Buchform.[2] Auch die neu gefundenen Fragmente von Menanders *Γεωργός*, herausgegeben von J. Nicole. Genf 1898, sind auf Einzelblätter nicht auf eine Papyrusrolle geschrieben, vgl. Dziatzko, Buchwesen S. 127. Andere Papyrusquaternionen siehe Transact. of the R. Irish Academy 29. 1887—1892 p. 653. Über ein Papyrusbuch des dritten Jahrhunderts nach Christus (Jesaias 38, 3—5) s. Wessely, Studien z. Paläogr. u. Papyr. 9. Leipzig 1909 S. 1—2. — C. W. Goodwin, Gr.-egypt. fragments. Cambridge 1852 p. IV. 6 Blätter 11 × 5 Zoll (drittes Jahrh. n. Chr.).

In Faijûm fand sich eine Lage von gefalteten Papyrusblättern, Teil einer Gregorhandschrift, die Landwehr beschrieben hat; Philologus 44. 1884 S. 1; vgl. Ztschr. für ägypt. Sprache 1880 S. 35.

[1] Vgl. Diels, Abh. der Berlin. Akad. 1885 S. 1. — Bergk, Rhein. Mus. 36, 93. — Dziatzko, Buchw. S. 146—147.

[2] Classical text ed. Kenyon, London 1891 p. 81.

D. Serruys,[1] Un „codex" sur papyrus de S. Cyrille d'Alexandrie (Revue de Philologie 34. 1910 p. 101, gibt eine paläographische Beschreibung. Die Handschrift aus der zweiten Hälfte des sechsten Jahrhunderts, heute im Louvre und in Dublin, besteht aus 38 gefalteten Papyrusblättern (0,43 × 0,34 m), die zu Quaternionen geordnet sind. Die einzelnen Lagen sind numeriert: IB, IΓ etc. Verhältnismäßig jung ist der früher überschätzte Papyruspsalter im British Museum (Nr. XXXVII), der aus 32 einzelnen Papyrusblättern besteht, die nicht zu Lagen[2] zusammengefaßt sind; vgl. Pal. Soc. Nr. I 38.

Aus byzantinischer Zeit vor der Eroberung Ägyptens durch die Araber haben wir den mathematischen Papyrus von Akhmîm auf Papyrusblättern (315 × 275 mm). Umschlag aus Leder.[3] Auch die neue Philohandschrift aus Coptos[4] besteht aus 44 Papyrusblättern, nach Heften von 10—12 Blättern geordnet.

Besonders umfangreich ist auch ein Papyruskodex der kleinen Propheten aus dem siebenten Jahrh.: 29 Blätter in Lagen von 4—5 Doppelblättern; vgl. Deissmann, Die Septuaginta-Papyri. Heidelberg 1905 S. 1. Veröffentl. aus der Heidelberger Papyrus-Samml. 1. Einen ähnlichen Papyruskodex Nr. 66 des Leydener Museums beschreibt Reuvens Lettres 3 p. 65—66. *C'est un livre sur papyrus, haut de 0mèt, 30 sur 0mèt, 18 de large (11½ pouces sur 6¾ pouces) c'est-à-dire à-peu-près du format des petits in-folios ... Il consiste en dix feuilles entières, pliées en deux et brochées, formant ainsi vingt feuillets.* Ulpian, Dig. XXXII, 52 princ. unterscheidet ausdrücklich *codices membranei* und *chartacei*; und Hieronymus erwähnt in einem Briefe (ad Lucinium 28) gelegentlich seine *opuscula in chartaceis codicibus*.

Auch in den Akten des sechsten ökumenischen Konzils von 680 bei Mansi XI, 512 wird ein *χαρτῷον τετράδιον* erwähnt. Es gibt sogar Lagen, die aus Papyrus und Pergamentblättern bestehen, so z. B. eine Handschrift des Augustinus Wattenbach, Gesch. des Schriftw.[3] S. 105), in der zwei bis drei gefaltete Papyrusblätter immer durch ein Pergamentblatt zusammengefaßt und geschützt sind. Gefaltete Papyrusquaternionen in einem Pergamentkodex (s. VI u. VII) des Augustinus zeigt der c. Paris. lat. 11 641 (Pal. Soc. 42—43). Doch diese Ausnahmen heben die Regel nicht auf, daß Papyrus gerollt und Pergament gefaltet wird.

[1] Vgl. Serruys, Mélanges Chatelain p. 492: Contribution à l'étude des „canons" de l'onciale grecque.

[2] Gr. Pap. Br. Mus. Fcs. I. 144. Über Quaternionen vgl. u. Pergamentbuch.

[3] Mém. p. p. la Mission arch. franç. au Caire t. 9. 1892 p. 3.

[4] Ebendort p. 151.

Der Pergamentkodex.[1]

Es kostet uns einige Mühe, uns an den Gedanken zu gewöhnen, daß der Kodex verhältnismäßig jung ist, daß die Blütezeit der antiken Litteratur Pergamenthandschriften durchaus nicht voraussetzt; und doch läßt sich darüber überhaupt nicht mehr streiten. Das Pergament unterscheidet sich vom Papyrus namentlich auch dadurch, daß er sich falten läßt ohne zu brechen, daraus erklärt sich seine Form. Der Doppelblatt Pergamentkodex beruht auf dem Doppelblatt. Über den Unterschied von losen Blättern (σχεδάρια) und festen Quaternionen siehe die Stelle des Epiphanius Seite 159 A. 2.

Um die gefalteten Pergamentblätter nicht einzeln heften zu müssen, Gruppen vereinigte man sie zu kleineren Gruppen von drei, vier, fünf, auch wohl Ternionen, Quaternionen sechs Doppelblättern (d. h. *Terniones* τρισσά, *Quaterniones* τετράδια usw.). Früher mag man auch gelegentlich dickere Lagen angewendet haben, ist dann aber bald durch die Praxis eines besseren belehrt worden. Der Schreiber, resp. Buchbinder pflegte sie nach einer Beobachtung Gregorys[2] so zu ordnen, daß jedesmal Fleischseite auf Fleischseite und Haarseite auf Haarseite zu liegen kam und die Linien pflegten so gezogen zu werden, daß sie bei den letzteren vertieft, bei den ersteren aber erhöht hervortraten. Den Grund dieser schon von Tischendorf beobachteten Tatsache möchte ich in ästhetischen Rücksichten finden. Denn der Unterschied zwischen der rauhen dunkleren Haarseite und der glatten weißen Fleischseite ist teils an und für sich schon so bedeutend, teils beeinflußt er auch den Charakter der Schrift, die sich auf der rauhen Haarseite viel tiefer einfrißt, so daß eine große Buntscheckigkeit hervorgerufen würde, wenn in einem aufgeschlagenen Kodex die rechte Seite zur Haar-, die linke dagegen zur Fleischseite gehörte.[3] Dasselbe hat Körte für Papyrushefte hervorgehoben:[4] innerhalb der einzelnen Blattfaszikel sind die Blätter so geordnet, daß stets Recto auf Recto und Verso auf Verso liegt.

Es ist nicht wahrscheinlich, daß die ältesten Pergamentkodizes anders als in Lagen angeordnet waren; wenn wir auch die lateinische quaternio Bezeichnung *quaternio*[5] nicht vor dem Edikt Diokletians vom Jahre 301 nach Christus — und auch hier nicht einmal sicher — nachweisen

[1] Thompson-Lambros, Paläogr. S. 116 ff. Eine Liste der ältesten Pergamenthandschriften siehe Birt, Buchwesen S. 118 ff.

[2] C. R. Gregory, Les cahiers des mss. s. Comptes Rendus de l'ac. des inscr. et belles-lettr. 1885. IV sér. t. 13 p. 261. — Th. W. Allen, On the composition of some greek mss. Journal of philology 24. 1896 p. 300.

[3] Vgl. Dziatzko, Zentralbl. f. Bibliothekswesen 1892, 342—343.

[4] Sitzungsber. der Sächs. Ges. d. Wiss. 60. 1909 S. 87 ff.

[5] Quaternio für einen Zeitraum von vier Jahren. Rev. num. franç. 1855 p. 393 auf Münzen: QVA | TER | NIO.

können.[1] Die griechischen Ausdrücke *τρισσά* und *τετρασσά* lassen sich ungefähr für dieselbe Zeit belegen durch Eusebius in der Vita Constant. 4, 37: *ἐν πολυτελῶς ἠσκημένοις τεύχεσι τρισσά καὶ τετρασσά.*[2] Eines der ältesten Pergamentbücher ist die Handschrift Demosthenes, de falsa legatione im Brit. Museum,[3] von dem sich ein Quaternio erhalten hat; er mißt $7\frac{1}{2} \times 6\frac{1}{2}$ (engl.) Zoll und ist in zwei Kolumnen zu 36 Zeilen beschrieben. Kenyon a. a. O. p. 248 weist ihn dem zweiten Jahrhundert nach Christus zu.

Auch die alten griechischen Pergamenthandschriften, wie z. B. der Sinaiticus, sind ursprünglich nach Quaternionen angeordnet; obwohl der in Leipzig vorhandene Teil augenblicklich in Lagen von zwei Doppelblättern geordnet ist, so zeigen die Quaternionenzahlen doch, daß dies nichts ist als eine Neuerung der letzten Zeit. Die einzelnen Lagen sind nämlich bei den griechischen Handschriften numeriert[4] und im Sinaiticus findet man auf jeder ersten Seite eines (früheren) Quaternio rechts oben die Nummer der Lage in großen Unzialbuchstaben, die sich an dieser Stelle (zuweilen in roter Farbe) selbst in Minuskelhandschriften des zwölften Jahrhunderts gehalten haben, wie z. B. im Leipziger Evangeliarium Nr. 6 (c. Tischend. IV), während andere[5] ebenso wie die lateinischen Handschriften die entsprechenden Bezeichnungen meist am unteren Rande der Seite zeigen. Wenn sich in griechischen Handschriften fremdländische, z. B. armenische, georgische Quaternionenzahlen finden, so ist das stets ein wichtiger Anhaltspunkt für die Provenienz der Handschriften.

Quaternionenzahlen

fremdländ. Zahlen

Da jede Paginierung des Kodex fehlte, so ließ sich durch die Quaternionenzahlen am leichtesten die Vollständigkeit konstatieren. In dem c. Alexandrinus liest man in kursiver Schrift (vielleicht des neunten Jahrhunderts) *ομου τετραδια μηκρα και μεγαλα ξς*.[6] Daher hat der Aristoteleskodex Vat.-Urbin. 35 wahrscheinlich um 900 n. Chr. für Arethas geschrieben, am Schlusse die Notiz *τετράδια ρε*. Auch der im Jahre 939 geschriebene c. Par. 781 hat nach der Subskription die Notiz *λβ τετράδια*. Eine fortlaufende Quaternionenzählung ist auch in der

---

[1] Journ. of Hell. Stud. 1904 p. 195: *διφθεραρίῳ (ε)ἰ[ς] τε[τ]ράδ. αμ* . . . (siehe oben S. 101).

[2] Wattenbach, Schriftwesen S. 149, denkt hierbei allerdings nicht an Lagen von drei und vier Doppelblättern, sondern an Seiten mit drei und vier Kolumnen. Doch Epiphanius *κατὰ αἱρέσ. γ.* ed. Oehler T. 3 p. 532: *Ἡσύχιος . . . ὁ τὴν μεταγραφὴν ἀπὸ σχεδαρίων ἐν τετράσι ποιησάμενος* spricht gegen diese Auffassung. Den Gegensatz zu losen Blättern bilden solche, die in regelmäßigen Lagen geordnet sind, nicht aber Handschriften von vier Kolumnen.

[3] Kenyon, Journ. of Philol. 22. 1893—1894 p. 247.

[4] Thompson-Lambros, Paläogr. S. 119.

[5] So der Unzialkodex d. Constantin vom Jahre 995 (Pal. Soc. Nr. 26).

[6] Mélanges Chatelain p. 78.

Evangelienhandschrift c. Vatic. 1649 durchgeführt, dessen erstes Blatt mit *τόμος ά* bezeichnet ist, während jedes neunte Blatt mit fortlaufenden Nummern versehen wurde.[1] Wie sehr man auf diese Quaternionenzahlen zu achten pflegte, zeigen die Akten des sechsten Konzils (bei Mansi XI, 225 C): *εὗρον τρεῖς τετράδας εἰς τὴν ἀρχὴν τοῦ βιβλίου ἐκ προσθήκης ἐμβληθείσας μὴ ἐχούσας ὑποσημείωσιν ἀριθμητικὴν τὴν πρὸς συνήθειαν ἐντεθειμένην ἐν ταῖς τετράσιν, ἀλλ' ἐν τῇ τετάρτῃ τετράδι εἶναι τὸν πρῶτον ἀριθμὸν καὶ εἰς τὴν μετ' αὐτὴν δευτέραν καὶ τρίτην τετράδα ἐφεξῆς.* Aber nicht nur die Kontrolle der Vollständigkeit, sondern auch die Möglichkeit des Zitierens war durch diese beigeschriebenen Zahlen gegeben: man zitierte die Quaternionen z. B. *ζήτει εἰς τὴν ἀρχὴν τοῦ τετραδίου* und ebenso Anast. Sin. Hodeg p. 112, 21: *Εὑρήσεις τὰ ἀκόλουθα . . εἰς τὸ κεφάλαιον τοῦ τετραδίου, ὅπου ὁ ἀστερίσκος.*

Quinionen In Quinionen[2] sind ebenfalls alte Unzialkodizes geschrieben, wie z. B. der c. Vat. 1209 und 2125 und der Evangeliorum codex graecus purpureus Rossanensis; für die spätere Zeit ist zu verweisen auf eine Subskriptio ndes 15. Jahrhunderts *ἐντεῦθεν λείπει πεντάδια τέσσαρα*, die V. Rose im Hermes II, 97 veröffentlicht hat.

Bei sehr umfangreichen Schriftwerken begann das Alphabet wieder von neuem. Sittl[3] gibt die Quaternionenbezeichnung einer Homerhandschrift in Rom: *α—φ τοῦ πρώτου ἀλφαβήτου* (meist *τοῦ ā*).

Wattenbach (Schriftwesen[3] S. 179—180) hat geglaubt, die Quaternionenzahlen, die im Lateinischen als *custodes* bezeichnet werden, in den *φύλακες* wiedererkennen zu dürfen, die in der barbarischen Subskription des c. Paris. 1245 erwähnt werden: *τῶ παρὸν βιβλίον ἐστὴν βασιλικὸν νόμιμον ἔχον δὲ βιβλία πέντε καὶ χαρτία ἑκατὸν τεσσαράκοντα τρία καὶ φύλακας.* Wattenbach fragt: „Sollte hier das letzte Wort (*φύλακες*) die Custoden bedeuten können, wie wir jetzt die Lagenbezeichnung zu nennen pflegen?"

Diese Erklärung ist schon aus dem Grunde nicht wahrscheinlich, weil wir dann auch die Zahl der Custoden erwarten müßten. Ferner hat der c. Barberin. 225 (jetzt V. 17) am Ende die Bemerkung *αὕτη*

φυλακτήρια *ἡ βίβλος ἔχει φυ^{λα} (φυλακτήρια) τριακόσια ὀγδοήκοντα καὶ ἕξ.*[4] Hier verbietet schon die hohe Zahl, an Custoden zu denken, denn man kann wohl dreist behaupten, daß es keine Handschrift gibt, die aus 386 Lagen

[1] Scholz, Bibl. krit. Reise S. 103—104.

[2] Quinionen werden erwähnt: Corpus scriptor. eccles. latinorum v. 26. App. Vindobonae 1893. ed. Ziwsa. p. 188 18: Victor grammaticus optulit codices II et quiniones quattuor; aus dem Anfang des vierten Jahrhunderts vgl. Deutsch, Zur Gesch. des Donatism. Progr. v. Berlin 1875 S. 3. Die Anordnung nach Quinionen ist, wie mir Spitta mitteilte, in arabischen Handschriften die gewöhnliche.

[3] Berichte der Münch. Akad. Philos.-philol.-hist. Kl. 1888 S. 258.

[4] Scholz, Bibl. krit. Reise S. 109.

besteht. Sp. P. Lambros[1] versteht wohl mit Recht unter *φύλακες* Lesezeichen. Solche Lesezeichen haben sich gelegentlich erhalten z. B. in einem Papyrusbuch. Es sind kleine rechteckige Pergamentstückchen, die über den Rand der Handschrift hinausragen.[2]

Blätter gezählt

Neben den Blättergruppen wurden die Blätter selten durchgezählt. so z. B. im c. Patm. 33 vom Jahre 941: *[ἔχει ἡ παροῦσ]α βίβλος ἡ θεολογικὴ αὕτη τετράδας λ̄. ἔστιν δὲ ὁ ἀριθμὸς τῶν γεγραμμένων καὶ ἀ[γράφων φύλ]λων διακόσι⟨οι σαρά⟩κοντα*. Die ⟨⟩ eingeklammerten Buchstaben sind von jüngerer Hand, nicht wie das andere in Goldschrift, sondern schwarz. Ähnlich in Isocrates c. Vatic. 65 vom Jahre 1063: *ἔχει τὸ παρὸν βιβλίον φύλλα : τ̄ : δ̄*. Montfaucon. Bibl. Coisl. I p 216 und c. Par. 1115 aus dem Jahre 1276: *ἔχει δὲ τὸ παρὸν βιβλίον τετράδια γεγραμμένα μ̄η̄, καὶ φύλλα τπ̄ε̄*. ferner Escur. Ω III, 19 *εἰσὶν ἐν τῇδε τῇ βίβλῳ τετράδια λ̄ε̄ φύλλ* ... In dem c. Par. 2243 vom Jahre 1339 (von jüngerer Hand) *φύλλα τὰ πάντα εἰσὶν ἑξακόσια ἑξῆντα, καὶ τέσσαρα, ἤγουν ἐξ ὧν εἶναι ἄγραφα τελέως ἐννενῆντα τρία· τὰ δὲ λοιπὰ γραμμένα. ἐξ αὐτῶν δὲ τῶν γραμμένων εἶναί τινα μέσα γραμμένα καὶ ὀλογότερον. τὰ δὲ καθόλου γραμμένα καὶ ἄγραφα εἶναι ἑξῆντα ἑξακόσια τρία, βέλγαινα πέντε, καὶ οὐδένα βουμβέκινον.*[3]

Noch seltener wird die Zahl der Kolumnen im Altertum bei einem Kodex erwähnt, deshalb lohnt es sich hinzuweisen auf Tzetzes Hist. 9, 291: *Λαβὼν δέ τι τετράδιον μέγιστον ἐγγεγράφειν τριπαγισμοῖς στιχισμοῖς τετράδια ὡς δέκα*, nach Schwarz, De ornamentis p. 160, drei Kolumnen.

Format

Die Mannigfaltigkeit in bezug auf das Format war natürlich sehr groß. Neben einer Ilias, die Platz hatte in einer Nußschale, gab es auch Handschriften, die den mittelalterlichen Folianten der Lateiner an Größe wenig nachgaben und sie an Breite sogar noch übertrafen, die Hieronymus deshalb *onera magis exarata quam codices* nennt. Doch scheint man den Unterschied gemacht zu haben, daß man für den Privatgebrauch kleinere Formate vorzog, für den öffentlichen Vortrag dagegen, z. B. in der Kirche, wollte man auch durch das Format imponieren und wählte wie bei der Sinaitischen und Vatikanischen Bibelhandschrift ein großes und sehr breites Format, um zwei, drei oder gar vier Kolumnen der großen Unzialen auf eine Seite schreiben zu können. Die vatikanische Handschrift des Cassius Dio (jetzt 305—310 × 229—235 mm) in drei Kolumnen geschrieben,[4] war ursprünglich breiter: *olim formae prorsus quadratae*. Schubart, Das Buch S. 121, meint, daß mit dem fünften Jahrhundert nach Christus die

---

[1] Byz. Ztschr. 1897 S. 566.

[2] Mém. p. p. la Mission arch. fr. au Caire t. 9. 1892 fasc. 2 p. I.

[3] Montfaucon, Pal. Gr. p. 70.

[4] P. Franchi de' Cavallieri-Lietzmann, Specimina Nr. 2.

großen Formate zunehmen. „Folianten, wie der Berliner Aristophaneskodex[1] mit den Maßen 36 × 25 oder gar der noch spätere Nonnoskodex mit 38 × 27 cm dürften im vierten Jahrhundert kaum ihresgleichen finden."

Zahl der Zeilen

Auch die Zahl der Zeilen war natürlich ungewöhnlich groß: beim c. Sinaiticus: 48 (Pal. Soc. 103) und beim Vaticanus: 42 (Pal. Soc. 104). Von den zweispaltigen hat der c. Alexandrinus (Pal. Soc. 106): 51, c. Bezae (Pal. Soc. 14): 33, das Evangelium des Constantinus aus dem Jahre 995 (Pal. Soc. 26. 27): 21, der c. Claramontanus (Pal. Soc. 63): 21, der Bodl. Laud. 35 (Pal. Soc. 80): 24 Zeilen. — Ein kleineres und handliches Format haben nur sehr wenige Unzialhandschriften, z. B. die Pergamentblätter des Menander[2] in Leipzig 16 × 16 cm, er stammt aus einer Zeit, in der die feinen zierlichen Unziale der Papyrusschrift noch Mode war. Von jüngeren Unzialhandschriften ist zu nennen der c. Lond. Add. 26, 113.[3]

Erst durch Einführung der Minuskel war die Möglichkeit gegeben, diese Neuerung durchzuführen. Zachariä von Lingenthal faßt seine Beobachtungen über das Format, die er in den verschiedensten europäischen und orientalischen Bibliotheken gemacht hat, brieflich so zusammen:

verschied. Jahrh.

„Bemerkenswert dürfte noch sein, daß die Mode in Beziehung auf das Format gewechselt hat: saec. VIII.—IX. liebt kleineres Format (8vo heutzutage genannt), saec. X. größeres Royal-Octavo), saec. XII. bis XIV. Quartformat und zwar Hochquart oder Kleinfolio, saec. XV. XVI. Folio." Ein sehr handliches Oktav oder Duodez war auch im elften Jahrhundert noch sehr beliebt. Duchesne nennt den c. Vaticanus Pii II Nr. 55 s. XI p. 30 „*valde exiguus* 7 cm)"; der c. Lips.-Paulin. Tischend. IV mißt 17 × 13 cm (Schriftraum 10 × 6,5 cm); der kleine c. Harl. 5535 vom Jahre 1284 nur 7 × 5 cm.

Fünftes Kapitel.

Brief und Siegel.

Der Brief[4] der eigentlichen klassischen Zeit war natürlich auf Papyrus geschrieben.[5] Ehe das Nilpapier sich in Griechenland einbürgerte, mußte man sich behelfen so gut es ging. Am besten eignete

[1] Berliner Klassikertexte 5 T. V.

[2] Körte, Sitzungsber. der Sächs. Ges. d. Wiss. 1908. Phil.-hist. Kl. 60 S. 145.

[3] Vgl. Schubart, Das Buch bei den Griechen u. Römern S. 121.

[4] Vgl. Becker, Gallus, herausgeg. von W. Rein. II³ S. 392—396. — H. Blümner, Briefwesen und Briefverkehr im Altert. s. Ztschr. f. Gesch. u. Kulturgesch. 1888 Nr. 9. — Dziatzko, Brief s. Pauly-Wissowa. Realenzyklopädie 3, I, 836. — Wilhelm, Der älteste griech. Brief. Jahresh. d. Öst. Arch. Inst. 7, 1904, 94. — O. Seeck, Der

sich noch für die Briefe des täglichen Lebens die Holz- oder Wachstafel, die vielfach auch in späterer Zeit noch zu diesem Zwecke verwendet wurde (s. o.), die aber einem wirklichen Briefe, z. B. von Plinius, entgegengesetzt wird.[1]

Auch auf Ostraka wurden manchmal die Billetts des täglichen Lebens geschrieben, ebenso wie Notizen und Quittungen. Auffallender ist es schon, daß man sogar Bleiplatten wählte, die dann meistens gerollt wurden. Später hörte das natürlich auf; aber unter besonderen Verhältnissen wurden z. B. in den Bürgerkriegen des zweiten Triumvirats bei der Belagerung von Mutina noch Briefe auf Blei geschrieben.[2] A. Wilhelm[3] hat zwei interessante Bleibriefe publiziert, die er als die ältesten griechischen Briefe dem vierten Jahrhundert vor Christus zuweist.

Allein wir haben doch einen anderen griechischen Brief, der älter ist, wenn wir ihn auch nur in jüngerer Abschrift besitzen; ich meine den berühmten Brief des Königs Darius Hystaspis an seinen Satrapen Darius Hystaspis
Gadatas (Dittenberger, Sylloge² 2) aus der Zeit von 521—486 v. Chr. Dieser Zeit hat ihn Dittenberger mit Recht eingereiht, wenn auch die Buchstaben Jahrhunderte jünger sind. Und wunderbarerweise soll die Gemahlin dieses Briefschreibers (Darius) es gewesen sein, welche den Brief erfunden hat. Die Alten nämlich, die gern jede Erfindung an einen bestimmten Namen knüpften, hielten die Königin Atossa für die Atossa
Erfinderin des Briefes, so behauptete wenigstens Hellanicus.[4] An einer anderen Stelle bei Müller, F. H. G. 1 p. 68 Nr. 163b heißt es von der Atossa, der Tochter des Ariaspes: *διὰ βίβλων τὰς ἀποκρίσεις ποιεῖσθαι.*

Was Hellanicus sich dabei dachte, wenn er behauptete, Atossa habe den Brief erfunden, ist schwer zu sagen. Auch Hellanicus hatte Homer gelesen, der bereits den Brief erwähnt, und in Ägypten sind die Briefe noch viel älter. Prof. Spiegelberg äußert sich darüber in einem Briefe an Nöldeke: „Die ältesten ägyptischen Briefe auf Papyrus

antike Brief. Deutsche Rundschau 34, I, 1907 S. 55—70. — G. A. Gerhard, Zur Gesch. des griech. Briefes, Philol. N. F. 18 S. 60. — Preisigke, Familienbriefe aus alter Zeit. Preuß. Jahrbb. 108. 1902 S. 88—111. Epistulae privatae graecae, quae in papyris aetatis Lagidarum servantur ed. Witkowski. Lps. 1906. — Haussoullier, Lettre de Ptolémée à Diodora (mit Faksim.). Mélanges Chatelain 1910 p. 281.

[5] Ebenso Seneca epist. 55, 11: Adeo tecum sum ut dubitem an incipiam non epistulam sed codicillos tibi scribere.

[1] Plin. n. h. 13, 88: curve Homerus — — — Bellerophonti codicillos non epistulas tradiderit. Denselben Gegensatz haben wir Seneca epist. 55, 11 s. o.

[2] Frontin strateg. 3, 13. 7: Hirtius — — litteras subinde misit plumbo scriptas.

[3] Jahreshefte d. Öst. Arch. Inst. 7, 94 und 12, 119 und Crönert, Die beiden ältesten griechischen Briefe: Rhein. Mus. 1910, 157.

[4] Müller, F. H. G. 4 p. 491 Nr. 5. Frgm. Seamonis Mytilenaei: *καὶ πρώτην ἐπιστολὰς συντάξαι Ἄτοσσαν τὴν Περσῶν βασιλεύσασάν φησιν Ἑλλάνικος.*

stammen aus dem sogen. ‚alten Reich‘, und zwar der 6. Dynastie (um 2600 v. Chr.).“ Auch im persischen Reiche gab es Briefe, die viel älter waren als Atossa.[1] Also in ihrer Allgemeinheit wird kein Mensch die Behauptung des Hellanicus verteidigen wollen. Aber für vollständig falsch halte ich sie deshalb doch nicht, da sie von zwei ganz verschiedenen Seiten bezeugt wird, obwohl ich mit der zweiten Nachricht, Atossa sei die Tochter des Ariaspes gewesen, nichts anzufangen weiß.

Wahrscheinlich hat Atossa, die Tochter des Cyrus, irgend eine Reform oder Veränderung mit dem Briefe vorgenommen. Sie war die Gemahlin des Großkönigs, der Ägypten erobert hatte und beherrschte. Daß sie also den Papyrusbrief kannte, ist durchaus wahrscheinlich: diesen scheint sie am persischen Hofe eingeführt zu haben an Stelle des früher üblichen Tontafelbriefes. Wenn das richtig ist, so ging das, was die späteren Generationen Brief nannten, in der Tat auf diese Königin zurück.

Auf den mannigfachen Inhalt der erhaltenen griechischen Briefe können wir hier natürlich nicht eingehen; nur die äußere Form interessiert den Paläographen. Da fast alle uns erhaltenen Originale von griechischen Briefen des Altertums aus Ägypten stammen, so sei wenigstens mit einem Worte hingewiesen auf Maspéro, Du genre épistolaire des anciens Égyptiens. Paris 1872 und Lincke, Beiträge zur Kenntnis der altägyptischen Bieflitteratur. Leipzig 1879, aus denen sich manche Analogien mit dem Griechischen ergeben.[2]

Von den Briefen des Altertums besitzen wir viele in Abschriften, sehr wenige im Original, und diese allein können uns ein Bild geben von der Anordnung und der äußeren Ausstattung eines antiken Briefes. Um so wichtiger ist also ein neuer Fund, den Zucker herausgegeben hat, Urkunde aus der Kanzlei eines röm. Statthalters von Ägypten in
Original Originalausfertigung: Sitzungsber. der Brln. Akad. 1910 S. 710; es ist ein Erlaß des Subatianus Aquila über die Entlassung eines Gefangenen aus der Zwangsarbeit, vollständig in Form eines Briefes; das Papyrusblatt ist 28,8 cm breit und 22 cm hoch:[3]

Σουβατιανὸς Ἀκύλας *Θέωνι στρατηγῶι*
Ἀρσινοείτου *χαίρειν.*
Νίγερον Παπιρίου καταδικασθέντα εἰς Ἀλαβαστρῶ-
vorgerückt *να ἐπὶ κτλ.*

[1] S. Landersdorfer, Altbabylon. Privatbriefe. Paderborn 1908. Stud. z. Gesch. d. Alt. 2, II.

[2] G. A. Gerhard, Unters. z. Gesch. d. griech. Briefes 1. Die Anfangsformel. Tübing. Diss. 1903; ders., Unters. z. Gesch. d. griech. Briefes I. Philolog. 1905, 27.

[3] Siehe dort die Tafel V.

Zucker erwähnt noch ein anderes erhaltenes Original. den Osterbrief eines Patriarchen von Alexandria, dessen Publikation bevorsteht. Aber auch die oft formlos und nachlässig geschriebenen Privatbriefe auf Papyrus, die wir besitzen, sind natürlich meistens Originale.

Unterschrift in Briefen

In Briefen pflegte sich der Schreibende niemals zu unterzeichnen, sondern sich nur im Eingange gleich hinter dem Adressaten zu nennen, z. B.:

Ποσειδωνίῳ ἀρχισωματοφύλακι καὶ στρατηγῷ
παρὰ Πτολεμαίου τοῦ Ἀμαδόκου Θρᾳκός[1]

oder

Σενπαμώνθης Παμώνθῃ τῷ ἀδελφῷ χαίρειν.

Der Höherstehende wird an erster Stelle genannt, also „König Ptolemäus an den Kleomenes" und „an den König Ptolemäus Kleomenes".[2] Die später übliche Formel *χαῖρε* soll zuerst von Kleon bei seinen Briefen von Sphakteria angewendet sein.[3] Das Datum pflegte bei sorgfältig geschriebenen Briefen nicht zu fehlen. Manche der erhaltenen Briefe tragen aber nicht nur das Datum wann sie geschrieben wurden, sondern auch den Tag ihrer Ankunft:

ἐλάβομεν (ἔτους) γ̅ Παχὼν [...][4]

Der Brief schließt entweder, wie Ovid sagt,

quo semper finitur epistula verbo

Εὐτύχει

im Griechischen meistens mit einem *Εὐτύχει* resp. *Εὐτυχεῖτε*, das übrigens auch am Anfang stehen kann, oder auch ganz kurz mit dem Datum: Lκε *Ἐπεὶφ κ*,[5] das höchstens mit einem *Ἔρρωσο* oder *Ἐρρῶσθαί σε εὔχομαι* oder auch in einem offiziellen Schreiben *Ἐρρῶσθαι ὑμᾶς καὶ εὐτυχεῖν πολλοῖς ἔτεσιν εὔχομαι*[6] zu wechseln pflegt. Davon geben die wirklichen und die fingierten Briefe in den *Papyrus grecs* und in der Hercherschen Sammlung der griechischen Epistolographen eine Menge von Beispielen. Nur ausnahmsweise schloß der Brief mit dem Namen des Schreibenden. Für das erste Jahrhundert nach Christus kann man sich wenigstens auf das Zeugnis des Apostels Paulus berufen.

Namensunterschrift

[1] Not. et Extr. 18. II, 210.

[2] Einen ähnlichen Unterschied glaubt Mahaffy, Athenaeum 1895 Nr. 3533 p. 67 auch im Gebrauch von *ἔρρωσο* und *εὐτύχει* nachweisen zu können, da *ἔρρωσο* im Verkehr mit Niedrigstehenden (oder bei sehr intimem Verhältnis) angewendet werde.

[3] Philol. N. F. 18 S. 43 siehe Suidas s. v. *χαίρειν* ed. Bernh. 3 p. 1610 und p. 1611:

χαίρειν. οὕτως ἐπέγραψε Κλέων· ὁ δὲ Πλάτων Εὖ πράττειν· ὁ δὲ Ἐπίκουρος Εὖ διάγειν.

[4] Siehe Tebtunis Papyri p. 89 und 141; vgl. Petrie Pap. 2, 12 (1).

[5] Not. et Extr. 18, 2, 208.

[6] C. G. Bruns, Abh. d. Brln. Akad. d. W. 1876 S. 69.

der in der Tat durch Unterschrift seines Namens Briefe, die andere für ihn niedergeschrieben, als die seinigen anerkannt und mehrmals ausdrücklich darauf aufmerksam macht: *ὁ ἀσπασμὸς τῇ ἐμῇ χειρὶ Παύλου* (Coloss. 4, 18).

In der klassischen Zeit überwog durchaus die Papyrusrolle. Bleierne Briefe, die oben erwähnt wurden (s. S. 27), wurden nach der weiteren Verbreitung des Nilpapiers nur ausnahmsweise geschrieben (s. o. S. 163).

Pergament Ebensowenig benutzte man Pergament. In den großen lateinischen Briefsammlungen von Cicero, Plinius usw. hat man bis jetzt wenigstens noch keine sichere Spur gefunden, daß für diese Korrespondenz jemals Pergament Verwendung gefunden hatte. Billetts schrieb man auf Wachstafeln, Briefe auf Papyrus; und da Briefe doch meistens keinen allzu großen Umfang zu haben pflegen, so waren es kleinere Papyrusrollen, die man für die Korrespondenz bevorzugte. Preisigke[1] sagt: Die Größe des Briefblattes schwankt zwischen 6 und 15 cm in der Breite und zwischen 10 und 30 cm in der Höhe — — die gewöhnlichen Abmessungen sind etwa 10 cm für die Breite und 20 cm für die Höhe. Jedenfalls ersieht man aus den Zahlen, daß die Höhe größer ist als die Breite. Isidor Orig. 6, 12, 1: *Quaedam nomina librorum apud gentiles certis modulis conficiebantur, breviore forma carmina atque epistolae, at vero historiae maiore modulo scribebantur.*[2] Allzulang durfte der Brief auf alle Fälle nicht sein, daher sagt Seneca, Epist. 45, 13: *sed ne epistulae modum excedam quae non debet manum legentis implere, in alium diem hanc litem . . . differam.* Damit stimmt Martial überein epigr. 14, 10:

kleine Papyrusrollen

Chartae maiores.

Non est, munera quod putes pusilla,
Cum donat vacuas poeta chartas.

Chartae epistolares.

Seu leviter noto, seu caro missa sodali
Omnes ista solet charta vocare suos.

Das Briefformat ist also das kleinere. Ungefähr zehn Zeilen eines modernen Druckes überschreiten schon den Umfang eines antiken Briefes nach Cicero ep. ad div. 11,25: *non imitor λακωνισμὸν tuum; altera iam pagella procedit.* Auch Plinius epist. 4, 11 hat einen Brief von mehr als zwei Seiten geschrieben und hofft auf eine ebenso lange Antwort: *ego non paginas tantum sed versus etiam syllabasque numerabo.*

Cäsar war der erste, der seinen Depeschen an den Senat statt des Briefformates das Aussehen von Büchern gab. Sueton Caesar 56

[1] Preuß. Jahrbb. 1902, 108 S. 90.
[2] Vgl. Bährens a. a. O. 785. — Sueton ed. Reiff. p. 133.

(rec. Roth p. 25): *Epistulae quoque eius ad senatum extant, quas primus videtur ad paginas et formam memorialis libelli convertisse, cum antea consules et duces nonnisi transversa charta scriptas mitterent.*[1]

Ein längerer Papyrusbrief wurde natürlich gerollt. Preisigke, Gr. Pap. Straßb. 1 S. 119, gibt davon eine Beschreibung. Der Brief wurde von rechts nach links etwa zehnmal gerollt, dann auf der Außenseite mit Aufschrift versehen. Der Papyrusbrief wurde aber nicht immer gerollt, sondern auch gefaltet, und diese Briefe hatten natürlich dieselbe viereckige Form wie die unsrigen. Einen derartigen Brief beschreibt Joseph. Antiq. Jud. 12, 4, 10: *Δημοτέλης ὁ φέρων τὰ γράμματα διαπέμπει τὰς ἐπιστολάς· τὰ γεγραμμένα ἐστὶν τετράγωνα. ἡ σφραγίς ἐστιν ἀετὸς δράκοντος ἐπειλημμένος* und Egger: „*C'est une feuille de papyrus qui a été pliée en douze et qui, sur le dos, porte pour adresse: A Apollonius.*"

Die Adresse pflegt auf der Außenseite rechts und links von der zusammengeschnürten Mitte zu stehen, wo die Rolle sich trompetenförmig erweitert — Meistens enthält die Aufschrift nur den Namen des Empfängers: *Τῷ πατρὶ Πτολεμαίῳ* oder *Μοσχίωνι*[2] oder *Ἡφαιστίωνι*.[3] Preisigke meint Preuß. Jahrbb. 1902 S. 90: Selten wurde der Bestimmungsort namhaft gemacht, weil er dem überbringenden Boten bekannt war. Doch wurden manchmal auch Wohnort und Würden des Adressaten hinzugefügt, wie *M. Lucretio flam. Martis decurioni Pompei* auf dem oben (S. 24 Fig. 1) erwähnten Wandgemälde, das in Pompeji gefunden, für die lateinische wie die griechische Sitte gleich viel beweist Gruß und Segensformel wird der Adresse ganz selten hinzugefügt: *Πτολεμαίῳ χαίρειν*. Philol. N. F. 18. S. 65. Selbst der Absender war zuweilen in der Adresse auf der Außenseite namhaft gemacht z. B. Plut. Dio 31 (V p. 28 ed. Sint.): *Κήρυκες δὲ παρὰ τοῦ Διονυσίου κατέβαινον ἐπιστολὰς πρὸς Δίωνα παρὰ τῶν οἰκείων γυναικῶν κομίζοντες. Μία δ' ἦν ἔξωθεν ἐπιγεγραμμένη· „Τῷ πατρὶ παρ' Ἱππαρίνου.*" Adresse

Meistens aber war der Empfänger zunächst unsicher über die Person des Absenders. Ovid. Trist. 4, 7, 7:

Cur totiens alicui chartae sua vincula demsi
Illam speravi nomen habere tuum?

[1] Dziatzko, Buchwesen 124.

[2] Not. und Extr. 18, 2 p. 312 und 408: Le billet roulé en forme de cylindre un peu aplati, présentait, a côté du cachet quelques caractères qui me semblent ne pouvoir être que *Μοσχίωνι* — à Moschion s. auch Not. et Extr. 18, 2 p. 311. 317. 320. Cic. ad Atticum 8, 5 fasciculum qui est M'. Curio inscriptus, velim cures ad eum perferendum.

[3] A. Mai Class. Auct. V p. 601—602.

Die Briefe und Urkunden der Privatpersonen wurden auf Papyrus-
Verschluß rollen geschrieben, deren Verschluß oft nur dadurch hergestellt wurde, daß in der Mitte ein Band herumgeschlungen und versiegelt wurde.[1] Über die mit Bast oder Wollfäden umwickelten, mit Bleisiegel geschlossenen Rollen aus dem Faijûm siehe Karabacek. Die Th. Grafschen Funde aus Ägypten S. 11. Bei wichtigeren Briefen und besonders bei Urkunden, Testamenten usw. war der Verschluß allerdings sorgfältiger, man zog Fäden durch die ganze Dicke der Rolle, die auf der Außenseite einzeln versiegelt wurden, so daß niemand den Brief entrollen und lesen konnte, ohne das Siegel zu brechen.

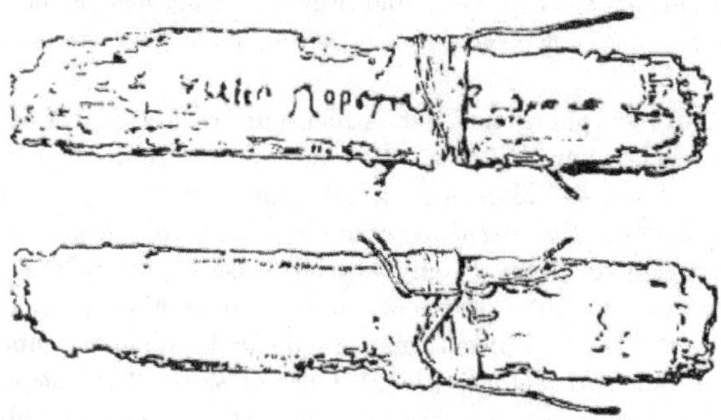

Fig. 22. Gerollter und geschlossener Papyrusbrief mit der Aufschrift: *Ψενπαχρονύμιος Πορεγέβθιος.*
Pap. grecs pl. XLVI, vgl. p. 426.

Über die Verschnürung der Papyri sagt Ibscher, Archiv f. Pap. 5, 1909, 192: Nachdem der Schreiber seinen Brief oder seine Urkunde geschrieben, löste er in der Mitte der Rückseite eine Vertikalfaser von $^1/_2$ cm Breite vom unteren Rande des Papyrus bis ungefähr 2 cm vom oberen Rande entfernt ab. Dann wickelte er den Brief von unten nach oben auf und verschnürte ihn mit der noch oben fest-
Papyrusfaser sitzenden Papyrusfaser — — Nun wickelte er den Papyrus von oben auf, so daß die kurze Inhaltsangabe der unten folgenden Urkunde eingerollt war, und zog die losgelöste Papyrusfaser durch ein in der Mitte, hart an dem aufgewickelten Teil des Papyrus liegendes Loch, umwickelte den eingerollten Teil einmal, brachte etwas Siegelerde darauf und umschnürte, indem er die Faser immer wieder durch das Loch

[1] Siehe die Abbildung eines versiegelten und adressierten Briefes auf S. 24 nach Museo Borbonico V. XIV Tav. A. B und Niccolini le case ed i monum. di Pomp. II casa di Lucrezio tav. 2; vgl. Notices et Extr. 18, 2 pl. 46.

zog. den Papyrus noch einigemale, um dann wieder Siegelerde darauf zu bringen und endlich sein Siegel abzudrücken.[1]

Fronto beschreibt zur größeren Sicherheit diese Vorsichtsmaßregeln außerdem noch in dem Briefe ad M. Caesarem II p. 28 ed. Mai: *Versus quos mihi miseras, remisi tibi per Victoriam nostrum atque ita remisi: chartam diligenter lino transivi et ita linum obsignavi, ne musculus iste aliquid aliqua rimari possit* (s. o. S. 131). Und ebenso beim Testament: „Bei der Eröffnung müssen die Zeugen *signacula vel superscriptiones recognoscere* worauf die Behörde befiehlt *chartulam resignari, linum incidi aperiri et recitari* (Marini, Papiri dipl. n. 74 Col. IV lin. 10.)"[2]

Von einem zwiefachen Verschluß des Briefes erzählt Frontin strategem. 1, 2, 6: *C. Marius . . . litteras (Gallis) misit, quarum pars prior praecipiebat, ne interiores quae praesignatae erant, ante certum tempus aperirentur: easdem postea ante praestitutam diem repetiit et, quia resignatas repererat, intellexit hostilia agitari.* Doch gegen Fälscher[3] und Schwindler nützten diese Vorsichtsmaßregeln natürlich wenig. Lucian erzählt in seiner Schrift Alexander c. 19 ff., wie dieser Gaukler sich zu helfen wußte. Er forderte das Publikum auf *βιβλίον — καταρράψαι τε καὶ κατασημήνασθαι κηρῷ ἢ πηλῷ ἢ ἄλλῳ τοιούτῳ*; aber er verstand *ποικίλας τῶν σφραγίδων τὰς λύσεις*. Die verschiedenen Arten werden dann genauer im 21. Kapitel beschrieben, z. B. *βελόνην πυρώσας τὸ ὑπὸ τὴν σφραγῖδα μέρος τοῦ κηροῦ διατήκων, ἐξήρει, καὶ μετὰ τὴν ἀνάγνωσιν, τῇ βελόνῃ αὖθις ἐπιχλιάνας τὸν κηρόν, τόν τε κάτω ὑπὸ τῷ λίνῳ καὶ τὸν αὐτὴν τὴν σφραγῖδα ἔχοντα, ῥᾳδίως συνεκόλλα*, oder er machte zunächst einen negativen Abdruck in Gips, Mastix usw. und brach das echte Siegel, um es dann durch ein nachgemachtes zu ersetzen.[4]

Verschluß zwiefach

Es ist interessant, den Verschluß des Briefes bei den Alten mit dem bei den Orientalen zu vergleichen, über den Ibn Chaldûn Genaueres mitteilt, auf den mich Nöldeke aufmerksam machte; der Verfasser lebte allerdings erst um 1400 n. Chr., hat aber auch die Gewohnheiten der arabischen Kanzleien im Auge:

Orientalen

Les Prolégomènes d'Ibn Khaldoun trad. p. Slane. Paris 1865. II part. p. 65: On ferme la lettre soit en perçant la feuille, ainsi que font les

[1] Über eine besondere Faltung und Siegelung des Papyrus siehe Preisigke, Straßbg. Papyr. 1 S. 48 Nr. 11. Preisigkes Beobachtung wird bezweifelt nicht nur von Ibscher (Arch. f. Pap. 5, 193), sondern auch von Wilcken (ebenda S. 257): „Die Spuren der Durchlochung und des Zusammenschnürens des linken Randes an der Siegelstelle kann ich wenigstens auf der Photographie nicht erkennen" (vgl. Arch. f. Pap. 1, 75; 4, 529. 531).

[2] Marquardt, Privataltert. II S. 392, A. 3458. — Bruns, Fontes iuris[4] p. 235.

[3] Erman, La falsification des actes dans l'antiquité. Mélanges Nicole 1905, 111.

[4] Über Briefformulare s. H. Rabe, Rhein. Mus. 64, 1909, 288 ff. — *Κατὰ νομογραφικὴν ἐπιστολήν*, BGU. 4, 1135[7] (vgl. 1136).

écrivains d'Occident,[1] *soit en collant ensemble le repli et la tête de la feuille, ainsi que cela se pratique par les écrivains d'Orient. On met quelquefois une marque sur l'endroit où la lettre se trouve percée, ou sur l'endroit où le repli est attaché à l'autre extrémité de la lettre. Cela se fait pour empêcher qu'on ne l'ouvre et quon ne sache ce qu'elle renferme — —. En Orient, sous l'ancien empire* [d. h. der Abbassiden] *on appliquait sur le repli, à l'endroit où on l'avait fait adhérer au dos de la lettre, un cachet humecté avec une détrempe d'argile rouge préparée pour cet usage, et l'empreinte du cachet y restait.*

Das Siegel (*σφραγίς*) ist durchaus nicht für den Brief erfunden, sondern wahrscheinlich bedeutend älter; es diente bei den primitiven Schlössern des Altertums im allgemeinen zum Verschluß und wurde in großem Umfange bereits angewendet, ehe die griechische Schrift erfunden war. Auf Kreta[2] fand man viele Abdrücke, die sicher dem zweiten Jahrtausend vor Christus angehören. Eine Sammlung der ältesten mykenäischen Siegel siehe Journal of hellen. stud. 22, 1902 p. 76 (pl. VI—X). *The Zarko sealings* u. Xanthudides, *Ἐκ Κρήτης* (*προϊστορικαὶ σφραγῖδες*): *Ἐφημ. Ἀρχαιολ.* III. 1907. 141. Aber als Verschluß des Briefes und der Urkunde hat das Siegel bei den Griechen und Römern eine ganz besondere Anwendung gefunden. Es war im Altertume von ganz besonderer Wichtigkeit, weil es, wie noch heute im Orient, vielfach die Unterschrift ersetzte.[3] Das Siegel eines Fürsten gehörte mit

[1] Dazu die Anmerkung Slanes: Il paraît, — — qu'en Mauretanie et en Espagne, de même qu'en Europe, au XIIIe siècle, on fermait quelquefois les lettres en les pliant d'abord plusieurs fois, puis on y pratiquait une incision qui servait à faire passer par tous les plis un lacs ou une bandelette de parchemin, dont les bouts etaient arrêtés sous le sceau. (Voyez dans la Biblioth. de l'École des chartes, 17. année p. 533 la note de M. Delisle.)

[2] A. J. Evans, Scripta Minoa 1. Oxford 1909 pl. I. seals.

[3] Plin. n. h. 33, 1. 6: non signat Oriens aut Aegyptus, etiam nunc litteris contenta solis. Wie noch heute im Orient, so pflegten die Griechen ihr Petschaft an einer Kette zu führen, s. B. H. C. 1890, 14 p. 406. — Daß auch Korporationen Siegel führten, zeigt z. B. eine Inschrift Bull. de corr. héllén. 7, 1883 p. 425: *ἐπιβαλεῖν τὴν σφραγῖδα τὴν κοινὴν τῶν Ἀμφικτυόνων* und für Milet Arch. Zeitg. 34, 1876 p. 129: *ἐσφραγισμέ[ναι τῇ δη]μοσίᾳ σφραγῖδι.* — Keil, Sylloge Inscr. boeotic. p. 118: *σφραγισά[με]νοι τῇ κοινῇ σφραγῖδι . . .* — Ancient gr. Inscr. in the Brit. Mus. II Nr. 299 (Calymna) (*ἀντίγραφα*) *τὰ μὲν ἐσφραγισμένα τᾷ δαμοσίᾳ σφραγῖδι, τὰ ἀσφ(ρ)άγιστα ποτὶ τοὺς προστά[τας] τοὺς ἐν Κῷ.* Recueil d. inscr. juridiq. grecques p. 158. — Bull. de corr. héllén. 12. 1888 p. 311 Zeile 82—83: *ἐσφραγισμένον] δημο[σίᾳ σ]φραγῖδι* — — Lebas 3 n. 1618: *δημοσία σφραγίς.* — Bull. de corr. héllén. 1890 p. 406: *σφραγὶς χρυσίωι [ἐνδ]εδεμένη ἄσιατος, σημεῖον ἔχουσα τραγέλαφον*; daselbst: *σφραγὶς μαράγδου* (sic) *ἐνδεδεμένη σειρᾶι χρυσῆι*, s. Biblioth. d. écoles fr. 49, 1887 p. 46 n. *Ταύτης τῆς ἐπιγραφῆς ἐκσφράγισμα ὑπόκειται εἰς τὸ ἀρχεῖον.* C. I. G. 3281. — Bull. de corr. héllén. 27, 1903. Delphi: p. 87: *σφραγὶς σμαράγδου ἄσιατος* Ι p. 88: *σφραγὶς χρυσένδετος, ὁλκὴ* ⊮ *ἄλλη σφραγὶς χρυσένδετος ὁλκὴ* ⊢ *ἄλλη σφαγὶς χρυσένδετος ὁλκὴ* ⊢ΙΙ *λυγγούριον χρυσένδετος, ὁλκὴ* ⊢ΙΙΙ *ἄλλη σφαγὶς χρυσένδετος ὁλκὴ* ⊮ *ἄλλη σφραγὶς ἀργυρένδετος ὁλκὴ* ⊢ p. 91: *σφραγὶς ἀργυρᾶ* ⊢ΙΙΙ

zu den Abzeichen seiner Souveränität; so ist das goldene Staatssiegel aufzufassen, das die Römer mit anderen Geschenken dem Massinissa übersendeten.[1]

Siegel aus Wachs

Das Siegel[2] bestand meistens aus Wachs, das in gewöhnlichem Griechisch *μάλθα* (Pollux onom. 8, 58) genannt wurde,[3] das die Attiker der älteren Zeit[4] aber *ῥύπος* zu nennen pflegten.[5] Namentlich Urkunden, aber auch Privatbriefe wurden mit Ton oder asiatischer Kreide besiegelt: Cic. pr. Flacco 16, 37 (ed. Bait. und Kayser IV p. 293) *Haec, quae est a nobis prolata laudatio, obsignata erat creta illa Asiatica, quae fere est omnibus nota nobis: qua utuntur omnes non modo in publicis, sed etiam in privatis litteris, quas cotidie videmus mitti a publicanis, saepe uni cuique nostrum — — Nostra laudatio consignata creta est, in illo autem testimonio, quod accusatori dicitur datum ceram esse videmus.* Tonsiegel waren noch während der arabischen Herrschaft in Ägypten gebräuchlich.[6] Diese Tonsiegel[7] werden noch in den Akten des siebenten ökumenischen Konzils erwähnt von dem Neapolitaner Bischof Leontius: *ὁ κέλευσιν βασιλέως δεξάμενος καὶ ἀσπασάμενος τὴν σφραγῖδα οὐ τὸν πηλὸν ἐτίμησεν, ἢ τὸν χάρτην ἢ τὸν μόλυβδον, ἀλλὰ τῷ βασιλεῖ τὴν προσκύνησιν καὶ τὸ σέβας ἀπένειμεν.* Auf vielen Siegeln sah man nichts als eine Inschrift,[8] wie z. B.:

Tonsiegel

[1] Appian d. rebus Punic. 32.

[2] Die Siegel von Elephantine (Elephantine-Papyri v. Rubensohn) stammen aus dem vierten Jahrhundert vor Christus. Über die großen Funde antiker Siegel auf der Acropolis von Selinunt s. Notizie degli scavi 1883 S. 287 Tav. VII—XIV. Cretule di Selinunte aus der Zeit vor 249 v. Chr. — Über den Gebrauch von *σφραγίς* und *σύμβολον* vgl. Letronne Not. et Extr. 18, 2 p. 407. Wessely, Mitt. Erzherzog Rainer 2. 3. 1887, 270. Über den Begriff *σφραγίς* im Verhältnis zu *σημεῖον* und *χαρακτήρ* s. Preisigke, D. *σημεῖον*, Archiv f. Stenogr. 56. N. F. 1, 1905, 305 ff. Über *σφραγῖδες* bei der Landeinteilung s. Oxyrh. Pap. VI, 918. *σφραγίς* auch in der Bedeutung von Brandstempel s. Gradenwitz, Papyruskunde 1, 1900 S. 53. — G. A. Seyler, Gesch. d. Siegel. Leipzig [1894]. — Birt, Buchrolle S. 243. — H. Erman, Urkundenuntersiegelung vor und nach den Römern. Ztschr. d. Sav.-Stift. 20, 1899, Roman. Abt. S. 179; ders., Arch. f. Pap. 1, 68. Mélanges Nicole p. 115. — Th. Reinach, Pap. Rein. p. 48. — P. Wolters, Loco sigilli. Mélanges Perrot 1903 p. 333. Über röm. Siegel s. Zell, Handb. d. Röm. Epigraphik 2, 338—339. *ΣΦΡΑΓΕΙΣ* als Sklavenname, Notiz. d. scavi 1886 p. 329 n. 23; VI, 20688 Julia Sp[h]ragis; XII, 3378 Aemilia Spragis; einen *ἐπισφραγιστὴς βίβλων*: Revue des ét. gr. 11, 1898. 99; sigillarius C. I. L. VI, 2, 9894—9895.

[3] Vgl. H. Grotefend, Der Deutsche Herold 1874 S. 114 und Über Sphragistik.

[4] *ἐσφραγίσθη γῇ λευκῇ*, Oxyrh. Pap. VI p. 294 Nr. 929.

[5] Hesych. s. h. v. *Ῥύπον Ἀττικοὶ τὸν εἰς τὰς σφραγῖδας κηρὸν λέγουσιν.*

[6] Das Tonsiegel des Pagarchen (v. Arsinoe) zeigt den Januskopf (695 n. Chr.). Wessely, Stud. z. Pal. 8, 1908 Nr. 586—587.

[7] Beckmann, Beitr. zur Gesch. der Erfindungen I S. 474 ff.; II S. 553.

[8] Montfaucon, P. Gr. p. 169. 170.

T. ΙΟΥΛΙΟΥ
ΦΟΙΒΙΩΝΟϹ

Bildliche Darstellung

Meistens aber fehlte auch eine bildliche Darstellung auf Siegeln nicht; z. B. *καὶ ἔστι μου σφραγὶς Διονυσοπλάτωνος* oder *μαρτυρῶ καὶ σφραγίζω γλύμματι Ἴσιδος*;[1] vom Josephus (s. S. 167) wird z. B. ein Siegel mit Adler und Schlange erwähnt. Sulla ließ auf seinem Siegel die Gefangennehmung des Jugurtha darstellen (Plut. praec. reipubl. ger. 12). Vornehme Römer siegelten zuweilen mit dem Porträt eines berühmten Vorfahren. Cic. in Catil III, 5. 11 (IV p. 229): *tum ostendi tabellas Lentulo et quaesivi cognosceretne signum. adnuit. „est vero" inquam „notum quidem signum, imago avi tui, clarissimi viri".* Augustus wechselte mit seinem Siegel nach Plinius n. h. 37, 10: *Divus Augustus inter initia sphinge signavit. duas in matris anulis eas indiscretae similitudinis invenerat: altera per bella civilia absente ipso amici signavere epistulas et edicta. quae ratio temporum nomine eius reddi postulabat, non infaceto lepore accipientium, aenigmata adferre eam sphingem. quippe etiam Maecenatis rana per conlationes pecuniarum in magno terrore erat. Augustus postea ad evitanda convicia sphingis Alexandri Magni imagine signavit.* — Schließlich

Porträt

pflegte er mit seinem eigenen Bilde zu siegeln nach Sueton Aug. 50 (p. 61 rec. Roth): *In diplomatibus libellisque et epistolis signandis initio sphinge usus est, mox imagine Magni Alexandri, novissime sua, Dioscuridis manu sculpta, qua signare insecuti quoque principes perseverarunt.* Die späteren Kaiser behielten das Bild des Augustus als Reichssiegel bei, daher heißt es in dem Kanzleistil der Arvalakten vom Jahre 118 (ed. Henzen p. CLII): *tabulae apertae signo signatae quod exprimit kaput Augusti.* Auch Cass. Dio 51, 3 erwähnt dieses Reichssiegel mit dem Bilde des Augustus und setzt hinzu: *καὶ αὐτῇ καὶ οἱ μετὰ ταῦτα αὐτοκράτορες πλὴν Γάλβου ἐχρήσαντο. οὗτος γὰρ προγονικῷ τινι σφραγίσματι κύνα ἐκ πρῴρας νεὼς προκύπτοντα ἔχοντι ἐνόμισεν*, was aber nur teilweise richtig sein kann, weil z. B. Trajan gelegentlich auch ein anderes Siegel benutzte. Acta fratr. Arval. ed. Henzen p. CLIV: *tabulae apertae signo signatae quod exprimit Marsyam et Olympum suringe canentes.*[2] Plutarch, Galba 8 u. Otho 3 beweist, daß für die Gültigkeit der Postpässe nicht nur der Name, sondern auch das Siegel des Kaisers nötig war.[3] Auch Privatleute siegelten mit ihrem Bilde; s. Plaut. Pseud. 1. 1. 55:

Ea causa miles hic reliquit symbolum
Expressam in cera ex anulo suam imaginem.

[1] Wessely, Studien z. Paläogr. 2. 1902 S. 24, Siegelbeschreibungen.
[2] Vgl. Lactant de mort. persecut. 24, 5.
[3] Vgl. O. Hirschfeld, Verwaltungsbeamte[2] S. 200.

Archelai et Manetis disputatio (Routh reliquiae sacr. III, 178): *Intuemini mihi aliquem volentem thesaurum, aut aliquid aliud signare, et accepta cera, vel luto velle vultus sui signaculum quod gerit exprimere*, und dieser Gebrauch wird bestätigt durch das Siegel auf dem Papyrus vom Jahre 104, den Böckh herausgegeben hat.

Alle diese Siegel sind natürlich nur einseitig und aufgedrückt.

Auf die zweiseitigen angehängten[1] Blei- und Goldsiegel (*μολυβδόβουλλα* und *χρυσόβουλλα*)[2] der byzantinischen Diplomatik einzugehen, verbieten die uns hier gesteckten Grenzen; wir beschränken uns auf die neuere Litteratur. μολυβδόβουλλα

C. I. Gr. 8988—9056. Ficoroni: I piombi antichi. Rom 1740.

Cirillo, S., Sopra un molibdobullo greco. Nap. 1813.

Sabatier, J., Plombs, bulles et sceaux byzantins Revue arch. 1858. XV, 1 p. 81 ff.

Lenormant, Deux bulles de plomb byzantines. Revue numism. 1864 p. 268 bis 274; 1867 p. 417 pl. 13—14.

Mordtmann, M., Les plombs byzantins Rev. archéol. 1877. I p. 289—298; II p. 47—60.

Schlumberger, G., Bulles byzantines inédites. Le Musée archéologique II, 1877 p. 23. 123.

— Sceaux en plomb de chefs des Manglavites impériaux à Byzance. Paris av. 1 plche. Annuaire de la Société fr. de num. et d'arch. 6. 1882.

— Sceaux Byzantins, le thème de Cherson et la Bulgarie. Paris 1882.

Sceaux byzant. (églises, couvents, palais, cirque de C. P). Bull. d. corr. héllén. 7. 1883 p. 169.

Sceaux de plomb inédites de fonctionnaires provinciaux. Rev. Archéol. III s. 1. 1883 p. 277—298.

Sceaux byz. Revue num. fr. III, 1. 1883, 447.

Schlumberger, G., Sigillographie byzant. des ducs et catépans d'Antioche, des patriarches d'Antioche, et des ducs et catépans de Chypre. Gênes 1883. 4. av. fig.

— Cinq sceaux de l'époque byzantine. Paris 1883. 8. av. 1 plch.

— Sigillographie de l'empire byzantin. Paris 1884 m. Litter. p. 2—3, siehe Journal d. Sav. 1885 p. 213.

— Sceaux byzantines inédits (3ᵉ sér.). Rev. des étud. gr. 2. 1889 p. 319; 4. 1891 p. 111; 7. 1894 p. 319; (4ᵉ sér.) 13. 1900 p. 467.

— Sceaux et bulles: Mélanges byzant. 1 p. 87. 199. 281.

Bulles d'or byzantines: Mélanges byzant. 1, 181.

— Sceau anonyme: Revue bibl. internat. 9. 1900 p. 427—428.

Un nouveau sceau: Revue numism. 1901 p. 396.

— Sceaux byz. inéd. Rev. Num. (fr.) IV, 9. 1905 p. 321.

Manno, A., Sopra alcuni piombi sardi. Atti della R. Accademia delle Scienze di Torino vol. XIII 17. Febr. 1878. (Rec. v. G. Schlumberger, Rev. crit. 1879, 374—375) Sceaux de Hervé et de Roussel de Bailleul. Deux chefs

[1] Wie im Abendlande wurden die angehängten Siegel durch eine Kapsel geschützt Ztschr. f. Bücherfr. 8. 1904 S. 315 Abb 11. Die bronzene versilberte Siegelkapsel.

[2] Dieses Wort erklärt Luitprand in seinem Gesandtschaftsbericht c. 56: His dictis atque completis, *χρυσοβούλλιον* id est epistolam auro scriptam et signatam mihi dederunt vobis deferendam. Monum. Germ. V Script. III p. 360; vgl. die Einleitung bei Schlumberger, Sigillographie.

normands des armées byzantines au XIe siècle. Revue historique 16, 1881 p. 289.

Not. d. scavi 1881 p. 249 (Nicotera): *ΒΑΡΝΑΒΑ ΣΦΡΑΓΙΣΜΑ ΗΓΟΥΜΕΝΟΥ ΘΚ*; viell. s. XIV.

Millet, G., Plombs byzantins B. C. H. 17. 1893 p. 69.

Sigilli bizantini. Notizie d. scavi 1894. p. 411 ff.

Detached seals, s. Catalogue of additions to the mss. in the Brit. Mus. 1888—1893. London 1894 p. 379.

Catalogue of seals in the Brit. Museum by Birch. London 1895.

Konstantopulos, K., *Βυζαντ. μολυβδόβουλλα*. Journ. internat. d'arch. numismat. 2. 1899 p. 117. 213; 5. 1902 p. 149; 6. 1903 p. 333—364; 7. 1904 p. 161 177. 255; 8. 1905 p. 53. 121. 194. 237. 293; 9. 1906 p. 49. 61—146; 10. 1907 p. 46. 113. 335 usw. Index: 10. 1907 p. 75—112.

Prou, M. et Rostovtsew, Catalogue des plombs de la Bibl. Nat. XIV Sceaux byzant.: Revue numism. fr. 1900 I p. 52—73.

Grégoire, H., Une rareté sigillographique (Matrize aus Eisen). Byz. Ztschr. 13. 1904, 158.

Xanthudides, *Χριστιανικαὶ ἀρχαιότητες ἐκ Κρήτης*. a) *μολύβδιναι βοῦλλαι*; b) *σφραγῖδες χριστιανικαί*; s. Svoronos, Journ. internat. d'arch. numismat. 6. 1903, 115.

— *Ἐκ Κρήτης*: *Ἐφημ. Ἀρχαιολ.* 1907. 141 bis 186.

Bees, N., Journ. internat. d'arch. num. 1906 p. 49.

Vegleri, Journ. intern. d'arch. num. 1907, 113.

Pančenko, Katalog der Bleibullen (russ.). Samml. d. russ. Arch. Inst. in C. P. 1. Sofia 1908, Berichte des russ. arch. Inst. in C. P.: 13, 1908 S. 78 Taf. II bis VIII; s. Krumbacher, Byz. Ztschr. 18. 1909 S. 685.

Giannnopulos, N. I., *Βυζαντ. σφραγῖδες*. Byzant. Ztschr. 17. 1908 S. 131; 18. 1909 S. 502: *Βυζαντιναὶ σφραγῖδες ἀνέκδοτοι προερχόμεναι ἐκ τῆς ἐπαρχίας Ἁλμυροῦ*.

Drosos, G., *Ἀνέκδοτα μολυβδόβουλλα*. Journ. Intern. d'arch. num. 12. 1909 bis 1910, 149.

Chabiaras, N. D., *Ἀνέκδοτα μολυβδόβουλλα*: Journ. intern. d'arch. num. 12. 1910, 149.

Sechstes Kapitel.

Der Einband.

Papyrus Der Einband[1] ist bedingt durch den Beschreibstoff. Eine Papyrusrolle verträgt keinen festen Einband, sondern nur eine dauerhafte Hülle, *φαινόλα*, und dieser Schutz der Handschriften wurde dann oft wieder geschützt durch einen festen Behälter, einen Topf oder Kasten;

[1] Forrer, Antike Bucheinbände von Achmin Panopolis. Ztschr. f. Bücherfreunde 8. 1904 S. 311 ff. Der „griechische Buchdeckel aus Holz" Abb. 6 scheint nichts als ein altes Diptychon zu sein. — G. Peignot, Essai sur la reliure des livres chez les anciens. Jahrbb. f. kl Philol. 11. 338. — Jos. W. Zähnsdorf, The art of bookbinding. London 1879. Mit 10 Tafeln. Rec.: The Academy Dec. 6. 1879 p. 415. — Legatura e copertura s. C. Paoli, Progr. scol. d. pal. lat. 2 p. 114. — Jean Loubier. Der Bucheinband in alter u. neuer Zeit (Monographien des Kunstgewerbes I, 10). Leipzig (o. J.), H. Seemann Nachf. — Abendländische Einbände beschreibt Rockinger Abh. d. bayr. Akad. (hist. Kl.) XII, 1874 p. 205.

sie vertreten bei der Rolle den Einband; s. Karabacek, Öst. Monatsschr. 11. 1885 S. 160: Die Rollen von Faiyûm sind „teils in großen Töpfen, teils freiliegend oder zusammengepackt in einer großen Kammer“ gefunden. Strabo XIII p. 594: *Φέρεται γοῦν τις διόρθωσις τῆς Ὁμήρου ποιήσεως „Ἡ ἐκ τοῦ νάρθηκος“ λεγομένη τοῦ Ἀλεξάνδρου μετὰ τῶν περὶ Καλλισθένην καὶ Ἀνάξαρχον ἐπελθόντος καὶ σημειωσαμένου τινά, ἔπειτα καταθέντος εἰς νάρθηκα, ὃν εὗρεν ἐν τῇ Περσικῇ γάζῃ πολυτελῶς κατεσκευασμένον.*

νάρθηξ faßt man allerdings gewöhnlich als Kasten auf, allein νάρθηξ
Sp. Lambros, *Ἡ ἐκ τοῦ νάρθηκος Ἰλιάς*; N. Hellenomnemon 6, 1909, 257 hat gezeigt, daß das Wort nicht Kasten sondern Büchse bedeutet. Büchse ist in diesem Falle so viel als *capsa*. Mommsen, Ztschr. d. Savignystiftung 12. Roman. Abt. S. 147, beschreibt einen solchen Behälter der Rollen, *scrinium*, mit erklärenden Inschriften: „Es ist das Scrinium ein scrinium
runder, oben mit Deckel versehener Kasten, in welchem, wo dieser aufgeschlagen ist, die Schriftrollen nebeneinander stehen.“ Es hat ungefähr 1 m Höhe und etwa 40 cm im Durchmesser (vgl. oben S. 149). Dieses *scrinium* oder *capsa* hatte oft einen ziemlich hohen Deckel und konnte verschlossen werden.[1] Für einfachere Kästchen pflegte man das harte Zypressenholz vorzuziehen, um die Rollen vor Würmern und Insekten zu schützen, daher[2] *carmina — — levi servanda cupresso.* Daneben benutzte man selbst für Pergamenthandschriften eine Ledertasche mit Riemen umschnürt.[3]

Endlich sei noch eine große Tasche erwähnt bei Grenfell and Hunt, Greek Papyri S. II Oxford 1897 p. 64, *μάρσ[ι]πον*, in der nicht nur die Papyrusrollen getragen wurden, sondern wohl auch die dazu gehörigen Schreibutensilien.[4]

Einen besseren Schutz verlangten die Papyrusbücher mit ihren Papyrusbücher
losen Lagen und Blättern, die oft nicht einmal numeriert waren. Bei wenigen Quaternionen begnügte man sich, den einzelnen Lagen einen Umschlag von Pergament zu geben. Bei umfangreichen Papyrusbüchern dagegen mußten die einzelnen Lagen durch einen Faden aneinander befestigt werden. Um aber dabei den zarten Papyrus nicht zu zerschneiden, erhielt der Faden eine Unterlage von Pergament, so z. B. bei der Handschrift des H. Cyrill im Louvre, s. Rev. de philolog. 34. 1910, 103: *à l'intérieur de tous les quaternions — — nous trouvons deux*

---

[1] Birt, Buchrolle S. 252—253. Daremberg-Sagl. s. v. scrinium.

[2] Horaz, ad Pison. 332.

[3] Mém. p. p. la miss. archéol. franç. au Caire 9. 1893 pl. 1: Reliure du ms. de Philon. Umschlag aus Leder s. o. S. 157.

[4] L. Blau, Studien z. althebr. Buchwesen 1. Straßburg 1902 S. 173: Hüllen und Behälter.

grandes coutures verticales reliant les feuillets au centre, mais ces fils ont été isolés au moyen de morceaux de parchemin pliés en deux et s'adaptant dans le pli du quaternion. Auch Deissmann, Veröffentl. a. d. Heidelbg. Pap.-Samml. I S. 3, erwähnt einen „als Unterlage beim Heften verwandten Pergamentfalz".[1] Der Philo-Papyrus umfaßte ursprünglich nach der Berechnung von Serruys 16 Quaternionen (128 Blätter); und bei dieser Dicke mußte er auch einen wirklichen Buchdeckel haben; und in der Tat hat man Spuren davon gefunden, die bei allen anderen Papyrusbüchern fehlen; sonst kennt man nur *la reliure du ms. de Philon, qui a,* Ledertasche *comme on sait, la forme d'un portefeuille* (a. a. O. p. 106), d. h. eine Ledertasche mit Riemen.

Die Hefte der neuen Philohandschrift bestehen aus 10—12 Blättern *cousus ensemble avec une tige herbacée très fine faisant office de fil. Entre le papyrus et le fil, afin que le premier ne fût pas endommagé par le second, on avait glissé, dans le pli de petits fragments rectangulaires de parchemin.*[2]

Anfänge der Buchbinderei Die Anfänge des Buches bedingen auch die Anfänge eines Einbandes; hier haben wir also die Inkunabeln der Buchbinderei, die sich nur langsam daraus entwickelte. Umfangreich können die so gebundenen Papyrusbücher nicht gewesen sein. Der Unterschied der Dicke ist beim Papyrus und beim Pergament zu groß: der vertikal gebrochene Pergamentstreif hatte die Dicke von zwei Pergamentblättern, die etwa wohl nicht geringer war, als die des ganzen Papyrusquaternio; auf der inneren Seite wuchs also die Dicke des Buches doppelt so stark wie auf der äußeren; dicke Bücher ließen sich also auf diese Weise nicht binden. Deshalb ist es also auch fraglich, ob man sich damals mit den vertikalen Fäden begnügte, welche die einzelnen Doppelblätter zusammenhielten, oder ob die Praxis damals schon dazu geführt hatte, ein horizontales Kapitalband hinzuzufügen, das die einzelnen Quaternionen untereinander und zugleich mit dem Buchdeckel verband, ohne das wir uns einen wirklichen Bucheinband kaum denken können.

Die oben erwähnten Taschen und Kästen mögen auch manchmal in der ersten Zeit für Pergamentkodizes genügt haben; Birt, Buchrolle S. 342, vermutet, „daß die Kodizes anfangs, d. h. im dritten bis vierten Jahrhundert, bisweilen nur Kapseln waren, in die die Pergamentblattlagen ungeheftet hineingelegt wurden".

Als dann aber der Kodex über die Rolle gesiegt hatte, befreite er sich auch von ihrer Hülle und erhielt den für ihn passenden Einband.

---

[1] Taf. 55—56: Reste des Bucheinbandes.

[2] Mém. p. p. la miss. arch. fr. au Caire t. 9. 1892 fasc. 2 p. I.

Erst wenn das Buch fertig geschrieben war, wurde es gebunden,[1] denn es war natürlich schwer, den Umfang eines Werkes im voraus richtig abzumessen; bei kleineren Partien dagegen war ein solcher Voranschlag wenigstens nicht unmöglich, und es konnten sich also mehrere Schreiber in die Arbeit teilen, wenn sie nur darauf achteten, daß Anfang und Schluß ihrer Quaternionen zusammenpaßten. Eine Euripideshandschrift in Kopenhagen (Nr. 417) ist z. B. nach der Beschreibung von Prinz (Rhein. Mus. 1875 N. F. 30 S. 129) von drei Händen geschrieben, die ganz verschiedenes Papier mit verschiedenen Wasserzeichen benutzten und durch einen weiß gelassenen Zwischenraum voneinander getrennt werden. Zuweilen nennen sich die Schreiber der einzelnen Abteilungen; allein man darf sich nicht täuschen lassen durch Vermerke wie ἐποιησάμην ἀρχὴν τοῦ ποιητοῦ,[2] die sich meistens auf die Lektüre, nicht auf die Schrift beziehen. Tischendorf unterscheidet beim c. Sinaiticus außer den Korrekturen Späterer vier verschiedene Hände, welche den eigentlichen Text geschrieben; es gibt sogar Handschriften, die von zehn und noch mehr Händen geschrieben sind. Der c. Laur. 74, 10 ist von 16 Schreibern geschrieben, die sich meistens auf dem ersten Blatte ihres Quaternio namhaft gemacht haben.[3] Erst geschrieben, dann gebunden

Ein Kodex, dessen Dicke und Oberfläche in den meisten Fällen größer war als der eines Papyrusbuches, bedurfte eines besseren Schutzes; diesen fand er in einem festen Deckel. Im Altertum hatte man wohl Papyrusmakulatur zu einem brettartigen Deckel zusammengeleimt.[4] Im Mittelalter dagegen bestand der eigentliche Schutz der Handschriften meistens aus zwei mehr oder weniger dicken Brettern von etwas größerem Format. Der äußere Rand des Brettes zeigt oft eine halbkreisförmige Rille in dem vorstehenden Ende des Brettes an zwei Quer- und einer Langseite. Diese Rille ist bei lateinischen Bänden noch nicht nachgewiesen; wozu sie diente ist unklar. Mit Vorliebe wählte man zum Deckel das Holz der Korkeiche, denn Suidas erklärt das Wort φελλός durch τῶν βιβλίων ἔξωθεν σκέπασμα. Dieser Holzdeckel wurde entweder mit Leder oder mit Zeug überzogen; in größeren Bibliotheken natürlich möglichst gleichmäßig; auch das Wappen des Besitzers wurde vielfach im Abendlande hinzugefügt, daher sind diese alten Originalbände oft sehr wichtig für die Geschichte der Hand- Einband Papyrusmakulatur Bretter Leder

[1] Ulpian. Dig. XXXII 52, 5: sed perscripti libri nondum malleati vel ornati continebuntur proinde et nondum conglutinati vel emendati continebuntur sed et membranae nondum consutae continebuntur. (Malleati wohl nur auf Papyrus zu beziehen.)

[2] Cod. Vat. Ottob. 342.

[3] Vogel-Gardthausen, Griech. Schreiber S. 7 A. 4.

[4] Vgl. Bernardakis, Verh. d. 33. Philolog.-Vers. in Gera 1878 S. 88—92.

schriften. Ch. Graux gibt daher in seiner Abhandlung über die Handschriften des Escurial p. 62—63 einen Überblick über die drei verschiedenen Arten der Eskurialbände. Auch bei ganz schlichten Bänden von Handschriften der großen modernen Bibliotheken erkennt man durch die Art des Einbandes oft auf den ersten Blick die Klosterbibliothek, für welche die Handschrift geschrieben wurde. Einzelne Bände wurden eleganter gebunden; die Kaiserin Irene ließ z. B. für

Prachtbände

drei Typica seidene Einbände anfertigen *ἀπὸ βλαττίων ἐνδεδυμένα* (Montf., P. Gr. 18). Für die in der Kirche gebrauchten Bücher pflegten die Mönche auch die Reste ihrer priesterlichen Prachtgewänder zu verwenden; daher gibt es noch Bibeln usw., die in Brokat gebunden sind.

Einband bemalt

Mit Recht wird der Einbanddeckel selten bemalt, nur der Einband des Freer-Ms. Nr. III, das Sanders wohl überschätzt, wenn er die Handschrift dem fünften bis sechsten Jahrhundert zuweist, ist mit den Bildern der vier Evangelisten geschmückt. *The covers* (pl. III) *are of wood nearly half an inch thick, and adorned with paintings representing the four evangelists.*[1]

Luxus

Es braucht nicht erst gesagt zu werden, daß die Einbände[2] oft mit großem Luxus ausgestattet wurden. Schon im ersten Jahrhundert vor Christus gab es sehr elegante Notizbücher, daher versichert Properz 3, 23:

non illas fixum caras effecerat aurum.

In der folgenden Zeit stieg die Pracht, und in der *Notitia Dignitatum* sehen wir an vielen Stellen Kodizes, deren Deckel auf grünem, rotem, blauem oder gelbem Grunde das Medaillon des Kaisers zeigen. — Seit dem fünften Jahrhundert wurde es immer gewöhnlicher, die Handschriften mit Gold, Edelsteinen[3] und zuweilen sogar durch eingelassene Reliquien zu schmücken. Schon der heilige Hieronymus weist auf den Kontrast hin, daß die Bücher mit kostbaren Steinen[4] bedeckt seien,

[1] Bemalte Holzdeckel s. Gregory, Freer Logion S. 14.

[2] Viele verschiedene Einbände sehen wir auf einem Bilde des cod. Amiatinus bei Garucci storia del arte crist. III. Tav. 126. Über den orientalischen Einband bei griechischen Handschriften z. B. auf dem Athos s. v. Lützows Ztschr. f. bild. Kunst 4. 1858, Kunstgewerbeblatt S. 63.

[3] Labarte, Les arts industr. I² Pl. II–XVI. XXVIII. XXX. XXXI. — Die byzantin. Buchdeckel der S. Marcus-Bibl. in Venedig. 10 Photogr. herausgeg. vom K. K. Öst. Mus. f. Kunst, Text von Jak. Falke. Wien. Selbstverl. d. K. K. Mus. 1867. — G. Valentinelli. Di alcune legature antiche d. codd. mss. liturg. della Marciana di Venezia: Atti d. R. Istituto Veneto di scienze S. III, 12. 1867 p. 335. — Venturi, Arte Italiana 2 p. 657: Coperta bizantina. — Waldem. Nissen, Die Diataxis des Michael Attaleiates von 1077. Beitrag zur Gesch. des Klosterwesens im byzantin. Reiche. Jena 1894 S. 84. Beschreibung der Prachtbände.

[4] H. Hieronymus, Epist. 18: gemmis codices vestiuntur et nudus ante fores earum Christus emoritur.

und ein Christ stürbe nackt vor den Toren des Tempels. Die beste Anschauung solcher Prachtbände, die sich durch Behandlung der Emaille und Verwendung der Edelsteine auszeichnen, geben die Nachbildungen bei Labarte, Les arts industriels III[2] Pl. 61—63. Selten wurde der ganze Buchdeckel in Emaille ausgeführt.[1] Noch im elften Prachtbände

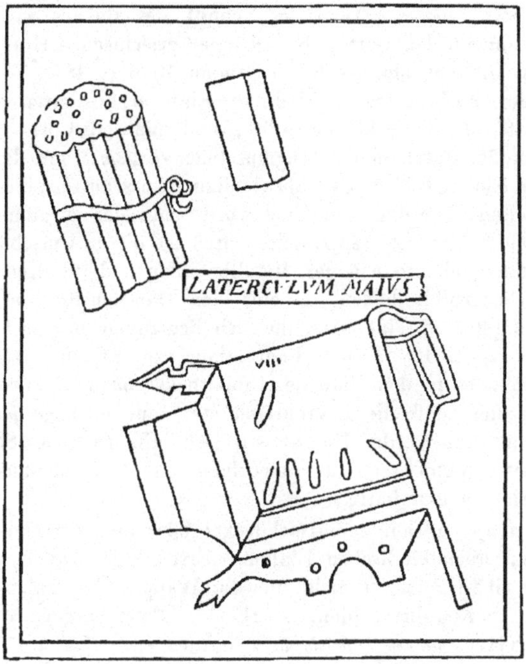

Fig. 23. Rollenbündel und codex mit camisia.
Notit. Dign. ed. S. 42

Jahrhundert werden Einbände aus getriebenem Silber mit Kameen besetzt, so z. B. bei einer Handschrift in den Bibliotheken des Athos (Ptolem. ed. Langlois p. 103), und ein anderer silberner Deckel (daselbst p. 101) stammt aus dem Jahre 1196. Auch die Sammlungen des Louvre besitzen einen prachtvollen byzantinischen Deckel aus dem neunten Jahrhundert, der in getriebenem Golde aus der neutestamentlichen Geschichte den Besuch der Frauen am Grabe darstellt und

[1] Schlumberger, Un empereur byz. Niceph. Phocas p. 580—581: Email cloisonné byz. du Xe siècle: ders., L'epopée byzant. p. 85. 89. 188. 353 (Filigran mit Emailleplatten).

durch große Beischriften in Unzialen erklärt wird (Lacroix les arts p. 489). Die Mannigfaltigkeit der Einbände war schon in Cassiodors Zeit so groß, daß eigene Proben- und Musterbücher zusammengestellt wurden für die *artifices in codicibus cooperiendis doctos.* Cassiodorius divin. lectt. c. 30: *Quibus multiplices species facturarum in uno codice depictas ni fallor decenter expressimus, ut qualem maluerit studiosus tegumenti formam*

Schnitt des Buches

ipse sibi possit eligere. Auch der Schnitt des Buches wird bisweilen mit Zeichnungen dekoriert z. B. bei einer griechischen Evangelienhandschrift, s. Bibliographica vol. 2. London 1896 p. 387. — Manchmal mochte der Fall eintreten, daß der Einband kostbarer war als die Handschrift, die er schützen sollte, und nun selbst wieder geschützt

Zeug- oder Lederumschlag

werden mußte durch einen Zeugumschlag, *camisia,*[1] um das Buch vor Staub, die Einbandsdecken vor Beschädigung zu schützen; dieser griff von beiden Seiten über den Rand und wurde entweder zusammengeschnürt

Kette

oder geknöpft. An unseren Handschriften ist dieser Umschlag meistens verschwunden, ebenso wie der Metallbeschlag und die Kette,[2] mit der in den Klosterbibliotheken die einzelnen Handschriften angeschlossen zu werden pflegten, eine Sitte, die sich heutzutage nur noch in wenigen Bibliotheken, z. B. in der Laurentiana zu Florenz, erhalten hat. Michelangelo hatte den Plan des Bibliotheksgebäudes entworfen in der Voraussetzung, daß die Laurentiana stets nur niedrige *plutei* für die *catenati* enthalten werde. Der künstlerische Eindruck des Saales würde also gestört, wenn man die niedrigen Tische durch moderne hohe Repositorien ersetzt hätte.

Wappen u. Inschrift

Ein Wappen[3] auf dem Buchdeckel oder in der Handschrift weist bereits auf abendländischen Einfluß. Erst die Einbände aus der Renaissancezeit[4] tragen oft nicht nur die Wappen der früheren Besitzer, sondern sogar Jahreszahlen, z. B. der Petersburger Kodex CVIII (s. XII—XIII): *sur le bois de la reliure ἐπ ἔτους ζμε καὶ ἐτελιώθ. ἐν μηνὶ Ἰουλίου.* d. h. nicht wie Muralt wollte, 1457, sondern 1537.

Die technischen Ausdrücke[5] für Einband und Binden sind *στάχωμα* und *σταχώνειν*; die Buchbinder nannte man *βιβλιοδέτας*, auch wohl *βιβλιοαμφιαστάς* und *σταχοτάδας*. Ausnahmsweise schreibt auch wohl

[1] Siehe Fig. 23; vgl. Schwartz, De ornamentis librorum Tab. I.

[2] Cod. catenatus abgebildet s. J. W. Clark, Care of books. Cambridge 1901 p. 159. 175. 204; Bibliothek (Cesena) p. 201—202; (Laurentiana) p. 235.

[3] De stemmatum usu in dignoscenda codicum aetate, s. Sternajolo, Einleit. z. Catal. d. lat. cod. Urbinates p. XVII.

[4] Schöne Einbände der Renaissance: La collection Dutuit. Paris 1899. Vgl. im allgem. G. Brunet, La reliure anc. et moderne. Recueil de 116 planches de reliures. Paris 1878, s. Academy 1879 p. 222 u. 354.

[5] Über technische Ausdrücke des Einbandes s. Nissen, Diataxis d. Mich. Attaleiates S. 85.

der Buchbinder seinen Namen in die Handschrift, so z. B. in dem Aristodemuskodex.[1] *Λουκας Ουερονενσης ιλληγατορ λιβρορομ.*

Lucas Veronensis illigator librorum.

Buchbinder

Buchbinder von Fach hat es vor Erfindung des Buchdruckes nur wenig gegeben, und wenn eine Handschrift einmal gebunden war, so war damit eine Arbeit getan für Jahrhunderte. Geschrieben wurde im Mittelalter nicht viel, und die Buchbinderei konnte also ihren Mann nicht ernähren. Die Mönche,[2] welche die Handschriften schrieben, mußten sie auch einbinden: *ἐστιχώθη παρὰ χειρὸς τοῦ πρωτοπαπᾶ Σαμουήλ.*[3]

Patriarchen

Mönche

In einem anderen Falle stammen die roten Überschriften und der Einband von derselben Hand.[4] In dem c. Alex. 913 ist ausdrücklich bemerkt, daß die Handschrift von dem Patriarchen Alexandrias nicht nur geschrieben, sondern auch gebunden sei. Jo. Chortasmenos, Notar des Patriarchats in C. P., war Besitzer, Schreiber und Buchbinder von Handschriften in einer Person.[5] Manchmal ist es ein Mönch, der sich verewigt, so z. B. Simon in Ägypten, der im Jahre 1392 den c. Sinait. 669 während des Patriarchats von Marcus gebunden hat.

kein Handwerker

Der Buchbinder war also noch kein Handwerker, sondern Dilettant auf verschiedenen Gebieten, selbst die Dichtkunst war nicht ausgeschlossen; er läßt gelegentlich das Buch reden:

Γυμνὸς ἐγὼ τὸ πάροιθεν, ἀτάρ μ' ἐλέησε Κάμιλλος
Τελλερίδης, λευκὸν δ' ἔσθος ἐπαμφίεσεν.[6]

Originalband

Dem alten Einband griechischer Handschriften wird immer noch nicht die Beachtung zuteil, die er verdient. Leo Allatius ließ, um die palatinische Bibliothek nach Rom zu transportieren, die alten Decken ohne weiteres herunterreißen und sie in Rom durch neue ersetzen. Auch in der Hofbibliothek in Wien haben unter Maria Theresia die meisten griechischen Handschriften einen modernen Pergamentband erhalten. Dadurch ist allerdings eine äußere Gleichmäßigkeit und Eleganz erreicht, aber dieser Vorteil steht in keinem Verhältnis zum Nachteil. Jedesmal wenn eine Handschrift neu gebunden wird — selbst unter sorgfältiger Aufsicht — geht ein Teil seiner Geschichte verloren,

[1] Poliorcétiques des Grecs . . . . par Wescher p. X.

[2] Mittelalterliche Buchbinderei s. d. Inventar aus Kloster Michelsberg von 1483. Neues Arch. f. ältere dtsch. Gesch. 21. 192. — Papadopulos-Kerameus, Hierosolym. Biblioth. 2 S. 782 gibt eine Liste der Buchbinder, die in Handschriften genannt werden; es sind Mönche des betreffenden Klosters.

[3] Cod. Athous 4121.

[4] c. Paris. gr. 63, (9. Jh.) e. K. d. N. T. geschr. von dem Mönche Basilius: *ἠμφιάσθη καὶ ἐκεφ[α]λεώθη ὑπὸ [Θε]οδούλου τοῦ μοναχοῦ.*

[5] Vogel u. Gardthausen, Die griech. Schreiber. Leipzig 1909 S. 203.

[6] Omont, Catalogues de Fontainebl. p. XI.

und die Handschrift wird oft unbrauchbar für die Untersuchungen in bezug auf die Vorbesitzer und alten Bibliotheken. Die Neueren sollten also einen Originalband ausbessern und herstellen, aber niemals ohne dringende Not durch einen neuen ersetzen. Das Stilgefühl, das sich in den letzten Jahrzehnten bedeutend verschärft hat, verträgt bei einem wertvollen alten Ölgemälde nicht mehr statt des zeitgenössischen einen modernen prunkvollen Goldrahmen, in ähnlicher Weise können wir auch verlangen, daß die alten Originaleinbände der Handschriften erhalten und geschützt werden.

Siebentes Kapitel.

Schreibzeug.

Iam liber, et positis bicolor membrana capillis,
Inque manus charta nodosaque venit arundo.
Tunc queritur, crassus calamo quod pendeat humor,
Nigra quod infusa vanescat sepia lympha
Dilutas, queritur geminet quod fistula guttas.

Mit diesen Worten schildert ein antiker Schriftsteller[1] sein Hand-
Schreibgeräte werkszeug, die Schreibgeräte[2] des Altertums (*τὰ καλλιγραφικὰ ἐργαλεῖα* nach Suidas s. v. *κανονίς*), über die wir gut unterrichtet sind, weil Julius Pollux (onomast. 10, 57–60) dieselben in einem eigenen Abschnitte *περὶ βιβλίων καὶ τῶν αὐτὰ γράφειν σκευῶν* behandelt hat.

Manche Museen besitzen Originale antiken Schreibzeugs, aber wir haben auch mehr getreue Nachbildungen in Reliefs als man vielleicht hätte erwarten dürfen. Wie sich nämlich die Sitte herausgebildet hatte, dem Toten bei der Bestattung die Rollen seines Lieblingsdichters mit ins Grab zu geben, so haben wir auch verschiedene Grab-
Grabreliefs reliefs namentlich aus Kleinasien, auf denen als Beweis seiner Bildung und Gelehrsamkeit die Werkzeuge seiner Arbeit abgebildet sind.

---

[1] Persius sat. 3, 10 ff. ed. O. Jahn; vgl. Horaz ep. 2, 1, 113: sole vigil calamum et chartas et scrinia posco.

[2] Schreibzeug s. Birt, Buchrolle 219. — Maionica, Antike Schreibrequisiten aus Aquileja s. Festschr. für O. Hirschfeld 1903, 360. — Strumenti da scrivere Ces. Paoli, Progr. scolast. di pal. lat. 2. Firenze 1894 p. 65. — Schreibzeug und Feder s. Erman u. Krebs, Aus den Papyrus d. Kgl. Mus. Berl. 1899 S. 8–9. — Sp. Blondin, Les outils de l'écrivain. Paris 1890. — Ägyptische Schreibpalette mit Schreibrohr und Pinsel s. Spiegelberg, Schrift u. Sprache d. alt. Ägypt. 14. — Grenfell u. Hunt, Greek Papyrus S. II. Oxford 1897 p. 64. Brief wegen Ankauf von Papyrus, Kalamus, Tinte, Wachs (für Wachstafeln?) und eine große Tasche *μάρσ[ι]πον*.

A. v. Premerstein[1] veröffentlicht z. B. einen Grabstein; darauf eine Rolle, ein aufgeschlagenes Diptychon, welches zum Eingraben des Monatstages benützt worden ist, und ein Schreibzeug mit aufgeschlagenem Deckel, aus welchem ein Tintenfläschchen hervorsieht. Ferner bespricht F. Noack in den Mitteil. d. Athen. Inst. 19. 1894 S. 315 phrygische Grabsteine mit Darstellungen von Schreibgerät.[2]

Außerdem haben wir eine ganze Reihe von griechischen Epigrammen, die im wesentlichen vollständig übereinstimmend die einzelnen Instrumente aufzählen und beschreiben, die der Schreiber, der in der Ausübung seines Berufs ergraut ist, so daß Hand und Augen schon den Dienst versagen, dem Hermes oder den Musen weiht, so z. B. Epigramme

Ἑρμείῃ Φιλόδημος, ἐπεὶ χρόνος ὄμματος αὐγὴν
Ἀμβλύνας παλάμῃ δῶκεν ἐλευθερίην.

Der Wert dieser Epigramme (Anthol. Pal. ed. Jacobs I S. 205—208, VI Nr. 62—68) wird dadurch nicht geringer für uns, weil man zugeben muß, daß wir es hier bei allen, oder doch den meisten, mit einer dichterischen Fiktion zu tun haben, und daß sie alle mehr oder weniger nach demselben Schema gearbeitet sind. Es wird daher genügen, als Probe die Verse des Philippus von Thessalonich hervorzuheben (Anthol. Pal. ed. Jac. I 205), der um die Zeit von Christi Geburt gelebt haben mag.

VI, 62. ΦΙΛΙΠΠΟΥ ΘΕΣΣΑΛΟΝΙΚΕΩΣ.

Κυκλοτερῆ μόλιβον, σελίδων σημάντορα πλευρῆς,
Καὶ σμίλαν δονάκων ἀκροβελῶν γλυφίδα,
Καὶ κανονῖδ' ὑπάτην,[3] *καὶ τὴν παρὰ θῖνα κίσηριν,*
Λίχμηρὸν πόντου τρηματόεντα λίθον,
Καλλιμένης Μούσαις ἀποπαυσάμενος καμάτοιο
Θῆκεν, ἐπεὶ γήρᾳ κανθὸς ἐπεσκέπετο.

Sämtliche Epigramme erwähnen an erster Stelle das Blei: *κυκλομόλιβδος, γυρός, μόλιβος τροχόεις* usw., Ausdrücke, die deutlich genug zeigen, daß nicht mit Is. Vossius an eine Bleistange gedacht werden darf, sondern daß man eine dünne runde Scheibe benutzte, um mit Blei

---

[1] Mitt. d. Athen. Inst. 19. 1894, 328. Denkschr. d. Wien. Akad. 53. 1908 S. 86 (m. Litterat.).

[2] Vgl. A. Joubin, Rev. Archéol. III, 24. 1894 t. 5—6. Fig. 1. Rechts: Offene Rolle mit Diptychon u. das geschlossene Futteral eines Schreibzeugs. Links: Schere und Messer (unten breit, um die Wachstafel zu glätten), ferner ein Besteck mit 2 stili (?), darunter eine Säge(?). Fig. 2 im Giebelfeld: stilus. Fig. 3 im Giebelfeld: Schreibrohrbündel mit Rollen. Fig. 6: Diptychon, Lineal m. Schreibzeug. — Schreibgerät mit Diptychon C. I. L. IX, 3033. 4909.

[3] *Καὶ κανόν' ἰθύντην*, Herwerden, Studia critica in epigr. graeca. Leiden 1891 p. 141.

Linien deren Rändern die Linien zu ziehen. — Wenn Philippus diese Bleischeibe nun *σελίδων σημάντορα πλευρῆς* nennt, so hat Schwarz, De ornamentis p. 203, mit Recht daraus gefolgert, daß hier nur die beiden Längsstriche gemeint sein können, die rechts und links die Kolumne begrenzen, nicht aber die Querstriche für die einzelnen Zeilen. In den meisten Fällen werden dieselben bei den schmalen Kolumnen der Papyrusrollen genügt haben, um dem Schreiber den nötigen Halt zu geben.[1] In anderen Fällen wurden auch für die einzelnen Zeilen Querlinien gezogen, deren Spuren gelegentlich bei den herkulanensischen Rollen noch heute sichtbar sind; oft aber sind sie auch entweder bei der Länge der Zeit von selbst wieder verschwunden oder vom Schreiber künstlich wieder entfernt, nachdem sie ihren Zweck erfüllt hatten. Anderen Schriftstücken sieht man es aber auf den ersten Blick an, daß sie überhaupt nicht auf gezogenen Linien geschrieben wurden, so z. B. den meisten Papyrusurkunden; selbst bei den Hyperidesrollen beweist die ungleiche Anzahl und die Unsicherheit der Zeilen, daß der Schreiber das Blei glaubte entbehren zu können. Selbst die einzelnen Kolumnen sind nur durch einen dicken Tintenstrich voneinander getrennt.

Auch auf Pergament pflegten die Linien mit Blei vorgezeichnet zu werden, sonst hätte Catull 22, 7 nicht sagen können:

membrana derecta plumbo,

allein je häufiger das Schreiben wurde, desto mehr waren die Schreiber natürlich geneigt, die Vorarbeiten zu vereinfachen. Was die zerbrechliche Papyrusrolle nicht gestattete, das erlaubte der festere Pergament-
eingeritzte Linien kodex, nämlich die Linien mit dem Griffel einzuritzen, so daß sie auf der Fleischseite erhöht, dagegen auf der Haarseite vertieft sichtbar hervortraten, so z. B. in dem c. Sinaiticus, dessen Linien die ganze Breite der Seite bedecken, ohne daß bei den *σελίδες* zwischen den Kolumnen abgesetzt wäre;[2] nur das eine ist ungewöhnlich, daß in dieser Handschrift erst auf jede zweite Zeile eine Linie kommt, während sonst natürlich meistens die Zahl der Linien und Zeilen sich gleich bleibt. Um den Linien eine gleichmäßige Entfernung von einander zu
Zirkel geben, war es natürlich notwendig, dieselbe mit dem Zirkel,[3] *διαβάτης*, abzumessen, dessen Spitze die betreffende Stelle, nicht nur für ein

---

[1] Die beiden Linien, welche die Kolumnen von den weißen Spatien trennen, heißen nach alten Glossarien *παράγραφοι* praeductal, und das stimmt mit der Erklärung des Hesychius und Suidas s. v. *Σελίδες ἐν τοῖς βιβλίοις τὰ μεταξὺ τῶν παραγράφων.*

[2] Ebenso in der jüngsten aller datierten Unzialhandschriften, dem schon öfter erwähnten Evangelistar des Priesters Konstantin vom Jahre 995.

[3] C. I. L. V, 1183 Zirkel u. diptych. Abbildungen in Daremberg u. Saglios Dictionnaire des antiquités s. v. Circinus Fig. 1509—1514.

Blatt, sondern für den ganzen Quaternio bezeichnete; und wenn wir bei vielen Handschriften diese Stiche nicht sehen, so hat das oft wenigstens seinen Grund darin, daß dieselben von dem Buchbinder zugleich mit dem äußersten Rande abgeschnitten sind. Wahrscheinlich hatten auch die byzantinischen Schreiber sich ein Instrument konstruiert, das diese Manipulationen vereinfachte gleich dem Punktorium, dessen sich die abendländischen Mönche zu diesem Zwecke bedienten.

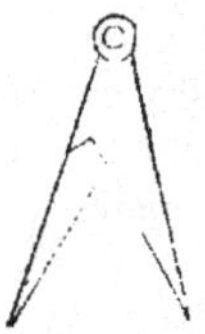

Fig. 24.
Zirkel.
D.-S. 1510

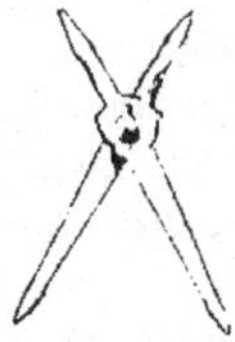

Fig. 25. Fig. 26.
Doppelzirkel aus Pompeji.
D.-S. 1513.

Punktorium

Dieses Punktorium faßt Wattenbach, Schriftwesen[3] S. 217 allerdings als gleichbedeutend mit Zirkel, doch scheint die Bildung des Wortes dagegen zu sprechen. Da aber die Karthäuserregel von einem *postis ad regulandum* spricht (Wattenbach a. a. O.), so möchte ich *punctorium* im Gegensatz zum einfachen Pfriemen (*subula*) lieber für einen Stab von der Länge des Pergamentblattes erklären, der in regelmäßigen Intervallen mit Nadeln oder Pfriemen besetzt war. In vielen Handschriften sieht man in gleichmäßigen Intervallen diese Löcher auf allen Blättern des Quaternios sehr deutlich, z. B. im Faksimile des c. Sarravianus-Colbertinus ed. H. Omont, Leiden 1896; allerdings können sie natürlich mit dem Zirkel paarweise gestochen sein, aber wahrscheinlich ist mir das nicht.

Ein derartiges Punktorium scheint bei der Edinburger Handschrift vom Jahre 1214 angewendet zu sein, wie mir W. M. Lindsay schreibt, denn die Punkte in jedem Blatte haben dieselben Intervalle und sind jedesmal im ersten Blatte deutlicher und größer als in den folgenden Blättern des Fasciculus. In einem Petersburger Unzialkodex (Origenes lat.) zeigte die alte Schrift des siebenten Jahrhunderts keine, sondern nur die in Minuskel ergänzten Blätter des zehnten Jahrhunderts deutliche Spuren eines Punktoriums.

Für die Zeit des klassischen Altertums ist ein Punktorium überhaupt noch nicht nachgewiesen; deshalb ist es natürlich ein sehr gewagter Versuch, wenn wir auf den Reliefs (S. 183) ein bis jetzt als Säge erklärtes Gerät für ein doppeltes Punktorium erklären.

Die so bezeichneten Punkte brauchten nun bloß noch mit Hilfe des Lineals (κανών,[1] seltener κανονίς) durch Blei oder Griffel (στῦλος) miteinander verbunden zu werden. So entstanden die Linien, die nur den Zweck hatten, der Schrift eine größere Regelmäßigkeit und Gleichmäßigkeit zu geben. Borchardt[2] bescheibt die Linien eines ägyptischen Papyrus des Berliner Museums (P. 3002): „Hier ist zuerst der ganze Papyrus mit vier gleichlaufenden Linien, deren Lage durch vorhergesetzte Punkte bestimmt wurde, umgeben. Auf diesen Linien ist dann die Teilung für die vertikale Liniierung vorgenommen worden und zwar gleich unter Berücksichtigung der für Vignetten freizulassenden Stellen. Auf je einer Linie des oberen wie des unteren Randes sind gleich große Teile abgetragen, nur da, wo später eine Vignette hinkommen sollte, sind die Teilpunkte auf einer anderen Horizontallinie angebracht."[3]

Lineal und Linien

Ein Schreiber, der diese äußeren Hilfsmittel nicht nötig zu haben glaubte, schrieb ganz ohne Linien, ein anderer suchte sie später zu entfernen; die meisten aber, namentlich in der späteren Zeit, gingen nicht an die Arbeit, wenn nicht jede Zeile vorher vorgezeichnet war. Da aber die Tinte oft der vertieften Linie folgte, so wurden, wenn man nur eine Seite beschreiben wollte, wie Rockinger (Archivalische Ztschr. 4, 1876 S. 297—298) sagt, die Linien auf der Rückseite gezogen. Selten sind so viele Linien gezogen, daß die Buchstaben oben und unten, also von zwei Linien eingeschlossen sind, so z. B. bei den Unzialen des Prachtkodex Sin. 204, aber auch bei der Minuskelhandschrift c. Sin. 347 (s. XI). Die Regel bleibt, daß auf eine Zeile eine Linie kommt, oder zwei Zeilen auf eine Linie. Viele Schreiber brauchten nicht nur horizontale Linien, auf denen sie schrieben, sondern auch noch vertikale, um die Grenzen des Schriftraumes zu bezeichnen, und oft sogar zwei, von denen die eine die gewöhnliche, die zweite die äußerste Grenze des Schriftraumes bezeichnet. Unzialkodizes haben vielfach Vertikallinien, welche die beiden Seiten ihrer Kolumnen bezeichnen; daneben aber meistens Horizontallinien, für jede Zeile eine.[4] Die Unzialen auf Pergament stehen natürlich auf der Linie, wenn eine vorhanden ist. Die Unzialbuchstaben auf Papyrus stehen natürlich niemals auf Linien; aber diejenigen, die unten mit geraden oder schrägen Strichen enden, erhalten bei einigen Schreibern eine Basis wie die Bleisoldaten, die eine wenn auch unterbrochene Linie bildet _Π O_ Λ_.

[1] φοίνιξ κανών, Eurip. Herc. fur. 945: Persius sat. 1,65 — — scit tendere versum non secus ac si oculo rubricam dirigat uno.

[2] Ztschr. f. ägypt. Spr. 27, 1889 S. 121.

[3] Vgl. die Zeichnung S. 121.

[4] Siehe das Iliasfragm. Berliner Klassikertexte 5 T. I.

Selbst bei der Majuskelkursive, z. B. in einem Papyrus vom Jahre 242 vor Christus (s. Cunningham, Mem. 9, 23 Taf. 8, XII) tritt das Streben des Schreibers zutage, durch die Horizontalstriche der Buchstaben eine wenn auch unterbrochene Linie herzustellen, die der Schrift Halt geben sollte.

Die Herausgeber der Pal. Society geben für diesen Punkt stets genaue Angaben, so z. B. für den c. Alexandrinus Pal. Soc. Nr. 106. Ruling: *On one side of the leaf with a hard point, the lines extending across the whole page* [d. h. zwei Kolumnen]. *The colums have bounding lines.*[1] — Manchmal aber genügt auch eine gezogene Linie für zwei oder drei Zeilen, ohne daß die Gleichmäßigkeit der Schrift darunter gelitten hatte.

Mit Blei gezogene Linien sind in der älteren Zeit nicht gemacht oder doch stets wieder sorgfältig entfernt; ebenso in der Minuskelschrift der frühesten Zeit. In gleicher Weise zeigen die Minuskelhandschriften vertiefte horizontale und vertikale Linien; wichtig sind aber nur die ersteren. Bei den sorgfältig geschriebenen Pergamenthandschriften und namentlich der alten Minuskel fehlen die Linien selten. Eine Ausnahme bildet nur der c. Sin. 417 (s. X), bei dem keine Linien sichtbar sind.

Minuskel auf und unter der Linie

Man nahm gewöhnlich an, daß in jeder griechischen Minuskelhandschrift die Buchstaben nicht auf den Zeilen ständen, sondern von denselben herabhingen, und erklärte dies für einen Hauptunterschied zwischen Unzial- und Minuskelschrift. Dieser Unterschied muß in der Tat zugegeben werden, aber nur für die spätere Zeit, während die ältere Minuskel in dieser Beziehung noch durchaus den Gesetzen der Unziale folgt.[2] Wattenbach[3] faßt also die Regel zu allgemein wenn er sagt: „Merkwürdig ist, daß in griechischen Handschriften die Buchstaben nicht auf, sondern unter den Linien stehen, was an Hebräisch und Sanskrit erinnert.“ Dies Gesetz der unterzeiligen Schrift, das später ausschließlich herrschte, ist für uns natürlich sehr auffallend, kommt aber doch schon in früherer Zeit selbst in epigraphischen Denkmälern vor. Es gibt alte Inschriften, bei denen die Buchstaben von den Zeilen hängen. Zu dem Vertrage der Eleer bemerkt Röhl, J. Gr. A. 110: *Litterae versus secundi et tertii pendent ex lineis tenuissime incisis.* Ebenso in Unzialhandschriften. Auch im c. Sin. 493 s. VIII bis IX habe ich Unzialbuchstaben gesehen, die von den Linien herabhängen; ebenso in einem Psalterium (c. Sin. 59) s. XI, in dem die

---

[1] Vgl. Thompson-Lambros, Palaeogr. p. 122: *χαράκωσις*. Besonders deutlich sieht man das System der Linien einer Minuskelhandschrift bei P. Fr. de' Cavallieri-Lietzmann, Specimina Nr. 19.

[2] Vgl. L. Blau, Stud. zum althebr. Buchwesen 1. Straßburg 1902 S. 140. Liniierung u. Zeilen.

[3] Schriftwesen[3] S. 215.

Unziale ältere Schrift und Form der Unziale imitiert wird. Bei Graux et Martin, Mss. gr. d'Espagne pl. II Nr. 5, einer Handschrift, die junge Unziale und alte Minuskel verbindet, steht die Unziale auf der Zeile, die Minuskelbuchstaben hängen herunter.

Es gibt aber sehr wenige griechische Handschriften in Unzialschrift, auf die dieses Gesetz Anwendung gefunden hätte. Selbst von den älteste Minuskel griechischen Minuskelhandschriften folgen die ältesten noch der alten Sitte der oberzeiligen Schrift: von den sicher datierten Handschriften ist bis jetzt der berühmte c. Clarkianus vom Jahre 896 (rc. 895) das älteste Beispiel einer Handschrift in der meistens, jedoch nicht ohne Ausnahme die Buchstaben nicht auf der Zeile stehen, sondern von derselben herabhängen. Wodurch dieser Wechsel hervorgerufen wurde, ist nicht ganz klar; vielleicht dadurch, daß die griechischen Minuskelbuchstaben meistens unten eine Art von Basis haben, die oft mit der des vorhergehenden oder nachfolgenden Buchstabens eine fortlaufende Linie, schon von selbst bildete. z. B. *μλυ μαλιαρ*, während die Spitzen nach oben hin leicht ungleichmäßig wurden, wenn man nicht durch die Linie für Gleichförmigkeit und gleiche Höhe sorgte. Das Faksimile der Tafel 2 meiner Beiträge zur gr. Pal. vom Jahre 835 und die Lithographie von Sabas vom c. Mosq. 254 aus dem Jahre 880 läßt uns in dieser Beziehung allerdings im Stich. Eine genauere Untersuchung des Originals zeigt nur wenig Linien; die oberste Zeile der Buchstaben steht meist auf der Linie, die unterste hängt meistens herab. Dagegen zeigt die vortreffliche Phototypie Palaeogr. Soc. Nr. 65, daß die Minuskelschrift des Jahres 889 wirklich noch auf der Linie gestanden hat, und diese Beobachtung hat sich mir in Paris bestätigt durch Untersuchung des c. Paris. 1470 aus dem Jahre 890, Paris. 454 aus dem Jahre 914, Paris. 70 aus dem Jahre 964, deren Buchstaben meistens, aber nicht ausschließlich, auf der Linie stehen.

Auch bei dem c. Patm. 39 vom Jahre 972 stehen die Buchstaben noch a u f der Linie; er ist nach der Unterschrift im byzantinischen Reiche geschrieben:

ἐγράφη διὰ χιρὸς δαμιανοῦ μοναχοῦ
ἐπὶ ἰω. τζιμίσκου βασιλέως ῥωμαίων
εἰς τὸ ἔτος ϛυπ̄ ἰνδ. ιε μηνὶ αὐγούστου ιε +.

Ebenso in einer Handschrift des Chrysostomus vom Jahre 973 (Wattenbach, Exempla c. gr. Nr. VIII) und des Gregor v. Nazianz (c. Mosq. 60 vom Jahre 975); die Schrift steht noch auf der Zeile. Der c. Mosq. 96 vom Jahre 917 hat auf den ersten Blättern oberzeilige, nachher aber Übergangsperiode unterzeilige Schrift. In diese Übergangsperiode gehören auch die Handschriften, deren Buchstaben entweder zwischen zwei Linien stehen oder von der Linie durchschnitten werden, z. B. der c. Alex. 87 vom

Jahre 968 und der c. Paris. Nr. 781 vom Jahre 939, von dem Graux mir schreibt: *„Le plus souvent l'écriture est coupée par le milieu par la ligne. Parfois l'écriture est limitée par le haut par cette ligne, qui coupe les δ, les ι et les autres lettres qui dépassent par le haut l'α. L'écriture danse un peu"*, und ebenso c. Paris. 469 A, Supplement vom Jahre 987: *„Quelquefois l'écriture repose sur mais le plus souvent elle est coupée par le milieu par la ligne"*, dasselbe bemerkt Wattenbach, Exempla codd. gr. p. 2 bei dem c. Marc. 201 vom Jahre 954: *lineae . . . modo infimas litteras stringunt modo medias traiciunt.*

In der späteren Zeit kommt es zuweilen vor, daß die Linien wenig beachtet werden und nur im allgemeinen die Richtung angeben. In dem c. Mosq. 162a 1022 geht die Linie sogar auf derselben Seite bald über, bald unter, bald quer durch die Schrift, anderseits zeigt der c. Paris. 492 vom Jahre 942, der Oxforder c. Bodl. (Auct. E. 2. 12) vom Jahre 953 (= Pal. Soc. Nr. 82), der c. Paris. 668 vom Jahre 954 und der c. Paris. 668 vom Jahre 955 (ebenso der c. Mosq. 20 vom Jahre 977) schon Buchstaben, die von den Zeilen herabhängen. Man wird also nicht sehr irren, wenn man diesen merkwürdigen Übergang ungefähr im zehnten Jahrhundert beginnen läßt.

In dem tachygraphischen Kodex des British Museum (Add. Mss. Mischung 18, 231) vom Jahre 972 zeigt sich eine merkwürdige Mischung der alten und der jungen Schreibart. Die Buchstaben dieser Handschrift stehen auf der Linie: Fol. 16—87 [88—90 von jüngerer Hand] 192 bis 227; unter der Linie: Fol. 4—15; 91—191; 228—330.[1] Die letzten Spuren der älteren Schreibart finde ich in der Schriftprobe des c. Laurentianus VIII, 28 vom Jahre 973 (s. Wattenbach, Exempla Nr. 8), deren Buchstaben ebenfalls noch auf der Linie standen. Nur für die immer mehr absterbende tachygraphische Schrift scheint man noch länger an der alten Tradition festgehalten zu haben. Jedenfalls steht die tachygraphierte Schrift der Tafel 4 in meinen Beiträgen zur gr. Paläogr. entschieden auf der Linie.

Diese Beobachtung des Gesetzes der Linien, die ich in meinen Beiträgen[2] machte, hat sich als ein vorzügliches Kriterium für die älteste Minuskel bewährt, weil danach Buchstaben unter der Zeile allerdings schon am Ende des neunten Jahrhunderts geschrieben sein können, Minuskelhandschriften aber, deren Buchstaben auf der Linie stehen, spätestens im zehnten Jahrhundert geschrieben sein müssen; und Wattenbach hätte in seinen Exempla auf diese Beobachtung hin einige Handschriften nicht dem elften, sondern dem zehnten Jahrhundert zuweisen müssen, z. B. Nr. 36. 42; hierher gehört ferner eine der ältesten

[1] Diese genauen Zahlen verdanke ich der Güte des Herrn E. M. Thompson.
[2] Siehe meine Beiträge zur Griech. Paläogr. S. 13.

Aristoteleshandschriften, Ambros. L. 93 sup. (Pal. Soc. 129). Auch das British Museum besitzt eine Reihe undatierter Kodizes, deren Buchstaben auf der Linie stehen. Es sind nach einer gütigen Mitteilung von Herrn E. M. Thompson: c. Lond. Add. 11 300 Evangelien, 17 471 Scala Paradisi, 19 390 Joh. Damascenus usw., 20 002 Richter und Ruth, 22 732 Gregor Naz., 24 371 Joh. Chrysostomus, 28 815 Neues Testament, c. Harley. 5694 Luciani opera usw., c. Arundel. 532 Basil. Caes. homil. Diese Handschriften sind also aus demselben Grunde dem zehnten Jahrhundert zuzuweisen. — Da derselbe Übergang von oberzeiliger zu unterzeiliger Schrift sich auch bei den benachbarten Schriftarten vollzogen hat, so hat Geitler[1] auf Grund der datierten griechischen Handschriften die undatierten glagolitischen Manuskripte, die bisher auf Grund der Sprache jüngerer Zeit zugewiesen wurden, ebenfalls dem zehnten Jahrhundert zugewiesen.

Die ganz jungen Minuskelhandschriften sind viel unregelmäßiger geschrieben, weil mit dem Aufkommen des Bombycinpapiers, das ein Einritzen der Linien nicht mehr vertrug, die Liniierung überhaupt — selbst bei Pergamenthandschriften — immer seltener wurde oder gänzlich aufhörte; beim Bombycinpapier pflegte man auch wohl die Linien hineinzupressen.

Ferner fehlt unter den aufgezählten Schreibgeräten niemals das

Federmesser Federmesser[2] *σμίλη, δονάκων ἀκροβελῶν γλυφίς* oder *χάλυψ σκληρὸς καλαμηφάγος* oder wie es in einem anderen Epigramme heißt: *καὶ γλυφάνον καλάμου πλατέος γλωχῖνα σιδήρου.* In dem Glossar des Philoxenus wird *σμίλα* erklärt *scalprum sicila sculpium, σμίλα χαρτοτόμος sicila σμιλίον scalpellum.* Es diente also sowohl zum Schneiden des Schreibrohrs und zum Beschneiden des Papyrus.[3]

Nicht in allen, aber doch in mehreren Epigrammen wird auch

Bimsstein Bimsstein unter den Schreibgeräten aufgezählt (VI, 62):

καὶ τὴν παρὰ θῖνα κίσηριν
αὐχμηρὸν πόντου τρηματόεντα λίθον oder (VI, 66)
λίθακα τρητὴν σπόγγῳ ἐειδομένην.

Er fand in der Hand des Schreibers eine zweifache Verwendung: zunächst diente er dazu (ebenso wie Eberzahn oder Muschel) Papyrus oder Pergament zu glätten, daher beginnt Catull 1, 1:

---

[1] Die albanesischen und slavischen Schriften. Wien 1883.
[2] Schreibermesser: Jeremias 36, 23.
[3] Eine Abbildung s. Montfaucon, Pal. Gr. 24 und Passinus Codices mss. biblioth. R. Taurinensis I p. 92.

Quoi dono lepidum novum libellum
Arida modo pumice expolitum?

22, 7: *Membrana derecta plumbo et pumice omnia aequata* und Ovid Trist. 1, 1. 11: *Nec fragili geminae poliantur pumice frontes.*[1] Aber die Epigramme erwähnen zunächst einen andern Gebrauch, daß man ihn nämlich zum Schleifstein für die abgeschriebene Spitze des Schreibrohrs benutzte (VI, 63):

Τρηχαλέην τε λίθον, δονάκων εὐθηγέα κόσμον,
Ἔνθα περιτρίβων ὀξὺ χάραγμα πέλει,

oder wie Paulus Silentiarius denselben Gedanken ausdrückt:

— — Λίθον ὀκριόεντα, δόναξ ὅθι δισσὸν ὀδόντα
Θήγεται, ἀμβλυνθεὶς ἐκ δολιχογραφίης.

Deshalb nennt auch ein anderer Dichter ihn *σκληρῶν ἀκόνην τρηχαλέην καλάμων*, obwohl *ἀκόνη* eigentlich der wirkliche Schleifstein ist, auf dem der Schreiber sein Federmesser zu schleifen pflegte.

Von allen Schreibwerkzeugen war natürlich das **Schreibrohr** im Altertume das wichtigste; seinem Lobe ist das Epigramm (Anthol. Pal. IX, 162) gewidmet: Schreibrohr

Ἤμην ἀχρεῖον κάλαμος φυτόν. ἐκ γὰρ ἐμεῖο
Οὐ σῦκ', οὐ μῆλον φύεται, οὐ σταφυλή.
Ἀλλά μ' ἀνὴρ ἐμύησ' Ἑλικωνίδα, λεπτὰ τορήσας
Χείλεα. καὶ στεινὸν ῥοῦν ὀχετευσάμενος.
Ἐκ δὲ τοῦ, εὖτε πίοιμι μέλαν ποτόν, ἔνθεος οἷα,
Πᾶν ἔπος ἀφθέγκτῳ τῷδε λαλῶ στόματι.

Nach seinem Handwerkszeug wurde der Schreiber selbst benannt.[2] Auch Plinius nat. h. 16, 36 § 157 behandelt das Schreibrohr mit besonderer Ausführlichkeit. Papyrus und Schreibrohr haben gleichen Ursprung, sie stammen aus Sümpfen Unterägyptens, und Martial 14, 38 rühmt allerdings

Dat chartis habiles calamos Memphitica tellus.

In Ägypten selbst schätzte man dagegen besonders indisches[3] Schreibrohr. Plinius gibt aber dem asiatischen den Vorzug; für die besten erklärt er die Rohre vom Knidischen Vorgebirge und vom Anaetischen See; die italienischen seien zu schwammig und nicht hart

[1] Vgl. Horaz ep. 1, 20, 1—2. Tibull eleg. 3, 1, 10.

[2] Calamus C. I. L. VI, 4226. 8911. 9804. 10046. 14151; Calame VI, 16323. — Muratori, Nov. thes. III p. 1690 Julia | Calame; 991, 2 Cornelia A. l. a calamistro; IV p. 2050 Calamus.

[3] *ἰνδικοῦ καλάμου* Brit. Mus. Pap. CXCI. Palaeogr. Society II, 163 (102–117 nach Christus).

genug.[1] Im Edikt des Diokletian von Megalopolis[2] gelten die Schreibrohre von Paphos auf Cypern als die besten. Wenn das Rohr nur einen Schußknoten hatte und also ganz aufgebraucht werden konnte, wurde die Ware mit vier Denaren bezahlt:

Περὶ καλάμων καὶ μελανίον.

Μελανίον	⩾α′		⁎ιβ′
Κάλαμοι Παφικοὶ Ἀλεξανδρεῖνοι μονογόνατοι			⁎δ′
Κάλαμοι δευτ[έρας] φόρ[μης]		κ′	⁎δ

Die Kalami wurden in Bündeln verkauft; 1000 Bündel(?) kosteten in Ägypten im Jahre 2 v. Chr. 15 Kupferdrachmen,[3] das ist nach Hultsch, Abh. d. Sächs. Ges. d. W. 22, III, 1903 S. 54, ungefähr 8 (resp. 2?) Pfennig. Der Unterschied im Preise ist auffallend groß.

Die arabischen Kalligraphen, die ihr Handwerk beinahe zur Höhe einer Kunst erhoben haben, wendeten auch dem Schreibrohr besondere Sorgfalt zu; und schrieben wohl mit Recht dem Boden, auf dem das Rohr gewachsen, einen entscheidenden Einfluß zu. Karabacek, Sitzungsber. d. Wien. Akad. 161, 1908 S. 19 A. 6, zitiert einen arabischen Ausspruch: „Wir fanden die Rohrfedern, die auf steinigem Grunde wachsen, schneller im Zuge für die Papiere und fester für die Pergamente, sowie die im Sumpfboden wachsenden gefügiger sind im Zuge für die Papyrus und schneller bei den Biegungen.“ Ibn Khaldun (Not. et Extr. des mss. 20, 1 p. 403) gibt ein arabisches Gedicht mit genauen Vorschriften für einen orientalischen Schreiber, die natürlich mehr oder weniger allgemeine Gültigkeit haben über Auswahl und Beschneiden des Schreibrohrs über die Mischung der Tinte, Behandlung des Papiers usw. — Im Orient hat sich die Sitte mit Rohr zu schreiben am längsten gehalten. Noch heutzutage schreibt der Orientale nicht mit der Feder sondern mit dem Schreibrohre. Man pflegt dasselbe im Frühjahr zu schneiden und dann sechs Monate hindurch im Schornstein zu trocknen, wo es einen schwarzen oder gelben Glanz annimmt, der besonders geschätzt wird.

In den Epigrammen der Anthologie heißen die Rohre *δόνακες ἀκροβελεῖς* und *καλαμοι μεσοσχιδεῖς* (*μεσότομοι, διάγλυπτοι*). Das Schreibrohr wurde ganz so geschnitten wie später die Gänsefeder; die beiden Spitzen hießen *γλυφίδες*, auch wohl *κέρατα* und *ἀκίδες καλάμων*.

[1] Plin. a. a. O. § 157: nostratibus fungosior subest natura. Über Schreibrohr aus der Gegend von Bologna s. Wattenbach, Schriftwesen[3] S. 223.

[2] American Journal of Archaeol. 1890. 6 p. 370. — Journal of the hellen. stud. 11, 1890 p. 318—319. — Vgl. Maximaltarif Dioclet. herausgeg. v. Mommsen, erläutert von Blümner S. 148.

[3] Oxyrhynch. Pap. 4 p. 241 Nr. 742.

Eine breite oder feine Spitze gab der Schrift den Charakter, daher unterschied man zwischen *πλατύ-* und *ὀξύρυγχος χαρακτήρ* der Schrift.[1]

Während der Vorbereitungen zum Schreiben, wenn er noch über den Inhalt nachdachte, pflegte der Schreibende wohl das Rohr in den Mund[2] zu nehmen und daran zu beißen, was dem Demosthenes Gelegenheit gab Gift zu nehmen, das er für den letzten Notfall in einem Schreibrohr bei sich führte. Plut. Demosth. c. 29 ed. Sintenis 4 p. 235: *καὶ λαβὼν βιβλίον ὡς γράφειν μέλλων προσήνεγκε τῷ στόματι τὸν κάλαμον, καὶ δακών, ὥσπερ ἐν τῷ διανοεῖσθαι καὶ γράφειν εἰώθει, χρόνον τινὰ κατέσχε, εἶτα συγκαλυψάμενος ἀπέκλινε τὴν κεφαλήν.*

Da die Spitze des Schreibrohrs sich rasch abnutzte, und der Schreiber stets Rohre mit feiner und mit breiter Spitze zur Hand haben mußte, so pflegte er verschiedene Schreibrohre bei sich zu führen, teils zusammengebunden zu einem Bündel, teils auch in einem besonderen Schreibrohrkasten oder -etui,[3] und auch dafür war der Kaufpreis festgesetzt im Maximaltarif Diocletians: *De scortiis Thecam cannarum n. quinque-quadraginta.*[4]

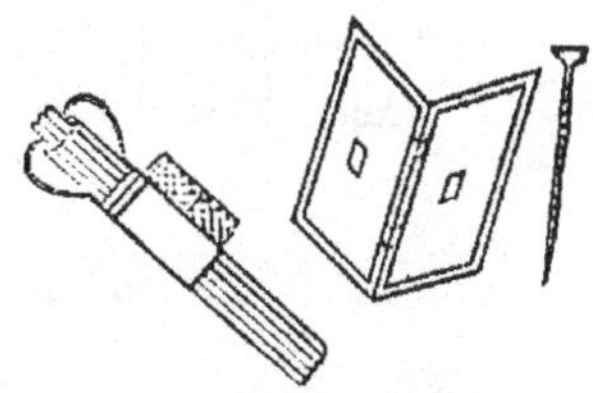

Fig. 27. Schreibrohrbündel, Wachstafel, Stilus D.-S. 996.

Häufig pflegten die Schreiber ihren Vorrat von Rohren in einer einfachen runden Metallbüchse bei sich zu führen, wie sie heutzutage die Schulkinder benutzen.[5] Im ägyptischen Antinoë (zerstört im Jahre 642 n. Chr.) fand man ein Schreibrohretui (mit drei Schreibrohren) geschmückt mit dem Bilde des heiligen Philotheus, der nach dem Kopf der Schlange sticht.[6]

---

[1] Byz. Ztschr. 11, 1902 S. 111.

[2] Baumeister, Denkm. des klass. Altert. S. 1751 Nr. 1826 (Vasenbild). Der eine Schauspieler rezitiert aus einem mächtigen Diptychon; daneben ein zweiter mit dem Diptychon in der Hand auf dem Kalamos kauend. Vgl. im allg. Birt, Buchrolle 206—207.

[3] H. Hieronymus zum Ezechiel l. III c. 9: Cesath cum ab Hebraeo quaererem, quid significaret, respondit mihi graeco sermone appellari *καλαμάριον* ab eo quod in illo calami recondantur. Nos atramentarium ex eo quod atramentum habeat dicimus. Multi significantius thecas vocant, ab eo quod thecae sint scribentium calamorum. Auf diese interessante Stelle wurde ich aufmerksam durch Thompson-Lambros, Palaeogr. 90 A. 2.

[4] Maximaltarif Diocletians von Mommsen u. Blümner 10[17] S. 80.

[5] Aus'm Weerth, Jahrbb. des Ver. von Altertumsfr. im Rheinlande 72. 1882 S. 96 (mit Abbildung); s. u. Fig. 30.

[6] Omont, Mém. et bull. d. antiq. de France 59. VI, 9. 1898 p. 330 (m. Taf.).

Schreibkasten Aus diesem Schreibrohrkasten wurde allmählich ein Schreibkasten (θήκη, *theca calamaria* und *graphiaria*).[1] Um diese verschiedenen Schreibinstrumente, namentlich auch das Tintenfaß, immer bei der Hand zu haben, vereinigte man sie in einer κίστη, wie sie in dem Epigramm des Paulus Silentiarius beschrieben wird VI, 65:

Καὶ κίστην πολύωπα μελανδόκον, εἶν ἐπὶ πάντα
Εὐγραφίος τέχνης ὄργανα ῥυομένην.

In Pompeji fand man[2] *una theca calamaria cilindrica, con coverchio a molla e con tracce di atramentum nel fondo, alta mill. 60.*

Ursprünglich enthielt dieser Kasten Schreibrohre und meistens auch das Tintenfaß; später verschwanden die Rohre und heute heißt im Italienischen *calamajo* nur noch Tintenfaß.

Auch Martial besingt sie in zwei Epigrammen 14, 19:

Theca libraria

Sortitus thecam calamis armare memento
Celera nos dedimus, tu leviora para.

und 14, 21:

Graphiarium

Haec tibi erunt armata suo graphiaria ferro
Si puero dones, non leve munus erit.

Weil die eisernen Griffel im *graphiarium* als Dolche gebraucht werden konnten und gelegentlich auch gebraucht wurden, so ging Kaiser Claudius in seinem Argwohn so weit, daß auch die *calamariae aut graphiariae thecae* im Vorzimmer abgelegt werden mußten. Außer den transportabeln, die der Schreiber bei sich zu tragen pflegte und auch noch heutzutage im Orient bei sich trägt, gab es noch andere, die auf dem Schreibtisch zu stehen pflegten. Ein Prachtexemplar der ersteren Art aus dem Schatz von St. Denys hat Montfaucon (Pal. Gr. p. 22) abbilden lassen, während wir auf dem mittelalterlichen Schreibtische bei Pasinus (Catal. mss. bibl. R. Taur. I p. 92) unter vielen anderen Schreibgeräten auch einen Schreibkasten der zweiten Art sehen.

künstliche Schreibrohre Statt der natürlichen verwendete man im Altertume aber auch künstliche Schreibrohre, sei es aus Knochen, sei es aus Metall. Ein Schreibrohr aus Knochen beschreibt Paris:[3] *Fragment de plume à large bec, en forme de calame. Au dessus de la fente du bec de plume est planté*

---

[1] C. I. L. X, 1598 Puteoli, Weihgeschenk: CAPITA LEONINA ARGENT[ea cum gr]APHIS ARGENTI.

[2] Not. d. scavi 1887 p. 418.

[3] Elatée: Biblioth. d. écoles franç. 60. 1892 p. 295. Objets en os.

un petit clou de bronze qui servait sans doute à empêcher le doigt de glisser sur l'encre (Fig. 37).[1]

Metallfedern waren im Altertume nicht so selten wie man häufig annimmt, das zeigt ein Epigramm aus der Zeit des Augustus (Anth. Palat. VI, 227, vgl. XVI, 324). Metallfedern

ΚΡΙΝΑΓΟΡΟΥ ΜΥΤΙΛΗΝΑΙΟΥ

Ἀργύρεόν σοι τόνδε, γενέθλιον ἐς τεὸν ἦμαρ,
*Πρόκλε, νεόσμηκτον *δουρατίην κάλαμον,*
εὖ μὲν εὐσχίστοισι διάγλυπτον κεράεσσιν,
εὖ δὲ ταχυνομένην εὔροον εἰς σελίδα,
πέμπει Κριναγόρης, ὀλίγην δόσιν ἀλλ' ἀπὸ θυμοῦ
πλείονος, ἀρτιδαεῖ σύμπνοον εὐμαθίῃ.

Die neueren Funde werden von Helbig beschrieben, Bullettino d. Inst. 1880 p. 68—69: *penna di bronzo lunga m. 0,14. che si dice trovata a Roma, la quale ha la punta spaccata come le penne nostre. Una scoperta analoga fu già annunciata nel nostro Bull. 1879 p. 169. Il riferente citò inoltre un esemplare scoperto a Pompei (Museo nazionale di Napoli)* s. Fig. 28, *ed un terzo sicuramente proveniente dall' Esquilino (Museo Capitolino). L'asticciuola dell' esemplare proposto agli adunati è ornata in intervalli simmetrici di cerchi incisi riproducendo gli articoli del calamus.* Vgl. die Notiz von V. Promis ebendort p. 150: *E una lastrina in bronzo piegata su di se a tubo, lunga mill. 120 ed avente la punta spaccata alle due estremità.* Canina beschreibt eine Metallfeder (Bullet. d. Inst. 1849 p. 169): *tra gli altri piccoli oggetti rinvenuti, si comprende forse l'unico esempio più conservato di uno stile di bronzo colla punta spaccata a guisa delle nostre penne.* Außer dieser in Rom gefundenen Metallfeder wird eine zweite erwähnt in den Ausgrabungsberichten von Salona (Ann. d. Inst. 1850 p. 120).

Montfaucon, Pal. Gr. 21 erwähnt, daß die morgenländischen Patriarchen sich der Metallfedern bedient haben sollen; doch auch wirkliche Abschreiber benutzten im Orient Metallfedern. Der berühmte Kalligraph Muhammed Hussain von Kashmir (um 1582 n. Chr.) führte den Namen Zarin-Ḳalam, d. h. Goldfeder,[2] und dementsprechend hat auch der byzantinische Schreiber Demetrius[3] (um 1466) den Beinamen Erzfeder, Chal[ko]kondyles, was Förster, Jahrbb. f. klass. Phil. 1880, 52 allerdings übersetzen möchte: „der Mann mit der ehernen Faust".[4]

[1] Bull. de corr. hellen. 12. 1888 p. 60. Ähnlich Pottier u. Reinach, Myrina p. 205.

[2] Euting, Ztschr. d. D. morgenl. Ges. 1877 S. 794.

[3] Siehe Vogel-Gardthausen, Griech. Schreiber S. 107.

[4] Vgl. jedoch Ducange, Glossar. s. v. *κονδύλι*. — *Κονδύλιον σιδηροῦν ὑποκεχρυσωμένον* als Weihgeschenk. Dittenberger, Sylloge[2] 588[96].

Die Monokondylien (s. unten) sind künstlich verschlungene Sprüche oder Worte, die der Schreibende durch eine Wolke von Schwüngen und Zügen dem Leser zu verbergen sucht. Montfaucon, Pal. Gr. p. 70 erklärt das Wort *Monocondylia sive perplexos calami ductus.*

Eine Abbildung von Metallfedern siehe Darenbourg und Saglios Dictionnaire des antiq. s. v. *calamus* Fig. 996 und Jahrbb. des Vereins f. Altertumsfr. im Rheinlande 72. 1882 S. 96 Taf. VI. An demselben

Zieh- oder Reißfedern

Ort publiziert Aus'm Weerth auch Zieh- oder Reißfedern, die in römischen Gräbern des Rheinlandes gefunden wurden. Sie endigen in zwei Metallplatten, deren Zwischenraum die Tinte aufnimmt und die

Fig. 28. Rohrfeder aus Herculaneum.
Neapel, Mus. D.-S. 993

Fig. 29. Reiß- oder Ziehfeder.

Fig. 30.
Fig. 31.
Fig. 32.

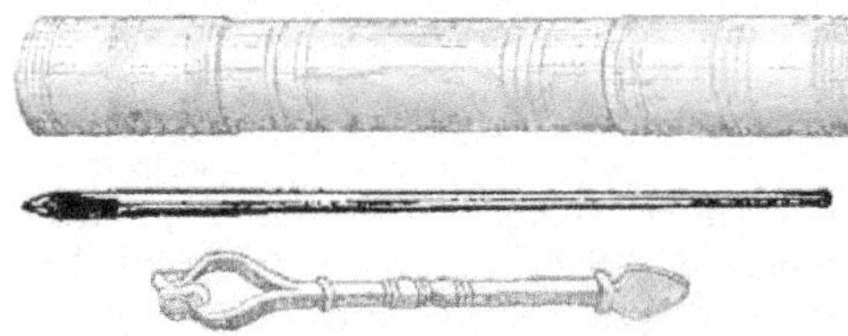

Fig. 30. Federbüchse. Fig. 31. Metallfeder.
Fig. 32. Rotstifthalter u. Reißfeder.
Fig. 29—32. Bonner Jahrbücher 72 p. 96—97.

stets gleichmäßige Stärke der Striche bedingt; dieser Zwischenraum kann durch das Verschieben eines Ringes vergrößert und verkleinert werden. „Die Ausziehfeder von Frechen ist dadurch besonders charakteristisch, daß sie am entgegengesetzten Ende einen Halter zur Aufnahme von Zeichenstiften bildet. Noch heute befindet sich darin der Rest eines Rotstiftes.“ (S. Fig. 32.)

Feder

Später wurde das Schreibrohr durch die Feder ersetzt. Um den Gebrauch der Schreibfeder im klassischen Altertum nachzuweisen, hat man sich auf Juvenal 1, 4, 148—149 berufen:

— — *Tanquam e diversis partibus orbis*
Anxia praecipiti venisset epistola penna.

Selbst Montfaucon faßte in seiner Pal. Gr. p. 21 *penna* als Schreibfeder, hat aber später (L'Antiq. expliq. T. 3 V. 6 p. 354) diese Erklärung wieder zurückgenommen und mit vollem Recht; *praecipiti penna* kann hier nur heißen „mit wunderbarer Geschwindigkeit“. Auf bildlichen Darstellungen ist es nicht gelungen, irgend eine Spur der Schreibfeder in so früher Zeit nachzuweisen. Die erste sichere Erwähnung findet sich vielmehr zur Zeit des Ostgotenkönigs Theoderich beim Anonymus Valesianus 14 § 79, und man braucht nicht anzunehmen, daß der Schriftsteller etwa die Sitte seiner Zeit gedankenlos auf die zu schildernde Zeit übertragen habe, denn für die nächstfolgende Zeit haben wir ein Zeugnis des Isidor von Sevilla 6, 14, 3 *Instrumenta sunt scribendi calamus et penna. Ex his enim verba paginis infiguntur. Sed calamus arboris est: penna, avis: cuius acumen in duo dividitur, in toto corpore unitate servata.*[1] Er spricht also von der Schreibfeder keineswegs wie von einer neuen Erfindung, und wenn Isidor meint, die *calami* würden von Bäumen geschnitten, so möchte man glauben, daß zu jener Zeit die Feder das orientalische Schreibrohr in Europa bereits fast vollständig in den Hintergrund gedrängt hatte.

Pinsel

Der Pinsel ist bei den abendländischen Völkern kaum zu den Schreibgeräten im engeren Sinne zu rechnen, auch die Byzantiner brauchten ihn keineswegs wie die Orientalen oder gar die Chinesen; er wurde wohl nur bei den Miniaturen und der Schablone angewendet.

Stilus

Alle Schreiber, deren Epigramme wir besitzen, scheinen Bücherschreiber (Kalligraphen) gewesen, denn niemand erwähnt Wachstafel und Stilus für die Aufzeichnungen des täglichen Lebens.[2]

Fig. 33.
C. I. G. 7288.

Der *stilus, graphium,* mit dem man auf der Wachstafel zu schreiben pflegte, war an dem einen Ende spitz, an dem anderen stumpf; mit der einen Seite ritzte man die Buchstaben, mit der anderen tilgte man sie.

De summo planus, sed non ego planus in imo
Versor utrimque manu, diversa et munera fungor.
Altera pars revocat, quidquid pars altera fecit.[3]

Ein Diptychon an einem Griffe gehalten, mit einem braunen Band zusammengeschnürt, welches zugleich den Griffel hält, siehe Stephani, Schlangenfütterung T. 3 S. 19; s. Fig. 34.

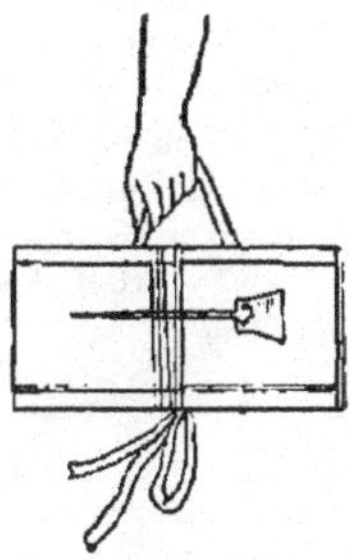
Fig. 34.
Wachstafel mit aufgeschnürtem Stilus.
Stephani, Schlangenf. Taf. 3.

Die Vernichtung der alten Schrift war eine vollständige, viel gründlicher als z. B. beim Abwaschen der Papyrusschrift, daher der Ausdruck „*tabula rasa*“. Dieses Bild wird schon in der Bibel angewendet (Reg. 4. 22. 13, s. o. S. 42).

[1] Sueton ed. Reiff. p. 135.
[2] Über die Wachstafel s. o. S. 40 (Beschreibstoffe).
[3] Riese, Anthol. Lat. 1 Nr. 286.

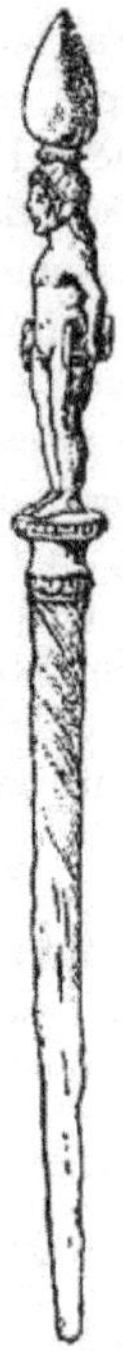

Fig. 35. Stilus aus Orvieto.[1] Arch. Z. 1877, II. 4.

Die Ausführung des *stilus* war natürlich verschieden und entsprachden geringsten wie den höchsten Ansprüchen, selbst der künstlerischen Ausführung; es gab Griffel aus Holz, Knochen,[2] Eisen und den edlen Metallen,[3] je nach dem Vermögen des Besitzers. Die eisernen Stile[4] hatten trotz des Verbotes „*ceram ferro ne caedito*“[5] manchmal die Größe kleiner Dolche und wurden gelegentlich als solche gebraucht; Julius Cäsar wollte sich vor seiner Ermordung mit dem Graphium gegen Casca verteidigen.[6]

Stempel

Zu dem Schreibgerät im weiteren Sinne muß auch der Stempel gerechnet werden, der wenigstens in der späteren Zeit häufiger angewendet wurde. Umfangreiche Stempel sind z. B. bei den Babyloniern bekannt, s. Hilprecht, Transactions of the American Philos. Society, N. S. 18. Philadelphia 1893 Pl. 3 Text 3. 4. Der Stempel war gewissermaßen ein Gegenstück zum Siegel und wurde auch bei den klassischen Völkern verwendet. Gerade beim bureaukratischen Verwaltungsdienst ließ sich dadurch viel Schreiberei ersparen, und schon unter Augustus wurden in Ägypten Stempel angewendet.[7] Auch auf den Papyrusurkunden aus dem Faijûm wurden viele Proben von Stempelschrift gefunden. Die meisten stammen aus späterer Zeit; darauf hat Wessely hingewiesen, Byzantinische Stempelschrift[8] auf Papyrus: Studien z. Paläogr. u. Pap. 2. Leipzig 1902 p. XXXIX (Faksim. p. XLI).

L. Stern, Ägypt. Ztschr. 23, 1885 S. 24 zählt unter den einzelnen Arten der Schrift von Papyri aus dem Faijûm in der Berliner Sammlung auch ungefähr 50 Stücke in grie-

[1] Stilus siehe St. Gsell, Fouilles de Vulci, pl. XVII Nr. 5 u. 5a, vgl. C. I. L. X, 8071 46.

[2] Sueton ed. Reiff. p. 131: postea institutum est, ut in cera ossibus scriberent, sicut indicat Atta in satura dicens: uertamus uómerem in céram, an mucrone nunquam aremus ósseo? Vgl. Scaen. rom. frgm. ed. Ribb. 1898, 2 p. 191.

[3] Anthol. Palat. XVI. 324:

ΑΔΗΛΟΝ.

Ἡ γραφὶς ἀργυρέη μὲν ὅτ' ἐκ πυρὸς ἦλθον ἐτύχθην,
παισὶ δὲ καὶ χρυσέη γίνομαι ἐν παλάμαις·
Ἧδέ σοι, ὦ χαρίεσσα Λεόντιον, εὖ μὲν Ἀθήνη
τέχνης, εὖ δ' εἴδους ἄκρα δέδωκε Κύπρις.

[4] Vgl. Sueton ed. Reiffersch. p. 130. *γραφον χαλκω γραφιω*, Wessely, Zauberpapyri. Denkschr. d. Wiener Akad. 42, 1893 S. 43 u. 53. — Spano, Stile antico di bronzo (mit Faksim.), siehe Spano, Monumenti antichi 3 p. 73.

[5] Sueton ed. Reiffersch. p. 131.

[6] Sueton, Cäsar 82.

[7] Siehe m. Augustus 1 S. 798.

[8] Trotzdem sagt Wessely: sie erscheint wie mit einer Schablone hingemalt. Ich komme später noch darauf zurück in einem Aufsatz: Bewegliche Typen und Plattendruck.

chischer Stempelschrift auf. Namentlich die stets gleichen Protokolle der kaiserlichen Papyrusfabriken eigneten sich besonders gut für die Anwendung von Stempelschrift und wurden in der Tat oft auf diese Weise hergestellt. Dabei wurde die fast unleserliche Handschrift des Beamten ganz getreu nachgeahmt (vgl. Not. et Extr. d. mss. 18, II pl. XXV und Führer durch die Ausstellung 1894 Tafel IV).

Sogar die Schablone war bekannt und benutzt. Im Altertume wurde sie wohl nur in den ersten Stunden des Schreibunterrichts angewendet; s. Hieronym. Epist. 107, 4: *Quum vero ceperit tremanti manu stilum in cera ducere, vel alterius superposita manu teneri regantur articuli, vel in tabella sculpantur elementa, ut per eosdem sulcos inclusa marginibus trahantur vestigia, et foras non queat evagari.* Schablone

Im klassischen Altertume war die Kenntnis des Schreibens weit verbreitet, aber im Mittelalter war ein Notbehelf notwendig, wo es im ost- und weströmischen Reiche Könige gab, die das Schwert besser als die Feder zu führen verstanden, und es niemals so weit brachten, daß sie aus freier Hand ihre Unterschrift zu machen lernten. Da diese nun aber bei der bureaukratischen Regierungsweise unerläßlich war, so wurde die Schablone für diese Könige erfunden oder doch in Anwendung gebracht wie Prokop berichtet anecd. p. 44 ed. Dindorf: *ξύλῳ εἰργασμένῳ βραχεῖ ἐγκολάψαντες μορφήν τινα γραμμάτων τεττάρων, ἅπερ ἀναγνῶναι τῇ Λατίνων φωνῇ δύναται, γραφίδα τε βαφῇ βάψαντες, ᾗ βασιλεῖς γράφειν εἰώθεσαν, ἐνεχειρίζοντο τῷ βασιλεῖ τούτῳ* [*ταύτην* Reiske] *καὶ τὸ ξύλον, οὗπερ ἐμνήσθην, τῷ βιβλίῳ ἐνθέμενοι* [*ἐπιθέμενοι* Reiske] *λαβόμενοί τε τῆς βασιλέως χειρὸς περιῆγον μὲν ξὺν τῇ γραφίδι ἐς τῶν τεττάρων γραμμάτων τὸν τύπον, ἐς πάσας τε τὰς τοῦ ξύλου αὐτὴν περιελίξαντες ἐντομὰς οὕτω δὴ ἀπηλλάσσοντο, τοιαῦτα βασιλέως γράμματα φέροντες.* Schon beim Könige Theoderich hatten sich die Hofleute in ähnlicher Weise geholfen. Es heißt nämlich nach den Verbesserungsvorschlägen von Reiske, auf die Bernays neulich wieder hingewiesen hat im Anonymus Vales. 14 § 79: *de qua re laminam auream iussit interrasilem fieri, quattuor litteras LEGI habentem; unde si subscribere uoluisset, posita lamina super chartam, per eam pennam duceret* [*-tur* Reiske], *ut subscriptio eius tantum uideretur.*

Das Tintenfaß[1] wird in den Epigrammen der Kalligraphen als Weihgeschenk nicht erwähnt. Die antiken Tintenfässer (*μελανδοχεῖον*, gelegentlich auch *βροχίς*) in unseren Museen, zum Teil noch mit verhärteter Tinte gefüllt, sind meist einfache Näpfe von runder oder sechs- oder achteckiger Form, die oft mit einem Henkel zum Anfassen versehen sind; über *κανίκλειον* s. u. S. 211. Tintenfaß

[1] Museo Borb. v. I t. XII. 2. Bullet. Napol. 1843 p. 121 Tav. VII. 5. — Bulić, Antichi calamai rom. nel museo di Spalato: Bullet. d. arch. Dalmata 17, 1894 p. 6—11.

Die erhaltenen Tintenfässer stammen großenteils aus Ägypten, und Th. Deveria gibt Revue Arch. N. S. 20 pl. 19: *simulacre de palette de scribe*, das aber für Griechenland nichts beweist. Ein anderes Tintenfaß aus Ton mit eingetrockneter Tinte erwähnt Kraus, Roma Sotterranea. 2. Aufl. (1879) S. 436. Auch Letronne[1] beschreibt ein antikes Tintenfaß, das bei einer Mumie zugleich mit dem Briefe eines Timoxenes gefunden wurde: es ist ein Holzklotz mit zwei Vertiefungen, deren eine mit einer schwarzen, die andere mit einer roten verhärteten Masse gefüllt ist, welche die beiden Löcher mehr als ausfüllt und daher im Tintenfaß niemals flüssig gewesen sein kann, sondern wie unsere chinesische Tusche beim Gebrauch einfach angefeuchtet wurde. Daneben fand man zwei Stile, die sich oben zuspitzen, aber nicht gespalten waren und die Stelle des Pinsels vertraten. Letronne schließt daraus, daß dies Schreibzeug für ägyptische Schrift bestimmt gewesen sein müsse, weil die griechischen Papyri mit gespaltenem Rohr und nur mit schwarzer Tinte geschrieben wurden. Allein, wenn man überhaupt mit ihm darüber rechten darf, ob dieses Schreibzeug, das bei einer Mumie gefunden wurde, für griechische oder ägyptische Schrift bestimmt war, so spricht mehr für die erstere Annahme, denn daneben wurde ein Brief in griechischer Sprache gefunden, und das Argument, daß man bis jetzt die Anwendung roter Farbe bei den Papyrusurkunden nicht habe nachweisen können, wiegt nicht schwer, denn auf dem pompejanischen Wandgemälde (S. 24) aus der *casa di Lucrezio* (Mus. Borb. v. XIV Tav. A. B) sieht man deutlich einen Doppelzylinder, aus dem ein Schreibrohr hervorragt. Aller Wahrscheinlichkeit nach war also der eine für rote, der andere für schwarze Tinte bestimmt; und diese Vermutung wird bestätigt durch zwei zusammenhängende Tintenfässer, die Avellino im Bullet. Napol. N. S. 16 tav. 7 publiziert hat. Auch auf den Bildern der Evangelisten, mit denen die Byzantiner ihre Bibelhandschriften z. B. im elften Jahrhundert auszuschmücken pflegten, sieht man häufig neben der Bücherrolle ein doppeltes Tintenfaß für rote und schwarze Tinte. Jedenfalls reicht der Gebrauch der roten Tinte in sehr frühe Zeit hinauf: der bekannte Vers des Ovid (Trist. 1, 1, 7)

Nec titulus minio nec cedro charta notetur

zeigt deutlich, daß selbstverständlich auch bei den Griechen wie bei den Römern auf Papyrus rot geschrieben wurde.

Auch bei den Worten des Plinius n. h. 33, 7, 122 (V p. 60 ed. Detl.) *minium in voluminum quoque scriptura usurpatur*, ist für das erste Jahrhundert nach Christus doch immer zunächst an Papyrusrollen zu denken.

[1] Not. et Extr. 18, 2 p. 409.

In der Kunst der Etrusker hat das Tintenfaß die Form einer langen schmalen Flasche, die sich oben verengt und wieder trompetenförmig erweitert. Die in römischen Sarkophagen gefundenen haben zum Teil die Form eines flachen oben durch einen Deckel geschlossenen Napfes.[1]

Ch. Graux hat in Darembergs und Saglios Dictionnaire des antiquités den Artikel Atramentarium[2] oder Atramentale bearbeitet und gibt mehrere interessante Abbildungen z. B. Fig. 621: *Double encrier en métal* mit reichen Ornamenten und figürlichem Schmuck, ferner Fig. 623: *Écritoire portative*[3] auf dem Grabstein eines Schreibers: *on voit, à côté d'un diptyche et d'un style, un encrier attaché à un paquet de roseaux.*

In byzantinischer Zeit waren Tintenfässer oft sehr kostbar ausgeführt, besonders die für das kaiserliche Rot bestimmten. Niketas Choniates 147, 8 erwähnt ein *δοχεῖον ἐρυθροδάνου διάλιθον χρύσεον.* Ebenfalls aus byzantinischer Zeit besitzt der Kirchenschatz von Padua ein silbernes Tintenfaß des neunten Jahrhunderts von künstlerischer Ausführung und figürlichem Schmuck; den Deckel bildet ein Gorgoneion, daneben Apollo, Ares und Eros. Die Inschrift in Form eines geschlossenen (?) Omega lautet: + *βαφῆς δοχεῖον τῷ Λέοντι πᾶς πόρος.* Auf dem Boden des Gefäßes liest man + *Λέων τὸ τερπνὸν θαῦμα τον* (sic) *καλλιγράφων.* Also wahrscheinlich eine Ehrengabe von den Verehrern des Kalligraphen.[4] byzantin. Tintenfässer

Tintenfässer, Griffel und Schriften wurden nach der Eroberung von Konstantinopel von den Franken in Prozessionen einhergetragen, um die Griechen als ein Volk von Schreibern zu verhöhnen.[5]

Zu den Schreibgeräten im weitesten Sinne gehörte im Altertume auch der *lectus lucubratorius*, den man zum Meditieren, Lesen und Schreiben, kurz zum ungestörten Arbeiten benutzte nach Seneca, Epist. 72: *quaedam sunt, quae possis et in cisio scribere: quaedam lectum, et otium et secretum desiderant* und Sueton Aug. 78: *a coena lucubratoriam se in lecticulam recipiebat*; vgl. Ovid Trist. I, 1137 ff.: lectus lucubratorius

Non haec in nostris ut quondam scribimus hortis.
Nec consuete meum lectule corpus habes.

---

[1] Jahrbb. d. Ver. der Altertumsfr. im Rheinl. 72. 1882 Taf. VI, 7. 8. 9.

[2] Siehe die von Ebert publizierten Enigmata Tatwini, Sitzungsber. d. sächs. Ges. d. W. 1877 S. 48: De Atramentario. Daran schließen sich andere: de penna, de litteris, de membrano.

[3] Nach Perret, Catac. de Rome t. V pl. LXXIII, 6; siehe auch Ferd. Becker, Die heidnische Weiheformel DM auf altchristlichen Grabsteinen. Gera 1881 S. 27.

[4] P. Toesca, Il calamaio di un calligrafo: L'Arte 1906 p. 35—41. — Vogel und Gardthausen, Griech. Schreiber S. 264 A. 5.

[5] Gregorovius, Athen im Mittelalter 1[2], 286.

Man schrieb, wie noch heute im Orient, indem man sich auf den linken Arm stützte und das Knie anzog, um darauf zu schreiben, oder indem man die Blätter auf ein wirkliches Pult (*pluteus*) legte. Plin. Epist. 5, 5: *visus est sibi per nocturnam quietem jacere in lectulo compositus in habitum studentis, habere ante se scrinium ita ut solebat.*[1]

Byzantin. Schreibzeug

Das Schreibzeug der byzantinischen Zeit wird in einer interessanten Stelle beschrieben, auf die Ph. Mayer mich aufmerksam zu machen die Güte hatte; sie findet sich Opp. Jos. Bryennii ed. Eugenios Bulgaris ,αψπδ′ III S. 181: *Ἐννόησον γάρ, ἡλίκον ἐστιν, ἵνα καὶ χάρτης εἰκῇ καὶ μέλαν ἀγορασθῇ· καὶ εἰς κενὸν καὶ στιλβωτὴς καὶ ψαλὶς καὶ καλαμάριον προτεθῇ, καὶ γραφὶς ἀμβλυνθῇ· καὶ ῥαφὶς καὶ νῆμα καὶ κηρὸς καὶ τὸ τούτων ὕστερον, ἡ σφραγὶς εἰς μάτην ἑτοιμασθῇ· καὶ ταῦτα μὲν δὴ τὰ ἔξωθεν. Τὰ δ᾽ἐξ ἡμῶν αὐτῶν ἡλίκα καὶ πόσα; Νοὸς εὑρέματα. τὸ χρειωδέστερον ἐν τούτοις καὶ κοπωδέστερον· αὐχένος κλίσις, ὀφθαλμῶν ἐπιβολαί. χειρὸς τέχνη· δακτύλων κίνησις, γονάτων κάμψις, στίχων ἔκθεσις, γραμμάτων τύπος, νοημάτων κάλλος· ἔστι, δ᾽ὅτε καὶ μυστηρίων δήλωσις· Ὅταν δὲ καὶ γραμματηφόρος εἰς τὸ κομίσαι ταῦτα παρακληθῇ, καὶ μακρὸς ἔπειτα πλοῦς τελεσθῇ, καὶ ἤδη εὐοδωθέντα, εἰς χεῖρας γένηται τοῦ πρὸς ὃν ἔσταλται ταῦτα.*

Achtes Kapitel.

Tinte, Farbe.

Die Tinte macht uns wohl gelehrt.
Goethe.

Tinte

Die Tinte,[2] *μέλαν, γραφικὸν μέλαν, ἔγκαυστον*, mußte sich natürlich nach der Beschaffenheit des Beschreibstoffes richten; für das Pergament brauchte man eine andere als für Papyrus. Die letztere war eigentlich nur eine schwarze Farbe, die mit dem jetzigen chinesischen

[1] Becker, Gallus 1[1] S. 198.

[2] P. M. Caneparius, De atramentis. Venet. 1619. London 1660. — Theophilus ed. C. de L'escalopier, diversarum artium schedula Paris 1843 p. 71—73: 1, 45 de incausto. — Ch. Graux, Artikel Atramentum librarium in Daremberg und Saglios Dictionnaire des antiquités. — Egger, Sur les mots grecs et latins, qui designent l'encre et leurs derivés en français in Desjardins Comptes rendus 1870 p. 306—307. — L. Rockinger, Geschichtliches über die Tinte u. sonstige Schreibbedürfnisse in Bayern. Archivalische Zeitschrift, herausgeg. von Löher 4, 1879 S. 293 ff. Landerer, *Περὶ τῆς μελάνης τῶν ἀρχαίων.* Ephem. archaeol. 1853 p. 1456. — Inchiostri e colori s. Ces. Paoli, Progr. scolast. d. pal. lat. 2 p. 71. — Wessely, Wiener Studien 12, 1890 S. 1. *Σκευασία μέλανος, κινναβάρεως καὶ καιιστατοῦ*, nach dem c. Vatic. gr. 914 (s. X); s. Lambros, Neos Hellenomnemon 1, 1904 S. 370—372. — Muspratts Chemie. 4. Aufl. Braunschweig 1904 u. d. W. Tinte S. 1281. Geschichtliches.

Schwarz[1] am meisten Ähnlichkeit hatte und wie dieses wohl meistens auch im trockenen Zustande aufbewahrt wurde. Drach, Notice sur l'encre des Hébreux,[2] spricht deshalb in der Übersetzung eines hebräischen Tintenrezeptes, das angewendet werden mußte für die Schrift *des livres saints de phylactères et des „mezuzot"*, von Tintentafeln (*tablettes d'encre*), die zerbrochen werden, um dieses Schwarz mit anderem zu vergleichen. Ebenso bei den Römern. Nach dem diokletianischen Maximaltarif von Megalopolis (s. o. S. 192) wurde die Tinte in trockenem Zustande pfundweise verkauft; sie war verhältnismäßig sehr teuer, da das Pfund 12 Denar kostete.

Diese Tinte hat auf ägyptischen und griechischen Urkunden nach Jahrtausenden noch Glanz und Schwärze bewahrt. Winckelmann hebt es besonders hervor, daß das Lesen der herculanensischen Rollen entschieden erleichtert werde durch die vorzügliche Tinte, die noch heute schwärzer sei als die verkohlten Rollen. Ebenso sagen Erman u. Krebs, Aus den Papyrus d. Kgl. Museen. Berlin 1899 S. 8 von der antiken Rußtinte: Wie gut sie ist, zeigt sich z. B. bei dem Glätten der alten Papyrus, die stundenlang zwischen feuchtem Löschpapier liegen können, ohne daß die Tinte verliefe oder verblaßte.

Die Griechen kannten zwei verschiedene schwarze Farben, *τρύγινον μέλαν* und *ἐλεφάντινον μέλαν*; die erstere wurde aus Weinhefe, die zweite aus Elfenbeinruß verfertigt, und Plinius[3] erzählt, daß Maler wie Polygnot und Mikon die erstere, Apelles die letztere vorzogen. In beiden Fällen war es Kohlenschwärze, die mit Gummi zerrieben Rußtinte
(daher *μέλαν τρίβειν*. Demosth. *περὶ στεφ.* p. 313) und dann in Wasser gelöst wurde. Léon Renier, Inscr. de l'Algérie Nr. 3981 hat eine Inschrift bekannt gemacht, deren Schreiber sich in dem geschmackvollen Bilde gefällt: *haec cum scriberem, lacrimis atramentum temperavi.* Man mischte die beiden Bestandteile im Verhältnis von 1 zu 3 nach Dioscorides, De mat. med. 5. 182: *μέλαν, ᾧ γράφομεν, σκευάζεται ἐκ*

[1] Vgl. L'encre de Chine, son histoire et sa fabrication d'après des documents chinois traduits par M. Jametel, Bibliothèque orientale elzévirienne XXXII vol. (XXX et 94 pages avec 27 gravures d'après des originaux chinois). Paris 1882.

[2] Annales de philos. chrétienne IV s. 45 p. 353.

[3] Plin. n. h. 35, 6, 42—43. Sunt qui et vini faecem siccatam excoquant, adfirmentque, si ex bono vino facta fuerit Indici speciem id atramentum praebere. Polygnotus et Micon celeberrimi pictores Athenis e vinaceis fecere tryginon appellantes. Apelles commentus est ex ebore combusto facere, quod elephantinum vocatur. Adportatur et Indicum ex India inexploratae adhuc inventionis mihi. — — mira in hoc saepiarum natura, sed ex his non fit. Omne autem atramentum sole perficitur, librarium cummi tectorium glutino admixto. quod aceto liquefactum est aegre eluitur. — Das indische Schwarz des Altertums entspricht auch darin der chinesischen Tusche der Neuzeit, daß die Details der Bereitung dem Europäer ein Geheimnis geblieben sind.

λιγνύος συναγομένης ἐκ δᾳδίων· μίγνυνται δὲ πρὸς οὐγγίαν α' τοῦ κόμμεως οὐγγίαι τρεῖς λιγνύος. Zur Bereitung der Tinte brauchte man auch wohl die geringeren Sorten wie den gewöhnlichen Ofenruß nach Plin. n. h. 35, 6. 41, während Vitruv[1] dieses Surrogat gar nicht erwähnt. Zuweilen machte man auch wohl noch einen Zusatz von Absinth, um sie den Mäusen zu verleiden, Plin. n. h. 27, 7, 52: *Atramentum librarium ex diluto eius (absinthii) temperatum literas a musculis tuetur.*

Wir besitzen sogar ein Rezept zur Bereitung von Zaubertinte:[2] *Ἔστιν δὲ τὸ μέλαν τόδε· σμύρναν καὶ πεντεδάκτυλον βοτάνην καὶ ἀρτεμισίαν καύσας κτλ.* Auf den ältesten geschöpften Papieren Ägyptens vom achten bis neunten Jahrhundert (s. S. 112) hat Wiesner neben der Rußtinte auch Galläpfeltinte (s. u.) nachgewiesen.

Außer dem Ruß verwendete man auch den Saft des Tintenfisches, der von Cicero[3] geradezu *atramentum* genannt wird; auch Auson. epist. 4, 76 nennt die Buchstaben *notas furvae sepiae*, und ebenso Sepiatinte setzt Persius sat. 3, 13 die Sepiatinte als etwas Gewöhnliches voraus. Auffallend bleibt, daß die Griechen der früheren Zeit die Sepiatinte nie erwähnten, so z. B. Aristoteles, der doch mehrmals von dem listigen Tintenfisch spricht. Vielleicht kann man daraus schließen, daß zu jener Zeit Sepiatinte noch unbekannt war. Beide Arten von Tinte waren zunächst nur für Papyrus bestimmt und konnten leicht durch Abwaschen gänzlich getilgt werden. Die Sepiatinte läßt sich fast vollständig abwaschen: chemische Reagenzien sind wirkungslos; dagegen hat Haubenreisser[4] ein Firnisverfahren manchmal mit Erfolg Schwamm angewendet. Deshalb spielt auch der Schwamm *σπογγιά* in den oben (S. 183) erwähnten Epigrammen eine große Rolle; und Martial 4, 10 schickt seinem Gönner mit seinen neuesten Versen zugleich auch einen Schwamm, falls sie bei demselben keine Gnade finden sollten:

Curre, [puer] sed instructus: comitetur Punica librum
Spongia: muneribus convenit illa meis.
Non possunt nostros multae, Faustine, liturae
Emendare iocos: una litura potest.

[1] Vitruv VII, 10 p. 180 ed. Val. Rose. Sarmenta aut taedae schidiae comburantur, cum erunt carbones extinguantur, deinde in mortario cum glutino terantur. ita erit atramentum tectoribus non invenustum. non minus si faex vini arefacta et cocta in fornace fuerit et ea contrita cum glutino in opere inducetur, super quam atramenti suavitatis efficiet colorem, et quo magis ex meliore vino parabitur, non modo atramenti sed etiam indici colorem dabit imitari.

[2] Parthey, Zwei Zauberpapyri. Abhandl. d. Berl. Akad. 1864 S. 151.

[3] De nat. deor. 2, 50, 127: atramenti effusione sepiae (se tutantur).

[4] Diels, Über d. Berl. Fragm. der Ἀθην. πολ. Abhandl. d. Berl. Akad. 1885 S. 4 A.

So versteht man auch den Witz des Augustus,[1] der von seinen Freunden gefragt wurde, was seine Tragödie „Aiax" mache, und ihnen antwortete, sein Aiax habe sich nicht in sein Schwert, sondern in den Schwamm gestürzt. — Papyrus oder gar Pergament wird durch diese Tinte nicht im mindesten affiziert und die Vernichtung der Schrift durch Abwaschen ist eine totale, so daß keine chemischen Reagenzien hinreichen, um die Spuren der alten Schrift wieder hervorzuzaubern. Dies ist nur bei der metallischen Galläpfeltinte[2] möglich, die man für das glatte und dauerhaftere Pergament vorzuziehen pflegte, weil die beim Papyrus gewöhnliche Tinte hier nicht gut haftete. Man wählte dazu Galläpfel wegen ihres Eisengehalts, und diese Tinte nimmt im Lauf der Jahrhunderte, der Patina bei Bronzen entsprechend, jene schöne gelbbraune Rostfarbe an, die als Zeichen hohen Alters geschätzt wird; Martianus Capella erwähnt III, 225 (p. 55, 16 ed. Eyssenh.) *gallarum gummeosque commixtio*, die sich aber nicht, wie man früher meinte, auf die Tinte bezieht.[3] Galläpfeltinte

Nach den Philosophumena des Origenes (IV c. 28 p. 88 ff. ed. Duncker) benutzte der Priesterbetrug im dritten Jahrhundert eine ähnliche Flüssigkeit, um geheime Schrift plötzlich hervortreten zu lassen.[4] Anderseits zeigt aber auch diese Stelle, daß das Geheimnis in weitere Kreise noch nicht gedrungen war. Etwa im fünften Jahrhundert nach Christus kam eine bräunliche, ebenfalls metallische Tinte in Gebrauch,[5] die sich, wo sie verblaßt ist, durch chemische Mittel auffrischen läßt. Eine chemische Analyse s. Bibliofilia 11, 1909 p. 273: *Inchiostro del IV secolo. Esso è profumato dalla infusione di droghe aromatiche ed è essenzialmente costituito di nero fumo, ossido di rame, ossido di ferro, gesso, argilla, magnesia, acido fosforico, alcali e sabbia.*

Im Römerkastell Haltern fand man ein Tintenfaß, dessen Inhalt aus einem Gemisch von Ruß, Harz, Eisen und organischen Stoffen bestand; es war also eine Art von Tusche (Frankfurter Zeitung, Abendblatt vom 19. September 1908).

Damals scheint man die im Mittelalter so gewöhnliche Vitrioltinte nicht gekannt zu haben, die grünlich auf der andern Seite durchschimmert und manchmal selbst das Pergament zerfrißt. Am größten Vitrioltinte

[1] Sueton, Augustus c. 85.

[2] Ch. Graux, Les articles originaux p. 128: L'encre à base métallique de l'antiquité. — J. Wiesner, Die Rohstoffe d. Pflanzenreichs. 2. Aufl. 1. Leipzig 1900 S. 674: Gallen.

[3] Vgl. Graux, Revue d. philol. 1880 p. 82.

[4] Revue de philol. 1880 p. 83—84.

[5] Zur Einführung in die Papyrusausstellung d. Kgl. Mus in Berlin. Berlin 1908 S. 11. Schubart, Das Buch S. 20: Erst in byzantinischer Zeit, etwa seit dem vierten Jahrhundert nach Christus bemerkt man neben der alten Rußtinte eine metallische und eine braunrote Tinte, die sich weniger gut gehalten haben.

war der Zusatz von Vitriol bei der Tinte italienischer Handschriften, siehe Ehrle, Centralbl. f. Bibl. 15 S. 30, der dort zugleich die Art der Ausbesserung dieser Schäden bespricht. Deshalb mußte man schon bei der Anfertigung der Tinte den Beschreibstoff berücksichtigen; in dem cod. Hierosolym. 38 unterscheidet daher der Schreiber *μέλαν εἰς μεμβράνας — — und εἰς βαμβάκινα.*

Von großer Wichtigkeit ist auch eine Stelle des Philo von Byzanz, die Graux a. a. O. S. 530 zum erstenmal verwertet hat.[1] *Γράφονται δὲ ἐπιστολαὶ εἰς καυσίαν καινὴν εἰς τὸν χρῶτα κηκίδος θλασθείσης καὶ ὕδατι βραχείσης· ξηρανθέντα δὲ τὰ γράμματα ἄδηλα γίνεται. Χαλκοῦ δὲ ἄνθους τριφθέντος ὥσπερ ἐν ὕδατι τὸ μέλαν, καὶ ἐν τούτῳ σπόγγου βραχέντος, ὅταν ἀποσπογγισθῇ, τούτῳ φανερὰ γίνεται.* Hieraus folgt, daß wenigstens für geheime Botschaften bereits im zweiten[2] Jahrhundert vor Christus eine Art von Gallustinte angewendet wurde, deren Züge aber erst durch Benetzen mit einer metallischen Lösung sichtbar wurden. *Χαλκοῦ ἄνθος*[3] ist von Ch. Graux a. a. O. S. 529) bereits richtig durch *fleur de cuivre* (Kupfersulfat) übersetzt. Diese sympathetische Tinte verdient aber auch deshalb Beachtung, weil wir daraus sehen, daß die Alten die geheime Schrift auf dieselbe Weise sichtbar machten, wie wir die eines rescribierten Kodex, nämlich durch den Zusatz eines Metalls, das sich mit den latent vorhandenen Teilchen verbindet und dieselben hervortreten läßt.

Es kommt oft vor, daß Pergament und Papier von Tinte im Laufe der Jahrhunderte zerfressen werden; das ist verursacht durch einen Überschuß von freier Säure, meistens Gerbsäure. Die natürliche Fettigkeit des Pergaments hindert das Schreiben. Zur Entfettung brauchte man wahrscheinlich eine Alaunlösung, die dann nach dem Schreiben noch dauernd fortwirkt; das Pergament verkalkt und zerbröckelt. Diese Säure muß neutralisiert werden dadurch, daß man dem Pergament die entzogene Fettmenge wieder zusetzt. Dafür empfiehlt sich ein Bad in Tischlerleim oder Ammoniakdämpfen. Bei Vitrioltinte wird zunächst durch Lackmuspapier das Vorhandensein freier Säure festgestellt, die dann durch ein Bad in Alkohol, Wasser und nochmals Alkohol entfernt wird.[4]

Tintenrezepte

Mittelalterliche Tintenrezepte sind ziemlich viele erhalten.[5] Als

[1] Vet. Mathematici. Paris 1693 p. 102.

[2] Siehe Revue d. philol. III p. 91—92.

[3] Galen ed. Chart. XIII. 271: [λζ'. περὶ χαλκοῦ ἄνθους] *Χαλκοῦ ἄνθος λεπτομερεστέρας ἐστὶ τοῦτο δυνάμεως τοῦ κεκαυμένου χαλκοῦ καὶ τῆς λεπίδος.* Über die Gewinnung auf Cypern s. Galen a. a. O. p. 270.

[4] Centralbl. f. Bibl. 16 S. 33.

[5] Siehe die Stellen bei Wattenbach, Schriftwesen[2] S. 237: ferner Bandini catal. codd. lat. IV, 54; V, 453. — Syrisches Tintenrezept siehe Wright, Catal. of the Syr. mss. British Museum p. 1207.

Probe diene ein Rezept, das Ebert in seiner Handschriftenkunde S. 33—34 aus einer Dresdner Handschrift (B 183) vom Jahre 1412 hat abdrucken lassen.

Ad faciendum bonum incaustum.

Recipe gallas et contere minute in pulverem, funde desuper aquam pluvialem vel cerevisiam tenuem, et impone de vitriolo (so verbessert Wattenbach a. a. O. S. 237 das handschriftliche *vitalo*) *quantum sufficit iuxta existimationem tuam, et permitte sic stare per aliquot dies, et tunc cola per pannum, et erit incaustus bonus. Et si vis, tunc impone modicum de gummi arabico et calefac modicum circa ignem, ut solus incaustus tepidus fiat, et erit incaustus bonus et indelebilis super quocunque cum eo scribis.*

Sonst wird auch wohl noch ein Zusatz von Wein oder Essig empfohlen (Wattenbach a. a. O. S. 238. 240).

Tres sint vitrioli, vix una sit uncia gummi,
Gallarum quinque, sed aceto merso relinque,
Quattuor aut calidas addat cerevisia libras.
Vino emendabis ardente situmque fugabis.

Oder kürzer:

Vitrioli quarta, mediata sit untia gumme,
Integra sit galle super addas octo falerni.[1]

Nach Rockinger (Abh. d. bayr. Akad. Hist. Klasse XII, 1874 S. 30) mischten die Augustiner in München in ähnlicher Weise:

Integra sit galle, media sit uncia gummi.
Vitrioli quarta. Apponas octo falerni.

Neuerdings hat Rockinger[2] auf verschiedene Rezepte für Pergament und Papier abdrucken lassen; für Pergament: *Recipe zu einer achterin viij lot galles, iiij lot gumi, vj lot vitrioli*; für Papier: *Recipe vj lot galles iiij lot vitrioli iiij lot gumi zu einer achterin.*

Das Kochen der Tinte scheint nach diesem Rezept also nicht unerläßlich gewesen zu sein, und es gab in der Tat zwei verschiedene Sorten. Der gekochten Tinte ἔγκαυστον wurde das ἀτέραμνον entgegengesetzt, das ohne Hilfe des Feuers bereitet war.[3]

Auf Pergament haftete die Tinte oft so schlecht oder verblaßte, daß die Schrift undeutlich wurde. Daher sind einige der ältesten Pergamenthandschriften von jüngerer Hand nachgezogen wie der c. Vaticanus der Bibel und der c. Coislinianus (*H*).[4]

[1] Pertz, Archiv 10, 1851. 529; über Tintenpulver s. Wattenbach S. 240.

[2] Archivalische Zeitschrift 4, 1879 S. 299.

[3] Über einen Modus faciendi incaustum sine igne s. Rockinger a. a. O. S. 34. incaustum graecum s. Wattenbach, Schriftwesen[3] S. 240.

[4] H. Omont, Notices et extr. des mss. 33, 1. 1889 p. 1.

Sympathetische Tinte

Die sogenannte **sympathetische Tinte**, die nur durch Erwärmen sichtbar wird, welche unsere Chemiker aus Kobalt für geheime Botschaften zu bereiten verstehen, kannten die Alten natürlich nicht; sie bedienten sich zu demselben Zwecke einer farblosen klebrigen Flüssigkeit, so z. B. des Saftes einiger Pflanzen; die farblosen Züge der Schrift wurden von dem Empfänger mit Kohlenstaub bestreut, der nur auf den Buchstaben haftete und sie lesbar machte. Ovid de art. amator. 3, 627 ff. empfiehlt diese Tinte zu Liebesbriefen:

Tuta quoque est, fallitque oculos e lacte recenti
Litera: carbonis pulvere tange: leges.
Fallet et humiduli quae fiet acumine lini,
Et feret occultas pura tabella notas.

Plinius empfiehlt zu demselben Zwecke verschiedene saftreiche Pflanzen. Plin. n. h. 26, 8, 62: *Tithymallum nostri herbam lactariam vocant, alii lactucam caprinam; narrantque lacte eius inscripto corpore, cum inaruerit, si cinis inspergatur apparere litteras, et ita quidam adulteras alloqui maluere quam codicillis,* und ungefähr auf dasselbe läuft es hinaus, wenn Ausonius, epist. 23, 21—22 rät, geheime Briefe mit Milch zu schreiben und mit darauf gestreuter Asche lesbar zu machen:

Lacte incide notas: arescens charta tenebit
Semper inadspicuas; prodentur scripta favillis.

durchsichtiger Lack

Neben der Tinte verwendeten die Byzantiner auch noch zeitweise, namentlich im 10.—13. Jahrhundert,[1] einen durchsichtigen gelben Lack, mit dem sie die mit schwarzer Tinte klein geschriebenen Überschriften der Pergamenthandschriften überzogen, so daß das Auge des Suchenden durch die glänzende Stelle sofort auf die sonst nicht weiter hervorgehobenen Titel resp. die vorgerückten Anfangsbuchstaben hingezogen wurde. Das älteste Beispiel dieser im Abendlande unbekannten Sitte bietet ein Psalterium Bodleianum (mss. gr. Misc. 5 = Pal. Soc. II, 5), ungefähr 950 geschrieben; hier ist der Name des Kommentators stets mit grünem Lack überzogen.[2]

In den lateinischen Handschriften habe ich diesen glänzenden Lack nie gefunden; dagegen werden gelegentlich die Anfangsbuchstaben neuer Absätze mit einer dünnen gelblichen Farbe ausgefüllt.

[1] Siehe c. Ambros. B 56 sup. a. 1022; c. Sin. 401 a. 1086, 234 a. 1119; c. 12 (s. XI—XII). c. 18 (s. XI—XII); c. Sin. 450 (s. XI), 566 (s. XI in Georgien geschr.), 579 (s. XI), 580 (s. XI), 631 (s. X—XI), 777 (s. XI), 779 (s. X), 1113 (s. X—XI), 421 (s. X, gelb und grün lackiert); c. Crypt. (Grottaferrata) B a IV (vor 992); c. Mosq. 42 (s. X - XI uncial); c. Mosq. 57 (s. X, gelb und grün lackiert).

[2] Proben bei P. Fr. de Cavallieri-Lietzmann, Specimina Nr. 16, II. Kolumne (a. 983?). Das jüngste Beispiel bietet eine Handschrift von Lemnos a. 1263, siehe Maurogordat. Biblioth. 1. Taf. α n. 2.

Farbe.[1]

Ebenso wie die Griechen mit dem Papyrus von den Ägyptern auch die dazu gehörige schwarze Tinte übernahmen, so erhielten sie auch von denselben die rote Farbe, die bei den Ägyptern in viel größerem Umfang angewendet wurde als bei den Griechen. Da nun das ägyptische Rot nach Landerers Analyse[2] aus Zinnober, d. h. Schwefelquecksilber, bestand, so darf man dasselbe auch bei den Griechen voraussetzen.[3] rote Farbe Zinnober

In der späteren Kaiserzeit stiegen die Ansprüche in bezug auf elegante Ausstattung rasch. Porfyrius Optatianus 1, 3 ed. M. p. 5 schildert die Prachtwerke constantinischer Zeit:

Ostro tota nitens, argento auroque coruscis
Scripta notis, picto limite dicta notans,
Scriptoris bene compta manu meritoque renidens.

Doch auch einfach ausgestatteten fehlen nicht rote Initialen, vgl. v. 7:

Pallida nunc atro chartam suffusa colore
Paupere nix minio carmina dissocias.

Rote Tinte wurde auch in mittelalterlichen Handschriften am häufigsten angewendet bei dem, was ausgezeichnet werden sollte. Der Schreiber hieß *ἐρυθρογράφος*, lat. *rubricator*.[4]

Daneben wurde aber auch ein Surrogat, der indische Zinnober oder Drachenblut, verwendet, das mit dem wirklichen nur den Namen gemein hatte; der wirkliche Zinnober war eine dauerhafte Metallfarbe, das Surrogat nichts als ein leicht vergänglicher Pflanzensaft. Drachenblut

Doch außerdem wurde nach Plinius n. h. 35, 6, 30 ff. noch eine ganze Reihe von anderen Farbstoffen als rote Farbe verwendet, die meist nach ihrem Fundorte, Syrien, Indien, Sinope, Lemnos, Melos usw. benannt sind. Zu den wichtigsten gehört das Mennig (*μίλτος minium*). Mennig

Mit Rotstift pflegte man zu Ciceros Zeit das Fehlerhafte anzustreichen. Cic. ad Attic. 15, 14, 4: *συντάξεις, quae vercor ne miniata cerula tua pluribus locis notandae sint.* 16, 11, 1: *cerulas enim tuas miniatulas illas extimescebam* (Plin. epist. 1, 8, 3). Solche Randnoten heißen nach Hesych. (s. v.) *παραπλάσματα*. In der Tat finden sich solche Korrekturen rot BGU. 4 p. 35 (P. 9729). Das Mennig ist

[1] Icilio Guareschi, Storia della chimica. V Sui colori degli antichi. P. I: Dalla remota antichità al secolo XIV. S. A. d. Annuale all' Enciclopedia di Chimica 21. Torino 1905 p. 287—402. — Blümner, Technol. 4, 464.

[2] Archiv für Pharmacie 137 S. 156—158. — H. Blümner, Technologie 4 S. 464. Die Farben der alten Maler und ihre Bereitung.

[3] Vgl. Daremberg u. Saglio, Dictionnaire des ant. s. v. Cinnabaris.

[4] Ein Rezept für dunkle Tinte siehe Coxe, Catalogi codd. mss. biblioth. Bodleianae 3. Oxf. 1854 p. 42: *σκευασία μελανίου μαύρου.*

ein Bleioxyd, das sich äußerlich durch seine schreiend gelblich-rote Farbe von dem mehr dunkeln und blauroten Zinnober[1] unterscheidet. Bei seinen chemischen Untersuchungen zur Unterscheidung dieser beiden Farben hat Landerer (s. o.) eine ammoniakalische Silbernitratlösung mit dem besten Erfolge angewendet, auf welche Zinnober mit einer tiefbraunen Färbung reagierte. Delitzsch, Über die in alten Handschriften verwendeten roten Farbstoffe (Ztschr. d. D. morgenländ. Ges. 1863 S. 673 ff.) gibt Rezepte aus Münchner Handschriften, die nur Zinnober erwähnen, und chemische Untersuchungen von Martius an einem Forchheimer Kodex brachten Quecksilberkügelchen zum Vorschein. Im allgemeinen kann man den Unterschied der roten Farbe in griechischen und lateinischen Handschriften so charakterisieren: Das Rot des Abendlandes ist eine ziemlich dickflüssige Farbe, die ins Gelbliche hinüberspielt und meistens auch ziemlich dick aufgetragen wurde; das Rot in griechischen Handschriften hat mehr den Charakter einer flüssigen Tinte mit einem bläulichen Anflug; doch diese Regel erleidet natürlich viele Ausnahmen. Selbst wenn in demselben Kodex Griechisch und Lateinisch vorkommt, bleibt dieser Unterschied erkennbar, so z. B. in dem griechisch-lateinisch-arabischen Psalterium c. Harl. 5786 vom Jahre 1153(?) (Pal. Soc. 132), das wahrscheinlich in Unteritalien geschrieben wurde, sind die roten Buchstaben des griechischen Textes mehr bläulich, während die lateinischen einen gelblichen Anflug haben. In einem griechisch-lateinischen Psalterium (c. Lips.-Paul. 4 s. XII) hat die griechische Kolumne ganz verblaßte und vergilbte (rote) Anfangsbuchstaben, während die kräftige Zinnoberfarbe der lateinischen Anfangsbuchstaben sich vorzüglich gehalten hat. — Bei den Griechen kommt namentlich in jüngeren Handschriften ein Rot vor, das sich dem abendländischen nähert, neben einem noch helleren gelblichen Rot, das wohl aus gebranntem Ocher[2] (ὤχρα) bereitet und wie alle diese Farben mit irgend einem Bindemittel, Gummi, Eiweiß usw. aufgetragen wurde.

Kaiserliches Rot

Mit ebenso kleinlicher Eifersucht, wie schon Kaiser Constantius das Tragen eines purpurnen Gewandes mit dem Tode bestrafte, reservierten sich auch die späteren byzantinischen Kaiser die Purpurtinte[3] *sacrum encaustum* durch ein Verbot[4] vom Jahre 470.

Imp. Leo A. Hilariano magistro officiorum et patricio.

Sacri adfatus, quoscumque nostrae mansuetudinis in quacumque parte

[1] Wagner, Die chemische Technologie S. 228—229.

[2] Plin. n. h. 35, 6 § 35.

[3] Samuel Stryk, De cera rubra et sacro encausto. Francofurti a. O. 1680 u. 1698. — Carini, Sulla porpora e sul colore porporino nella diplomatica specialmente Siciliana. Nuove effemeridi Siciliane III, 9. 297; 10, 1880 p. 5; s. o. S. 102.

[4] Codex Justinianeus I, 23, 6 ed. Krüger 1876 p. 76.

paginarum scripserit auctoritas, non alio vultu penitus aut colore, nisi purpurea tantummodo scriptione illustrentur, scilicet ut cocti muricis et triti conchylii ardore signentur: eaque tantummodo fas sit proferri et dici rescripta in quibuscumque iudiciis, quae in chartis sive membranis subnotatio nostrae subscriptionis impresserit. Hanc autem sacri encausti confectionem nulli sit licitum aut concessum habere aut quaerere aut a quoquam sperare: eo videlicet, qui hoc adgressus fuerit tyrannico spiritu post proscriptionem bonorum omnium capitali non immerito poena plectendo.

D. VI k. April. Jordane et Severo cons. [*a.* 470.]

Erst als die Purpurfabrikation immer teurer und seltener wurde, verwendete man statt des Purpurs Zinnober, womit kein Untertan, sondern nur der Kaiser unterzeichnen durfte. In den Akten von verschiedenen Konzilien geht daher den Namen der Bischöfe die Bemerkung vorher: *ὁ βασιλεὺς διὰ κινναβάρεως.*[1] In einigen Versen des Metropoliten Johannes, welche das kaiserliche Rot besingen, werden Zinnober und Purpur als gleichbedeutend verwendet. Migne patrol. gr. 120 p. 1175 v. 1587:

Εἰς τὴν διὰ κινναβάρεως χαραγὴν
σχεδῶν.
Ἡ δεσπότου χεὶρ τοῦ σοφοῦ Μονομάχου
Ἀληθινὸν νοῦν ἐντίθησι τοῖς νέοις,
Ἄνθει καταχρώζουσα πορφυροχρόῳ,
Βασιλικῆς γνώρισμα λαμπρὸν ἀξίας. (v. 1590)

Wenn der Kaiser minderjährig war, hatte niemand das Recht mit dieser Farbe zu zeichnen, denn der Vormund durfte nur mit *βατράχειον χρῶμα,*[2] was wahrscheinlich dem sogenannten grünen Zinnober entspricht, unterzeichnen. Diese kaiserliche Tinte[3] war einem eigenen Beamten (*ὁ ἐπὶ κανικλείου*[4]) anvertraut, der nach dem Tintenfasse *κανίκλειον* genannt wurde. Die Akten des Konzils von Konstantinopel vom Jahre 869 (ed. Paris. 1714 V 1105 C) tragen z. B. die Unterschrift *Χριστοφόρου πρωτοσηκρήτου καὶ ἐπὶ τοῦ Κανικλίου.* grüner Zinnober

Die Erwähnung der kaiserlichen Purpurtinte, die ursprünglich aus dem Saft der Purpurschnecke gewonnen wurde, leitet schon von den anorganischen roten Farbstoffen hinüber zu den organischen, die meistens an Haltbarkeit und Leuchtkraft der Farbe hinter jenen zurückstehen. Nur der Purpur[5] *πορφύρα* macht bis zu einem gewissen Grade Purpur

[1] Theophilus ed. C. L'escalopier. Paris 1843, 1, 41: de cenobrio (vgl. p. 280).

[2] Nouveau Traité p. 557.

[3] Über grüne Tinte vgl. Thompson-Lambros, Palaeogr. S. 93 A. 4.

[4] Perrot Exped. en Galatie I p. 18: *τοῦ ἐπὶ τοῦ κανικλείου.*

[5] Landerer, Über den Purpur der Alten. Archiv der Pharmacie 141 S. 141 bis 164. Die vollständige Litteratur bei Blümner, Technologie und Terminologie der Gewerbe und Künste 1 S. 224 ff. und Büchsenschütz, Gewerbfleiß S. 83, die im

eine Ausnahme, aber die Fabrikation des Purpur hörte wohl schon im achten Jahrhundert auf, wie W. A. Schmidt, Die Papyrusurkunden der k. Bibliothek zu Berlin S. 100 nachgewiesen hat.

Da der Purpur ungemein selten und teuer war, so wurden natür-**Surrogate** lich vielfach Surrogate angewendet; besonders Kermes *Coccus ilicis* und die von *Coccus cacti*, *κόκκος*, *πρινοκόκκι(ον)* gewonnene echte Kochenillefarbe nebst einer Sekretion der Gummischildlaus *Coccus laccae*, die wir jetzt meistens aus Amerika beziehen, während die Alten ihr *μελάνιον κόκκινον* meist aus Cilicien,[1] Armenien und Galatien erhielten. Im Maximaltarif des Diokletian finden wir unter den Purpurfarben die Angabe *Νεικαηνῆς κοκκηρᾶς λί(τρα) α . . . *φφ.*[2]

Vegetabil Rot Die schlechtesten Farbstoffe sind der Pflanzenwelt entnommen, weil sie alle unter Einwirkung der Sonne früher oder später verblassen. Dazu gehört das Drachenblut[3] (*αἷμα δράκοντος*), das auch unter dem Namen des Indischen Zinnober (*κιννάβαρι Ἰνδικόν*) in den Handel kam, sich aber in Handschriften wohl gar nicht nachweisen läßt, weil es in Wasser nicht löslich ist und wohl meistens vom Maler, nicht von Schreibern angewendet wurde. Auch die Farbhölzer kommen hier natürlich noch nicht in Betracht; dagegen verwendete man eine ganze Reihe anderer Pflanzenfarbstoffe, z. B. Krapp (*ἐρευθέδανον*)[4] und Safflor (*carthamus tinctorius*), ein distelartiges Gewächs Ägyptens und Ostindiens, das nach Delitzsch (a. a. O. S. 680) wahrscheinlich den Griechen sowohl als den Juden bekannt war, ebenso wie die Orseille (Lackmusflechte, *φῦκος θαλάσσιον*) und Columbinfarbe, die gelegentlich wohl zur Verfälschung des echten Purpurs verwendet wurde (Landerer a. a. O. S. 161 f.). Wenn wir dann noch Pflanzen wie Mohn, Päonia, Althäa usw. hinzurechnen, so ist damit der Kreis beschrieben, dem die mittelalterlichen Schreiber ihre roten Farbstoffe des Pflanzenreichs entlehnten, ohne daß wir im einzelnen gerade den hier angewandten Stoff spezialisieren könnten. — Nur das steht fest, daß die Schreiber der späteren Zeit häufig eine der letztgenannten roten Farben aus dem Pflanzenreiche anwendeten, die sie als Tinte von großer Flüssigkeit und einer blassen, blauroten Färbung aufzutragen pflegten. Die Farbe kommt ungefähr

wesentlichen der grundlegenden Arbeit von W. A. Schmidt folgen. — Al. Dedekind, Purpurkunde. Berlin 1898. — K. Faymonville, Die Purpurfärberei d. kl. Altert. Heidelberg 1900.

[1] Dioscorides 4, 48: *γίνεται δὲ ἡ ἐν Κιλικίᾳ (κόκκος) ἐν ταῖς δρυσίν, ὁμοίως κοχλίᾳ μικρῷ.*

[2] Vgl. dazu die Anm. in Lebas-Waddington III Explication p. 180—181.

[3] Al. Dedekind, Le pourpre verte, s. Arch. de zoologie experiment. et générale. Paris 1899—1900 p. 473—478, mit 3 Taf. — J. Wiesner, Die Rohstoffe d. Pflanzenreiches II. Aufl. 1. Leipzig 1900 S. 338.

[4] Dioscorides 3, 150: *ἐρυθρόδανον ἢ ἐρευθέδανον. ἔνιοι τεύθριον καλοῦσι . . Ῥωμαῖοι ῥουβία πασσίβα . . . ῥίζα δέ ἐστιν ἐρυθρά, βαφική.*

zugleich mit dem Bombycinpapier auf und wurde besonders zu den kurzen Randbemerkungen und Summarien angewendet. Dieses Rot hat sich meistens nicht gut gehalten und hebt sich sehr schlecht ab von dem bräunlichen Grunde, zumal wenn derselbe, was häufig der Fall ist, abgegriffen und den Einwirkungen der Lichtstrahlen ausgesetzt ist. Leider ist dieses vegetabilische Rot, das in jüngeren Handschriften am häufigsten angewendet wird, von allen das vergänglichste, und bis jetzt ist noch kein Mittel bekannt, seine Züge wieder aufzufrischen.

Im ganzen kann man sagen, daß die Anwendung der roten Farbe sich allmählich auf immer weitere Kreise erstreckt hat. In den ältesten Handschriften, wie z. B. dem Sinaiticus ist sie sehr sparsam angewendet, etwas häufiger schon beim Euthalius, der Einteilung und Überschrift durch rote Farbe kenntlich macht, s. Zacagni, collectanea p. 428: *Ἐκτιθέμεθα γοῦν αὐτὴν καθ' ἱστορίαν Λουκᾶ τοῦ εὐαγγελιστοῦ, καὶ συγγραφέως, τοιγαροῦν διὰ μὲν τοῦ μέλανος αὐτοτελῆ καὶ κεφάλαια· διὰ δὲ τοῦ κινναβάρεως τὰς ἐν μέρει ἐχομένας ὑποδιαιρέσεις ἐσημειωσάμεθα.* Auch für die Randzahlen wählte er dieselbe Farbe, p. 414: *Τὰς ἀφ' ἑκάστης βίβλου μαρτυρίας παρασημειωσάμενος τῷ διὰ τοῦ μέλανος ἀριθμῷ παρέθηκα διὰ κινναβάρεως τούτων τὴν τάξιν ἅμα καὶ ποσότητα. κανονιζομένην τῷ ἔνδον ὁμοίως παρακειμένῳ ἀριθμῷ τῷ ὕφει τοῦ τεύχους.* Art der Verwendung

In den erhaltenen Handschriften sind es Überschriften und Randbemerkungen, die durch rote Farbe ausgezeichnet werden. Seltener kombinierte man bei den Initialen die rote und schwarze Farbe, doch sind in der berühmten Dioscorideshandschrift in Wien die schwarzen Anfangsbuchstaben durch entsprechende Linien von roten Punkten umgeben, ganz in derselben Weise wie es sich später nur in irisch-schottischen Handschriften, z. B. dem cod. Börnerianus, wiederfindet. In dem oben erwähnten Leipziger Evangelienbuch aus dem zwölften Jahrhundert sind auch alle Ton- und Hauchzeichen von dem Rubrikator. Auch im 13. Jahrhundert verband man gerne die rote und die schwarze Tinte. Die Subskription des c. Paris. 2654 vom Jahre 1273 ist z. B. immer abwechselnd mit roten und schwarzen Buchstaben geschrieben. In Handschriften des 12. und 13. Jahrhunderts, z. B. c. Arund. 529 (a. 1111) dem c. Par. 83 (a. 1168) und dem c. Par. 2572 vom Jahre 1296 sind die Rundungen einzelner Buchstaben wie *β Θ ο Φ* und selbst die Winkel des *Υ* (a. 1296) entweder ganz oder doch zur Hälfte mit roter Farbe ausgefüllt. Daß ganze Handschriften in roter Farbe geschrieben wurden, ist nur als Ausnahme zu betrachten,[1] oder als Zeichen späterer Zeit, z. B. in einer Handschrift des H. Anastasius in Reims bei Silvestre, Pal. univers. im zweiten Bande; dort findet man

[1] Tischendorf, Anecd. sacra et profana p. 175.

auch einen prächtigen Renaissancekodex Paris. 54. der ganz in roter, blauer und grüner Farbe geschrieben wurde.

Andere Farben Auf die Natur der übrigen Farben[1] näher einzugehen, liegt um so weniger Veranlassung vor, als sie nicht den Paläographen, sondern vielmehr den Maler interessieren. Hier muß es genügen, auf die Rezepte zu verweisen, die Rockinger, Abh. d. bayr. Akad. Hist. Kl. XII, 1874 S. 38 und 45 für blaue, S. 39 und 45—47 für grüne und Goldtinte, S. 42 für Silberschrift mitteilt. Anweisungen des Felicianus für die Bereitung der prächtigen Farben der Renaissancezeit hat R. Schoene bekannt gemacht Ephem. epigraph. 1 p. 266—268.

Bei den Initialen der griechischen Handschriften kommen die übrigen Farben in Verbindung von Rot oder Gold vor, mit denen gern noch Blau verbunden wird. — Einfarbig grüne oder blaue Initialen, wie sie in späteren lateinischen Manuskripten vorkommen, oder gar braune und schwefelgelbe Buchstaben, wie die Iren und Angelsachsen sie angewendet haben, sind bei den Griechen unbekannt geblieben.

Silberschrift Daß ganze Handschriften in Silberschrift geschrieben wurden, ist selten, dann ist der Beschreibstoff meistens gefärbt. Lambros erwähnt ein Psalterium des 16. Jahrhunderts in der Bibliothek von Aegion, das auf farbigem Grund ganz mit Silberschrift geschrieben wurde[2].

Goldschrift Dagegen erreichte bei den Byzantinern die Goldschrift[3] (χρυσογραφία) einen großen Umfang und eine hohe Ausbildung, und das hängt wiederum auf das engste mit der kirchlichen und künstlerischen Entwicklung der Byzantiner zusammen, welche den Goldgrund ihrer Mosaiken zunächst auf die Heiligenbilder und von da auf die Bilder der kirchlichen Handschriften übertrugen, um auch durch diesen äußeren Alter Prunk auf die versammelte Gemeinde zu wirken. Diese Vorliebe für Goldschrift geht bis ins klassische Altertum zurück, wenn sie auch nicht so alt ist wie Ch. Graux (Revue de philol. 5, 1881 p. 117) behauptet hat. Eine so kostbare Schreibweise setzt nämlich einen dauerhaften Beschreibstoff voraus und kann also kaum angenommen werden zu einer Zeit und bei einem Volk, das vorwiegend auf Papyrus zu schreiben pflegte. In der Tat kennen wir keinen griechischen Papyrus, bei dem Goldschrift überhaupt angewendet wäre (s. o. S. 65) und bisher Ägypter kannten wir auch keinen ägyptischen. Jetzt besitzt das Museum von

[1] Vgl. J. Roux, Die Farben (Heidelberg 1824) und Geiger, Chemische Untersuchung altägyptischer und altrömischer Farben (Karlsruhe 1826). — Notes pour l'enlumineur des mss. du moyen âge, s. Bull. et Mém. des Antiquaires de Fr. VI Sér. 3, 1892. Memoires p. 1. — J. Bradley, Dictionary of miniaturists illuminators etc. London 1887—1889, 1—3 kommt für uns nicht in Betracht, da die Griechen für den Verfasser nicht existieren.

[2] Thompson-Lambros, Pal. S. 10.

[3] Chrysographia in Daremberg u. Saglio, Dictionnaire des antiquités p. 1138.

Gizeh einen aus der Zeit der 25. Dynastie mit goldenen Ornamenten. Es ist dünnes Blattgold auf einem Grund von Firnis oder Gummi;[1] allein ein solcher Papyus, der vergoldet wurde, um den Toten mit ins Grab gelegt zu werden, beweist nichts für den Gebrauch des täglichen Lebens.

Juden

In ähnlicher Weise beweist die oft erwähnte Stelle des Josephus ant. jud. 12, 2. 10: *παρῆλθον μετὰ τῶν διφθερῶν αἷς ἐγγεγραμμένους εἶχον τοὺς νόμους χρυσοῖς γράμμασιν* nichts für Griechenland, sondern nur für den Orient, der bekanntlich viel früher als die klassischen Völker anfing Tierhäute als Beschreibstoff zu benutzen; und gerade die Juden scheinen sehr früh angefangen zu haben, ihre heiligen Schriften nicht nur auf besonders zubereitetem Leder (s. o. S. 92), sondern auch mit Goldschrift ausführen zu lassen. Auch in dem Aristeasbrief § 176 (ed. Wendland p. 49, 5) heißt es: *ἐν αἷς (διφθέραις) ἡ νομοθεσία γεγραμμένη χρυσογραφίᾳ τοῖς Ἰουδαϊκοῖς γράμμασι.* —

Griechen

Wenn ferner der Scholiast zur 7. olympischen Ode Pindars bemerkt: *Ταύτην τὴν ᾠδὴν ἀνακεῖσθαί φησι Γόργων ἐν τῷ τῆς Λινδίας Ἀθηνᾶς ἱερῷ χρυσοῖς γράμμασιν*, so ist damit nicht eine Handschrift, sondern eine Inschrift gemeint, ebenso wie beim Sueton Nero c. 10: *pars carminum aureis litteris Jovi Capitolino dicata.* Ferner haben wir eine Stelle bei Plutarch, Convivalia probl. 5, 11, 9: *ἐν τῷ Σικυωνίῳ θησαυρῷ χρυσοῦν ἀνέκειτο Ἀριστομάχης ἀνάθημα τῆς Ἐρυθραίας ποιητρίας Ἴσθμια νενικηκυίας.* Hier ist nur von einem goldenen Weihgeschenk die Rede. Auch die S. 25 erwähnte Plutarchstelle beweist nichts für Chrysographie. denn jenes Weihgeschenk (*χρυσοῦν βιβλίον*) bestand aus einem Buche von Goldblech; ebenso wie die Votivexemplare von Hesiods *ἔργα καὶ ἡμέραι* (Pausanias 9, 31, 4) im Tempel der Musen und von Heraklits *περὶ φύσεως* (Diogenes Laertius 9, 1. 6) im Tempel der Diana von Ephesus auf Metall geschrieben waren. Erst nach Christi Geburt, als das Pergament den Papyrus allmählich verdrängte, sind die Vorbedingungen für Goldschrift bei den Griechen und Römern vorhanden; sie wird vorausgesetzt von Gaius, Institutiones 2, 77: *Quod in chartulis sive membranis aliquis scripserit, licet aureis litteris, meum esse, quia litterae chartulis sive membranis cedunt,*[2] und von dem Philosophen Charax im zweiten Jahrhundert nach Christus, siehe Eustathius zu Dionys. perieg. 689 ed. Bernhardy p. 232, 1, 13: *τὸ χρυσοῦν δέρμα μέθοδον εἶναι χρυσογραφίας μεμβράναις ἐμπεριειλημμένην* (Müller, F. H. G. 3 p. 639 n. 13). In der späteren Zeit war

[1] K. Wessely, Chrysographie. Wiener Studien 12, 1890 S. 259—279. Siehe American Journal of arch. 1894 p. 100.

[2] Wer diese Stelle richtig versteht, wird nicht einmal den Schluß ziehen, daß man im zweiten Jahrhundert nach Christus — geschweige denn früher — mit Gold auf Papyrus geschrieben hat.

die Goldschrift namentlich in Verbindung mit Purpurpergament (s. oben S. 100—102) durchaus nicht selten. — Doch kommt auch goldene Unzialschrift auf weißem Grunde noch im zehnten Jahrhundert z. B. in dem sogenannten Evangelium Theodosianum auf dem Sinai (c. Sinait. 204) vor.

Technik Namentlich seit dem elften Jahrhundert wird es Sitte, die Lektionarien mit den Portraits der betreffenden Märtyrer zu schmücken; der Goldgrund dieser Bilder ist meistens so hergestellt, daß man zunächst dem Pergament einen Kreideüberzug gab und auf diesen wiederum die Goldblättchen auftrug. Wo es sich dagegen nicht um größere Flächen handelte, sondern um einzelne Buchstaben, war diese Technik nicht angebracht, hier erfand man eine eigene Goldtinte, die sowohl auf weißem als auf dem sogenannten Purpurpergament[1] angewendet wurde. Montfaucon, Pal. Gr. 5—7 hat mehrere Rezepte dieser Goldtinte abdrucken lassen, nach denen einer seiner Ordensbrüder mit dem besten Erfolge experimentiert hat:

Περὶ χρυσογραμμίας[2] (ἕτερον).

Τρίψον βόλον ὥσπερ κινναβάρην, ἔπειτα ἔπαρον τοῦ ὠοῦ τὸ λευκὸν καὶ θὲς εἰς ἀγγεῖον· καὶ βάλον ὕδωρ, τάραξον καλῶς, καὶ ἐξάφρισον ὡς ὅτε να εἰγῇ ὁ ἀφρὸς ὅλος. ἔπειτα βαλὼν ἀπὸ τοῦ ὕδωρ τοῦ ὠοῦ καὶ μίξον μεστὸν βόλον· Εἶθ' οὕτως θὲς ὅπου χρείζεις, καὶ ἀφ' ὅτου ξηρανθῇ, θὲς πάλιν ἐπάνω εἰς τὸν βόλον ἀπὸ τοῦ ὠοῦ τὸ λοιπόν. καὶ θεται (sic) *τὸν ἀέρα τὸν χρυσόν· καὶ ἀφότης ξηρανθῇ, ἐπάνω τρίβε καὶ σθλίβοναι*[3] *μετὸ* sic *παρακόνην.*

Kosten Die Kosten der Goldschrift müssen nicht unbedeutend gewesen sein: sonst hätte nicht Kaiser Friedrich II. eine Urkunde vom 24. Februar 1219 in gewöhnlicher Schrift ausführen, und dem Empfänger anheimgestellt, sie in Goldschrift kopieren zu lassen; diese Abschrift versprach der Kaiser dann mit seiner goldenen Bulle siegeln zu lassen (Bresslau, Urkundenl. I, 1889 S. 903).

Chrysographen Diese Kunst war so beliebt, daß selbst regierende Kaiser zu den Chrysographen gehörten; bei Erwähnung des Theodosius Adramyttenus fügt Cedren (p. 450) ausdrücklich hinzu: *οὗτος ἦν χρυσογράφος* und ebenso Symeon Logotheta für die spätere Zeit. Die Briefe byzantinischer Kaiser sind oft ganz mit Gold geschrieben, so der Brief Kaiser Constantins IX. an den Kalifen Abderrahman von Kordova, während

---

[1] Als z. B. der nachherige Kaiser Maximinus junior in die Schule geschickt wurde, schenkte ihm seine Tante libros Homericos omnes purpureos . . aureis litteris scriptos. Scriptores hist. aug. ed. Peter II p. 25.

[2] Receptae ad faciendum literas aureas c. Baroc. CVII, 87. — Chrysographia s. Muratori Antiq. Ital. Mediolan. 1739 p. 375—376.

[3] Zomarides vermutet *στίλβονε* (*στίλβου*) *μὲ τὸ*. Bei Montfaucon folgt dann *Περὶ τοῦ ποιῆσαι χρυσᾶ κεφάλαια ἐν βιβλίοις.*

die Liste der übersandten Geschenke in Silberschrift angefertigt war.[1] Mit goldenen Buchstaben ließen die byzantinischen Kaiser an Konrad II. und Friedrich Barbarossa schreiben.

Auch die Schreiber nennen sich in den Subskriptionen zuweilen Chrysographen, so z. B. der Mönch Symeon, der den c. Reg. 2137 geschrieben,[2] und Joseph (ἀρχηγέτης), der die Silberschrift des c. Sin. 339 (s. XI) anfertigte. Gelegentlich wird auch wohl ausdrücklich hervorgehoben, daß der Schreiber des Buches selbst die Goldschrift angefertigt habe, so z. B. in dem Psalterium c. Lond. Add. 19, 352 *χειρὶ δὲ γραφὲν καὶ χρυσογραφηθὲν Θεοδώρου μοναχοῦ πρεσβυτέρου τῆς αὐτῆς μονῆς καὶ βιβλιογράφου τοῦ ἐκ Καισαρείας*, und ähnlich in einer roten Subskription vom Jahre 1144 bei Amphilochius, Pal. Beschr. 2, 28: ἔλεος *τῷ γράψαντι καὶ κεφαλαιώσαντι*. Ein schwarz ausgeführtes Faksimile solcher Goldschrift gibt Montfaucon, Pal. Gr. p. 408. Besser ist jedoch ein anderes in den *Monumenta spectantia ad unionem ecclesiarum ed. Theiner et Miklosich* (Wien 1872). Proben eines solchen *codex aureus* gibt Silvestre, Pal. univ. II nach einem Evangéliaire en lettres d'or de Florence s. XI.

Im Ornamente selbst habe ich in Handschriften niemals den Namen des ausführenden Künstlers gesehen, wohl aber in gedruckten Büchern z. B. den des Schreibers und Verlegers Nicolaus Blastos v. Jahre 1500.[3]

Neuntes Kapitel.

Ornamente, Initialen.

Die Malerei in Handschriften ist natürlich bedingt durch einen geeigneten und dauerhaften Beschreibstoff; den Papyrus kann man kaum so nennen. Man nahm deshalb früher an, daß auf Papyrus wohl gelegentlich Illustrationen eines Textes ausgeführt seien; aber keine Miniaturen, bis ein neuer Fund diese Annahme umgestoßen hat.[4]

Die Malerei[5] wurde von den byzantinischen Schreibern in anderer Weise als im Abendlande und im Orient zum Schmuck ihrer Hand-

[1] Montfaucon, Pal. Gr. 5.

[2] Siehe Wattenbach, Schriftwesen[3] S. 251. — Bresslau, Urkundenlehre 1. 1889 S. 899.

[3] Vogel-Gardthausen, Griech. Schreiber S. 346 A. 4.

[4] Eine alexandrinische Weltchronik; Text und Miniaturen eines griechischen Papyrus. Herausgeg. und erklärt von A. Bauer und J. Strzygowski. Wien 1905. Denkschr. d. Wiener Akad. (Phil.-hist. Kl.) Bd. 51. 1903 Nr. II, vgl. dort S. 169: Miniaturen auf Papyrus.

[5] Bordier, Description des peintures et d'autres ornements contenu dans les mss. gr. de la Bibl. nation. Paris 1883—1884. — Delhi, Selections of byzant.

schriften verwendet. Das, was den byzantinischen Geschmack charakterisiert, tritt uns recht deutlich vor Augen, wenn wir griechische Handschriften mit lateinischen[1] und orientalischen[2] in bezug auf die Ausschmückung vergleichen.

griechische, lateinische Ornamentik

Legt man, sagt Springer,[3] eine byzantinische Bilderhandschrift und eine frühmittelalterliche des Okzidents nebeneinander, so erkennt man schon an der maßvollen Verteilung des Ornamentes in der ersteren die bessere und weit ältere Schule. Bei uns überwuchert das Ornament den verfügbaren Raum und steht selten in richtigem Verhältnis zur Grundfläche. Das gilt sowohl von den Ornamenten, welche das Blatt einrahmen, wie von den ornamentierten Initialen. Man sieht deutlich, daß im Abendlande die künstlerische Überlieferung einen geringen Einfluß ausübte, während in Byzanz dieselbe den Kalligraphen sich unterwürfig machte und seine Tätigkeit regelte.

Die griechische Ornamentik zeichnet sich vor der lateinischen und vor der arabischen durch größere Einfachheit aus, und die Zahl der schmuck- und farblosen Handschriften ist hier eine viel größere. Namentlich in irischen und angelsächsischen Handschriften zeigen einzelne Initialen einen Umfang und eine Pracht der Farben, eine Strenge der Stilisierung, einen Fleiß im Detail, dem sich in griechischen Handschriften nichts ähnliches an die Seite stellen läßt. Während aber auch die prächtigsten abendländischen Ornamente die Grenzen einer Seite nicht überschreiten, genügt dieses Maß der

oriental. Ornamente

Phantasie der Orientalen nicht mehr; die Anfangsornamente ihrer

ornament. New York 1890. — F. Denis, Histoire de l'ornamentation des manuscrits. Paris (Rouveyre) 1879 und Birch W. de Gray and H. Jenner. Drawings and illuminations. London 1879. — K. Lamprecht, Initial-Ornamentik des VIII. bis XIII. Jahrhunderts. 44 Steindrucktafeln meist nach rheinischen Handschriften. Leipzig 1882. Angezeigt von A. Springer, Gött. Gelehrt. Anzeigen 1883 S. 769 bis 784. — Brockhaus, Die Kunst in den Athosklöstern S. 167—242: Die Miniaturmalereien. — A. F. Butsch, Die Bücher-Ornamentik der Renaissance. Leipzig 1879. Über die Pläne des Grafen A. de Bastard s. Delisle, Bibliothèque de l'école des chartes 1883, 349. — Wattenbach, Neues Archiv f. ältere D. Gesch. s. 1883 S. 449 bis 472. -- Millet, Monum. de l'art byzantin. Paris 1899. — Chr. Diehl, L'illustration du psautier dans l'art. byzantin: Journ. d. Sav. 1907, 298. — Baumstark, Ein byzantin. Buchschmuck des Praxapostolos u. seine syro-palästin. Vorlage. Oriens Christian. 6. 1906, 412—436; ders., Frühchristl.-syrische Psalterillustr. in byzant. Abkürz. 5. 1905, 295. — Fr. X. Kraus, Gesch. d. Kunst. Freiburg i. Br. 1895. 1 S. 538 ff.

[1] Über den Zusammenhang byzantinischer und karolingischer Miniaturmalerei handelt ganz kurz Rahn, Das Psalterium Aureum von St. Gallen S. 14—22.

[2] Prisse d'Avenne, l'Art Arabe vol. III und Silvestre Pal. univ. vol. I. — Blochet, Peintures d. mss. arabes à types byzantins. Revue Archéol. IV, 9. 1907, 193.

[3] Bilder aus der neueren Kunstgesch. 1 S. 100.

Prachthandschriften pflegen die ersten Seitenpaare zu füllen, die mit einer Art von Teppichmuster ausgemalt sind, so daß sich Pflanzenornamente von einem dunkeln Grunde abheben und nur einen kleinen Raum übrig lassen für die Inschriften, die meist in goldener oder weißer Farbe ausgeführt sind, während im Griechischen Buchstaben und Ornamente bloß in weißer Deckfarbe völlig unerhört sein würden.[1] Die Araber pflegen den für das Ornament bestimmten Raum gleichmäßig zu grundieren, die Griechen tun dies nur teilweise, soweit es das Muster erlaubt, das häufig das natürliche Weiß des Pergamentes wieder zutage treten läßt; nur bei wirklichen Gemälden, wo dem Maler eine reichere Palette zur Verfügung steht, gelten diese Beschränkungen natürlich nicht. Auch in bezug auf die Verwendung menschlicher Figuren herrschen bedeutende Differenzen. Bei den Arabern ist es schon ein Beweis von Ketzerei, wenn überhaupt menschliche Figuren vorkommen, in die Ornamente werden sie niemals verflochten. Bei den Griechen haben die Kämpfe der Bilderstürmer wahrscheinlich den Erfolg gehabt, daß die menschliche Figur wohl bei Initialen aber nicht im Ornamente verwendet wird: Tiere werden allerdings damit in Verbindung gesetzt, es überwiegen jedoch die Motive, welche der Pflanzenwelt und der Metalltechnik entlehnt sind. Wenn also die griechische Ornamentik in dieser Beziehung an Pracht und Mannigfaltigkeit hinter der orientalischen und abendländischen zurücksteht, so übertifft sie beide dadurch, daß sie wenigstens in ihrer guten Zeit sich antiker Traditionen[2] bewußt blieb. Einzelne Ornamente, wie z. B. der eckige und abgerundete Mäander im cod. Alexandrinus, ferner geschmackvolle Initialen, wie z. B das M (s. S. 5), das entschieden an das kapitolinische Taubenmosaik erinnert, können aufgefaßt werden als Nachklänge einer besseren Zeit, als Reminiszenzen an das geläuterte Schönheitsgefühl der Hellenen.[3]

Menschliche Figuren · *antike Traditionen*

Die Initialen sind meist mit einfacheren Mitteln hergestellt in zierlicher Umrißzeichnung oder auch massiv, entweder in schwarzer Tinte oder auch in roter, goldener, selten blauer usw. Farbe. Oft

Initialen

[1] Über die Technik der handschriftlichen Bilder s. Hartel u. Wickhoff. Wiener Genesis. Jahrb. d. Samml. d. allerh. Kaiserh. Beilage z. Bd. 15—16. Wien 1895. S. 143.

[2] Über illustrierte Bücher des Altertums s. G. Thiele, De antiquorum libris pictis (Habilitationsschr.). Marburg 1899 s. D. Lit. Zeitung 1899 S. 1507.

[3] Über das Nachleben der Antike in den byzantinischen Miniaturen siehe A. Springer, Grundzüge der Kunstgesch. 1 1888 S. 141—142. — J. Strzygowski, Byzantin. Denkmäler Bd. 3: Diez u. Quitt, Ursprung und Sieg der altbyzantin. Kunst. — Diehl, Les origines asiatique de l'art byz. s. Journ. d. Sav. 1904, 239. — D. Ainalow, Die hellenistischen Grundlagen der byzant. Kunst. St. Petersburg 1900 (russisch). — Berger, La tradition de l'art grec dans les mss. latins des évang. s. Bull. et Mém. des antiquaires de Fr. 52. VI, 2, 1891 p. 144.

Krallen sich eine Schlange windet. Schlange und Stab sind auch häufig die Elemente, aus denen sich ein *B* zusammensetzt.

abendländ. Art

Selten und nur in später Zeit sind die griechischen Initialen in der farbenreichen sorgfältigen Art des Abendlandes gemalt. Doch zeigen die Initialen auf den beiden letzten Blättern der griechischen Faksimiles (besonders das *Ω* c. Laur. pl. 81 c. 13 s. XV) bei Silvestre entschieden den Stil italienischer Renaissance, aber auch in griechischen Prachthandschriften, die von abendländischer Kunst nicht beeinflußt wurden, wie z. B. einer goldstrotzenden Liturgie c. Sin. 1047 vom Jahre 1685 sind die Initialen zu vollständigen Gemälden geworden.

Stassoff

Wladimir Stassoff[1] hat auf einen Parallelismus der Initialen hingewiesen, so daß den nach rechts gewendeten Figuren der ersten Hälfte die nach links gewendeten der zweiten Hälfte entsprechen, von denen sie durch eine zentrale Gruppe getrennt sind. Stassoff hat sich vergebliche Mühe gegeben, eine einheitliche, in sich geschlossene Komposition nachzuweisen. Wenn das Ganze nicht Zufall ist, bedingt durch die Form des Buchstabens, den man gerade brauchte, so lassen diese Initialen vielleicht eher auf schematisch entworfene Vorlegeblätter schließen, die von dem Zeichner gedankenlos kopiert sind; und es verdient eine nähere Untersuchung, ob auch in der griechischen Paläographie derartige Musterblätter von Initialen in Gebrauch waren oder ob alles stets nur auf die Eingebung des Augenblicks zurückzuführen ist.

Musterblätter

Bildliche Ausschmückung ist bei den Griechen wie den anderen Völkern auf die großen Anfangsbuchstaben beschränkt. Ich kenne nur ein Beispiel einer Handschrift des elften bis zwölften Jahrhunderts (s. Hiersemann, Katalog Nr. 300 Leipzig 1906) in der auch die gewöhnlichen schwarzen Buchstaben der Minuskel so ausgeschmückt sind: „ein *λ* endet oben in einem nett gezeichneten Hasenkopf: das *Φ* entwickelt sich zu einem seitwärts gewendeten Fisch. Der lange Strich des *P* verlängert sich zu einem langen Faden, nach dem ein Vogel schnappt; der Querstrich des *T* ist wellenartig fortgeführt bis zu zwei Vogelköpfen rechts und links.“ Die Provenienz der Handschrift ist unbekannt.

kleine Buchstaben

Die Initialen treten jedoch mehr zurück hinter den anderen Ornamenten[2] der Handschriften, die sich nach Form und Zweck unterscheiden. Die einen sollen die Schrift und besonders die Überschrift einrahmen und hervorheben, die anderen sollen sie abschließen.

Ornamente

[1] Tableaux et compositions cachés dans les initiales des anciens manuscrits russes (Mém. lu dans la séance de la Société des Bibliophiles Russes du 2/14 mars 1884) St. Petersburg 1884.

[2] Fr. Wickhoff, Die Ornamente eines altchristl. Codex der Hofbibliothek: Jahrb. d. kunsthistor. Samml. d. Kaiserhauses 1893, 14 S. 196 (mit polychromen Tafeln).

Die ersteren haben ihrer Bestimmung entsprechend in den ältesten Zeiten wirklich die Form eines Rahmens[1] und sind demzufolge verziert, als ob sie mit Edelsteinen von verschiedener Größe und Farbe besetzt wären, so z. B. in dem c. Paris. 510,[2] den Montfaucon ungefähr ins Jahr 880 setzen will. Dieser Geschmack beschränkt sich übrigens durchaus nicht auf die Verzierung von Handschriften, sondern zeigt sich fast auf allen Gebieten, die irgend eine Berührung mit der Kunst hatten. Die antike Tradition war selbst im neunten und zehnten Jahrhundert noch nicht ganz erstorben. Zur Erfindung einer selbständigen Dekorationsweise reichte das künstlerische Vermögen nicht, man beschränkte sich also darauf, diejenige Richtung zu kultivieren, welche einen kostbaren und doch handwerksmäßig herzustellenden Schmuck lieferte. Daher die Freude an Edelsteinen und am Mosaik. Im weiteren Verlauf nahmen die Verhältnisse im byzantinischen Reich mehr und mehr einen ärmlichen Zuschnitt an, die Edelsteine wurden seltener, und mit ihnen verschwanden auch ihre Nachbidungen in der Dekoration von Handschriften, wohin diese Ornamentation niemals gepaßt hatte. In dem eben genannten c. Paris. 510 zeigt sich bereits die charakteristische Eigentümlichkeit, daß die äußeren Winkel des Rahmens oft in einen Stiel auslaufen, aus dem meistens in der Richtung der Diagonale ein Blatt oder ein anderes Ornament hervorwächst. Die Form des geschlossenen Rahmens zeigen auch noch zwei andere Handschriften vom Jahre 975 und vom Jahre 899,[3] nur daß hier das Rechteck ebenso wie der Anfangsbuchstabe gebildet ist durch gewundene Mäander und dadurch wenigstens noch an die antike Tradition erinnert. Auch die Proben aus den Jahren 917, 975, denen sich u. a. noch die Bibel des Priesters Constantin[4] aus dem Jahre 995 anreiht, zeigen noch die Form des geschlossenen Rahmens, der im inneren nicht mehr mit Edelsteinen besetzt, sondern durch ein üppiges Rankengewinde ausgefüllt ist. Dieser geschlossene Rahmen ist aber hier sehr in die Breite gezogen, da er zwei Schriftkolumnen abschließen soll.

Rahmen

Edelsteine

Aber solche Äußerlichkeiten werden gelegentlich auch später noch von der Vorlage herübergenommen, z. B. in dem c. Mosq. 43 (a. 1055) und c. Mosq. 120 (s. XI).[5]

---

[1] So z. B. in der Überschrift und Unterschrift des Psalterium Uspenskyanum vom Jahre 862 und ähnlich in dem ältesten datierten Minuskelkodex vom Jahre 835.

[2] Siehe die vier Medaillons der Einrahmung bei Labarte, Histoire des arts industriels II[2] Pl. XLVI.

[3] Siehe Sabas, Specimina pal. c. Mosq. Nr. 60 und 145.

[4] Pal. Soc. Nr. 26—27.

[5] Geschlossener quadratischer Rahmen, Athos (Hag. Pavlou ohne Nr.) N. T. saec. 11; Athos (Chilandari Nr. 588) lectionar. saec. XII? ganz mit goldenen Buchstaben.

Π

Und doch wurde derselbe schon im Laufe des zehnten Jahrhunderts nach unten geöffnet und erhielt dadurch die Gestalt eines Π, so z. B. in dem c. Marcianus 538[1] vom Jahre 905 und im Paris. 70 aus dem Jahre 964 und Paris. 519 aus dem Jahre 1007. Die Ornamente sind, soviel ich weiß, noch nie für die paläographische Chronologie verwertet; sonst würde z. B. Sabas nicht den Mosq. 42 ins siebente bis achte Jahrhundert gesetzt haben. Die spitzbogige, zusammengedrängte Form der kirchlichen Unziale weist auf die Zeit, wo die verwandte slavische Schrift sich bildete, und auch das Π förmige Ornament zwingt uns, diese Schrift bis zum zehnten Jahrhundert herabzurücken. Dasselbe Ornament kommt auch vor in dem c. Colb. 63 beim Anfang des Matthäusevangeliums; ob dasselbe aber von Labarte, Histoire des arts II[2] p. 168 mit Recht in die Zeit der Bilderstürmer gesetzt wird, erscheint doch mehr als zweifelhaft. Labarte, Histoire des arts II[2] p. 177 beschreibt die teils geschlossenen, teils offenen Ornamente einer Handschrift aus der Übergangszeit: *Le manuscrit* [c. Par. 139] *renferme dans le texte quelques vignettes d'ornements disposées en tête des chapitres, soit dans une forme rectangulaire, soit dans la forme du pi grec, que nous avons déjà signalée. Elles reproduisent des fleurons d'un style élégant coloriés avec goût.* Ferner zeigen die Beispiele bei Sabas zum Jahre 990, 1006, 1063, 1086 zugleich, daß die Grundlinien des Π sich fast immer zu einer Basis nach außen hin erweitern, aus der noch einmal dasselbe Ornament aufsteigt, das oben in den äußeren Winkeln des Π angebracht ist. Manchmal werden die inneren Winkel abgerundet, so z. B. in einem Leipziger Synaxarium vom Jahre 1172; und einem c. Reg. 2458 (= Paris. 1547) bei Montfaucon, Pal. Gr. 324. Auch wird die Symmetrie der linken Seite zuweilen dadurch gestört, daß hier das Ornament ersetzt wird durch die Initialen des Textes, welche direkt in die Ornamente des Π übergehen.

Ausdehnung

Im zehnten und elften Jahrhundert beschränkt sich das Ornament meistens auf diejenige Kolumne, der die Überschrift gilt, und selbst wenn die Handschrift nicht zweispaltig geschrieben ist, so beschränkt sich das Π auf den Raum, der sonst von einer Kolumne eingenommen wäre; dies ist z. B. der Fall bei dem berühmten Psalter, der früher in Paris, jetzt wieder in der Marciana von Venedig aufbewahrt wird. Noch im elften Jahrhundert als der c. Mosq. 42 und im Jahre 1086 als der c. Sin. 401 geschrieben wurde, beschränkte sich das Π auf eine Kolumne. Im zwölften Jahrhundert dagegen breitet sich das Π über die ganze Seite aus, indem es beide Kolumnen zusammenfaßt; so bei Sabas zum Jahre 1116 und in dem c. Paris. 243 aus dem Jahre 1133, während an anderen Stellen (z. B. Fol. 44b) ein breites Bandgeflecht

[1] Graeca D. Marci bibliotheca codicum mss. p. 1.

nur die eine Hälfte der Seite bedeckt, und noch ein Marcianus DLXXIV aus dem Jahre 1295 (Seite XII des Katalogs) zeigt das Π-förmige Ornament mit dem bekannten Fünfblattornament, das nach alter Weise sich nur auf die erste Kolumne beschränkt; doch gerade bei Ornamenten, die leicht aus einer älteren Vorlage nachgezeichnet werden konnten, muß man nie fragen wie spät, sondern nur wie früh sich dasselbe nachweisen läßt.

Schließlich verliert das Π seine beiden Stützen und der Rahmen vereinfacht sich zu einem länglichen Querbalken, so in dem Paris. 497 aus dem Jahre 971. Doch die Anfänge dieses primitivsten aller Ornamente, das eigentlich nichts weiter ist als ein bunter Strich, gehen bereits bis zu Unzialhandschriften, die solchen Schmuckes sonst vollständig entbehren. Einen grünen Querbalken mit roten Kreuzen darüber sehen wir z. B. in dem c. Vatic. 625, den Silvestre im zweiten Bande seiner Paléographie universelle — wohl etwas zu früh — ins vierte bis fünfte Jahrhundert setzt. Im zehnten Jahrhundert bürgert sich dieses Ornament mehr und mehr ein; der Querbalken diente dazu, die Augen des Lesenden auf die folgende Überschrift hinzulenken und wurde ebenso behandelt, wie der oben erwähnte Rahmen, der gleichen Zweck hatte. Auch hier sind oft alle vier Winkel nach außen durch jene diagonalen Vorsprünge ausgezeichnet, wenn nicht etwa die Grundlinie als Basis nach rechts und links verlängert ist, aus der senkrecht kleine Blattornamente hervorwachsen. In anderen Fällen geht die Grundlinie direkt in die nächste Initiale über. Querbalken

Dieser Querbalken hat entweder, wenn er schmal ist, nur **eine** Farbe, oder bei größerer Breite besteht er aus parallelen Streifen von verschiedener Farbe.[1] Wenn er noch breiter ist, wird die Hauptfläche auch wohl durch quadratische[2] oder dreieckige Muster ausgefüllt,[3] doch werden auch andere Flächenmuster, z. B. im Jahre 1105, Kreuze in Umrißzeichnung und Arabesken[4] zum Ausfüllen verwendet. Ein Drei- resp. Vierblattmuster dient dazu im c. Paris. 1324 (a. 1105), ein schachbrettartiges Muster im c. Paris. 243 (a. 1133). — Später kam ein breites Bandgeflecht in die Mode, das nur ausnahmsweise ersetzt wird durch zwei ineinander verschlungene Schlangen wie im c. Mosq. 278 vom Jahre 1199, durch welche hier nicht nur die Umrahmung, sondern auch der Anfangsbuchstabe des Textes gebildet wird. Sonst spielt die Schlange in den Ornamenten der byzantinischen Handschriften keineswegs die Rolle wie bei den nordischen Völkern, z. B. bei den Bandgeflecht

[1] c. Paris. 497 vom Jahre 971.
[2] c. Paris. 1470 vom Jahre 890.
[3] c. Paris. 662 vom Jahre 1047.
[4] c. Coisl. 259 vom Jahre 1056.

Runeninschriften.[1] Doch läßt sie sich wenigstens noch nachweisen in dem c. Vindob. theol. 221 (a. 1330) und c. Paris. 708 (a. 1296), wo das Schlußornament aus aneinander gesetzten rechten Winkeln besteht, die mit einem Schlangenkopf und -schwanz in Verbindung gesetzt sind, und man würde versucht sein, dieses Motiv, das allerdings nach dem lateinischen Kreuzzug häufiger wird, überhaupt auf abendländischen Einfluß zurückzuführen, wenn es nicht sichere Beispiele gäbe, die dagegen sprechen, so z. B. c. Paris. 1085 aus dem Jahre 1001 Fol. 46b und c. Sinait. 341 Fol. $\frac{8}{y}$ vom Jahre 1180, während die reichliche Verwendung von Schlangen zur Zeichnung von Initialen z. B. in den unteritalischen c. Vatic. 1666 vom Jahre 800 (s. o. S. 88) nichts dagegen beweisen würde. — Viel häufiger besteht das Ornament aus breiten ineinander verflochtenen Bändern, die eingeschlossen sind durch einen schmalen Streifen, der in bestimmten Entfernungen durch kleine Wulste und Knoten unterbrochen wird, so daß der Streifen den Eindruck eines Drahtes macht, der erst, nachdem er um sich selbst herumgeschlungen, wieder in die ursprüngliche Richtung zurückkehrt. Interessant ist, was Jos. Strzygowski in Ilgs Kunstgeschichtlichen Charakterbildern aus Österreich-Ungarn (Prag 1893) über die Verbindung byzantinischer und abendländischer Ornamente, über Bandornamente und Wurmbilder usw. (S. 65) beibringt. Ob seine Anschauungen und Folgerungen die richtigen sind, können wir hier um so mehr auf sich beruhen lassen da sie für die abendländische Kunst wichtiger sind als für die byzantinische.[2] Erst in der Renaissancezeit macht sich der Einfluß abendländischen Geschmackes geltend, weil damals die meisten griechischen Handschriften im Abendlande und fürs Abendland geschrieben wurden. Damals liebte man eine freie, reich entwickelte, rankenartige Arabeske ohne Einfassung und folglich auch ohne Hintergrund, während die Griechen meistens nur den Grund zu malen und das eigentliche Ornament weiß stehen zu lassen pflegten.

Schlußornament Viel einfacher ist das Schlußornament; es besteht in älterer Zeit aus kleinen spitzen Winkeln > oder ⦃ in Verbindung mit Punkten oder mit geschwungenen Linien ~ oder = und Kreuzen ∗ und endet mit einem meistens nach unten gebogenen Blatte. Diese Ornamente konnten gerade ihrer Einfachheit wegen natürlich auch später aus einer älteren Vorlage leicht wiederholt werden; doch finden wir seit dem elften Jahrhundert häufiger andere Muster. Manchmal sind es einfache oder doppelte Längs- oder Querstriche, die miteinander

[1] Vgl. S. Müller, Die Tierornamentik im Norden. Ursprung, Entwicklung und Verhältnis derselben zu gleichzeitigen Stilarten. Aus dem Dänischen übersetzt von J. Mestorf. Hamburg 1880.

[2] Vgl. Deutsche Literaturztg. 1893, 1267—1268.

wechseln, manchmal auch zusammenhängende Wellenlinien oder Ranken, deren Biegungen ausgefüllt werden durch zurückgebogene Nebenranken oder auch durch kleine Halbkreise oder auch durch T- oder Π förmige Ornamente; daneben suchte man auch durch den Kontrast der schwarzen und roten Farben zu wirken. Später wurden alle diese einzelnen Motive in der buntesten Weise kombiniert; und nur das eine ist den meisten Ornamenten gemeinsam, daß sie in ein Blatt auslaufen, das manchmal auf der einen Seite nach unten, auf der andern nach oben gebogen ist. — Eine andere Art des Schlußornamentes findet sich häufig in jüngeren Handschriften, besonders auf Bombycinpapier, z. B. in dem c. Mosq. 197 (a. 1275) und ähnlich auch Pal. Soc. 157 vom Jahre 1281. Die Grundform bildet einen rechten Winkel, dessen einer Schenkel den leeren Rest der Zeile ausfüllt, während der andere sich in Arabesken am äußeren Rande der Handschrift hinaufzieht.

Fig. 37. Fig. 38.
Schlußornamente aus jüngeren Handschriften.

Wer von sonstigen Ornamenten auch in griechischen Handschriften wie in den gleichzeitigen lateinischen die Wappen ihrer Besitzer voraussetzen möchte, würde sich enttäuscht finden. Obwohl das Rittertum dem byzantinischen Reiche keineswegs fremd geblieben ist, so lassen sich doch in keiner Handschrift, die älter wäre als das 15. Jahrhundert, diese Spuren des Rittertums nachweisen. Ein Wappen in einem griechischen Kodex beweist schon sicher abendländischen Einfluß; so das von Filelfo in einer Polybiushandschrift zu Florenz (c. Laur 79, 9), die 1435 in Siena geschrieben wurde. In den c. Taur. LXXXIX c. IV, 3 wurde das Wappen später hineingemalt; auch bei Silvestre. Pal. univ. weisen am Schlusse der griechischen Proben im zweiten Bande Kardinalshut und Wappen sicher auf das Abendland. Sonstige Ornamente

---

Eine Geschichte der byzantinischen Miniaturmalerei zu geben, verbietet sich natürlich von selbst, das ist Sache nicht der Paläographen, sondern der Kunsthistoriker. Nur auf ein Wort von Hum- Miniaturmalerei boldt[1] sei wenigstens hingewiesen: „Die christliche Malerei blieb nach ihrem Kunstcharakter von Konstantin dem Großen an bis zu dem Anfang des Mittelalters der echt griechischen und römischen nahe verwandt.[2] . . . Seit der Mitte des sechsten Jahrhunderts, wo Italien verarmt und politisch zerrüttet war, bewahrte vorzugsweise die byzantinische Kunst im östlichen Reiche den Nachklang und die schwer verlöschenden Typen einer besseren Zeit." Und doch hat man erst neuerdings angefangen, sich um dieses herrenlose Gebiet zu kümmern. — Eine gute und nicht hinreichend beachtete Geschichte byzantinischer Malerei hat bereits der verdiente Hopf gegeben, die vielleicht nur deshalb nicht gehörig ausgenutzt ist, weil wir sie uns ziemlich mühsam aus seinen grundlegenden Untersuchungen über „Griechenland" in Ersch und Grubers Enzyklopädie (I. Serie Bd. 84 S. 368 ff., 441 ff. bis Bd. 86 S. 190) zusammensuchen müssen; ihm folgt im wesentlichen A. Woltmann, Die Geschichte der byzantinischen Malerei in den Miniaturen.[3] Auch Labarte gibt im zweiten Bande seiner *Histoire des arts industriels au moyen age* einen Überblick mit hübschen Proben.[4]

Kondakov Das Hauptwerk über byzantinische Miniaturmalerei verdanken wir einem russischen Gelehrten: N. Kondakov, *Istoria vizantiskago isskousstova i iconografii po miniaturam gretcheskich roukopisey.* Gesch. der byzantinischen Kunst und Ikonographie nach den Miniaturen der griech. Manuskripte. Odessa 1876. 8, 276 S. Nebst einem Atlas mit 14 lithographierten Tafeln in Folio, 1877, dessen Text ich aber nur aus Referaten kenne, in Lützows Ztschr. für bild. Kunst XII (1877) S. 672 angezeigt von J. P. R(ichter) und Revue critique 1877 p. 322—323. The Academy July 12, 1879 p. 36—37. In französischer Bearbeitung: Kondakoff, *Histoire de l'art byzantin considéré principalement dans les miniatures. Édition française originale publiée par l'auteur sur la traduction de M. Trawinsky et précédée d'une préface de M. A. Springer.* t. 1. 2. Paris 1886 u. 1891 (4°). 208 u. 186 p. avec 29 u. 13 grav. (*Biblioth. internationale de l'art sous la direction de M. Eug. Müntz.*)

Kondakov, *Pamjatniki christian. iskusstva na Athoně.* St. Petersburg 1902 mit 49 phot. Tafeln.

Le livre de M. Kondakoff nous représente l'histoire de la miniature

[1] Siehe Kosmos, Stuttgart und Tübingen 1847. 2 S. 80.

[2] Anklänge an die klassische Kunst finden sich namentlich in der Ambrosianischen Ilias (Pal. Soc. 40. 50. 51) und dem Wiener Dioscorides (ca. 512), s. u. Über Handschriften von St. Petersburg vgl. Wochenschr. f. klass. Philol. 1885 1. Jan. S. 24—25. Antike Personifikationen in dem c. Vatic.-Palatin. 381 F. 2; s. Collez. paleografica Vatic. Milano 1905, 1 tav. 20.

[3] Im neuen Reich 1877 Nr. 46 S. 761—774.

[4] Vgl. Miniatures d'un ms. de Nicandre (Par. Suppl. gr. 247) Gazette archéol 1875 pl. 18. 32; 1876 pl. 11. 24.

byzantine sous un jour nouveau, infiniment plus brillant qu'on ne l'avait supposé jusqu'à présent (Springer).

[*Kondakoff*] *réfute — — les opinions préconcues d'après lesquelles l'art byzantin aurait été par son essence même, invariable, rigide, comme une sorte de cadavre, et aurait porté, dès son berceau, la marque de la plus profonde décadence — — Il doit en grande partie sa supériorité à son culte pour les traditions antiques* (Springer).

Kondakov, der auch eine Sammlung mit allerdings ganz ungenügenden Proben herausgegeben, unterscheidet folgende Epoche: 1. eine Renaissance antiker Kunst im byzantinischen Reiche, die bereits im fünften Jahrhundert endet: *L'âge d'or de la miniature byzantine* (Dioscorides usw.). *La véritable force et la haute importance du nouveau mouvement artistique — — appartient déjà complètement à Byzance* (1 p. 135); 2. eine Erschöpfung der Kunstfertigkeit, die vom sechsten bis neunten und zehnten Jahrhundert zunimmt; erst im elften und zwölften Jahrhundert hebt sich wieder das Niveau und zugleich die Pracht der Ausstattung: *Miniature byzantine pendant le second âge d'or* (2 p. 102). Dann beginnt 3. im 13. Jahrhundert die Periode des definitiven Niedergangs zunächst bis 1453 (2 p. 166). Doch auch die Eroberung von Konstantinopel hat die byzantinische Kunst überdauert und, ohne leben und sterben zu können, sich bis in die Neuzeit fortgepflanzt. *La miniature byzantine a eu des commencements obscurs: elle finit de même* (2 p. 178). Die Tradition byzantinischer Klöster ist zusammengefaßt in einem Malerbuch, das Didron herausgegeben hat.[1]

Die Entwicklung byzantinischer Kunst ist bis dahin frei von abendländischen Einflüssen; erst nach dem Fall von Constantinopel, als die griechischen Schreiber zum Teil schon im Abendlande lebten, machte sich ein Einfluß der okzidentalischen Kunst auch in griechischen Handschriften bemerkbar.[2]

Provinzielle Unterschiede

Noch weniger können wir auf die stilistischen Unterschiede in den Bildern einzelner Gegenden eingehen. Es ist möglich und vielleicht sogar wahrscheinlich, daß es später einmal gelingt, aus dem Stil der

[1] Didron, Manuel d'iconographie chrét. Paris 1845. *Ἑρμηνεία τῶν ζωγράφων.* Athen 1853. — Schäfer, Das Handbuch der Malerei. Trier 1854. Dieses Handbuch ist zwischen den Jahren 1500 und 1630 geschrieben; siehe Brockhaus, Athos S. 161. — Bayet, Notes sur le peintre byzantin Manuel Pansélinos et sur le guide de la peinture du moine Denys; siehe Revue Archéol. III, 2. 1884 p. 325. Über Pansélinos vgl. Sp. Lambros, *Παρνασσός* 1881, mit Faks. und Brockhaus, Athos S. 159 A. 4. Im allgem. vgl. Schnaase, Gesch. der bildenden Künste 3 p. 287 ff. A. Michel, Hist. de l'art 1 p. 224: Millet, L'art byzantin.

[2] Über griechische Handschriften, im Stil der italienischen Renaissance ausgemalt, vgl. Herm. Jul. Hermann, Miniaturhandschriften a. d. Bibliothek des Herzogs Andreas Matteo III Acquaviva. Jahrbuch der kunsthistor. Samml. des Allerhöchst. Kaiserh. 19. Wien 1898 S. 147.

Miniaturen die Provenienz der Handschrift zu bestimmen, wie Scholz[1] es versucht hat: „Die Gemälde verleugnen nie ihren eigentümlichen Charakter: sind sie im byzantinischen Stil oft in bunten Farben, reichen Verzierungen der Anfangsbuchstaben einzelner Abschnitte, so ist Konstantinopel, die Inseln Kleinasiens oder Griechenland ihr Vaterland; sie nähern sich den noch einfacheren und einförmigeren der Syrer immer in blaßroten Farben, wenn sie in Syrien oder Sizilien geschrieben sind; rohe Umrisse sind nicht selten in okzidentalischen Handschriften.“ Für byzantinische Miniaturen in armenischen und und syrischen Manuskripten bietet einiges Material Strzygowski, Das Etschmiadzin Evangeliar. Wien 1891. Allein wie die Sachen jetzt einmal liegen, wird man doch mit viel größerer Sicherheit aus der Schrift und der Subskription der Schreiber die Nationalität des Malers bestimmen, als umgekehrt aus dem Stil des Bildes auf die Provenienz der Handschrift schließen können.

Bayet, Recherches p. servir à l'hist. de la peinture et de la sculpture chrétiennes en Orient. Bibl. d. écoles fr. d'Athènes et de Rome 10.

Dehli, H., Selections of Byzantine Ornament. New York 1890 (m. 100 lithograph. Tafeln).

Diehl, Ch., L'art byzantin dans l'Italie méridion. Paris 1894.

— Manuel d'art byzantin. Paris 1910.

Kirpičnikow, A., Zur byzantin. Miniaturmalerei. Byzantin. Ztschr. 1895, 4 S. 109–124.

Konstantopulos, K. M., Ἱστορία τῆς βυζαντ. τέχνης. Athen 1902. Parartema d. Ztschr. Ἁρμονία 1900—1902.

Labitte, Alph., Les mss. et l'art de les orner. Paris 1893.

Middleton, J. H., Illuminated mss. in class. and mediaeval times. Cambridge 1892.

Sittl, Müllers Handbuch d. klass. Altert. 6, 800.

Tikkanen, J. J., Die Psalterillustrationen im Mittelalter I. 1. Byzant. Psalterillustrat. Helsingfors 1895; vgl. Byz. Ztschr. 6. 1897 S. 422.

Athos.

Kondakov s. o. S. 228.

Brockhaus, Athosklöster. Leipzig 1891.

Copies photographiées des miniatures des mss. gr. concervés à Moscou p. p. le Musée de Moscou 1—3. Moscou 1863—1865 [Synodalbiblioth. in Moskau]. Die Berliner Kgl. Bibl. besitzt ein Exemplar als Geschenk des Prinzen Friedr. Karl; ein anderes die Pariser Nationalbibliothek s. u. Rußland.

Berlin.

Ebersolt, J., Miniatures byzant. de Berlin [c. gr. Hamilton 246]; siehe Rev. Archéol. IV, 6, 1905 p. 55—70.

Brescia.

Muñoz, A., Miniature bizantine nella bibl. Queriniana di Brescia; s. Miscellanea Ceriani. Nel Centenario della Ambrosiana. Milano 1910. 169.

Cairo.

Birt, Buchrolle S. 305 (Papyrus).

Constantinopel.

Farmakovskij, B. V., Byzant. Pergamentrolle mit Miniaturen im Besitz des russ. Arch. Instit. in C. P. s. Nachr. des russ. Arch. Inst., in C. P. 6, 1901 S. 253—359 (Russisch).

[1] Scholz, Bibl. Krit. Reise S. XIII.

Uspenskij, Th., Der Constantinopler Serailkodex des Oktabyblos, m. 47 Taf. und 6 Taf. im Texte. Izvestija russkago arch. inst. v Konstantinopole 12. 1907.

Millet, Rev. Arch. IV, 16. 1910 p. 71.

Holkham.

Dorez, L., Les mss. à peintures de la biblioth. d. Lord Leicester à Holkham Hall, Norfolk. Paris 1908; wesentlich latein., aber Nr. 22 griech.-lat. Psalter aus Friaul oder Padua (s. XII).

Italien s. Mailand, Rom, Rossano.

Rjedin, E., Handschriften mit byzantin. Miniaturen in Venedig, Mailand und Florenz. Journ. d. Minister. d. Volksaufklärg. 1891, 278. Dezemb. S. 299 bis 317 (russ.).

London.

British Museum. Reproductions from illuminated mss. S. I—III. London 1907. Zweite Ausg. 1910.

Warner, G. F., Illuminated mss. in the Brit. Museum 1. 2. London 1899. 1900.

Mailand s. Italien.

Homeri Iliadis pictae frgm. Ambrosiana ed. Ceriani et Ratti. Milano 1905; s. a. Pal. Society 1, 40—50.

Paris.

Bordier, Hnr., Description des peintures et autres ornements contenus dans les manuscrits grecs de la Bibliothèque Nationale. Paris 1883—1884. 4° (m. Illustrationen), vgl. Revue crit. 1883 Nr. 46 p. 388.

Omont, H., Peintures du ms. grec de l'Évang. de S. Matthieu, copié en onciales d'or sur parchemin poupré; s. Fondation Piot. Monum. et mém. vol. 7. Paris 1901.

Bibl. Nationale. Évangiles avec peintures byzant. d. XI s. 1. 2. Paris [1908].

Peintures de l'anc. Testam. (syrisch). Fondat. Piot. Monum. et Mém. Paris 1909 p. 85.

Fcsm. des miniatures des plus anciens mss. gr. de la Bibl. Nation. du VI au XI s. Paris 1902.

Muñoz, A., Codex purpureus Sinopensis (Paris Suppl. Gr. 1286); s. Nuovo Bull. di archeologia cristiana 12. 1906 p. 215—237 tav. VII.

Suppl. gr. 1294 Papyrus m. Miniaturen s. Denkschr. der Wiener Akad. (Phil.-hist. Klasse) 51. 1903, II S. 174. Birt, Buchrolle S. 286.

St^e Geneviève. Boinet, Catalogue d. miniatur. de mss. de la bibl. de St^e Geneviève: Revue des biblioth. 18. 1908 p. 142.

Rom s. Italien.

Beissel, St., Vatikanische Miniaturen. 30 Tafeln in Lichtdr. Freiburg i. Br. 1893 (gr. u. latein.).

Collezione paleografica Vaticana. 1. Le miniature della Bibbia (c. Regin. gr. 1) e del Salterio (c. Palatino gr. 381). Milano 1906, s. o. S. 22.

Codices e Vatican. selecti vol. 5: Il rotulo di Giosuè cod. Vatic. Palat. 431. vol. 6: Cosmas Indicopleustes Vatic. gr. 699 (9. Jahrh.), a. 1908; vgl. New. Pal. Society pl. 24. vol. 8: Il Menologio di Basilio II [c. Vat. gr. 1613]. Torino 1907.

Rom (kleinere Bibliotheken).

Muñoz, A., I codici greci miniati delle minori bibliot. di Roma; s. Biblioteca della Rivista d'arte. Firenze 1906 (Alfani e Venturi).

Rossano s. Italien.

Außer den älteren Ausgaben des cod. purpureus von Gebhardt u. Harnack, ferner Haseloff s. Antonio Muñoz, Codex Purpureus Rossanensis. Rom (Danesi) 1907 [23 Tafeln u. 10 Textillustrationen].

Rußland.

Bauer, Ad. und Strzygowski, J., Eine alexandrinische Weltchronik. Text u. Miniaturen eines gr. Papyrus der Samml. Goleniščev [Anfang d. 5. Jahrhunderts]. Denkschr. der Wiener Akad. (Phil.-hist. Kl.) 51, 1903 Nr. II.

Boutovsky, Histoire de l'ornement russe du Xe au XIIe siècle d'après l. manuscrits (grecs et slaves). 2 vols. Par. 1872 fol. av. 200 pl. col.

Pokrovskij, N., Das Evangelium in d. ikonograph. Denkmälern, bes. den byzantin. und russ. Mit 226 Zeichnungen im Text u. 12 Taf. St. Petersburg 1892. 4°. LXI u. 496 S. (russ.).

Copies photographiées des miniatures s. o. Athos.

Cod. Caesareensis s. N. Pal. Soc. Nr. 151 s. VI.

Robert, Wochenschr. f. klass. Philolog. 1885, 24—25.

Evangelium v. Trapezunt s. Repertor. f. Kunstwiss. 13. 1890 S. 241; Ztschr. f. Bücherfr. 12. 1908 S. 29.

Amphilochius, Archäol. Bemerk. über den gr. Psalter im Besitz von A. J. Lobkoff. Moskau 1866 (russ.).

Kondakov, Miniaturen einer gr. Psalterhandschrift — — Chludow in Moskau (russ.). Moskau o. J.

Richter, J. P., Die Miniaturen der griechischen Psalmenhandschrift des 9. Jahrh. in der Chludowschen Sammlung in Moskau. 4°. Moskau 1878 (nicht im Buchhandel. 22 Seiten russ. Text mit 16 Tafeln, wovon 2 in Chromolithogr.).

Smyrna.

Miniatures de l'Octateuque grec de Smyrne. Éd. phototypique. Préface de Hesseling. Leyde (Sijthoff) 1909. Suppl. VI; s. o. S. 22.

Venedig s. Italien.

Wien.

Dioscorides s. de Vries, Codices gr. et lat. v. 10, s. o. S. 22.

Diez, E., Die Miniaturen des Wiener Dioskurides; s. Strzygowski, Byzant. Denkm. 3. Wien 1903 S. 1 ff.

Wickhoff, Die Ornamente eines altchristl. Kod. der Hofbibliothek: Jahrb. der Kunstsamml. d. Allerh. Kaiserh. 14. 1893 S. 196.

Hartel u. Wickhoff, Die Wiener Genesis: Jahrb. der Kunstsamml. des Allerh. Kaiserh. 15 16. Beilage. 1894 1895 (Lichtdrucktafeln).

Lüdtke, W., Unters. zu den Miniaturen d. Wiener Genesis. Greifswald 1897 (52 S.).

Nachträge und Druckfehler.

S. 3 A. 1. L. Petit (et Regel), Actes de l'Athos 1 ff. Byzant. Chronika 10. 1903. Parartema.

S. 7. Traube, Vorlesungen u. Abh. hg. v. Boll. 1. München 1909. S. 31. D. Pal. gr. des B. de Montfaucon.

S. 8—9. Joret, Ch., Dansse de Villoison. Paris 1910.

S. 20. P. Franchi de' Cavallieri et J. Lietzmann, Specimina codd. graec. Vaticanorum. Bonn 1910.

Monumenta Palaeographica Vindobonensia. Leipzig 1910.

Ein Register zur Collezione Fiorentina verdanken wir H. Omont, Rev. des biblioth. 5. 1895 p. 287.

S. 21. Statt Wilken lies Wilcken. Statt ganze Handschrift lies ganze Handschrift.

S. 22. Facsim. of the Washington ms of Deuteron. and Josuah in the Freer Collection. Ann Arbor, Michigan 1910.

Eine Publikation des ganzen cod. Sinaiticus in St. Petersburg durch die Clarendon Press wird vorbereitet.

S. 40. Brinkmann, Z. Gesch. der Schreibtafel, Rhein. Mus. 1911 S. 149 glaubt den Grabstein des Tachygraphen Asteris von Salona zum ersten Male (S. 151) zu publizieren; allein der Stein ist längst und sogar in demselben Maßstab abgebildet: Arch. f. Stenogr. 1901 S. 6.

S. 44 A. 5. Statt Joseph. antig. 14 lies Joseph. antiq. 14.

S. 46. Traube, Vorles. u. Abh. hg. v. Boll. 1. München 1909. S. 84.

S. 53. Papyrus wird jetzt wieder in Ägypten kultiviert für die Papierfabrikation, siehe The Graphic, November 26. 1910, 836.

S. 54. Statt philgra lies philyra.

S. 55 A. 2. Statt eines Papyrusstreifens brauchte man auch wohl ein schmales Pergamentstück zur Unterklebung: Pergamentstreifen von 5,2 cm Breite so angeklebt, daß er auf 1,5 cm vom Papyrus bedeckt ist. Siehe F. Zucker, Urkunde eines römischen Statthalters von Ägypten. SBer. d. Berliner Akad. 1910. S. 710—711.

S. 58 A. 2. glutinatores: C. I. L. X 6638. Eph. epigr. 9, 699 p. 417.

S. 63. Auch bei umfangreicheren Korrekturen wurden wohl noch Klebungen vorgenommen.

Lorsqu'il s'agissait de réparer une erreur un peu importante commise sur un papyrus, on collait, à l'occasion, sur la partie à remplacer, en ayant soin d'en placer les fibres exactement dans le même sens, un petite bande de papyrus sur laquelle on écrivait le texte à substituer (Papyr. du Louvre R. 1 S. Cyrille), siehe Daremberg et Saglio Diction. s. v. Scriptura p. 1133.

S. 72. Statt Geo. Credenus lies Geo. Cedrenus.

S. 75. Protokoll (gr.-arab.) 706—707 n. Chr. New Pal. Soc. 177.

Purely Greek protocols are very rare (e. g. Brit. Mus. 1795 and Or. 5001. Berlin Pap. 6700).

S. 78. H. J. Bell, Latin in Protocols of the Arab Period. Arch. f. Papyr. 5. 1911, 421.

S. 81. Moderne Fälschungen auf Papyrus sind selten, vgl. jedoch über die Zauberpapyri Kenyon, Archaeol. Report. 1907/08 p. 49. Wilcken, Arch. f. Papyr. 5. 260. 290 (Tachygr.).

S. 86. Gregory, Die Schriften von Carl Wessely. Leipzig 1910.

S. 91. Traube, Vorlesungen u. Abh. 1. München 1909. S. 91.

S. 109. Traube, Vorlesungen u. Abh. 1. München 1909. S. 101.

S. 115. Statt rwuden lies wurden.

S. 126. Über die Richtung der Zeile auf der Wachstafel vgl. Brinkmann, Rhein. Mus. 1911, N. F. 66 S. 152.

S. 138. Die beiden Anmerkungen 1 u. 2 sind umzustellen (2 re. 1).

S. 144. Auch Traube. Vorles. u. Abh. hg. v. Boll. 1. München 1909. S. 86 faßt cornua als „kleine Griffe“.

S. 152. Über die fragliche „Pergamentrolle“ des Mädchens von Antium s. Birt, Buchrolle S. 126. Svoronos, Journ. Internation. d'arch. numismat. 12, 1909 bis 1910 p. 223 (T. III—IV).

S. 155. Über den Orthographen Timokrates s. Birt, Rhein. Mus. 1911 N. F. 66 S. 147: Abbildung S. 150.

S. 165. Der Ort des Schreibenden pflegte im antiken Briefe, nicht wie im modernen Briefe an erster Stelle angegeben zu werden. Die Abschrift eines Briefes des Tiberius an die Aizaniten (Klio. 9, 1909 S. 422) beginnt allerdings mit den Worten *Ἀπὸ Β]ονωνίας ἐν Γαλλίαι*, aber das ist ein Zusatz der Abschrift; das Schreiben selbst beginnt mit den Worten *Τιβέριος Καῖσαρ Αἰζανειτῶν βουλῇ κτλ.*

S. 195. Den Beinamen Goldfeder eines orientalischen Kalligraphen erklärt Karabacek (SBer. d. Wiener Akad. 167, I. Phil.-hist. Kl. 1911 S. 8) in der Weise, daß der Schreiber in der Illuminierung „mit flüssigem Golde“ ein Meister war; im übrigen leugnet er (S. 9) durchaus nicht die Verwendung von Metallfedern im Orient.

S. 198. Ein roter Stempel Domitians s. BGU 1, 183 und Trajans: C. Papyr. Rain. I p. 226. Facsim p. 37—38.

Register.

Made in the USA
Monee, IL
10 September 2026

62771010R00152